世界歷史有一套之

最冷和最熱的俄羅斯

世界歷史很精彩・世界歷史可以寫得很好看

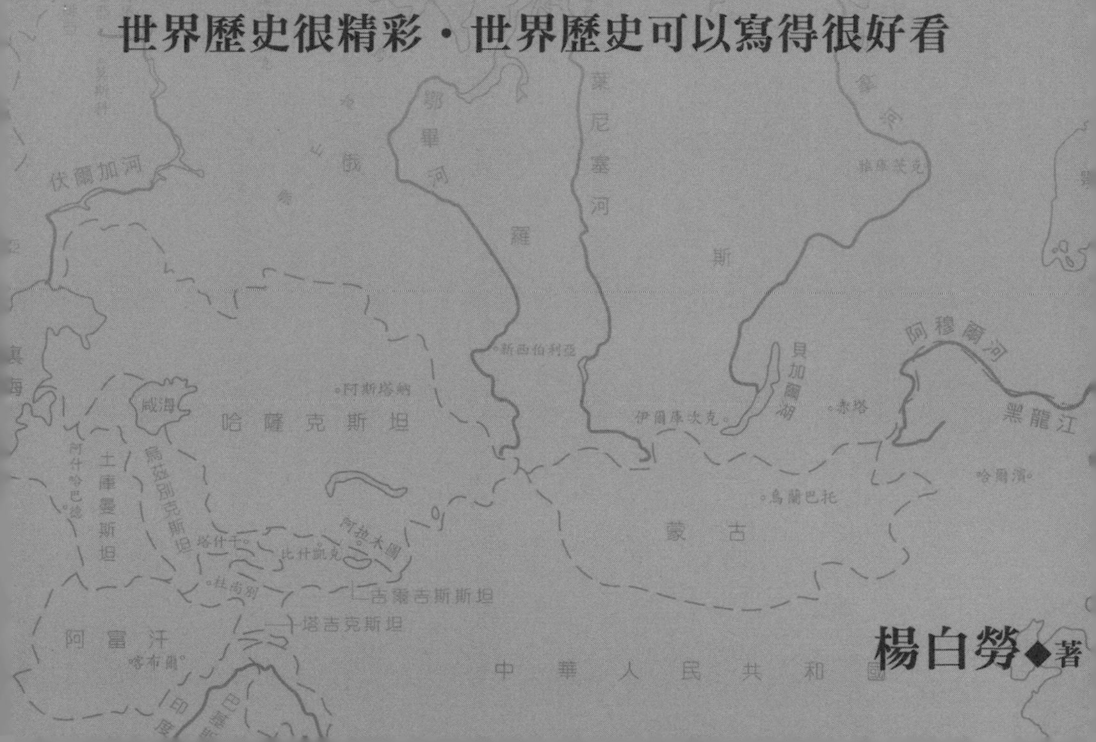

楊白勞◆著

目錄

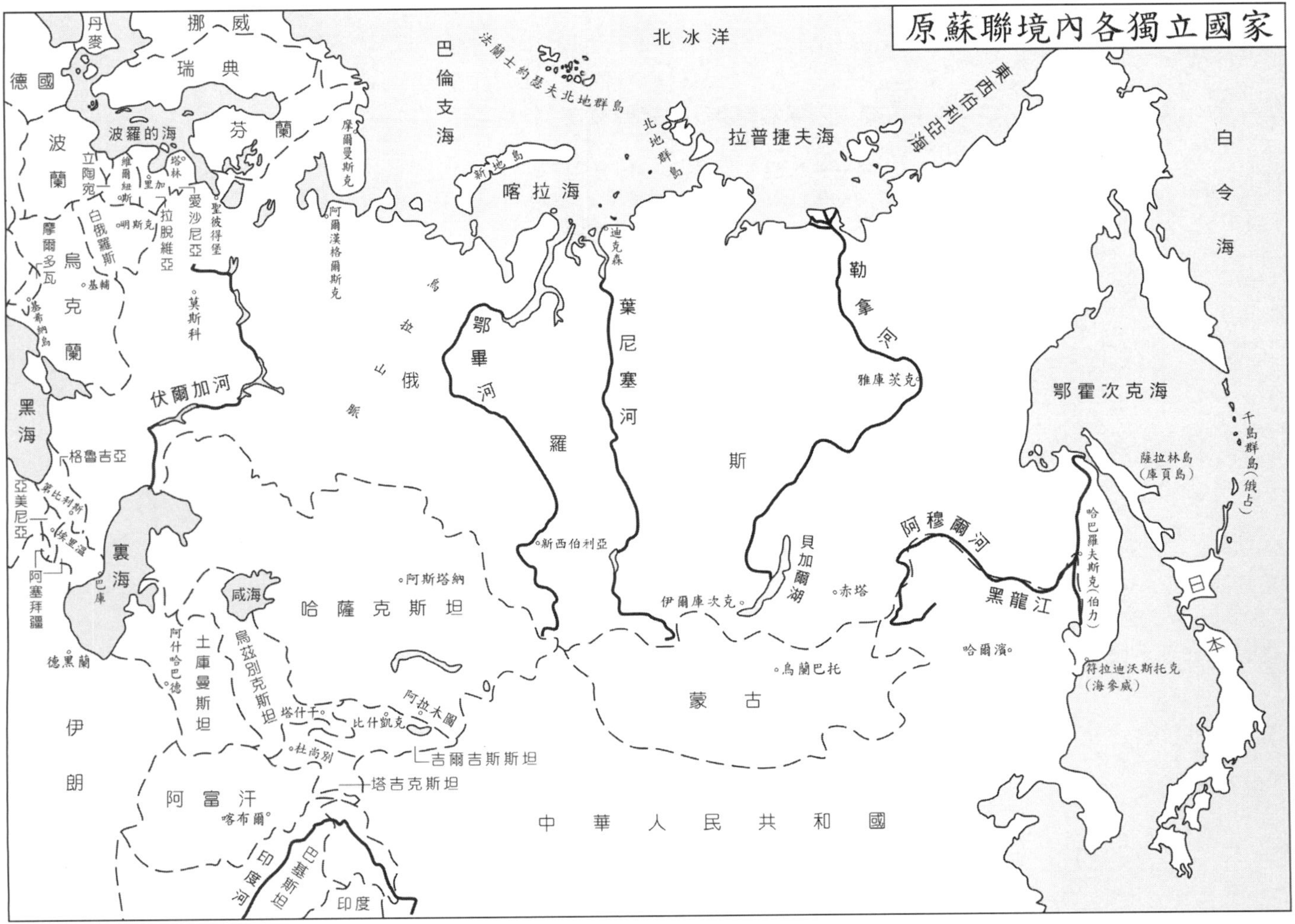
原蘇聯境內各獨立國家
北冰洋
巴倫支海
法蘭士約瑟夫北地群島
北地群島
拉普捷夫海
東西伯利亞海
白令海
喀拉海
新地島
挪威
瑞典
丹麥
德國
芬蘭
波羅的海
波蘭
立陶宛
維爾紐斯
里加
塔林
拉脫維亞
愛沙尼亞
聖彼得堡
白俄羅斯
明斯克
摩爾多瓦
烏克蘭
基輔
塞瓦斯托波爾
莫斯科
摩爾曼斯克
阿爾漢格爾斯克
烏拉山
俄羅斯
伏爾加河
黑海
格魯吉亞
第比利斯
亞美尼亞
埃里溫
阿塞拜疆
巴庫
裏海
德黑蘭
伊朗
阿什哈巴德
土庫曼斯坦
烏茲別克斯坦
鹹海
哈薩克斯坦
阿斯塔納
塔什干
比什凱克
阿拉木圖
杜尚別
吉爾吉斯斯坦
塔吉克斯坦
阿富汗
喀布爾
印度河
巴基斯坦
印度
鄂畢河
新西伯利亞
迪克森
葉尼塞河
伊爾庫次克
貝加爾湖
赤塔
勒拿河
雅庫茨克
阿穆爾河
黑龍江
哈巴羅夫斯克(伯力)
符拉迪沃斯托克(海參威)
哈爾濱
烏蘭巴托
蒙古
中華人民共和國
鄂霍次克海
薩拉林島(庫頁島)
千島群島(俄占)
日本

引言

讓我們先找兩隻身體結實的雪橇犬吧，要瞳孔分明目光銳利的，還要有銀灰色平直的背，讓它們拉上一個大雪橇，帶我們從咱們家東北角那些黑黝黝的松林穿出去，向北，再向北，一路向北，大家把羽絨服，狗皮帽，手套腳套耳朵套都帶上，這一路，風會越來越冷，大地凍成一塊鐵板。

這是地球上自然環境最嚴酷的地帶了，再向前，就能看到跟地球同時產生的億年玄冰萬年積雪，冷風像鋼針一樣刺穿我們裸露在外的皮膚。

實在太冷了，我們就在途中找個農舍休息暖和一下，跟當地人要最好的大麥小麥玉米，再加點馬鈴薯。

在這種凍土地帶生長出來的農作物，需要克服很多困難，經歷漫長的等候才能收穫，每一顆都帶著蓬勃的生命，有豐富的蛋白質，如果用來做麵包，就浪費了。

我們讓這些穀物發酵，蒸騰出最激烈的魂魄，最炙熱的原漿，再找那些億萬年前就已存在的冰雪融水來冷卻稀釋它。這些水靜謐地凝固在地球的最北，保持著宇宙最初的潔淨，不沾染絲毫人間的煙火。然後，我們需要一些木炭或是石英，讓這些冷卻稀釋後的液體慢慢地，極盡細緻地過濾，不要殘留穀物的味道，不要留下器皿的味道，不要紅塵中所有的味道，沒有雜質，沒有沉澱，像西伯利亞的天空一樣純淨，像極地的冰山一樣通透。

好，這樣，我們就做出了一杯水。看上去，這就是一杯水，小小地喝一口，幾億年的寒冷麻木了舌頭，一霎那後，這陣鑽心的寒冷驟然升溫，像利刃一樣從喉嚨劃過，最終熊熊燃燒在胃裡。那些熱烈的穀物精靈，跳著最張揚的生命之舞，進入你的周身血液。如果你酒量不好，還酒品一般，就很容易被帶著手舞足蹈，出一陣很大的洋相。

對，我們釀的就是伏特加——神奇的生命之水，最熱烈的魂魄藏匿在最清澈的液體中，是地球上最冷又最熱最安靜又最狂放的液體，它是冷靜沉鬱和激情豪邁最完美的結合，現在我說的不是酒，是我們這篇的主角——俄羅斯人！

不管你喝不喝酒，酒跟文學音樂美術一樣，都是神賜的藝術，地球上所有文化發達的地域都出產好酒，比如咱們家的白酒，法蘭西家的葡萄酒，英倫三島的威士忌，德意志家的啤酒，當然還有俄國人的伏特加。老山姆是一移民國家，所有別家的好東西他只管拿來改良，所以他家啤酒、紅酒、威士忌、伏特加都有很好的貨色，只有咱們家的白酒釀不出。

「痛飲狂歌空度日，飛揚跋扈為誰雄」這句詩是杜甫送給李白的，當決定要寫俄羅斯時，老楊腦子裡最先出現的就是這句詩，在我心裡，俄羅斯人是更狂野的東北人，所以，老楊帶大家行走在俄羅斯的歷史進程中時，主要人物對白均為東北話，當寫到大家的偶像普丁時，我會給他安上范偉的口音，普丁說：「老楊啊，你這樣編派我，我滴心拔涼拔涼滴啊……」（聽著出汗！）

因為老楊已經帶大家粗略瀏覽了西歐三個國家和羅馬，講述俄羅斯的故事就方便多了，請大家找出《羅馬帝國睡著了》，翻到東羅馬那部分，講述俄羅斯的古代歷史，東羅馬的故事是重要的參考資料。

一、雪原茫茫，征途漫漫

整個歐洲最早的兩批原居民，一群是凱爾特人，一群是羅馬人，這兩群城裡人之外，還有各種古怪的各種蠻夷，比如日耳曼人，然而要說人口最多的一個蠻族，則肯定是斯拉夫人。

現在的研究認為，斯拉夫人很可能起源於印度或者伊朗一帶，不知道怎麼的，就溜達到西起奧德河，東到聶伯河，南至喀爾巴阡山，北臨波羅的海這個位置安頓下來，大約現在波蘭的維斯瓦河谷，被認為是斯拉夫人最早的家園。約莫在四—六世紀，斯拉夫人開始群居討生活，學術名詞叫做：形成初級的部落聯盟。他們靠什麼生活呢？主要是打獵、抓魚、養蜜蜂，偶爾也養牛放羊。

都知道，在歐洲只有羅馬人有權利將其他部族定性為蠻夷，既然斯拉夫人是史載的著名蠻夷，可以想像，他們肯定是挑釁了羅馬帝國，把自己墮落進了流氓團夥。

斯拉夫人沒趕上羅馬最好的時候，他們張狂的時候只能找東羅馬的麻煩，他們順河流南下，進入希臘地界劫掠。根據東羅馬的記錄，這群蠻夷出手狠辣，下手歹毒，人家羅馬人，抓了俘虜都是變成奴隸，還開發出角鬥士之類的高端娛樂，斯拉夫人乾脆，直接殺掉了事。

其實斯拉夫人真冤枉，他們從波蘭河谷鄉下地方氏族公社升級為劫匪，根本沒人教他們規矩，他們從來就不知道世界上有奴隸制這種玩法，況且，斯拉夫人本來沒什麼了不得的產業，也想不出來收一群奴隸養著有什麼用，不殺掉還浪費糧食呢。所以，斯拉夫人是跳級的學生，他們幾乎是從原始社會直接進化成為所謂封建社會了。

原來說過，歐洲大陸雖然品種流雜，可不論是種地、放牧的、釣魚的、打劫的，在歐洲大地原本都可以相安無事，安居樂業，可因為北匈奴的向西逃竄，打亂了歐洲的民族版圖，各種部族立時陷入各種混亂，拉家帶口雞飛狗跳到處亂竄，幾乎所有族群都牽涉其中。斯拉夫人看著潮流興盲流，也就跟著四散尋找更好的位置，更好的生路。

斯拉夫人是民族語言相類的一個種族群體，內部可以細分成不同的部分，尤其是在遷徙的過程中，他們還選擇了不同的方向，以至於，遭遇不同的受害族群時，就以各自的方式給他們亂起名字。

西線的那支，曾被西羅馬稱為維內德人，他們向西方運動，大約西元六二三年，建立了斯拉夫人最早的國家，後來的捷克和波蘭就是他們陸續建立的；南部的斯拉夫人，目標是巴爾幹半島，他們遭遇東羅馬，被稱為斯拉夫人，因為東羅馬代表主流文化，所以他們給起的名字，就成了這個族群正式的稱呼。南斯拉夫人在巴爾幹建立了保加利亞等國，是導致東羅馬滅亡的主要因素之一；而我們這篇的主角，就是東部的這支，所謂東斯拉夫人。

東斯拉夫人向東移動，最後在東歐平原上找好位置，安家立戶，逐漸出現了兩個和氏族公社不同又還沒升級到國家的組織，一個是位於聶伯河中游的庫雅巴，三兄弟構建，老大叫基輔，所以他們的統治中心被取名為基輔；另一個叫斯拉維亞，以諾夫哥羅德為中心。

基輔和諾夫哥羅德成為東斯拉夫人各部族整合的核心，慢慢地發展為最早的小公國。蠻夷形成的國家，毫無累積，看似一個小國，內部亂糟糟的，什麼規矩都沒有。東斯拉夫人覺得自己肯定是管不好家裡這些亂事了，不行就考慮請個外援吧。

二、留里克——留下就不再是客

東斯拉夫人終於安頓下來，生活還是原始貧瘠，總算有了個落腳安身的地方，不管經歷了多少流浪，有了家，就有了希望。

說到這裡，老楊要申請穿越一次，回到二〇一一年。

二〇一一年中國有很多熱詞，其中一個，肯定是航空母艦。全世界的人都在傳說，咱們大連軍港裡有一艘今年就會進入大洋，可能會翻江倒海的龐然大物——中國第一艘航空母艦。

這艘傳說中的航空母艦，出生不是祕密，它是被咱們領養的，原始的出生地，在蘇聯。

上個世紀末，蘇聯解體前的那幾年，蘇聯人很抓狂，因為他們憋著勁跟美國人玩軍備競賽。武備的競賽比足球賽籃球賽刺激多了，稍不控制就有會傾家蕩產，把自己活活玩死。

二十世紀八〇年代初，蘇聯末世的張狂，預備建造第三代航空母艦。到八〇年代末，在烏克蘭的黑海船廠，漂亮的航空母艦基本成型，被命名為瓦良格號。九〇年代，蘇聯解體，根據分家的原則，這艘沒有完工的航空母艦就被分給了烏克蘭。

烏克蘭人挺硬氣，從獨立開始就張羅著要把這艘航空母艦完工，不幸的是，一分錢難倒英雄漢，最終也因為財力不足，讓瓦良格號停在造船廠幾乎成為一堆廢鐵。

瓦良格號是沒落貴族出身，一般人養不起，沉睡了好多年，終於遇上有錢人。香港的一個娛樂公司買下了這個龐然大物，號稱是要改裝成集購物娛樂一體的大型主題娛樂設施。當初雖然是這麼說，可既然被咱們買下來了，到底是當玩具還是當武器，當然是咱們自己說了算。

買了東西要交貨啊，烏克蘭人不地道，咱們買這麼大的東西，他們居然不負責運輸，還說，「小店薄利多銷哦，親！折扣最低了哦，親！不包郵哦，親！一經出售不退不換哦，親！」

因為沒有安裝動力，說是航空母艦，那時的瓦良格號其實就是一塊巨大的能漂浮的廢鐵，海上航行需要巨型的拖船拖動。比起買下它的一擲千金，瓦良格號來到中國的這趟旅程也是花費不菲，而且艱難重重。

大家看地圖，從黑海造船廠出海，第一個要經過的就是狹窄的土耳其海峽，土耳其政府出於一些不知道什麼的目的，設置了重重障礙；進入地中海後，埃及方面拒絕這個拖船隊經過蘇伊士運河，所以不得不繞道直布羅陀海峽；然後是好望角——印度洋——麻六甲海峽，終於在二〇〇二年進入了中國海，這一節地理課上得蔚為壯觀，全世界都看得目瞪口呆。

沒有錢的人家誰敢這麼玩啊，瓦良格號從黑海船廠到大連港這一路，走了一百二十三天，花費了三千多萬美金（當時美元還值錢呢）。

瓦良格號離開黑海造船廠時，很多烏克蘭船廠的老師傅們都老淚縱橫，因為他們不能親手培養瓦良格號長大成人，揚名立萬。好在中國幫他們實現了這個理想，這些老師傅很多被請到大連，繼續他們沒完成的工作。到二〇一一年，瓦良格號已經基本裝配完畢，英姿颯爽，預備在全世界各種複雜的目光中開始自己盛大的表演。

瓦良格是這個蘇聯血統孩子的乳名，雖然它已經加入中國籍，還一直沒有正式的中國名字。根據慣例，這樣的名艦，名字一般來自歷史上的海軍名將或者是名艦，這個事在咱們家比較尷尬，大家都知道，聊到海戰的歷史，中國人一般都是盡量躲起來，不參與討論。當然也沒有特別牛叉的歷史名艦讓瓦良格號繼承他們的名字，如果叫「定遠號」或者「致遠號」（甲午海戰時，中國的名艦，死得都很慘），相信廣大中國人民也不能答應。

其實，瓦良格這個名字，對蘇聯人而言代表的也是悲壯，二十世紀初的日俄海戰，俄國有艘火力強大的瓦良格號巡洋艦，因為遭到日艦的圍攻，最後不得不自沉。雖然沉了，可俄國人一直認可它的精神，所以，俄羅斯海軍有首著名軍歌就是《瓦良格號巡洋艦》，雄壯激昂，而被他們寄予無限希望的第三代航空母艦，也沿用了這個名字。

瓦良格到底什麼意思？就是維京商人的意思。最早的東斯拉夫人厚道，對來自斯堪地那維亞半島的維京人，西歐人都說他們是強盜，是海賊，東斯拉夫人說他們不過是些商人，還請他們經常到家裡玩。

回到九世紀，維京海盜狂歡的年代。斯拉夫人總算脫離了氏族公社，依然可憐兮兮的，連維京海盜都看不上他們。

對維京人來說，經過芬蘭灣順涅瓦河南下，沿著聶伯河到黑海，最後與拜占庭貿易，才算大生意，在東斯拉夫那些小公國身上浪費時間，實在沒必要。而從斯堪地那維亞半島到拜占庭的這條通路，當時被認為是世界上最繁盛最熱鬧的商道之一。東斯拉夫人眼巴巴地看著維京從自己家門口經過，裝滿貨物和金銀的船隻往來如梭，無比羨慕，在東斯拉夫人眼中，瓦良格人有文化有本事有見識，相當靠譜。

西元八六二年，諾夫哥羅德公國陷入混戰，東斯拉夫的貴族們感覺，以自己的能力無力控制這個局面了，他們認識的最有本事的人就是瓦良格人，所以就派了幾個代表去找海盜們求援。維京海盜也分族系的，被東斯拉夫人看中的這一支，在瑞典一帶據海稱王，他們的酋長叫留里克。

留里克一聽有人請他過去做老大，很配合，就帶了自己的兄弟和勇猛善戰的海盜武裝進入了東斯拉夫的小公國。留里克當然是毫不客氣地給自己一個國王的職稱，這樣一來，東斯拉夫人就有了正式的王國，而俄羅斯人正式的歷史，也就是從留里克稱王開始。

留里克在俄國歷史的形象雲山霧罩，半人半仙的，誰也講不清楚究竟是怎麼回事，甚至還有歷史學家質疑這個人物的存在。不過老楊不太相信東斯拉夫人哭著喊著請維京海盜過來當老大這個說法，我更願意相信，是留里克兄弟幾個看著東斯拉夫這片挺亂的，自說自話過來幫忙平亂，並順勢取得了對東斯拉夫人的統治權。

三、基輔羅斯的生平

1. 劫匪出身

整個沙俄的歷史，就是一部武力擴張史，那麼大的地盤都是搶來的。而擴張搶地盤這些優秀品質，幾乎是在最初的國家一成立就開始了。

統治了二十年後，留里克死了，留下繼承人叫伊戈爾，當時伊戈爾年紀小，所以留里克托孤，委託自己的姐夫（或者是妹夫）奧列格為攝政，暫領大公之位。

奧列格攝政王比留里克有進取心，他感覺斯拉維亞地方太小，地段也不好，所以順著聶伯河向南征伐。正好庫雅巴此時也被兩個瓦良格人佔據著，奧列格用計除掉了這兩個同胞，佔領了基輔，將基輔命名為「羅斯諸城之母」，以此為中心，繼續兼併了周圍所有東斯拉夫人和部分非東斯拉夫人的部族，建立了正式的羅斯國家，歷史上稱為「基輔羅斯」，依然只是個小公國，首領被稱為大公。

基輔羅斯正式建國已經是西元八八二年左右，之前斯拉夫人並不知道，世界上有奴隸這種做法，維京人見過大世面，他們是知道的，所以，奧列格在國內分化出了自由人和奴隸，窮人和富人幾個族群。可因為完全沒有奴隸制國家的累積，斯拉夫人還是不太清楚奴隸到底該怎麼用，稀里糊塗進入了封建社會。

基輔羅斯算是一個初級的國家，各部落城邦鬆散聯合，不論是留里克還是奧列格，他們對如何整合這麼一盤資源也沒有特別有效的辦法和心得。斯拉夫的貴族們組成幾個類似議會的組織，國家大事商議著辦理。可是運作國家機器需要錢啊，到哪裡去搞錢呢？

東斯拉夫部族的大部分地區，此時還維持著氏族公社的形態，集體勞作或者狩獵，然後大家分享收成。如果這時你跟他們說，國家要找他們納稅，他們是想不清楚的，我的工作所得，幹嘛要交給大公啊，國王自己不工作嗎？

好在這個問題對出身海盜的大公來說，一點兒不算問題，因為從他們記事起，就知道一個生存的規矩：想要的東西，別人不給就搶唄。

於是，大公們建立了一種非常特色的「巡行索供」規矩，每年十一月到第二年的四月，大公帶著自己的近衛侍從和親兵，開始在基輔羅斯各城邦部落巡視，老百姓的收成，直接收繳。當時該地區的產品主要有：毛皮、蜂蜜、蜂蠟、糧食等。等到天氣轉暖，大公就拿這些東西，南下拜占庭，換回紡織品、酒或者水果等奢侈品。

大公帶隊下鄉武力搶劫自己的子民，搶完後，大公想起自己不光是搶劫集團頭目，還是一個國家首腦，於是地方上有些案件官司或者糾紛上訪之類的事，就捎帶著一併處理了。

奧列格任內，兩次出擊拜占庭，都收到了很好的效果，大家回顧東羅馬的歷史，此時的拜占庭帝國，被各路神仙蹂躪，基本都是花錢買平安。奧列格商業意識敏銳，除了跟東羅馬要貢賦，還要求對方簽訂了對自己非常有利的商務條約，讓基輔羅斯到拜占庭這條商道更加風生水起，車水馬龍。

2. 雌雄雙煞

九一二年，奧列格死了，留里克的兒子伊戈爾在而立之年，成為基輔羅斯的新大公。受奧列格的影響，伊戈爾認為，國家強大的關鍵就是收拾拜占庭，逼他們簽訂不平等商貿條約，還要求逐年增加的貢賦。伊戈爾的運氣不如奧列格，第一次出征東羅馬，就遭遇了大殺器——希臘火（詳見《羅馬帝國睡著了》）。好在拜占庭神勇的時候也不多，第二次出征，基輔羅斯又如願了。

伊戈爾死得很慘，他出征拜占庭之前，已經做了一次「巡行索貢」，搶了好一堆東西，打完拜占庭，他覺得搶得不夠，預備再去「索貢」一次。在一個叫德列夫立安人的部族，當地人看大公又來搶劫了，忍無可忍，拿起武器反抗，抓住了伊戈爾，將他分別綁在兩棵樹上，扯成了兩半！維京人老當益壯，伊戈爾六十歲才生出第一個兒子，所以他死時，長子還未成年。伊戈爾的老婆奧麗加攝政，成為實質上的女大公。

俄羅斯的歷史上，風華絕代的女首腦不少，而東斯拉夫大方讓女人主事這個開放的心態，恐怕就是來自奧麗加女大公的攝政。

奧麗加風姿卓絕，是俄羅斯史上著名的美女。德列夫立安人幹掉了大公，也有些後怕，所以就慫恿自己部族的大公去向奧麗加求婚。像奧麗加這樣的女人，一玩陰謀詭計會害死很多人。她先設計除掉了組團過來求饒的德列夫立安人，據說其中很大一部分是被她活埋的。殺完後，她宣布，只要德列夫立安的首府，每家交出三隻鴿子和三隻麻雀，她就饒剩下的人不死。收到這六隻鳥，她讓人給鳥的腳上塗上焦油，然後點燃放飛，這些家養的鳥類木呆呆地飛回老家，羅斯房子都是木質建築，鳥兒帶著火種飛回來，將首府頃刻燒成白地。

能這樣花樣百出地殺人放火，奧麗加絕對不是尋常女人，最離奇的，她居然還是個基督徒！這個時期，基輔羅斯的宗教信仰還很迷茫，是某種多神教的時代，沒有確切的資料顯示奧麗加是什麼時候皈依基督教的，但對當時的基輔羅斯來說，屬於思想和作風都比較新銳了。

也許是宗教原因，更大原因還是因為奧麗加徐娘雖老，風韻猶存，所以她造訪了一次拜占庭，成為東羅馬皇帝的座上賓。據說當時的拜占庭皇帝，著名的知識份子君士坦丁七世對她表達了愛慕之情。奧麗加一邊愉快地接受了這份來自紫色皇族的曖昧，一邊為基輔羅斯爭取了更大的利益。女大公當政時期，基輔羅斯跟拜占庭的關係空前和諧，後來拜占庭發起對克里特島和敘利亞的戰鬥時，基輔羅斯都派出軍隊協同作戰（參看《羅馬帝國睡著了》東羅馬第十八）。

奧麗加一直試圖將基督教推廣進基輔羅斯，無奈老公伊戈爾無限忠於海盜事業，生於搶劫死於搶劫，當然不會信上帝；兒子呢，從小看這個基督教的老媽殺人放火手段狠辣，沒體會到基督教的寬容和美感，而且因為有伊戈爾和奧麗加這雌雄雙煞的剽悍血統，兒子更加野性難馴，進化得似猛獸，自然，也不會接受那個能讓他稍安勿躁修身養性的基督教。

3.基輔羅斯的華年

閱讀警告：之前老楊已經寫過四部歐洲國家史，「地主」們最鬧心的就是這些老外的名字，動輒威廉亨利查理一堆堆一群群冒出來。而現在要寫俄羅斯的歷史，老楊心裡就更發毛，因為大家都知道，俄羅斯歷史上諸位大俠，名字一個比一個長。老楊之前一直不太喜歡蘇聯的文學作品，就是對那些列夫、斯基之類冗長的名字頭痛，現在躲不掉了，只能咬牙堅持，也請「地主」們容忍，實在眼花撩亂的部分，老楊會按不著調的寫史風格給他們相應的外號或者代號，力求減少閱讀難度。

奧麗加的兒子，新的基輔大公，斯維亞托斯拉夫上場！之前那幾位名字都不長嘛，怎麼突然冒出這麼長的名字呢？這說明，來自維京人的基輔羅斯大公們，已經逐漸被斯拉夫人同化了，這個囉哩囉嗦一長串的，是斯拉夫人的風格。

斯維亞托斯拉夫我們不陌生，在《羅馬帝國睡著了》第十八章，他是個挺重要的人物。在那一篇裡，東羅馬皇帝同時面對穆斯林和保加利亞人的威脅，於是花重金請這位羅斯大公幫著收拾保加利亞人，斯維亞大公不僅按約定完成了皇帝交代的工作，還在多瑙河住下不走，預備將基輔羅斯的中心搬到多瑙河口，進而佔領巴爾幹半島甚至吞掉拜占庭。

根據歷史記載，斯維亞大公造型很狂野，光頭，留著一縷額髮，左耳帶一個寶石耳環，魁梧健壯，腦袋大脖子粗，胸肌發達。生活習慣也是狂放型的，他出征幾乎不帶行李，餓了就烤馬肉吃，睏了就枕著馬鞍睡在地上；打仗時，喜歡衝鋒在前，深受士兵愛戴。他十五歲開始遠征，保加利亞及周邊的不少國家都見證過他的「風采」，還征服過外高加索，為基輔羅斯的版圖擴張做出了巨大的貢獻。

這種粗放型統帥，在戰場上只能佔一時的便宜，一旦碰上學院派的軍事專家，就很容易吃大虧。東羅馬的歷史裡，老楊描述了斯維亞大公的下場，他被拜占庭英俊的約翰皇帝圍在多瑙河重鎮——德里斯特拉堡，糧草耗盡，不得不投降認輸，約翰皇帝大度地放他回家了。

東羅馬史裡說過，拜占庭出手，從來不會只用軍事行動這麼單一的手段，在約翰皇帝對大公動手前，先勾結了基輔羅斯傳統的仇家——頓河下游的佩切涅格人（突厥的一支）。斯維亞回家的路上，經過一個險灘紮營休息時，一些佩切涅格人跳出來，抓住了大公，切掉了他的腦袋。大公的頭骨被鑲上黃金，製成了「杯具」，給突厥人用來喝酒了。

斯維亞大公死時不過三十歲，雖然留下了三個兒子，卻沒有留下相應的規矩。斯拉夫人在繼位的問題上，一直就稀里糊塗，他們沒有長子嫡出的概念，只要是自己生的，都應該享受完全平等的權利。於是大公死後，他三個兒子開始爭位。

三兄弟互相打了八年，把一個興盛的基輔羅斯打得很殘破，大公的權威也被削弱。終於，最小的兒子弗拉基米爾勝利，九八〇成為羅斯的新大公。

弗拉基米爾的故事在東羅馬史中也介紹過了，當時的拜占庭皇帝巴西爾二世初登大寶，國內有反叛，他不得不向羅斯求援，條件是將自己的妹妹，生於紫色寢宮，尊貴的安娜公主嫁給弗拉基米爾，附加要求是，弗拉基米爾皈依基督教。（《羅馬帝國睡著了》第十九）

從拜占庭的角度講歷史，當然是認為，弗拉基米爾對拜占庭無限敬仰，無比忠誠而皈依的，其實弗拉基米爾自己是經過了慎重考慮的。

隨著基輔羅斯封建制度的鞏固，地主階級也越來越強勢了，舊的宗教信仰彷彿是不能適應新的統治要求，而當時歐亞流行的各種宗教都派人到羅斯的地盤上傳教，希望能爭取這片新興市場。

弗拉基米爾看著這些讓人眼花撩亂的宗教，就派了幾個人出去考察，哪個宗教好，就加入哪邊。

哪個宗教更好？這是全世界最艱深的課題，研究到博士後都不會有成果。可人家羅斯人就能分辨得清楚。

首先弗拉基米爾大公否定了伊斯蘭教，理由很簡單，穆斯林不許喝酒，讓羅斯人不喝酒，哪個神仙都做不到；其次，猶太教肯定也不行，如果猶太教真有用，猶太人怎麼會混得那麼悲催呢？剩下就是羅馬天主教和拜占庭的東正教了，雖然此時兩大教派還沒有正式分裂，但是很多教義已經有了明顯的分歧。

弗拉基米爾綜合考慮了一下，最終還是選擇了東正教，隨後，他組織了所有他能抓到的羅斯國民，要求他們集體下聶伯河受洗，正式成為基督教徒。弗拉基米爾這一次組團下河的行動，基本確定了俄羅斯歷史的發展軌道，他當時恐怕想不到，這種宗教的選擇對整個羅斯甚至世界歷史的影響都是巨大的。

九六六年，弗拉基米爾在基輔建造了俄羅斯史上第一座教堂，因為大公捐出了自己收入的十分之一用於建設，所以被稱為什一稅教堂。

隨著東正教入主基輔羅斯，拜占庭式的制度和統治秩序也進入了這個落伍的國家。東正教對羅斯最明顯的作用是：終於最終確立了基輔羅斯自己的文字。弗拉基米爾按拜占庭的模式興辦教育，確立司法制度，以前多神教那些愚昧落後的習俗和生活方式也被廢除了，總算，基輔羅斯的大公有個國王的樣子了，而這個東斯拉夫人的家園這才算正式進入一個封建制的國家了。

弗拉基米爾在位，重點防禦佩切涅格人的進犯，稍有空閒，他就出兵波蘭和立陶宛，從他們手裡搶了不少土地。波蘭是個天主教國家，加上領土爭執，俄國和波蘭之間悲劇性連綿不絕的敵意由此時就算開始了。

學習拜占庭的先進文化先進制度，基輔羅斯人開化了不少。但是就傳位這件事，總是一腦袋漿糊。基督教規定，只有嫡出長子才享有繼承權，弗拉基米爾覺得，手心手背都是肉，拒絕接受這一條，堅持兒子們享有平等的繼位權。犯這種傻，明白就是慫恿手足相殘，弗拉基米爾婚內婚外共有兒子十個，女兒兩個！

十個兒子互相打吧，勝者為王，敗者為屍。這段爭位故事，老楊在《德意志是鐵打的》第五章中大致描述過。大王子殺掉三個弟弟，正預備對另一個弟弟雅羅斯拉夫下手，這個弟弟趕緊召集了各路幫手打群架，波蘭和德意志都捲入其中，最後，靠著瑞典雇傭軍的幫忙，雅羅斯拉夫獲勝，取得大公之位。

雅羅斯拉夫應該是基輔羅斯歷史上最有文化的大公，被稱為「智者」，基本可以說，雅羅斯拉夫大大公時代是基輔羅斯最興盛的華年，大公本人幾乎可以說是當時全歐洲最顯赫的君主。

按說基輔羅斯不過是個東歐小公國，為什麼雅羅斯拉夫能取得這麼高的聲望呢？會生孩子唄。大公自己娶了瑞典公主，所以爭位時獲得瑞典的全力支持；三個兒子分別迎娶了歐洲三位公主；三個閨女，一個嫁給匈牙利國王，一個嫁給挪威國王，一個則是法蘭西國王亨利一世的王后。法王亨利一世對羅斯公主言聽計從，而她生下的王子被起名為腓力，導致後來好多法王都叫腓力，腓力是個傳統的希臘名字，法蘭西之前並沒有人叫這個，顯然，這個名字來自於基輔羅斯。這樣的聯姻結果，歐洲好些國王都要叫羅斯大公為「公公」或者「岳父」，他當然地位尊崇。十一世紀歐洲到處兵荒馬亂的，經常有王公貴族需要逃跑避難，大公來者不拒，一概歡迎，以至於後來不少人覺得欠他人情，讓他在歐洲，人緣非常好。

之前每一位基輔羅斯的大公都要到拜占庭去耍一下武力，雅羅斯拉夫也不能省這趟路程，這一場遠征，是羅斯對拜占庭的最後一戰，羅斯軍隊打輸了。好在其他的征伐還挺順利，收回了爭位時，大哥割讓給波蘭的領土，戰勝了立陶宛、芬蘭和愛沙尼亞。

雅羅斯拉夫是內政處理得最好的羅斯大公，他下令將《聖經》翻譯成了斯拉夫的文字，還編撰了俄羅斯最早的法典。基輔壯美的索菲亞大教堂也拔地而起，至今完好無損，是古羅斯建築的代表作。受拜占庭藝術的影響，基輔羅斯蓋出來的教堂，大都頂著圓圓的蔥頭帽子。

大公自己是個學者，會說好幾種語言，博覽群書，所以他按自己成才的辦法，想把孩子們也培養成知識份子。遺憾的是，讀書有些時候真不能改良道德血液，雅羅斯拉夫雖然是個智者，對兒子繼位的問題也磨嘰。他自己跟大哥爭位，鬧得血光沖天，就不想兒子們也手足相殘，臨終時，他交代了長子繼承的規矩，並教育五個兒子要團結友愛，給他們界定了自己的地盤，讓他們各守自己的位置，不要打架不要互相砍。五個王子當時答應得很好，老爸一閉眼，爭位戰又開始了。

4. 基輔羅斯的暮年

基輔羅斯逐漸成為一個正式正規的國家，因為整天擴張和打仗，少不得要封賞手下，跟其他封建制國家一樣，必然經歷一個地主或者軍閥割據的過程。雅羅斯拉夫死時，基輔羅斯內部各路諸侯也成長壯大了，而伴隨著幾個王子的自相殘殺，諸侯們的勢力更加相應成長，很多小公國根本不把基輔的大公放在眼裡，更有幾個實力雄厚的，公然就獨立了。

雅羅斯拉夫的兒子們把國家打成一盤散沙，孫子卻雄心壯志想重新讓其統一。雅羅斯拉夫的第三個兒子娶了拜占庭皇帝君士坦丁九世的女兒，生下的兒子結合了曾祖父和外祖父的名字，叫弗拉基米爾・莫諾馬赫（暈死），按規矩，我們稱他為弗拉基米爾二世。

基輔羅斯已經形成了諸侯格局的局面，正逐漸形成各自為政的大小各公國，基輔大公的地位有點不尷不尬，權威性逐年下降。弗拉基米爾二世在位，最重要的工作就是企圖讓基輔羅斯這一盤散沙重新成塔，再次統一。

弗拉基米爾二世一輩子做得最好的工作，是根據他祖上的經驗教訓和他自己的經歷，寫了一部留給子孫的《家訓》，現在我們對當時大小事件的研究，很多都來自於這本教科書。《家訓》是本挺靠譜的親子教育書籍，老楊最印象深刻的句子是：要堅持救濟無家可歸的孤兒，至於要不要救濟寡婦，則有你自己決定。

《家訓》中說，弗拉基米爾二世一生征戰無數，跟各方向不同的族群都幹仗，而讓他耗費精力的，則是對付黑海北部欽察草原上的突厥人，羅斯人稱他們為波洛伏齊人。據大公自己的統計，大小戰役打過八十三次。

早先弗拉基米爾二世的父親叔伯爭位，所以到弗拉基米爾這輩，他跟堂兄弟們關係並不好，他的一個堂兄還公然跟突厥人聯手跟他對峙，並分裂國家。弗拉基米爾二世召集了幾次羅斯大公的聯誼會，曉之以理動之以情，告訴他們，在對付突厥人的問題上，羅斯內部，真不能起鬨架秧子敲邊鼓或者內訌內耗內鬥，應該緊密圍繞在以大公為領導的中央周圍，同心同德團結戰鬥。思想工作做得不錯，後來，羅斯幾次出擊欽察草原都獲得了成功，基本化解了來自欽察草原上波洛伏齊人的威脅。

弗拉基米爾二世作為基輔羅斯的大公僅僅十二年，他的努力並沒有重新整合基輔羅斯，他死後雖然兒子孫子也都表現不錯，可是，基輔羅斯的運勢已經走到了盡頭。欽察草原上的狼群被羅斯的軍隊嚇住了，然而頭狼是嚇不住的，一匹來自東方的頭狼遠遠地看中了這片遼闊的草原。

四、金帳汗國

1. 絕世的頭狼——成吉思汗

從我們學歷史開始，都習慣於將元和清這兩個朝代，看作我們幾千年中華文明的一部分，也非常自然地將這兩朝看作中國歷史正常的朝代更替。如果純粹從大漢民族的角度來看，這兩朝統治期間，我們必須承認是華夏大地的淪陷，可以說是漢民族被這兩個當時的異族侵略佔領欺壓了近三百年。好在大漢民族的文化太深厚博大了，這兩個「異族」雖然當時佔領了我們的河山，卻沒有更好更先進的文明來同化大漢的人民，而最終被漢族同化，成為我們這個多民族國家的一部分。那段時間裡，華夏和基輔羅斯是難兄難弟，都被一個草原游牧民族的鐵蹄踐踏。這一篇，老楊講講人類史上最有效率，最有規模的蒙古征伐。

跟俄羅斯的歷史一樣，寫蒙古人的歷史也要面對稀奇古怪晦澀拗口的人名，好在有個叫金庸的老爺子寫過一部《射鵰英雄傳》，讓我們接下來要介紹蒙古大叔們，顯得親切多了。

在地圖上找到俄羅斯、中國和蒙古交界的地帶吧，從前，有一個游牧民族在額爾古納河東岸溜達，後來他們遷徙到現在鄂嫩河、克魯倫河一帶，以後就長期在這一帶放牧繁衍。鄂嫩河，又叫斡難河，被認為是蒙古的發源地。

這個叫蒙古的游牧部落此時可不是整齊劃一地行動，他們也是由各種氏族部族組成。本篇的主角是其中一個叫「泰亦赤兀惕」的氏族，首領名叫也速該。

某天，也速該在斡難河畔打獵玩，碰上一個倒楣鬼。倒楣鬼名叫也客赤列都，也是一個氏族的首領。赤列都當時正好從另一個部落娶親回來，帶著新婚妻子，快樂地從也速該狩獵的地方經過。古蒙古人很文明，同一個部落，貴族之間是絕對不通婚的（根據當代科學的研究，血緣較遠父母，優生的機率比較高，古蒙古的這個婚俗，可能是後來蒙古人孔武剽悍，能征善戰，到處跑也不會水土不服的重要原因），所以男孩子到了歲數，就要去另一個部落把自己預先定下的老婆領回家。

也速該從小獵鷹，眼神極好，他突然眼前一亮，腦子猛地熱了，因為他確信，赤列都帶著那位麗人，是他這輩子從沒見過的美女。蒙古人直性子，看上了絕對不會躲在家裡單相思，他叫上自己的哥哥和弟弟，張牙舞爪就追上去預備搶親。

赤列都看著這三個彪形大漢撲上來，還以為碰上打劫的。他老婆不僅美麗，還冰雪聰明的。她一眼就看出這三個如狼似虎的大漢是奔自己來的，於是對赤列都說：「他們是為我來的，肯定是要殺你，你快走吧。只要保住性命，何愁沒有女人，如果實在放不下我，以後就用我的名字呼喚你的女人好了。」說完脫下自己的外套，送給赤列都做個念想。赤列都抓著這件紀念物含恨而逃，以後的日子，他經常念叨的名字是：訶額侖。

也速該搶親成功，訶額侖也爭氣，一口氣生下四個兒子一個女兒，而生第一個兒子時，也速該正參加本部落對塔塔兒人（另一個游牧部落）的復仇戰，並生擒了對方的首領，鐵木真・兀格，所以他就為自己的長子取名為鐵木真。據說鐵木真出生時，手上握著一個巨大的血塊（蒙古人對帝王的傳說不講究，我們大漢的君主出生時，一般都是天降五色彩霞，紅雲漫天之類的）。

鐵木真出世了，蒙古人的好日子還會遠嗎？也速該也這麼想，所以想給長子找個好閨女做老婆。兒子九歲那年，也速該預備帶著鐵木真去找舅父的部落，看有沒有合適的兒媳婦。路上，也速該遇上了另一個部落的首領德薛禪。

德薛禪會看相，他當時就發現九歲的鐵木真「目中有火，面上有光」，於是堅持將自己的閨女孛兒帖嫁給他。也速該也會看相，他到德薛禪家一看，就確定了這位長媳，孛兒帖比鐵木真還大一歲。

蒙古規矩，定了娃娃親後，男孩子要在女孩子家住一陣子，包辦婚姻還考慮要培養感情，再次證明蒙古人文明。也速該留下孩子，自己回家了。

當時的蒙古草原，各部落恩怨情仇的，防範意思少一點都不行。歸途中，也速該碰上一些塔塔兒人大塊吃肉大碗喝酒地飲宴。塔塔兒人非常客氣，邀請尊貴的也速該入席同樂。大約是兒子的事辦妥了，也速該心情好，沒心沒肺地忘記了，他曾經跟塔塔兒人打得頭破血流呢。塔塔兒人可沒忘，非常客氣地給也速該的飲食裡加了特別作料，毒死了這個大仇家。

也速該顯然是笨死的，留下孤兒寡母。鐵木真當時還小，還不能繼承父親的酋長之位，為了防止鐵木真成年後對首領地位的要求，當時主事的部落領導們居然將鐵木真一家趕出了部落，讓他們自己去流浪。

這時顯示出了也速該在看女人方面的天才眼光，訶額侖不僅是個絕色美女，會生兒子，遇上這種天翻地覆的變故，在危急關頭還能淡定堅忍，吃苦耐勞，將幾個孩子培養成人，更繁衍出一個震古鑠今的黃金家族，成為古往今來最成功的單親媽媽。

鐵木真不僅僅只有兄弟四個，也速該還有兩個小妾，各生了一個兒子。嫡出和庶出的六兄弟，關係上總是容易出現隔閡。訶額侖以一個女人罕見的大度和智慧一直平衡著這個被部族拋棄，朝不保夕的家族內的各種關係，從小就勸誡這兄弟六個，只有他們精誠團結，互相扶持，才有可能報仇並拿回本該屬於自己的部落。

雖然兒子們對母親都是孝順聽話的，可兄弟之間的裂痕卻是彌合不了的。矛盾越積壓越多，終於有一天，鐵木真和親弟弟合撒爾就決定殺掉其中一個庶出的兄弟——別克帖爾。

跟漢民族的觀念不同，咱們歷史上最精彩的帝王唐太宗殺掉了哥哥，後來的史書，一直隱晦曖昧，覺得這是太宗皇帝終生的污點。而鐵木真殺弟，下手可比太宗皇帝殘忍多了，他和合撒爾拿著弓箭前後包抄了別克帖爾，別克帖爾正在放牧，手無寸鐵，於是坐下，接受了自己的命運。這兩個哥哥在他前後各放一箭，分別從前胸和後背穿透了身體。

這樣鎮定自若地殺掉自己的親弟弟，蒙古的歷史書描寫得也很淡定，似乎大家都不認為這個事會影響大汗的光輝形象。

歷經重重辛苦，逃過部族幾次斬草除根的追殺，吉人天相、大難不死的鐵木真終於長大了。雖然鐵木真一家還是很窘迫，但他的岳父德薛禪並沒有食言悔婚，看到來迎親的十七歲的鐵木真還非常心痛，於是帶著老婆一起，親自送親，將女兒孛兒帖送到了鐵木真家裡。孛兒帖的母親不捨女兒，還陪著住了好幾天才走，臨走時，依依不捨地將一件昂貴的黑貂皮斗篷留給了女兒，而這件黑貂皮斗篷後來成為鐵木真一生最重要的道具之一。

鐵木真家一直受到父親原來的部落和塔塔兒人的追殺，他們忘了，仇家其實還有。當年也速該搶了別人的老婆，被搶的赤列都屬於蔑爾乞惕部落。有一天，蔑爾乞惕人來報仇了。當時鐵木真家只有九匹馬，能讓家裡九口人騎上逃命，可全算上，不止九口人啊，鐵木真選擇得很果斷，他丟下了新婚妻子孛兒帖逃走了，孛兒帖落在蔑爾乞惕人手裡，這一輪因果報應真是快。

此時的鐵木真已經不想再到處跑了，他預備掌握命運，他要組織一場反擊，搶回自己的老婆，也讓整個草原知道，也速該的兒子不再躲了，所有的仇家都放馬過來吧。

其實草原上，鐵木真一家也不光只有仇家，某個很大部落首領王罕（王罕是當時金國的冊封，本名叫脫斡鄰勒），早年曾得也速該幫助奪取汗位，兩人還結為安答（結義兄弟）。結婚後不久，鐵木真找到王罕，送上了那件名貴的黑貂皮斗篷，跟王罕說，自己的父親沒了，希望能尊王罕為父。王罕收了禮，表示了自己沒有早點照顧他們兄弟的遺憾，並答應隨時幫助鐵木真拿回也速該的酋長之位。

鐵木真十一歲的時候，還認識了一個小孩，名叫札木合。兩個少年在草原上偶遇，成為摯友，當然也結拜為安答。一起嬉戲，一起狩獵，無話不談，晚上睡覺還蓋一床被子。兩人的成長過程中，為了確定這種親密無間的關係，三次結拜互贈很多禮物，看著像是比親兄弟還親。

札木合也成長為一個很有實力的部落酋長了，面對鐵木真安答的求助，他爽快地答應發兩萬大軍幫安答搶回老婆。

這是鐵木真征服生涯的第一戰，主要目的是搶老婆，顯得不太體面。然而就是這一戰，幫助鐵木真確立了自己的江湖地位，並培養了屬於自己的隊伍和人馬。客觀地說，這一場對蔑爾乞惕人的大戰，最重要的人物應該是札木合，他的戰鬥經驗和指揮有度是勝利的關鍵，我們不能指望鐵木真一出山就會打架。

對蔑爾乞惕人的戰爭讓這個部落從此沒落，鐵木真繳獲了大量牲畜發了橫財，而他父親的舊部和屬民見他很有潛力，是個高速成長績優股，都趕過來入夥，鐵木真也有了自己的隊伍。戰鬥的第一目的也達到了，孛兒帖被找回來，九個月後，她生下了鐵木真第一個兒子朮赤。所有人都在背後議論，這孩子是蔑爾乞惕人的野種，但是鐵木真一直堅持，這就是他親生的兒子。

戰後鐵木真的部落和札木合部落聯合行動，在草原上同居，共同生活了一年半。

兄弟間的矛盾是從什麼時候開始的，為什麼呢？這些事，鐵木真自己都毫不敏感。倒是孛兒帖看出了端倪，她從札木合的話裡話外感覺到了札木合的厭倦，他想分手了。

鐵木真和札木合是兄弟，是安答，又不是兩口子，還能有厭倦分手的時候嗎？是啊，隨著實力的成長，這兩個草原上難得一見的絕代雙雄都有了更大的念頭，那就是統一蒙古各部，成為草原上唯一的大汗。一個草原容不下兩個頭狼，同時存了成為老大的念頭，兄弟情誼自然也就淡漠了。

分吧，沒有不散的宴席，鐵木真趁夜開拔，離開了札木合，札木合明明知道，也沒有挽留。天亮之後，大家發現了一件奇怪的事，鐵木真不僅帶走了自己的部屬，居然還有很多札木合部落的人馬甚至親隨跟著一起走了！鐵木真絕對沒撬兄弟的牆角，這些人全都是自願轉投鐵木真的門牆。

蒙古歷史描述鐵木真時，經常說他有非凡的個人魅力和領袖氣場，很多人跟他認識就願意與他結交，並追隨他流浪，從札木合的部屬跟他出走這件事來看，這個評價應該是真實的。

鐵木真獨立了，蒙古各部族很多人風聞來入夥，還有長老親王之類的蒙古貴族，這些人一討論，決定推舉鐵木真為蒙古大汗。

朝不保夕的流浪兒成為大汗，草原上飄散著酸溜溜的空氣，這不是優酪乳發酵，是其他人的嫉妒。雖然王罕和札木合表面上都表示沒有異議，還發來賀電祝賀鐵木真登位，但是，誰都知道，這倆人絕對不會真的臣服。

尤其是札木合，推舉鐵木真的蒙古親王中，有兩個曾經是札木合的部下，這個事讓他更加生氣。以札木合的智慧，他總不能說是不服自己的安答而動手發難吧，他會等機會，等藉口。

札木合的弟弟搶走了大汗一個部從的馬群（這部從也是從札木合那邊跳槽過來的），親隨去追擊時，一箭將札木合幼弟射死，札木合將此事歸咎於大汗，兄弟間的大戰拉開了帷幕。

大汗和札木合的這一仗，算是他在草原上揚名立萬第一戰，此戰後，之前押寶不定，猶豫不絕不知道該投靠哪邊的蒙古部族都買定離手，拜服在大汗麾下，比較離奇的是，這個真正奠定了大位的重要戰役，居然是大汗戰鬥生涯中罕見的敗仗。

一一九〇年，札木合聯合蒙古十三部，共三萬聯軍進攻大汗，此時大汗麾下也有人馬三萬，他將三萬人分成十三翼作戰，所以歷史上，這次戰役就被稱為十三翼之戰。

此時的鐵木真，在軍事修為上恐怕還是遜了札木合一籌，大戰後敗逃到斡難河上游的峽谷中。札木合並沒有追擊，因為他有其他娛樂：所有抓住的青壯俘虜，用七十口大鍋煮死！手段太殘忍了，連蒙古人都看不下去了，導致更多的札木合的部從和其他的蒙古部族紛紛加入了敗軍鐵木真這邊。

兵敗後的大汗有人馬有實力有威望，所有他之前的仇家就要倒楣了。一一九六年，金國征討塔塔兒，見此機會，大汗趕緊拉上王罕趁火打劫。塔塔兒被金兵擊潰敗逃後，正好落在大汗和王罕的手裡，幾乎被全殲。

這一戰再次讓成吉思汗收穫了大量財物，更好的是，大金感謝成吉思汗出兵幫忙，冊封了他一個「札兀惕忽里」的官職，大約就是蒙古部落的最高行政長官，當時金國在該地區算是領導，他的冊封讓大汗的地位獲得了一個官方認證。

一二〇二年，大汗正式出擊塔塔兒部，替父報仇。雙方展開大會戰，鐵木真的軍隊儘管損失慘重，還是取得了勝利。大汗的脾氣從這時開始有點兒暴躁了，他下令，所有塔塔兒的男人，只要身高超過車軸，一律殺死。血流成河的畫面肯定是讓蒙古人有點 high，也就是由此時起，蒙古的征伐定了規矩，那就是：屠城。

除了這個反人類的規矩，大汗還正式頒布了軍隊的作戰紀律：打仗時，必須專心打仗，不論看到什麼好東西，都不許一邊打仗一邊搶劫，因為只要打贏了，所有的東西都是自己的。而所有打架繳獲的財物，必須上繳，統一分配。也就是這個紀律，讓蒙古軍隊打仗時心無旁騖，更加驍悍。

在進攻塔塔兒的過程中，作為盟軍的王罕部私下攻打別的部族賺外快去了。大汗每次戰爭收穫的財物都分給王罕，而王罕此次擅自出擊收穫的財富卻沒有分給大汗，大汗一直很顧念跟王罕的「義父子」之情，不過王罕更顧念親生的父子之情。

王罕被乃蠻人欺負，妻兒老小都被搶走，大汗派手下「四傑」支援，重新幫助王罕恢復了汗位。王罕感激之下，就說要認鐵木真為義子。王罕自己有個親生兒子，名叫桑昆，他當然不願意無端多了這麼個大哥，而以這位大哥的聲勢，將來肯定毫不客氣收編王罕的部族。

鐵木真是個實誠人，他沒感覺到桑昆恨他，他還想親上加親，讓桑昆的兒子娶自己的女兒。誰知桑昆一點面子都不給，說是婚事不半等，他們家伺候不起大汗的公主，直接拒絕了。大汗方面都說桑昆這小子，很不是東西。

札木合還一直在草原上溜達呢，找到機會就啟釁搞事，只是「十三翼之戰」後，他再也沒取得什麼優勢。聽說桑昆和大汗交惡，他趕緊跑去接洽，希望能聯手除掉鐵木真。桑昆是親生兒子，王罕表面上對大汗客氣，心裡肯定也嫉妒，被札木合一忽悠，就答應聯手對付鐵木真。

桑昆出面，說是自己經過慎重考慮，決定還是答應大汗的婚事，請大汗過去會談。大汗帶著少數隨從出發了，儘管有人提前向大汗預警，還是遭遇了突襲，倉促之下迎戰，大汗的軍隊損失慘重，敗逃而去。

這就算正式跟王罕翻臉了，一二〇三年，大汗發動合蘭真沙陀之戰，一舉殲滅了王罕父子的部族。王罕父子逃走被異族所殺，第二年，札木合被俘送到大汗面前。糾纏了大半生的情和仇終於了斷，札木合向大汗求死，鐵木真滿足了安答最後的要求，並給於厚葬。

一二〇六年，大汗基本統一了蒙古草原各部，所有的部族在斡難河源頭召開大會，尊鐵木真為「成吉思可汗」，史稱成吉思汗，成為蒙古的最高領袖，並將帶領蒙古人建立一個龐大的蒙古帝國。

2. 狼群的狂歡——蒙古西征

蒙古慢慢發展壯大，可依然要臣服於金國之下。以大汗這種脾氣，他是不會降服金國朝廷的，所以，在拒絕對金國皇帝的朝拜後，大汗啟動了伐金之旅。長期的高密度範圍廣大的戰爭，對後勤保障要求很高，大汗必須一手抓軍事，一手抓經濟，因而非常重視跟西亞的通商關係。可沒想到，西亞的某個小國居然敢冒犯天威，蒙古軍隊從來不慣任何國家的毛病，對成吉思汗來說，全世界都是他的殺場，該出手時必須出手。於是，震驚了整個歐洲的黃禍——蒙古西征，在一二一八年拉開了帷幕。

將大汗的鐵騎引入歐洲的小國，叫花剌子模。花剌子模是古代中亞地區的明星國家，全盛時其版圖覆蓋現在的哈薩克斯坦、烏茲別克斯坦、土庫曼斯坦、伊朗、阿富汗大部分地區，文明深遠，文化發達，曾被稱為「中亞的埃及」。

因為地理位置優渥，卡在東西商道上，花剌子模還是個經濟貿易非常繁榮的地帶。早先他們是隸屬於波斯的小國，吞併波斯後發展壯大，就失去了平常心。到十二—十三世紀，他們對東部鄰居，尤其是日漸壯大的蒙古，也萌發了佔有的念頭。

大汗對花剌子模剛開始還真有結納之心，希望跟這個國家建立更有效更有利的貿易聯繫，所以在一二一五年派了一個師團，攜帶大量金銀財寶過去套交情，目的是使雙方締結一份通商的協議。沒想到，在花剌子模境內，經過地區的總督竟然說這個商務使團其實是間諜，上報國王後，將四百五十名團員全部屠殺，劫掠了他們的駱駝和財物。

蒙古軍隊該時正全力攻打金國，大汗雖然震怒，還是派去使者，要求對方交出主凶，能將這場國際糾紛以和平方式解決，沒想到，被派去的外交人員被剃掉鬍子趕回家，花剌子模的國王顯然是闖禍還不怕事大。

一二一八年，蒙古滅了西遼，西遼原來擋在蒙古和西亞之間，現在這道屏障一打開，花剌子模就在大汗的眼前了。

蒙古軍隊對花刺子模的征伐，我們都不陌生，因為有部叫《射鵰英雄傳》的歷史書描述過這段故事，蒙古軍團主要指揮是郭靖，軍師是丐幫幫主黃蓉，捧著一本叫《武穆遺書》的祕笈自學成才。根據金庸老爺子的介紹，蒙古軍隊對花刺子模動武，因為郭靖的慈悲為懷，一直有仁有義有禮有節。

其實，這一次的蒙古西征是大汗親自指揮發動的，其先鋒部隊就是我們都認識的哲別和速不台。大家都知道，整個蒙古人的遠征史基本就是一部屠殺史，所到之處家破人亡，生靈塗炭。歷史上大面積侵略的帝國也不少，蒙古人除了是侵略面積最大的，也是作為侵略者名聲最差的。尤其是對花刺子模一戰，因為抱著復仇之心，所以下手益發慘烈，屠城是規矩，標準程序是殺完了人，還放火。要知道，花刺子模是阿拉伯和波斯兩大文明精華的傳承，家裡各種藝術尤其是城市建築是古代文明的著名瑰寶，託蒙古人的福，現在我們都看不見了。

一二二〇年，蒙古大軍將花刺子模的都城撒馬爾罕圍個水洩不通，這個都城出名是固若金湯，都說沒有三五年不能被攻破，結果，大汗用了五天時間，佔領這座名城，並習慣性地將其摧毀為白地。花刺子模的國王從前期的極度自負到悲催絕望，趁國破逃出了首都，跑到裡海一個小島上，憂鬱而死。當時沒有微博，國王客死海島這麼大的事也沒人第一時間公布，以至於哲別和速不台不明所以，持續果斷追擊，這一追，就追入了欽察草原。

現在輪到我們的主人翁出場了，基輔羅斯國的各位大爺忙什麼呢？繼續窩裡鬥，鬥得熱火朝天，此時的羅斯，實質上已經分裂為各自為政互相敵對的若干小公國，而整個東斯拉夫人的族群，因為語言和文化上的些許差異也分化成三個部族，東部的俄羅斯民族，西北的白俄羅斯，西南的烏克蘭。

弗拉基米爾二世在位，基輔已經沒落，他建立了一個新的城市，叫弗拉基米爾城，從此羅斯公國以此地為中心運轉，弗拉基米爾大公成為所有大公的老大，說是老大，那些分裂的小國也不見得聽他的。

蒙古大軍進入欽察草原，我們就納悶了，同樣是草原游牧部落，打架的本事怎麼差別這麼大呢？原來在欽察草原上稱王稱霸的波洛伏齊人被蒙古軍隊打得四散逃竄，無奈之下，他們不計前嫌去找過去的仇家羅斯人幫忙，羅斯諸公風聞蒙古人的戰績也有些唇亡齒寒的惶恐，於是南部諸國罕見地連縱了一次，幾個羅斯大公加上波洛伏齊人組成聯軍，預備在聶伯河下游決戰，將「黃禍」阻擋在家門之外。

一二二三年，在頓河旁的迦勒迦河上，蒙古軍團跟羅斯軍隊展開第一場決戰，哲別和速不台加上大汗長子朮赤的援軍不過三萬，羅斯大公卻集結了近十萬大軍。跟蒙古人打仗，人多並不好用，況且，羅斯各路人馬離心離德是常態。打仗大忌就是各自為戰，更不用說還有些不懷好意的諸侯，樂得看到同胞被蒙古人削弱。在這個背景和心態下，羅斯軍隊自然是慘敗，損兵七萬，六位大公戰死或者處死，還有幾十名貴族丟了性命。

迦勒迦河之戰是蒙古軍團進入歐洲的第一場大戰，戰後，這次征伐所佔領的土地都被大汗封給長子朮赤，朮赤死後，由其次子拔都繼承，並以此為根據地，按照蒙古軍團的作戰習慣，開始深入了解羅斯公國，預備將其一口吞併。

一二二七年，成吉思汗病死在六盤山附近，留下三道著名的遺囑，指定了接班人，還為後代安排了滅掉西夏、金、宋的方略。成吉思汗的繼承人三子窩闊台嚴格遵循了大汗的遺囑，完美漂亮地滅掉了西夏和金國。一二三六年，窩闊台啟動了第二次西征的大業，他下令蒙古皇族貴族部族都遣自家的長子長孫加入這場遠征，所以歷史上，又被稱為「長子西征」，而領導這次西征的統帥，就是拔都。

黃金家族又來了。黃金家族是指的成吉思汗的直系子孫：朮赤、察合台、窩闊台、拖雷和他們的後代，之所以叫黃金家族，肯定是因為他家的黃金多唄。

傳說窩闊台跟他爹不一樣，生活很奢靡，有點花花公子的作派，最喜歡開party。一聚會，他就開放金庫給來賓參觀，那些重重疊疊的大小黃金白金、珍珠瑪瑙、絲綢古玩，要多少有多少，看得人眼暈，所以就有了黃金家族這個名字了，不代表某種高尚的血統，純粹有點暴發戶。

大家都認為黃金家族打仗靠的是他們草原野狼一般的驃悍喋血的特質，最巔峰的時候，蒙古鐵流席捲歐亞大陸四十多個國家，收服了各種種族七百多個，大家真以為這件事，僅憑匹夫之勇就能做到？其實，每次長途征戰前，蒙古軍隊都會先派情報員潛伏在目的地，收集情報，等待時機，蒙古軍隊對每個國家動手的時候，都是該國家內部出現了問題的時候，大汗雖然沒什麼文化，也沒讀過《孫子》、《老子》之類的東西，但他天生知道「知己知彼，百戰不殆」，而被他欺負的很多國家，國破家亡了，還不知道兵臨城下的是哪路神仙。

比如羅斯，已經四分五裂得如此徹底，迦勒迦河大敗後還不自省，繼續內訌，這等於就是通知蒙古人，收了這些人算了！

蒙古的第二次西征歷時六年，大約在一二四〇年左右，羅斯境內諸國就已經臣服在蒙古的馬蹄下。俄羅斯的歷史上，唯一沒有被他家那地獄般的惡劣氣候拖垮的敵人，就是蒙古軍隊。蒙古人還最喜歡冬戰，尤其是冰面作戰，他們花了一周不到的時間，就佔領了羅斯的中心弗拉基米爾城。

好在時值春近，冰凍的大地尤其是河流開始解封，蒙古戰馬身材矮小，不喜歡陷在泥濘裡舉步維艱，也再不能順著冰面渡過河流，所以，蒙古大兵掉頭南下，如此一來，西北方的諾夫哥羅德公國得以躲過了蒙古軍團的兵鋒，難得地沒有被滅國。

佔領羅斯後，蒙古大軍向西的大軍兵分兩路，一路向波蘭，一路向匈牙利，步步推進，西歐各種騎士兵團近六十萬人擋者無不披靡，這股差點滅亡了歐洲的「黃禍」一直蔓延到多瑙河畔。

一二四一年，窩闊台很不合適宜地駕崩了，都知道黃金家族哥幾個每遇汗位之爭都不淡定，西征軍統帥拔都此時也趕緊回家，生生終止了這次氣貫長虹的遠征，放了西歐諸國一條生路。

黃金家族的子孫中，拔都是個佼佼者，且不說他是卓越的軍事統帥，在爭權奪利的事情上，他也能保持理性和智慧。窩闊台生前和長子貴由不睦，臨終也不想讓貴由繼承大位。貴由的媽，也就是窩闊台的皇后是個狠角，她在老公死後，果斷攫取權力，並透過各種操作，讓貴由繼位成功。拔都雖然從西歐撤回，但他並不想回到朝廷，蹚這路渾水，於是留在自己的駐地，觀察兄弟們的動向。

一二四三年，拔都將自己的所有的封地整理了一下，成立了屬於自己的國家，因為這個地區早年是欽察人的地盤，所以這個國家就是欽察汗國，多數時候，我們叫金帳汗國。

貴由當了兩年大汗就掛掉，當時因為拔都的資歷和聲望，很多人都願意推舉他為大汗，他拒絕了，並表示願意扶持拖雷的長子蒙哥為主。蒙哥接位後，有感於這位堂兄的擁立之恩，又加封了很多土地給他。如此一來，黃金家族分家後形成的四大汗國中，以拔都家地方最大，不過，他們都要服從後來咱家元朝，也就是拖雷——蒙哥這一系的領導，大元是這些汗國的宗主。

四大汗國奉大元為宗主，各汗國又是自己佔領的各小國的宗主，東歐大小國家基本在金帳汗國治下，羅斯諸國除了諾夫哥羅德都沒有倖免，對於自己的新主子，羅斯人管他們叫韃靼人。

從一二四三年算起，基輔羅斯正式淪陷，羅斯人開始了亡國奴的生涯，跟咱們的元朝一樣，羅斯人淪為低等公民，要看韃靼人的臉色生活，羅斯人以小公國為單位，定期向蒙古人繳糧納稅受其盤剝，而羅斯的新娘子必須把初夜權留給韃靼的王公。好在韃靼人從一個野蠻的游牧民族直接暴發成地球霸主，政治、經濟、文化、藝術、宗教這類的人文累積完全沒有，除了在肉體上消滅了那些國家，也不知道如何從根本上收服並同化異族，只好由著他們一切照舊，按自己的形態生活，只要按時交錢納糧就好。羅斯的人文傳統因而得以保留並延續，等待著驅逐韃虜恢復家園的機會。

五、識時務者為俊傑

羅斯諸國成為韃靼人的附庸，只有西北的公國諾夫哥羅德保全。雖然逃過了狼群的蹂躪，諾夫哥羅德的日子也不好過，因為在這段時間裡，進攻基輔羅斯的，絕對不僅僅只有蒙古人這一支。

基輔羅斯的開國大公來自瑞典，進入十一世紀，瑞典更發達了，佔領了芬蘭南部地區，包括芬蘭灣，當然想繼續南下，向羅斯方向擴張。諾夫哥羅德公國正好橫亙在瑞典進軍的征途上，而當年留里克取得東斯拉夫統治地位的第一站，就是諾夫哥羅德。

諾夫哥羅德公國是個很有意思的地方，跟其他羅斯公國不一樣，因為商業的發達，城市富裕，公國的公民大會權力特別大，所以他們可以在基輔羅斯保持獨立。十二世紀，因為老百姓對自己的君主不滿意，他們就聯手趕跑了自己的大公。而在公國割據的這段時間裡，不少羅斯大公想去諾夫哥羅德公國做公爵，都因為當地公民不答應，不能成行。甚至有一次，有個大公表達想過去任職的意向，諾夫哥羅德公國的老百姓就警告他：「閣下出門前，最好先看看自己有沒有長兩個腦袋！」

事實證明，公國的百姓選擇自己的行政長官眼光是非常準確的，他們同意弗拉基米爾大公的兒子亞歷山大成為他們的新大公。

剛上任沒多久，瑞典人的戰船就進入了涅瓦河口，並向諾夫哥羅德公國放狠話。瑞典人覺得，按規矩，他們放了狠話，對方也要還幾句狠話，鬥一陣嘴再動手，而且，瑞典人預測，亞歷山大肯定要向自己的老爸求救，請弗拉基米爾大公發援兵過來。

誰知亞歷山大表示壓力不大，沒等援兵也沒等公國全民總動員，帶著自己的兵團和一批志願兵先發制人發動了攻擊。瑞典人被偷襲，反應不及，被殺得大亂。這場戰鬥，羅斯方面兵馬明顯劣勢很多，可卻以非常微弱的傷亡取得了大勝。瑞典士兵傷亡不計其數，狼狽敗逃。因為這一戰，亞歷山大有了個「涅夫斯基」的美名，大意就是「涅瓦河之王」，史書上，他的全名就變成了亞歷山大・涅夫斯基。

涅瓦河口的勝利，讓涅夫斯基鋒頭強勁，諾夫哥羅德公國的貴族們就擔心他因此權力過大，不容易控制，涅夫斯基也不願意跟當地貴族扯皮，既然你們看我不順眼，我還不幹了呢。於是涅夫斯基大公撂挑子回老家修養去了。

聽說涅夫斯基離開了，更強的敵人就預備來了。

又是我們的老熟人，騎士團。大家翻到《德意志是鐵打的》第二十二章，這篇說到，波蘭跟普魯士幹仗，只好請條頓騎士團來幫忙，結果引狼入室，最終條頓騎士團佔領了普魯士，將其變成德意志的一部分。

其實，條頓騎士團進入波羅的海東部之前，已經有不少十字軍在那一帶活動了，該地區不肯接受基督教，肯定少不了被十字軍關照的。後來某個主教將這部分的十字軍組織了一下，也成立了一個騎士團，被稱為「聖劍騎士團」（也叫立沃尼亞騎士團）。

條頓騎士團進入普魯士後，聖劍騎士團找到組織了，兩邊會師而後合兵，統稱為日耳曼騎士團。一二〇四年，第四次十字軍東征，十字軍毫不客氣攻陷了君士坦丁堡。雖然天主教和東正教正式分裂快兩百年了，但是兩邊都沒想到，會這麼絕情地反目成仇。而在波羅的海的日耳曼騎士團聽說天主教可以公開找東正教發難，正中下懷，他們早就想打進基輔羅斯了。

一二四一年，日耳曼騎士團一路攻城拔寨，佔領幾座羅斯的城市，眼看就攻到諾夫哥羅德城下。公國的貴族們亂了手腳，趕緊準備了禮品，找到弗拉基米爾大公，請他勸說自己的兒子，出來挽救危亡。涅夫斯基見老爸帶著梯子過來，就順勢下台，帶兵抗敵。

涅夫斯基帶著兩個公國的聯軍而來，日耳曼騎士團馬上感覺到了壓力，眼睜睜看著之前佔領的城池輕易又被搶了回去，隨後，最精彩的大戲來了。

一二四二年四月，涅夫斯基進入愛沙尼亞，在楚德湖畔跟日耳曼騎士團主力遭遇。騎士團見識到了這位傳說中的神人出神入化的列兵布陣和指揮自如。雙方在即將融化的冰面上決戰，日耳曼騎士團很快就潰不成軍，死傷慘重，當然還有不少是掉進了初融的河水裡，凍死的、淹死的、殺死的難以分辨，歷史上，這一戰被稱為「冰湖大屠殺」。

日耳曼騎士團被屠，被趕出羅斯，兩場漂亮的戰役，涅夫斯基保全了諾夫哥羅德公國和羅斯西北的安全。也有歷史學家說，這兩戰算是挽救了俄羅斯民族。

大家會問了，涅夫斯基這麼能打，他怎麼不帶領羅斯人反抗蒙古的侵略和統治呢？

涅夫斯基對待瑞典人和日耳曼是如寒冬般的凜冽，對待蒙古人卻是如春天般溫暖。之前說過，基輔羅斯諸國割據混戰後，弗拉基米爾大公被認為是最有勢力，其次就是基輔大公。羅斯都被滅國了，都變成蒙古附庸了，這些大公們一點沒有國恥家恨，還都惦記著繼續你爭我奪，爭取弗拉基米爾大公之位。因為蒙古人對於管理異族毫無心得，也不願意研究，他們偷懶的辦法就是，指定一個他們信得過的羅斯大公替他們管理羅斯諸國，並在各個國家徵收稅賦上交韃靼國庫。弗拉基米爾大公就是被韃靼人指定的承包商，他承包了在蒙古人之下統轄整個羅斯這項業務。

蒙古人一來，弗拉基米爾大公先表示了臣服，當時的大汗是窩闊台的長子貴由，他召弗拉基米爾大公見駕，回去的路上，弗拉基米爾大公被離奇地毒死了。

本來貴由傾向於由涅夫斯基繼承弗拉基米爾大公之位，結果貴由領了兩年大汗之位就死了。貴由的皇后提拔了涅夫斯基的弟弟安德列為弗拉基米爾大公，涅夫斯基被封為基輔大公。

一二五〇年，安德列大公聯絡了其他幾個地區的大公，組成了一個地下反蒙聯盟，預備跟蒙古人幹一仗，讓羅斯解放。這個反蒙聯盟向涅夫斯基招手，希望他能入夥，一起光復河山。誰知，涅夫斯基採取的行動是，跑到金帳汗國的首都薩萊，向拔都告密！

告密有功，涅夫斯基如願取代弟弟成了新的弗拉基米爾大公，加上原來的基輔大公和諾夫哥羅德大公，涅夫斯基成為全羅斯最有權勢的人，替蒙古大汗「照看」所有羅斯人。

涅夫斯基的「照看」還是很厚道的，比如，派自己的兒子去管理諾夫哥羅德，見當地人不服，他就出兵鎮壓百姓幫著兒子站穩了腳跟；一二五八年，為了有效徵收賦稅和納貢，蒙古對整個羅斯做了一個人口普查和戶口清查，諾夫哥羅德人不馴服，他們心想，自己沒有被蒙古佔領，犯不著聽蒙古人的，更拒絕向蒙古納貢，結果也是涅夫斯基再次鎮壓了反抗；再以後，但凡有羅斯人不服蒙古人的統治，不按時納貢繳稅搞壞規矩的，都由涅夫斯基大公出兵教化，蒙古人對涅夫斯基，相當滿意。

一二六三年，涅夫斯基第四次去薩萊城見新的金帳汗國大汗別爾哥。老涅每次去見大汗，工作基本都一樣，第一是請功，向領導彙報，說自己又鎮壓了某些忤逆不忠的份子；第二是進讒，要求蒙古高層加強鎮壓力道，絕對不能對羅斯人太客氣。這次進京見駕，回來的路上，涅夫斯基患病去世。

大家感覺到了，涅夫斯基對蒙古人的行為，基本可以等同於抗戰時期的汪精衛，在咱家，汪精衛是大漢奸，大賣國賊，受全國人的唾棄。涅夫斯基可不一樣，縱觀所有的俄羅斯史書，俄國人都認為涅夫斯基有苦衷，情有可原，他們認為，涅夫斯基之所以向蒙古人屈服，其實是因為知道蒙古人不可戰勝，雞蛋碰石頭沒有意義，不如馴服做一個順民，保全沒有被蒙古人殺光的羅斯人，和這片可憐的土地，翻譯成中國話就是：留得青山在，不怕沒柴燒，或者是「曲線救國」。而東正教界更是認為，拜占庭之後，羅斯東正教是羅馬天主教的眼中釘，天主教慫恿涅夫斯基對抗蒙古人，就是想借蒙古人之手，消滅異教徒。涅夫斯基沒有上當，歸順蒙古保全了東正教，所以一五四七年，涅夫斯基被東正教會封為聖人。

第二次世界大戰時，眼看德軍已經深入蘇聯腹地，想到涅夫斯基曾經幹掉過日耳曼最神勇的騎士團，史達林宣布涅夫斯基是民族英雄，並用他的名字設立了勳章，以此鼓舞蘇軍的士氣。

大部分時候，歷史人物的功過都沒有明晰的標準，到底涅夫斯基是民族英雄還是賣國賊，讓俄羅斯人自己去評說吧，到現在為止，涅夫斯基在俄國歷史上的地位，還是非常尊崇而光鮮的，很多歷史書甚至說，涅夫斯基是死於蒙古人下毒，想籍此說明涅夫斯基跟蒙古人的關係其實沒那麼鐵。不過，根據涅夫斯基的表現，我要是蒙古人，我怎麼捨得毒殺他呢？

六、莫斯科

1. 崛起從貪污開始

中世紀，歐洲諸國都沒什麼國家民族之類的概念，亡國，亡就亡了唄，也就是換個老闆，時間長了習慣就好了。尤其是基輔羅斯的諸位大公，簡直是沒有基本的榮辱觀。他們被蒙古人輕易擊破的原因就是因為內訌和互相傾軋，如今亡國了，還為了爭取蒙古人施捨的那點權力互相打。蒙古之所以能在羅斯統治得這麼順手，就是在大公們之間挑撥離間。金帳汗國的大汗們喝著羊奶，看著這些人一邊向自己爭相獻媚拍馬屁，一邊狗咬狗一嘴毛，心想，這夥人怎麼一點出息都不長呢？

也不是都不長出息，有的人就是出息得慢點。話說弗拉基米爾—蘇茲達爾公國裡有個小城市，土地肥沃，交通發達，水路和陸路，它都算是東北羅斯的樞紐，經濟繁榮，商業興盛，自然人口也就眾多。而最好的是，因為小城周圍有茂密的森林，蒙古人不喜歡到這裡溜達，他們不都是騎兵部隊嗎，進了大森林，容易暈頭轉向啊。雖然之前進攻羅斯的時候，因為這裡靠近弗拉基米爾城，被迫被荼毒了一次，可正式收編後，韃靼人還真不願意再騷擾這一地區，小城就漸漸發展壯大了，成了一個獨立的小公國，這裡，就是莫斯科。

莫斯科公國的第一任大公，是涅夫斯基的小兒子丹尼爾，從他開始，為莫斯科公國制定的發展藍圖就是侵略擴張，反正韃靼人只管收稅，誰搶了誰的地盤也都是在金帳汗國版圖內轉手，他們的利益不受影響，所以不太輕易理會。

丹尼爾搶了不少土地，莫斯科公國擴大，到兒子尤里接班時，理想就更大了，他想做弗拉基米爾大公，管轄全羅斯。

要想獲得弗拉基米爾大公之位，要點就是讓蒙古高層滿意，請客送禮一樣也不能少。尤里在家備了一份厚禮進京打點，沒想到，他的競爭對手，特維爾公國的大公，禮物貴重多了。自然，尤里買官賄選失敗，灰溜溜地回家了。

尤里有志氣，回家臥薪嘗膽，奮發圖強，終於在十年後，舉公國之力準備一份盛大隆重的禮品，送上京城。這些禮物，當場把韃靼人眼睛看花了，韃靼人辦事利索，以最快的速度撤免了特維爾大公，讓尤里成為新的弗拉基米爾大公。不僅給他職務，還有更高規格的獎勵，那就是將金帳汗國的公主嫁給了尤里。

尤里帶著新媳婦回家，特維爾大公不服，發兵圍攻他們。混戰中，金帳汗國的公主落在了特維爾公國手裡。中間發生了什麼事，不詳，這位蒙古公主莫名其妙就死掉了。特維爾大公闖了大禍了，肯定是死罪，這樣，尤里才算坐穩了弗拉基米爾大公之位。

莫斯科公國和特維爾公國因而結下大仇。弗拉基米爾大公代表蒙古向羅斯各公國收稅，在那個財務和稅收制度混亂的年代，收稅的想動點手腳，貪污點稅款幾乎一點兒難度都沒有。尤里千辛萬苦搭上老婆搞到這個位置，當然不是為了全心全意為蒙古人服務，他一邊偷漏稅款補充莫斯科公國的庫房，一邊還打點金帳汗國的高層，讓他們替自己說好話，保住位置。

特維爾公國拒絕向尤里繳納稅賦，他們要求直接交給金帳汗國總部，理由是，尤里貪污，而且有憑有據。蒙古人見證據確鑿，就罷免了尤里，特維爾的新大公接班。特維爾的新大公脾氣不好，已經戰勝了尤里，還是覺得有殺父之仇要報，某一天，倆人遭遇，一言不和，特維爾的大公就把尤里殺掉了。

金帳汗國辦事公正，處決了凶手，卻讓凶手的弟弟成為弗拉基米爾新大公。

特維爾公國的人，從上到下都脾氣暴躁。蒙古人進駐他們公國，也就是搜刮得厲害點兒，態度蠻橫點兒，公國的人就不答應了，居然組織起義對抗蒙古人。這時，尤里的弟弟伊凡趕緊跳出來，主動請纓，要幫助平亂。他帶領一支蒙古人的軍隊殺進特維爾，鎮壓成功。表現不錯，以後弗拉基米爾大公就是伊凡了！

就這樣，莫斯科大公又取得了幫金帳汗國收稅的資格。伊凡在歷史上有個外號，叫「錢袋子」，這個外號可不能讓金帳汗國各位爺知道，之所以叫他錢袋子，就是因為他在收稅中中飽私囊，賺了不少錢，不僅用這些錢在京城行賄，還買下了不少土地，莫斯科公國又擴大了。

同樣是貪污行賄，伊凡比尤里水準高多了，每個人都知道他發了大財，金帳汗國的高層還都覺得他是個好同志，忠誠厚道，所以伊凡死後，金帳汗國又讓他兩兒子依次接了班。

2. 頓河上的英雄

一三五七—一三八〇年，金帳汗國亂套了，前後換了二十位大汗，勢力衰弱。而羅斯的西北部，新的敵人在成長——立陶宛大公國崛起。

一三八六年，立陶宛大公皈依了基督教，娶了波蘭公主，正好波蘭還絕嗣，因此波蘭公主的陪嫁就是整個波蘭公國，波蘭—立陶宛合體後勢力倍增，對羅斯虎視眈眈。

莫斯科公國也不太平，伊凡的兩個兒子加起來也沒統治超過二十年，都死掉後，繼承人德米特里才九歲。

金帳汗國不願意九歲的孩子幫他們收稅，就將羅斯大公之位交給了另一位大公。莫斯科公國的諸位領主和貴族此時發揚了團結合作，愛國愛家的精神，有錢出錢，有力出力，終於又幫德米特里拿回了大公之位。

能讓德米特里沒成年就成為弗拉基米爾大公，說明了莫斯科公國此時的實力。原基輔羅斯所有的公國，現在基本都不是莫斯科公國的對手。

莫斯科公國的首府莫斯科，早年是一組城堡建築群為中心擴建出來的，而這個城堡建築群，就是俄羅斯的象徵——克里姆林宮。克里姆林宮原本是木結構的城堡，德米特里上任不久，就將這片城堡群用磚石重新裝修，又在周圍加建了不少防禦設施。

工程被證明是非常及時有效的，因為隨後不久，公國就遭到來自立陶宛的攻擊，有兩次，立陶宛大軍攻到了莫斯科城下，雖然劫掠了郊區，卻沒有攻破新建的城牆。

公國打立陶宛打不過，打別的公國都足夠，德米特里先收拾了自家的宿敵特維爾公國，終於讓他們承認了自己的大公之位，隨後，德米特里又進攻梁贊公國。

金帳汗國此時知道不能放縱了，一三七八年，蒙古軍隊進攻莫斯科，被德米特里打敗。蒙古人立即跟立陶宛結盟，金帳汗國的權臣馬麥親帥二十萬大軍出征，他計畫在頓河與立陶宛的軍隊會師，聯手收拾德米特里。

一三八〇年九月八日，德米特里趕在立陶宛軍隊到達之前渡過河先發動了攻擊，背水一戰。蒙古騎兵老了，尤其是碰上河道縱橫、地勢起伏、樹林密布的地方。這是庫利科沃原野戰役，中世紀著名的大型會戰之一。幾十萬人擠在這個並不開闊的地方，冷兵器作戰，混亂而慘烈。德米特里自己都被打昏，後來被手下從死人堆裡挖出來。

兩天後，趕來支援的立陶宛軍隊看到戰場的情況，掉頭就回家了。德米特里打贏了，被蒙古人欺壓征服了一百多年，終於打贏了一次。這場勝利最大的意義在於，羅斯人現在知道，蒙古人不是不可戰勝的，羅斯是有機會擺脫這個狼群控制的。

跟涅夫斯基一樣，此戰為德米特里贏得了一個「頓斯科伊」的尊稱，大約就是「頓河上的英雄」吧。

這樣的勝利肯定招致蒙古的報復，兩年後，新的金帳汗國大汗脫脫迷失一點沒有迷失地摸到了莫斯科城下，這次是德米特里措手不及，他還在北部召集軍隊呢。

好在莫斯科城牆的工程挺負責任，脫脫迷失大汗轉了一圈，發現強攻無望，就耍奸計。脫脫迷失放出消息：都是自家人，打得差不多就停手吧，不過聽說莫斯科城修得挺漂亮，能不能讓我們進城參觀一下。莫斯科人熱情好客，總要招呼京城來的領導吃頓飯吧，就放了脫脫迷失大汗帶著一支精兵入城，結果領導進城就翻臉，搶佔一座城門後，城外的軍隊洶湧而入，莫斯科遭到一輪洗劫，脫脫迷失也不等主人回來打個招呼，搶完就撤退了。

兩次較量，都知道對方不好對付，勢力到達均衡，互相妥協。德米特里低頭繼續臣服，脫脫迷失大汗還是讓他做全羅斯的大公，一切照舊。

情已逝，不可能照舊了。德米特里憑實力戰勝了蒙古大軍，而蒙古大汗不過是玩詭計搶了莫斯科城，還不敢跟德米特里的軍隊正面作戰。羅斯人有數了，他們感覺到，脫離這些蒙古人指日可待。

遺憾的是德米特里的命數不長，三十九歲就去世了，統治了整三十年。這三十年時光，他讓莫斯科公國空前強大，在整個羅斯有絕對的領袖加盟主的地位。所以，他死後，長子瓦西里毫無爭議地成為全羅斯大公。

3.兩個瓦西里

十三—十五世紀，世界上誰最牛？突厥人！《羅馬帝國睡著了》東羅馬第二十二章已經介紹過突厥人，和他們橫空出世，縱橫歐亞的故事。地球人類的發展史上，種族繁多，想在浩瀚的歷史中有一席之地，這個種族至少要出一位一線明星，老楊帶大家認識一個讓突厥人地位提升的一線歷史人物，雖然是突厥人，可他總自稱成吉思汗的後代，純良的蒙古血統。

黃金家族分裂為四大汗國，天山附近，西遼故地被封給大汗的次子察合台，他建立的就是察合台汗國。察合台汗國後來分裂，變成西察合台汗國和東察合台汗國兩個國家。

咱家西北那條重要的絲綢之路中，最重要的一段被叫做「河中地區」，在中亞的阿姆河和錫爾河之間。蒙古之前，它先屬於西遼，後被花剌子模控制，再後進入西察合台汗國的版圖，因為周邊突厥人不少，所以河中地區品種流雜，蒙古人和突厥人混居通婚，時間長了，到底是蒙古人還是突厥人也分不太清楚。

我們男主角就是個搞不清血統種族的，他叫帖木兒，他的父親是河中地區一個部落的貴族，跟察合台汗王通婚，帖木兒的媽媽是蒙古公主，老婆是西察合台汗王的閨女，所以，帖木兒算是蒙古駙馬，不過他長期自稱是成吉思汗的嫡系後代。

蒙古即使成為橫跨歐亞的大帝國後，內部管理也比較混亂，河中地區更談不上秩序。已經從良，卻不抵制搶匪響馬之類的業務。帖木兒明明是個貴族，常年就領著些雇傭兵縱橫河中，搶財搶人搶地盤。

帖木兒性情豪爽，大碗喝酒大塊吃肉，看似快意恩仇的草原英雄，其實野心勃勃很有機心，他敢說自己是大汗的後代，人生追求顯然不是劫匪頭目這麼低端，於是他投靠了察合台汗國的王族高層，預備馳騁政壇。

中亞地區，從古至今都是派系族群宗教混亂的地方，要想投機，總有機會。帖木兒玩手段跟動武力都是該時該地的頂級高手，所以，很快就脫穎而出，取得了西察合台國的實際統治權，代價是，在阿富汗的戰爭中，他被打瘸了腿，以後江湖人稱瘸子帖木兒。

帖木兒為什麼在意成吉思汗的血統呢，因為四大汗國境內，只有黃金家族可以稱汗，帖木兒就算權勢喧天，他也得不到正式的職稱。好在後來他想開了，也不用這虛名了，十四世紀初，僅次於蒙古帝國的帖木兒帝國基本成型。

既然存了重新統和蒙古帝國的理想，帖木兒的主要攻伐目標就是蒙古分裂後的各大汗國了，所以，難以避免地，他會跟羅斯的宗主國，金帳汗國遭遇。

帖木兒面對的，金帳汗國的大汗就是上篇說的，用奸計劫掠了莫斯科的脫脫迷失。這位迷失大汗真格是黃金家族的嫡系，不過人品就一點不黃金，還有點猥瑣卑劣。他本是白帳汗國的皇族，白帳汗國是金帳汗國分裂出來的小國。脫脫迷失對白帳汗之位有野心，就去求帖木兒幫忙，帖木兒見黃金家族的子孫上趕著求他，覺得這小子可以利用，就一直扶持脫脫迷失爭位。脫脫迷失還真不給帖木兒丟臉，不僅如願拿下白帳汗，隨後又幹掉馬麥，取得了金帳汗位，再次統一了白帳和金帳，重新掌控了當年朮赤的領地。

脫脫迷失做了金帳汗，就視帖木兒為眼中釘。脫脫迷失很迷失啊，帖木兒不過是個突厥野種，他有什麼資格打著成吉思汗後代的旗號完成統一大業呢，我們黃金家族的正品都還在，要讓一個贗品挑了大樑嗎？

於是，脫脫迷失反而先發動了攻勢，打的是帖木兒的龍興之地、老家——河中地區。脫脫迷失挑釁帖木兒的結果是，讓欽察草原再次遭受一場浩劫，帖木兒對這條東西商道的傷害，比當年的蒙古西征還嚴重，帖木兒屠城殺人的手段，也比當年的蒙古還霸道，金帳汗國的都城薩萊被整個燒毀，屍橫遍野。

金帳汗國被打廢了，羅斯人呢？此時的全俄羅斯大公是瓦西里一世。這孩子從小看著就有出息，十二歲的時候，他就步行去到韃靼人的朝廷，要求封他父親做全羅斯的大公，他自己則願作人質留下。三年後，他伺機逃回家。

接掌全羅斯大公之位後，瓦西里一世非常了解韃靼人的需求，他學會了咱家建築商的工作模式，透過行賄政府獲取土地，連脫脫迷失都收受過瓦西里一世的賄賂，所以這段時間，很多城市被併入莫斯科公國。

看到脫脫迷失被帖木兒追著滿草原亂跑，瓦西里一世非常自動自覺地省掉對韃靼人的貢賦。可惜好景不長，脫脫迷失和帖木兒這一場恩怨結束後，金帳汗國依然存在，只是換上了讓帖木兒更放心的領導者，此時金帳汗國的大權，掌握在一位叫也迪該的權臣手裡。

也迪該也是個狠角，他能控制新的金帳汗，更不會容羅斯大公跟自己耍態度了。一四〇八年，韃靼大軍再次進發羅斯公國，燒毀了周邊的城市後，封鎖了莫斯科。瓦西里一世見情勢不妙，趕緊籌措了一筆退兵款，這一次反抗非常短暫，羅斯人依然要向韃靼人稱臣，並交糧納稅。

一四二五年，瓦西里一世去世，十歲的兒子瓦西里二世接了大公之位。羅斯人怎麼都學不乖，就是喜歡窩裡鬥，眼看著莫斯科公國逐漸壯大，即將成了氣候，其他諸侯又鬧起來了。瓦西里一世的弟弟尤里就認定自己應該是大公繼承人，還取得了地方領主的支持，而莫斯科的貴族和市民則支持年幼的瓦西里二世，引發一場內戰。

瓦西里二世的外祖父是立陶宛大公，瓦西里一世在位時，自己的這位岳父沒少在西部邊境給自己找麻煩，但是瓦西里一世還是非常有眼光地臨終將兒子託付給岳父。立陶宛姥爺對外孫子很好，全力扶持瓦二對抗叔叔，保住大公之位。

姥爺一四三〇年去世後，瓦西里二世的地位就岌岌可危，尤里叔叔自己有兩個兒子，不管是親兄弟還是堂兄弟，這三個親戚都毫無骨肉之情，打得天翻地覆的。尤里的大兒子先取得勝利，取得大公之位，瓦西里趕緊聯合尤里的二兒子組成聯盟推翻了大哥，並刺瞎其雙目。

在這場羅斯內戰中，金帳汗國的態度很重要，只是他們態度有點混亂，因為內部更亂。一四四〇年，金帳汗國終於被整散了，變成了好幾個小汗國，主要有：喀山汗國，凱西莫夫汗國，阿斯特拉罕汗國和克里米亞汗國等，其中心區成為大帳汗國，保持著對羅斯的宗主權，不過其他分裂出來的小汗國也偶爾到羅斯去找麻煩。

這一年，喀山汗國到羅斯串門，直接擄走了瓦西里二世，尤里叔叔的二兒子乘機奪取了大權，瓦西里二世被重金贖回後，不願意交出權力的堂兄又弄瞎了瓦西里二世的眼睛，這一輪的手足相殘，看著真有拜占庭帝國風格，難怪以後羅斯帝國會自詡為拜占庭的繼承人。

瞎子瓦西里二世身殘志不殘，他還擁有莫斯科廣大貴族的支持，最後終於戰勝二堂兄，拿回了大公之位。

內戰讓羅斯諸公國的勢力得以削弱，很多之前獨立自大的小公國都表示願意接受莫斯科公國的行政領導，比如諾夫哥羅德公國，以莫斯科為中心的中央集權也得到了加強，羅斯這一盤散沙逐漸整合中。

瓦西里二世任內，還發生過一件對俄羅斯歷史影響巨大的事件：一四三九年，因為土耳其的咄咄逼人，在義大利的佛羅倫斯，天主教和東正教的合併議題再次被提起。作為東羅馬東正教遺留的勢力，希臘代表東正教同意了合併，而莫斯科方面卻堅決不同意。本來羅斯的東正教是以君士坦丁堡牧首為尊的，但既然君士坦丁堡方面預備出賣教派，投靠羅馬教廷，莫斯科方面就絕對不能再接受他們的領導，由此時起，羅斯的東正教取得了獨立的地位，並開始以東正教的領袖自居，無形中，提升了羅斯的國際地位。

帖木兒的宏圖大業沒有實現，他明明可以在中亞一帶征伐，最後取得絕對的統治，改變這一地區的歷史，可他更看中的是，恢復被朱元璋推翻的大元。他聽說有個叫朱棣的篡了自己侄子的皇位，中原風雨飄搖，危機四伏，所以他沿襲蒙古軍隊的進攻辦法，趁人病，要人命。一四〇四年，帖木兒幾乎是集合了所有的力量東征，預備跟大明打一場硬仗，目的是收復「故土」，更放出豪言要讓整個華夏大地改信伊斯蘭教！好在一四〇五年，帖木兒病死在征途中，否則在中原大地推廣伊斯蘭教將是何等之盛況啊，那時整個地球歷史有會是一個什麼奇怪的走向呢？

七、第一沙皇——伊凡大帝

終於看到「沙皇」這兩個字了。這一篇，我們講的是第一個自稱「沙皇」的大公，瓦西里二世的兒子——伊凡三世。

瓦西里二世一輩子過得顛沛辛苦，兒子伊凡也沒過幾天好日子，東躲西藏總算保住了小命。很小就跟在瓦西里身邊做助理了，十二歲參加正式的出征，所以，二十二歲的伊凡新大公，一點兒也不稚嫩外行。俄國歷史上大部分的君王都是作風驍悍，大開大合的，伊凡三世卻是個小心謹慎得有點過分的人，都說他是「一顆櫻桃都要分兩半吃」。其實，大家想想也可以理解，他那樣的成長環境，不小心翼翼怎麼能活到成人呢。而就是這麼個謹小慎微的人，卻是後來那個疆域遼闊的俄羅斯帝國的奠基人，莫斯科公國整合整個羅斯公國完成統一的工作，就是由伊凡三世開始的。

伊凡的國土整合部分，大致分三個部分，第一部分是羅斯國內的佔領和擴張；第二部分跟金帳汗國的了斷和切割；第三部分自己給自己提升了職務和職稱。

伊凡一上台，花錢買下了伏爾加河上游的兩個小公國，基本控制了伏爾加河。此時對整個羅斯公國來說，最有實力的是莫斯科公國，但是最富的肯定還是諾夫哥羅德公國。

前面說過，「瓦西里—希臘」商道凋零，西北部對西歐的貿易興起，諾夫哥羅德公國有地理位置上的優勢，經濟發達。但因為這個位置不產糧食，還要跟羅斯的其他公國買糧，所以想真正超然獨立，不跟羅斯其他公國為伍，也不太容易。

十五世紀，諾夫哥羅德這個商業共和國也有點變質，貴族和領主保持了大部分權力，出於自身利益的考慮，跟鄰居波蘭－立陶宛公國打得火熱，他們感覺，只要依靠這個鄰居，羅斯不論哪個大公都不敢染指諾夫哥羅德公國。

雖然半獨立，根據之前與莫斯科大公瓦西里二世的條約，諾夫哥羅德公國承認莫斯科大公是老闆，如今跟波蘭－立陶宛結盟，顯然是裡通外國破壞和諧。這讓伊凡三世有了對他出兵的藉口。

一四七一年，伊凡帶著幾千軍隊在舍隆河與諾夫哥羅德幾萬大軍交戰，冷兵器時代，生活太好的地方出不了好兵，諾夫哥羅德人的日子安逸慣了，對打仗毫無心得，伊凡三世不費力氣就取得了勝利，大勝，超過三萬諾夫哥羅德士兵丟掉了性命。

此戰後，莫斯科的親貴們一致要求伊凡三世乘勝殺進諾夫哥羅德，將這裡徹底收復。伊凡謹慎的性格起了作用，他覺得，如果這樣霸蠻進軍，真的吃掉諾夫哥羅德，百姓也不會馴服，他們如果拉上波蘭－立陶宛一起反抗，戰爭規模就大發了。所以，伊凡三世的想法是招安，只要對莫斯科臣服，認可領導，並跟波蘭－立陶宛斷絕關係，以後諾夫哥羅德馬照跑，舞照跳，日子一樣很逍遙。

這是某種政治智慧，伊凡三世到達了目的，諾夫哥羅德人感覺莫斯科大公心胸寬闊有擔待，靠譜，可以託庇。於是，公國內就分出了兩派，一派還是堅持跟波蘭－立陶宛結盟，另一派則認為應該回到羅斯，奉伊凡三世為主。

又打又拉，伊凡三世在諾夫哥羅德取得了一定數量的支持，一四七七年，親立陶宛的勢力又想惹事時，伊凡三世再次果斷出兵，在幾乎沒有遭遇抵抗之下，包圍了諾夫哥羅德，城內的親立陶宛勢力知道無力回天，只好接受了伊凡三世的兼併，如此一來，莫斯科公國就以極好的胃口吞掉了諾夫哥羅德這條肥美的大魚。

伊凡三世的實力翻倍，其他羅斯公國內的敵人更不值一哂了。一四八四年，莫斯科公國的世仇——特維爾公國也想跟立陶宛勾結，伊凡三世就在第二年出兵佔領了特維爾。隨後，伊凡將諾夫哥羅德和特維爾公國中，所有對大公不肖，跟立陶宛曖昧，立場不堅定，心思很叵測的領主貴族們，移民的移民，搬遷的搬遷，放逐到莫斯科公國的各地區，讓他們在自己眼皮子底下被監視；再將那些無限忠於自己的莫斯科領主們轉移到這兩個公國，加強那裡的管理。

莫斯科公國以暴發的姿態壯大，上級機關——金帳汗國肯定著急，急歸急，他抽不出空來收拾莫斯科，自己正焦頭爛額呢。

作為一個擁有世界霸權的大帝國，蒙古動作很狂野，技術很粗糙。他們開疆闢土，擴張地盤無人能敵，但是發展社會經濟文化則是一場糊塗。統治時間長了，這樣的國家就危機重重。十五世紀，因為內部的爭鬥，金帳汗國分裂。分離出來好幾個汗國，原來金帳汗國的中央，只剩了不大的一片疆域，被稱為大帳汗國，繼續向羅斯各地徵收貢賦。

其實，伊凡三世接班後，基本就不太向大帳汗國繳稅了，隔三差五地，打點禮物送給汗國的高層，有點像打發叫花子。大帳汗國的阿合馬汗登基後，對莫斯科這種行為非常不滿，做了幾次要過去打架的動作，伊凡三世都毫不客氣地表示：來吧，我等你！阿合馬汗如今哪有早年蒙古大汗們的神勇，看著莫斯科兵強馬壯的，居然不敢上去硬碰，最後，他選擇了跟羅斯其他小公國一樣的辦法，拉攏伊凡三世的勁敵，也就是波蘭—立陶宛，說好結夥尋莫斯科的晦氣。

莫斯科有勁敵，大帳汗國也有勁敵啊，比如跟他分裂獨立後的克里木汗國。一番勾結後，伊凡三世跟克里木汗國簽訂了條約，約定，只要大帳汗國進攻莫斯科，克里木汗國就幫著牽制立陶宛。

決裂發生在一四七八年，這一年，伊凡三世就正式宣布，以後不再給大帳汗國上供了。一四八〇年，被激怒的阿合馬汗親率重兵趕來，這次他預備打真的了。在烏格拉河（奧卡河的支流）兩岸，兩軍對峙，阿合馬汗等待他的立陶宛盟軍。

雖然之前阿合馬汗三次亮劍，伊凡三世都給予很強硬的回應，可看到蒙古騎兵真是殺氣騰騰而來，伊凡三世心裡又打鼓了。諾夫哥羅德公國初定，局勢飄搖，整個羅斯被蒙古人佔領壓迫兩百多年，真要正面較量的時候，很多人心理上都很露怯。

兩軍對峙階段，伊凡三世在前線轉了一圈就跑回莫斯科了，態度很猶疑，似乎還想下令退兵道歉，重新跟蒙古的領導們修好。好在莫斯科公國的高層還是有點血性，都到這個時候，死活只能硬著頭皮上，作為大公，你怎麼能說跑就跑呢？主教、領主、貴族、市民輪番上陣給大公打氣，鼓勁。最爭氣的是羅斯的士兵，雖然大公跑了，他們還是堅定地守在河邊，打退了蒙古人的幾輪進攻，將這個對峙的局面維持到了寒冷的冬天。

前面說過，蒙古軍隊是地球上唯一在隆冬季節攻入羅斯腹地並取得勝利的軍隊，在蒙古騎兵看來，冰封的河面最有利於他們的渡河戰，省卻了搶奪渡口或者搭橋那些囉嗦事。大帳汗國的蒙古軍隊顯然是退化了，作為一個草原游牧民族，居然開始怕冷了。糧草匱乏，冬衣單薄，阿合馬汗有點堅持不住，他的盟友立陶宛呢？人家不是忙著對付克里木汗國嘛，而且此時他們國內也亂著呢。

說起來，這場終結了兩百四十年屈辱歷史的大戰，根本就沒正式打起來，雙方隔著河看了幾個月，終於痛下決心辦理離婚手續。十一月十一日，阿合馬汗最淒清的光棍節，他不得不承認，他被他的羅斯屬民拋棄了，永遠失去這片土地。可憐的是，拋棄他的不光是羅斯人，回家後，阿合馬汗遭遇西伯利亞汗國的攻擊，被殺。幾年後，大帳汗國被克里木汗國所滅，羅斯終於徹底獲得了獨立。

烏格拉河對峙戰，伊凡三世中途溜號，很沒面子，然而膽子大不如運氣好，總結伊凡三世的一生，你不能不感歎，他的確是個運氣很好的人。

大約在一四六九年，伊凡三世的老婆死了。莫斯科大公要續弦，全羅斯的姑娘都可以選，讓伊凡沒想到的是，有個更尊貴的姑娘看中了他。

還記得拜占庭嗎？一四五三年，奧斯曼土耳其的巨型大炮終於攻克了君士坦丁堡神話般的城牆，東羅馬末代君主君士坦丁十一世力戰殉國。君十一的弟弟帶著兩個兒子一個女兒跑到了羅馬，此後的日子就在天主教廷的護庇下生活。彈指一算，拜占庭末代公主索菲亞，此時已經十四歲了。

羅馬滅亡了也是羅馬，索菲亞公主再落魄也是羅馬公主。當時很多西歐達官貴人公子騎士都向教皇要求娶索菲亞為妻。這些求婚，教皇沒答應，公主自己也沒答應，因為兩人都知道，公主的婚事，一定要產生相應的政治價值。

聽說伊凡三世成了鰥夫，教皇趕緊提議，讓索菲亞嫁入莫斯科，成為大公夫人。

天主教皇怎麼會這麼關心一個東正教大公的婚事呢？當然有目的。奧斯曼土耳其打下拜占庭後，向整個歐洲露出了一絲邪魅的冷笑，天主教世界已經明顯感受到了寒意。

拜占庭晚期，為了取得西方世界的軍事援助，不得不低頭同意了跟天主教的合併（《羅馬帝國睡著了》之四十），君士坦丁堡的東正教承認被羅馬招安。羅斯的東正教卻不賣帳，他們抵死不從，甚至不惜跟君士坦丁堡的教廷決裂，從那時起，羅斯的東正教廷就稱自己才是東正教正統和領袖，而羅斯東正教的大本營，此時已由原來的基輔搬入了莫斯科。

教皇的意思是，伊凡三世既然是東正教的老大，娶回東正教的公主索菲亞，就是君士坦丁堡的繼承人了，正應該報仇雪恨，替整個西歐阻擋奧斯曼土耳其的穆斯林大軍。

經過蒙古兩百四十年的統治，西歐對羅斯的了解不過是冰天雪地一個落後愚昧的窮國，不開化，不文明，整個一頭粗笨北極熊。索菲亞公主生在君士坦丁堡長在羅馬，她看慣的是高度文明，絢爛多彩的大都市，在她想像中，莫斯科是個鳥不生蛋烏龜不上岸的地方。可是，對於教皇的提議，索菲亞公主居然就答應了，讓西歐那些倜儻的貴族騎士們跌了一地的眼鏡！

羅斯公國一直視拜占庭的公主如同天上的星辰，如今仙女下凡，豈有拒絕的。一四七二年，索菲亞公主嫁進了莫斯科，隨同她而來的，是大批希臘和羅馬的學者工匠，攜帶著大量書籍、資料、藝術品，肯定都是羅斯人從來沒見過的大市面。

其中最值錢的，是索菲亞公主一直隨身攜帶的雙頭鷹徽，雖然亡了國，這個東羅馬帝國的標誌一直被索菲亞公主仔細地收藏，她想的是，她的男人，要繼承這隻雙頭鷹，再造一個輝煌的羅馬帝國。

懷著復興國家的目的，索菲亞公主從洞房花燭夜就不斷地給伊凡三世洗腦，上課，終於把老公教化出來了。這個莫斯科的小王公每天就著烤馬鈴薯喝兩口子燒刀子，就突然感覺自己被羅馬帝王附體，肩負羅馬帝國的復興，不能迷迷糊糊，應該積極要求進步。此後，雙頭鷹標記被結合進羅斯的標誌裡，羅斯國是羅馬帝國的延續，是「第三羅馬」，伊凡三世就是凱撒，「凱撒」這個詞，被當地方言修飾了一下，羅斯大公以後就變成「沙皇」了。

一般認為，伊凡三世這麼謹慎的人後來如此激進擴張，要一統江山，還跟蒙古人決裂，都是被索菲亞鼓動的。不過，找土耳其報仇這件事，伊凡三世只能對教皇說：「想拿我們當槍使，你當我們北方人飆啊（「飆」在東北話裡就是傻的意思）？」

沙皇就沙皇吧，趕走了蒙古人，合併了羅斯的國土，伊凡三世叫什麼都不過分，歷史書上還叫他大帝呢，俄羅斯歷史上第一位大帝。

大帝對羅斯的貢獻很顯著，兩百四十年的蒙古統治對俄羅斯有貢獻嗎？

總結蒙古對俄羅斯歷史的影響啊，所有歷史書一邊倒，幾乎都說，這兩百四十年，就是倒退和破壞。蒙古帝國在人類所有的擴張征伐中，是幅度最大的，也是破壞最大的。

破壞歸破壞，其他的帝國在擴張中還連帶推廣自己的文明，蒙古是只管破壞，毫無建設可言，所以他們消失在歷史塵煙中時，除了那些殘酷霸道的戰爭場面，幾乎沒給人類留下特別值得紀念的文化和文明。

而對俄羅斯的影響，在研究這段歷史的學說中，一派認為，蒙古人使完全西化的羅斯東方化，從一個純粹的西方國家變成了一個東西方之間糾結的國家；另一派認為沒那麼嚴重，俄羅斯變成東西方國家的原因是因為受拜占庭的影響，爭執不休，沒有結論，反正歷史學家就是幹這個的，讓他們吵去吧。

不過，俄國人對蒙古人有兩件事值得感激，一，金帳汗國的國教是伊斯蘭教，是從薩滿教轉過來，不算太虔誠，在統治羅斯公國時，他們並沒有強制要求俄羅斯轉信伊斯蘭教（之前說過，羅斯人不接受伊斯蘭教是因為不許喝酒）。就是因為一直堅持信奉東正教，總算讓這個被蒙古摧殘，一直分崩離析的國度保持了點人文的連續性。所以啊，伏特加和東正教對俄羅斯是頂重要的東西，能想像如果俄羅斯當時信了伊斯蘭教，現在的世界格局是什麼樣嗎？

二，羅斯公國接受了東正教，在國家制度方面也努力向拜占庭學習，大體上還是西方的東西。可自從老闆換了人，蒙古人帶來的是東方的文化。因為東西的商道都被蒙古人掌握，所以這段時間，東西方是個互通的管道，東方的人文形態和社會制度伴隨著越來越密集的東西貿易向東北歐輸送過去。而羅斯國內，剛剛領略了西方文明的小皮毛，突然發現，原來在遙遠的東方，還有更發達的國家，更高級的文明。蒙古人從元朝給俄羅斯人帶來了中央集權這個東西，改良了他們的體制。因為蒙古的切斷，西方剛剛萌芽的民主也沒有管道傳到俄國，俄國唯一可以學的就是咱家，當俄國成為一個極端專制的中央集權國家後，其管理手法怎麼看都有華夏民族的烙印，也正是這種高度集中的權利統治，伴隨著莫斯科公國這麼一個城堡大的國家一步步成為地球上最大的國家！

當然負面影響肯定是大部分的，十三—十五世紀，西歐在幹什麼，文藝復興、宗教改革、商業發展，許多新興事務開始萌芽。在西歐最蓬勃的這兩個世紀，羅斯人正忙著為基本生存而戰，所以，當一四八〇年，俄羅斯終於獨立後，對整個歐洲來說，它就是個三流的落後國家。不過好在，這些都是可以慢慢趕上，就是趕不上，還可以搶啊，羅斯被蒙古人訓練過了，知道生存第一要事就是：擴張！而蒙古人打仗的本事只要學到三成，就夠笑傲江湖了，以後來的戰績來看，有羅斯這個徒弟，蒙古人不知道是該自豪還是該痛哭！

巨大的帝國伴隨著擴張逐漸成型，一代又一代霸道無比的沙皇讓西歐重新認識了這頭北極熊。

八、雷帝之雷

伊凡三世死於一五〇五年，索菲亞生的兒子瓦西里成為新的沙皇。本來瓦西里是沒有繼位權的，索菲亞不是個拜占庭女人嗎，基因裡就是會玩政治手段和宮廷鬥爭。伊凡三世晚年，為了爭位，瓦西里甚至不惜投靠立陶宛。

雖然伊凡三世臨終對瓦西里這個兒子頗為怨恨，可必須說，這個兒子很給他長臉了。瓦西里繼續了伊凡的擴張事業，二十八年的征戰，一五三三年，瓦西里三世去世時，整個羅斯的領土，從伊凡三世留下的四十三萬平方公里擴張到兩百八十萬平方公里，成為歐洲疆域最遼闊的國家！

一五三三年，伊凡四世繼位，只要稍懂歷史的人，都認識這位，江湖人稱，雷帝！不是雷得你風中凌亂那種「雷」，而是會讓你四分五裂內外俱焦那種「雷」。只是，剛繼位時，這位雷神並不雷，還很萌，因為他當時三歲。

1. 非凡的蒙古女人

俄國幅員遼闊，物產豐富，精英輩出。但是研究他家的歷史下來，發現這家人缺少一種非常重要的人才——心理治療師。克里姆林宮那地方，特別不適合小孩生長，在宮裡長大的歷代沙皇，心理完全健康的幾乎沒有。

小伊凡在克里姆林宮成長，同齡的孩子在玩泥巴彈彈子，最離譜也就是小夥伴互相打個架，而小伊凡的娛樂是抓住一些小貓小狗，從高塔上丟下去，看著這些小動物肝腦塗地，伊凡露出了稚氣天真的笑。

他沒有別的東西玩啊，他從懂事就是莫斯科大公。瓦西里三世臨死前，托孤指派了七位輔政大臣，可這些大臣們都沒有伊凡的媽媽，葉蓮娜太后手段高，在伊凡三歲到八歲的這五年裡，羅斯的朝政都被葉蓮娜控制著。

葉蓮娜是個蒙古血統的女人，回憶一下，一三八〇年，莫斯科大公國第一次跟金帳汗國動武，庫利科沃曠野戰役，這一戰中，金帳汗國的老大，是當時的權臣馬麥，號稱是成吉思汗曲裡拐彎的後裔。馬麥兵敗被殺，他的後裔輾轉流亡立陶宛一帶，後來又投降莫斯科大公，獲得了領地，成為貴族，並改名為格林斯基。

瓦西里三世第一任老婆是他在千名美女中親自遴選的，結婚二十年都沒有生育。在格林斯基家參加宴會，偶遇葉蓮娜，老心大動，回家就休掉原配，迎娶葉蓮娜，生下了伊凡。傳說伊凡出生時電閃雷鳴的，分明是一個大魔頭降生的排場。

輔佐伊凡四世的七位王公貴族中，有兩位是瓦西里三世的弟弟，先王在世他們就不太忠誠，更別指望對侄子忠誠了。所以葉蓮娜成為太后的頭等大事就是廢掉這兩個小叔子。小叔子解決後，有關的貴族一併處理。

大家回憶一下西歐諸國的歷史，這些國家在封建制度形成發展的過程中，土地不斷被貴族領主們兼併控制，逐步形成割據，並向國王叫板，尾大不掉，讓西歐的王室們十分無奈。羅斯此時也遭遇了同樣的問題，貴族實力越來越大，控制的範圍也越來越廣。為了讓自己的利益更多，權力更大，他們當然是希望大公的權力和能力越小越好。葉蓮娜知道，不先清理掉這些大貴族，將來他們肯定組團欺負兒子。藉著小叔子的忤逆事件，太后處理了不少連帶的貴族，隨後，葉蓮娜就果斷地解散攝政會議，自己大權獨攬，成為女攝政。

皇帝的媽媽和平民的媽媽標準不同，平民的媽媽要慈祥仁愛，給孩子一個健康成長的環境；皇帝的媽媽不一樣，她首先考慮的是，要給兒子一個登基的安全環境，慈祥和仁愛這些事，在宮廷鬥爭中絕對要不得。葉蓮娜沒時間教育孩子，就算她知道兒子以虐殺小動物為樂，也不用操心兒子將來成為反社會人格的連環殺手，因為最多就是成為一個殺人比較果斷的暴君而已，對於一個正努力加強中央集權的王室來說，這樣的皇帝，也不見得不好。

太后對內嚴酷，外交態度上就友善多了。國內的敵人將來有礙兒子的皇權，必須剷除；國外的敵人不容易剷除，所以要盡力平衡鄰里關係，別得罪街坊，將來萬一有人找兒子打架，最好有幾個關係好的鄰居能守望相助。

葉蓮娜攝政期間，發行了新的貨幣，穩定了羅斯因為貨幣發行不合理，假幣氾濫引發的金融混亂。

雖然只有短短五年，基本可以說，葉蓮娜是負責而稱職的攝政，她的工作不遜於後來的歷代沙皇。一五三八年，葉蓮娜突然去世，死因成謎，懷疑是被政敵下毒，大家注意，以後的俄羅斯歷史，「被毒死」是個流行死法，這個死法在整個克里姆林宮是防不勝防。

2.雷厲風行地親政

父母早亡，伊凡其實是個挺可憐的小孩。雖然脾氣壞點，可從來沒耽誤過學習，他博覽群書，涉獵甚廣，在俄羅斯的歷代沙皇中，伊凡四世都可以算得上文化程度最高的幾位。會作曲，會唱歌，據說有非常好聽的嗓音，而他在俄文方面造詣，算得上是一流的學者和作家。

攝政太后突然死亡，伊凡才八歲，朝政立時大亂，被葉蓮娜壓制了五年的貴族們趕緊跳出來搶權，也都想控制小伊凡。伊凡在這些爭奪中，看慣了爾虞我詐和你死我活，也許，這時，他的小心理才真正變態了。

最後羅斯的大權落在代表貴族利益的舒伊斯基手裡。舒伊斯基憎恨早年葉蓮娜對自己的遏制，心理陰暗地發洩在小伊凡身上。他隔三差五半夜三更跑到伊凡的臥室去嚇唬小孩，還經常當眾羞辱他。舒伊斯基可以說是雷帝形成的重要推手，而他也是第一個嘗到了雷帝的苦頭。

伊凡十三歲的時候，在舅舅格林斯基的支持幫助下，出其不意地逮捕了舒伊斯基，以最快的速度將這個壞蜀黍（叔叔）處決，伊凡選擇的殺人方法是，放出惡犬將舒伊斯基活活咬死。

舒伊斯基死了，當然就是舅舅格林斯基輔政，四年後，伊凡突然說，他要親政，而且，他需要一個盛大的加冕儀式來登基，昭告天下。

這個事可新鮮，之前的大公們加冕都是直接上班的，沒搞排場啊。伊凡四世的表情一點不像開玩笑，東正教的大主教趕緊配合了他，一五四七年一月十六日，克里姆林宮內的大教堂裡，主教為伊凡四世帶上了皇冠。加冕儀式雖然倉促，皇冠倒是現成的。主教給伊凡帶上的這頂，就是著名的莫諾瑪赫王冠，中亞工匠的作品，上等的黑貂皮圍上金絲，飾滿各種名貴寶石。不用懷疑這頂王冠的價值，因為它來自拜占庭帝國，由皇帝君士坦丁九世送給自己的外孫，當時的基輔大公弗拉基米爾的。

加冕後的伊凡四世宣布，以後他就不是大公了，他是沙皇，整個羅斯國以後就改名為俄羅斯帝國。雖然伊凡三世也戴過莫諾瑪赫王冠，雖然他最早自稱是沙皇，不過職稱這東西，不能你自己說是就是了，歷史上，伊凡四世才被認定為真正的第一任沙皇。

沙皇加冕這一年，出了兩件大事，第一件，伊凡四世娶老婆了，娶的是一直支持自己的一個大貴族家的小姐；第二件，當年六月，莫斯科突然發了一場大火，造成了一千七百人的死亡和八萬多人的無家可歸。受災群眾聽到一個流言，說起火是因為沙皇的外祖母玩巫術。民怨沸騰，他們組織了一場起義，衝進克里姆林宮，抓住了伊凡的舅舅格林斯基，並將其用亂石砸死。

剛加冕就遭遇起義，小伊凡運氣似乎不好，誰知，他非常聰明地將這場危機轉化為自己的機會，並由此實現了全面親政。

民眾的造反，起因是對大貴族們貪婪霸道的不滿，伊凡四世對大貴族們也不滿啊，所以藉著平息民憤這個藉口，組織了一個三十二人組成重臣會議，由沙皇直接領導，裁奪國家大事。這三十二人中，除了權傾朝野的大貴族代表，還有伊凡一直想扶持的中小貴族。他倒是想把大貴族全開除出去，以他現在的能力，他還做不到。

中小貴族進入高層，稀釋了大貴族的權力，因此，一五五〇年，伊凡四世可以啟動他的改革大業。

首先，沙皇頒布了新的法典，一五五〇《俄羅斯法典》。這部法典最重要的內容都是限制貴族的：政治上，以前打官司申訴之類的事都被大貴族壟斷，他們亂審判還亂收費，現在都回收中央了；世襲的貴族免稅證書被收回，以後跟其他人一樣繳稅；軍事上，取消大貴族的私人武裝，交給沙皇統一指揮；取消按門第選拔軍官的制度，大貴族在服役方面和中小貴族一視同仁，對逃避兵役的大貴族嚴懲不貸等等；經濟上，地方稅收不准截留，一概交中央，中央再往下分配。

總而言之，以後大貴族不好過了，大家也看出來，這部法典旨在強化中央集權，也就是這部法典，終於讓俄國的封建割據勢力沒有如願形成氣候，達到可以限制皇權的等級，使沙皇的獨裁專制統治得以最終確立。

這部法典對俄國的軍事力量有一個極大的提升，軍事改革讓俄羅在步兵和騎兵之外，還增加了專門的射擊軍和炮兵，隨後的戰事將會檢驗這項軍改的成果。

3.雷霆萬鈞地征伐

雷帝現在是「凱撒」，還是個擁有蒙古血統的「凱撒」，所以他要建立自己的王圖霸業。王圖應該是什麼樣的呢？應該有一條大河和一片大洋。

一條大河從莫斯科和聖彼得堡之間的丘陵湖泊中發源，蜿蜒三千七百九十公里注入裡海。這是歐洲最長的一條河，也是世界上最長的內流河，擁有兩百多條支流，流域面積超過一百三十八萬平方公里，滋養著現在俄羅斯聯邦一半以上的人口，這就是伏爾加河，俄羅斯人的母親河。

伊凡三世在位時，已經控制了伏爾加河上流河段，伏爾加河的中游和下游，對伊凡四世來說是勢在必得。比較鬧心的是，中游控制在喀山汗國手裡，下游則被阿斯特拉汗國控制，都是原來蒙古人的金帳汗國分解出來的小國。

俄羅斯已經脫離了蒙古的統治，當年羅斯內部分裂紛爭，讓蒙古人乘機攻破，如今形勢逆轉，俄羅斯大體統一，金帳汗國卻完全分裂，誰分裂誰就挨打，雷帝決定，向這個曾經地球上最威武的族群發起進攻，以證明三十年河東，三十年河西這條普遍真理。

從一五四五—一五四九年，伊凡四世三次對喀山汗國用兵，都無功而返。一五五〇年，軍改後的俄軍，戰力暴漲，正好喀山汗國內還出現了一股喜歡莫斯科的勢力，於是，一五五二年，雷帝親帥十五萬俄軍，攜帶一百五十門大炮，進攻喀山。喀山守軍人手少火力弱，拼著一腔熱血抵抗俄軍，四個月後失守。

這樣殊死的抵抗讓雷帝更暴躁，所以進入喀山城的俄軍開始屠城，成年男子全部被殺，婦孺雖然保全了性命，身家財物都被掠奪乾淨。而跟蒙古人進入羅斯不同的是，雷帝下令推翻了喀山所有的清真寺，勒令所有的喀山人改信東正教。喀山人也強，國亡了還不肯認輸，到處發動起義繼續跟俄國人搗亂，沙皇一直不能建立有效的統治，五年後才算正式平息收復該地區。

喀山汗國被併入俄羅斯的版圖，表示俄羅斯已經開始清洗兩百四十年韃靼人留在自己土地上的恥辱。為了慶祝這件大事，伊凡四世下令在克里姆林宮附近修建一處東正教大教堂，當時被命名為聖母教堂，後來因為有位叫瓦西里的修士在這裡苦修終生，改名為瓦西里升天大教堂。

這個教堂算得上是現在莫斯科乃至俄羅斯的重要地標，九個石製的小教堂高低錯落，頂著趣致的洋蔥頭帽子，色彩鮮豔，造型靈動，非常標緻。世界上著名的教堂建築，大多數都以雄偉、恢宏、華麗、壯觀著稱，瓦西里升天教堂在氣派和格局上，顯得有點小，但是它卻擁有其他教堂都沒有的美麗和生動，像極了卡通世界的城堡，算是世界上最養眼的幾棟著名建築之一。

喀山汗國滅亡，阿斯特拉汗國就知道自己也跑不掉了。小汗國因為地理優勢，東西方貿易頻繁，商業發達，是個挺富裕的地方。伊凡四世對這裡還真沒花什麼功夫。打完喀山汗國就進攻了阿斯特拉汗國，剛開始只是扶持一個親近莫斯科的大公，阿斯特汗國很聽話地向俄羅斯納貢，還歡迎俄羅斯人來伏爾加下游打漁，完全不用繳稅。

對伊凡四世來說，態度再好也是外人，不如自己的領土統治得舒服。況且這個對自己很客氣大公，據說暗地裡還跟克里木汗國勾勾搭搭，圖謀不軌呢。一五五六年，隨便找個藉口，阿斯特拉汗國就被整個拿下，正式併入了俄羅斯的版圖。這樣一來，整條伏爾加河就在俄羅斯懷中了。

金帳汗國分裂後，有三大汗國圍繞在俄羅斯周圍，讓雷帝難受。現在喀山汗國和阿斯特拉汗國都被兼併，就只剩下克里木汗國。這家人雷帝就不太敢動他，因為克里木汗國投靠了奧斯曼土耳其，現在是土耳其罩的小弟，雷帝再雷，他也不敢挑釁土耳其。克里木汗國知道俄國人對土耳其的懼怕，於是狐假虎威地好幾次殺進俄羅斯領土耍威風，俄羅斯也沒轍。

其實當時俄羅斯內部也有對克里木汗國用兵的呼聲，但雷帝的思路一直很清楚，已經拿下了大河，他覬覦的，是西邊那一片大洋。

到現在為止，俄羅斯幾乎還是個內陸國家，雖然北邊，他們瀕臨白海和巴倫支海，那地方接近北極圈，一年九個月千里冰封萬里雪飄，就算不結冰的時候，從巴倫支海繞出去，也是一條絕對不經濟的漫漫長途。陸上的商道變數很多，貿易總伴隨著戰爭風險。最完美最乾淨俐落的商路，就是從波羅的海出去，而後進入北海，揚帆大西洋，全世界都可以展開美好的想像。

之前俄羅斯對波羅的海只有涅瓦河的河口一個小小的出海口。以現在伊凡四世的野心和俄羅斯的發展來說，已經不能適應需要，然而波羅的海周邊的鄰居們是不會憑空讓一塊出來的，所有需要的資源和地盤，都要靠打。

波羅的海東岸，俄羅斯出海的必經之地，也就是現在的愛沙尼亞和拉脫維亞地區，當時被稱為「立沃尼亞」。前面提到過，早年這一帶，活躍著著名的聖劍騎士團，條頓騎士團佔據了普魯士建國，立沃尼亞也成立了騎士團國。因為跟條頓騎士團是兄弟，所以這個小國承認神聖羅馬帝國為宗主。大家知道，這段時間，神聖羅馬帝國也是四分五裂，奧地利周邊那點地方都看不住呢，更何況隔著這麼遠的小國。於是，所有鄰居，瑞典、芬蘭、丹麥、立陶宛、波蘭，都對這片有點虎視眈眈，伊凡四世要下手是很冒險的，不留神就陷入被這些國家結夥群毆的境地。

雷帝不信邪，他就真打過去了。一五五八年，四萬俄軍攻入立沃尼亞，戰事很順利，很快就佔領了東部大部分地區。小騎士團國趕緊向周圍鄰居求救，結果這些鄰居也沒好人，一邊「強烈譴責」俄羅斯，一邊也渾水摸魚跟著佔了不少地盤。到一五六三年，騎士團小國終於被打碎了，領土分割在這幾國手裡，伊凡四世要搶奪出海口的目的沒有完成，現在他面對的是瑞典、丹麥、波蘭、立陶宛等所有國家

這時，俄國國內很多人已經看出來了，這一仗，俄羅斯基本勝之無望，開始有人要求伊凡四世停手。雷帝當然不會停，因為到現在為止，他還佔據著戰場優勢，甚至波蘭和立陶宛答應，只要沙

皇停手，之前佔領的地區就歸俄羅斯了。雷帝不幹，他要求的是出海口，他要全取立沃尼亞地區。

進入一五六四年，戰局開始對俄羅斯不利，雷帝殺掉了好幾個國內要求停戰的貴族。雷帝認為，戰爭的失利很可能是因為要求停戰的貴族將軍事情報透露給敵方了，而最招人懷疑的，就是俄軍在前線的統帥，庫爾布斯基。

雷帝對付讓他不爽的貴族，下手是非常惡毒的，誅全族，酷刑整死。庫爾布斯基感覺到自己被懷疑，他了解領導的脾氣，以最快的速度逃亡立陶宛。立陶宛賜給他大量土地獎勵後，他再次成為統帥，帶領立陶宛軍隊跟俄軍作戰。戰事對俄羅斯越來越不利。

4. 一場好戲

一五六四年冬天，克里姆林宮外停了一排雪橇，裝了金銀財寶生活用品等各種東西。伊凡四世帶著家眷和自己的特別衛隊，一路浩浩蕩蕩離開了莫斯科。莫斯科從主教到市民都一頭霧水，不知道沙皇怎麼在這個節骨眼上舉家出去度假了。

離莫斯科一百多公里，有個叫亞歷山大羅夫的村子，迎接了沙皇一家的下榻。伊凡四世行事出人意表，不論是莫斯科還是亞歷山大羅夫的人都不知道，這個夥計想唱哪齣。

莫斯科先感覺不對了，國家正在戰中，國事繁亂，之前大小事都是沙皇拍板定奪，他現在突然休假，也沒跟任何人辦理交接，整個俄羅斯陷入了沒有人主事的狀態，亂套了。

亂了一個月，伊凡四世寫了兩封信發回莫斯科，一封是寫給大主教的，大意是說，俄羅斯的大貴族們，長期缺乏「道德血液」，強佔國有土地、盜竊國庫、貪婪無德，尤其是戰時背叛國家，背叛君主，毫無忠誠，而教會還給大貴族做幫凶，伊凡的心被他們傷得拔涼拔涼的，預備退位讓賢，辭職不幹了；另一封信則是寫給莫斯科的中下階層，小貴族、商人和普通市民。大意是：沙皇對市民毫無埋怨，也希望市民能理解沙皇不得已的苦衷。

皇帝的「離家出走」，絕對是做戲，要真想退位，直接退就行了嘛。伊凡四世這齣戲，是一場賭博，他賭的是在莫斯科的支持率。他賭贏了，雖然他跟大貴族不共戴天，可中下層貴族、商人、小市民更不喜歡大貴族啊，非常支持他對大貴族的清剿，而這些人畢竟是大多數，他們還曾經起義殺進過克里姆林宮呢。

莫斯科的百姓都要求請沙皇回來，主教們也怕局勢不好收拾，說盡好話，要求皇上回家。沙皇可以回來，答應兩個條件吧：第一，在俄羅斯的範圍內，沙皇劃定自己的特轄區，這些地區，沙皇全權治理，想怎麼辦就怎麼辦，配合特轄區，成立沙皇直接指揮的特轄軍；第二，沙皇要懲罰作惡者和叛國者，可以處決他們並沒收他們的財產。

伊凡四世是個文字專家，把一封信寫得催人淚下，忽悠老百姓非常容易。莫斯科的人民不知道這兩條會產生什麼樣的後果，聽上去也沒什麼不妥，沙皇先回來吧。

回到莫斯科的沙皇，頭髮都掉光了，眼神也很暗淡，看得出，在亞歷山大羅夫的這段時間裡，多麼艱苦地煎熬，而對一個心理本來就有點疾病的人來說，這一輪折磨，是個觸發點，他更狂躁了。

其實伊凡四世終極發作，經過了好幾個觸發點，一五五三年，伊凡四世大病時，他要求大貴族向自己的幼子宣誓效忠，遭到拒絕；一五六〇年，伊凡的第一任妻子去世，這是雷帝一生最愛，也是對他影響最積極的女人，他懷疑是某個貴族下毒害死了皇后，引發對幾個貴族的清洗，並直接導致了庫爾布斯基叛逃立陶宛。所有這些事加在一起，雷帝真想變成一個巨雷劈死這些貴族們。

如他所願，特轄區成立了。當然是包括全莫斯科最好的地區，原來的貴族領主們，被沙皇強制移民，補償的土地基本都在老少邊窮地區。用這個辦法，摧毀了大貴族們的經濟和政治基礎。有些地區，如果貴族根基太深，不好收編，伊凡就不介意發兵攻打，他不是組建了自己的特轄軍嘛。

伊凡這一輪清洗到底有多殘酷，殺掉了多少人呢？以諾夫哥羅德為例，這裡原本是俄羅斯頂尖的商業大都會，雷帝突然在一五七〇年對該地區用兵。說是攻打，因為沒有遇到有效的防禦，所以基本可以說是殺人搶劫。繁華的城市變成廢墟，超過三萬人被用各種辦法處死，最有效率的殺人辦法就是，趕他們下河，集體淹死，有部分會游泳的想逃命，則被特轄軍用板斧或者長矛刺死。

從伊凡回到莫斯科懲罰「背叛者」，到一五七二年特轄區被廢止，超過四千名大貴族大領主被處死，其他沾邊連帶的不計其數，其中很大一部分，是伊凡親自動手殺的，行刑的辦法自然也是五花八門，讓雷帝很過了一把癮。

特轄區讓沙皇這麼爽，為什麼突然被廢止呢？一五六九年，波蘭和立陶宛正式合併了，合併後的波蘭立陶宛王國幾乎是歐洲當時最大人口最多的國家。這樣一個大敵出世，立刻成為波羅的海地區反抗俄軍的中心。俄羅斯的立沃尼亞戰爭，更加烏雲蓋頂。

西征前，為了穩固後方，沙皇跟克里木汗國達成協定，對方答應中立。如今看到俄軍被動，克里木汗國也毫不客氣開始進攻俄羅斯，讓局勢雪上加霜。一五七一年，克里木汗國攻擊到莫斯科城下，雖然沒有破城，但是周邊遭到劫掠，還抓走了十萬俘虜。

沙皇成立了特轄軍，都是來自於他最信任和喜愛的中小貴族，特轄軍黑衣黑馬，很酷很張揚，幫著沙皇鎮壓同胞時，出手狠辣。可是這六千名平時耀武揚威的御林軍，卻不能抵抗外敵，護衛自家的首都，所以，莫斯科遭到攻擊後，特轄軍也被解散，特轄區跟著取消。對伊凡來說，特轄軍和特轄區的原始目的都達到了，需要解決的人都已經被消滅，他犯不著讓自己再樹敵。

一五七六年，波羅的海諸國結盟對抗俄羅斯，不久就將俄軍趕出立沃尼亞，並打入俄羅斯境內。一五八二年，沙皇不得不低頭認輸，簽訂不平等條約，不僅失去了佔領的土地，還要把自家的幾個城鎮割出去求饒。二十五年的立沃尼亞戰爭檢驗了俄羅斯帝國的成色，它並沒有伊凡四世自己感覺的那樣強大，而且，還在這場戰爭中，被更加削弱。

伊凡四世出海的夢破碎了，俄羅斯需要等待更厲害的沙皇，找到夢中的出海口！

5. 哥薩克騎兵

立沃尼亞戰爭將俄羅斯打垮，讓他暫時失去了向西發展的力量，好在，伊凡四世的統治晚期，俄羅斯向東部的擴張讓雷帝找回了面子。

向東，越過烏拉山，進入亞洲，沒有屬於俄羅斯之前，這裡是西伯利亞汗國。

介紹俄羅斯對西伯利亞的收編，要先介紹俄羅斯歷史上很著名的一個族群，哥薩克。哥薩克在突厥語裡可能是「自由人」的意思。哥薩克人基本還都是斯拉夫人，從莫斯科大公國崛產生伊凡四世統治期間，其農業政策主要內容就是農奴化。越來越禁錮農民離開自己的領主和土地，永遠跟土地捆綁在一起，種一輩子地，不准隨便進城打工。

人這東西不容易禁錮，有腳膽子大的，肯定跑。逃跑的農民到俄羅斯西南部的草原地帶，集結成團，組建了零星的小政權。生活所迫，少不得也落草為寇，少不得要學些武功。受附近突厥游牧民族的影響，很快精通了騎射，哥薩克騎兵成為雇傭軍的品牌，名震江湖。

在當時的俄羅斯烏拉爾地區，有位伊凡四世很喜歡的富商，叫斯塔羅加諾夫。俄國東北方面的業務，製鹽、毛皮和捕魚等，他家統統有份，巨富。而他家跟烏拉山脈東邊的西伯利亞汗國做生意，也是日進斗金。

人心不足，斯塔羅加諾夫賣給西伯利亞的東西都是暴利，但他還是覺得不順手，不方便，他就跟伊凡四世進言，乾脆直接派兵過去佔領算了。

伊凡四世對擴張沒意見，可俄國大軍都被牽制在波羅的海，無力再開闢新的戰場，於是他就答應減免斯塔羅加諾夫的賦稅，給他特許狀，容許他自主徵兵，組織一個軍隊殺過去。

這時，俄羅斯歷史上一個著名的民間英雄走進了我們視線，他叫葉爾馬克。葉爾馬克是綽號，意思是磨石，真名不重要，像他這樣的角色，我們一般都是叫綽號。

葉爾馬克比古惑仔高好幾個等級，他是哥薩克騎兵的首領，是匪首級的幹部。早年因為在伏爾加河一帶搶劫，被判了死刑，莫斯科正通緝他呢。他帶著人馬跑到斯塔羅加諾夫的領地。這位善人法治意識單薄，也不勸他自首或者親自扭送警察機關，而是將其招致麾下，斯塔羅加諾夫知道，這樣一個人，早晚用得上。

一五八一年，葉爾馬克帶領不到一千人的隊伍，其中包括五百四十名哥薩克騎兵就進入了西伯利亞。以這麼少的人馬，經過八次大戰，佔領了首都。葉爾馬克會做人啊，趕忙在當地準備了大批珍貴禮品，派人送到莫斯科，伊凡四世聖心大悅，當場赦免葉爾馬克的死刑，還賜他勳章和盔甲。

暫時的勝利不代表永久佔領，伊凡四世見有利可圖，先後兩次派援兵支援葉爾馬克的行動。西伯利亞汗國人發動游擊戰對抗俄軍，還在一五八四年，全殲了葉爾馬克的主力部隊，葉爾馬克本人也在潰逃時落水身亡。

西伯利亞汗國堅持抗戰近二十年，最後終於被俄羅斯吞併，沙皇在當地構築了著名的秋明城，並設立主教區，強迫此地所有的穆斯林改信東正教。並以此為開端，拉開了俄羅斯向東部擴張的帷幕。

咱家對西伯利亞的認識是，那裡專門生產冷空氣，還喜歡千里奔襲到咱家來，不是颳風就是下雨的。其實那地方出產珍貴的動物皮毛和木材，後面還發現了儲量巨大的各種油、氣、礦等資源，後來的一段時間，西伯利亞簡直就是俄羅斯的搖錢樹。

葉爾馬克是被俄羅斯官方認證的民族英雄，俄羅斯的很多文學作品都是關於他的事蹟，而西伯利亞地區最重要的行政中心——托博爾斯克城中，有一座巨大的葉爾馬克雕塑。俄羅斯博物館內，還有一幅世界名畫，出自俄國著名畫家蘇里可夫，叫做《葉爾馬克征服西伯利亞》，很誇張地描繪了當時的情景。

6. 雷帝終結

伊凡四世最後的故事，要從另一幅名畫講起。頂級的世界名畫，俄國最著名的大畫家列賓的作品，畫的全名叫《一五八一年十一月十六日恐怖的伊凡和他的兒子》。恐怖的伊凡就是伊凡四世，畫面上，黑衣的伊凡沙皇跪在地上，抱著一個垂死的白衣男子，表情驚駭而憂傷，白衣男子的太陽穴上還有血。

一五八一年十一月十六日發生了什麼事？沙皇家事。白衣男子是伊凡四世的長子伊凡。伊凡父子倆脾氣都不太好，伊凡沙皇大病期間，伊凡太子有點招搖，讓沙皇對兒子很猜忌。太子不服氣，也處處跟老爸作對，比如將老爸給自己選的媳婦送進修道院，自己選了葉蓮娜為妻。

俄國人沒有規矩，公公和兒媳婦也沒個避諱。十一月十五日那天，沙皇就走進了太子的寢宮。伊凡四世肯定不是對兒媳婦有企圖，他更多地想的是，找兒媳婦的毛病，並乘機發飆。太子的寢宮點著爐子燒得很熱，又沒有開窗，所以葉蓮娜穿了一件薄裙在寢室裡活動。

根據規矩，太子妃最少要穿三件衣服，天曉得這是哪個神仙想出來的規矩。兒媳婦沒按規定著裝，公公一般是不太會過問的，會挑剔的都是婆婆，誰知，雷帝當時就發了雷霆之怒，對兒媳婦大聲謾罵，罵不過癮，居然還動手打人。葉蓮娜身懷六甲，突然碰上這麼變態的公公，受到驚嚇，當天就流產了。

伊凡太子氣急了，十一月十六日，他找到伊凡四世理論，猜想應該是態度激烈，也偶爾出言不遜。雷帝這種性格，能容兒子這樣跟自己鬧嗎？一氣之下，他就揮舞手上的鐵頭權杖對著兒子打過去，大家切記，下雨天打孩子的時候，尤其是抄傢伙打孩子一定要打屁股，不能打腦袋。沙皇這一擊，正中太子的太陽穴，太子爺當場死去。

雷帝絕對沒想過要殺掉自己的親兒子，所以列賓這幅名畫顯示出沙皇的反應，應該是合理的。

雖然他拒絕承認是自己殺子，俄國的很多歷史書也說是伊凡太子其實是病死，不過，太子死後，雷帝更反常了，跑教堂和祈禱的次數明顯多了，精神狀態也越來越差。

一五八四年的一天夜裡，沐浴後的伊凡四世找人下棋，突然倒地猝死。雷帝時年五十三歲，大部分時間神叨叨的，神經和心理肯定有病，但身體硬體設施似乎一直保持良好，沒有大病。這樣的猝死，成了著名的謎案。根據後來蘇聯人對伊凡四世墓的考古研究，雷帝體內汞含量超標，現在基本就懷疑，他是被毒死的。雷帝的仇家很多，想毒死他的人要拿號排隊，所以，尋找凶手更是大海撈針了。

伊凡四世是俄羅斯歷史上最重要的君主之一，他有效地阻止了封建勢力的割據，成功地在俄羅斯建立了強大的中央集權，讓後來的俄國皇帝可以專制獨裁地統治這個越來越大的國家。雷帝駕崩時，俄國領土面積三百九十八萬平方公里，比他繼位時幾乎多了一半出來。

可惜的是，雷帝失手打死了太子，讓這個本來可以強大延續的留里克王朝進入了尾聲。

九、「山寨」肆虐

前面說過，伊凡四世正式犯病發狂，應該是從第一個老婆死去開始。伊凡的第一個老婆名叫安娜斯塔西亞·羅曼諾夫娜。專門把這麼長的名字列出來不是為了讓「地主」們思維更混亂，而是這個姓氏將會是後來俄羅斯歷史的主角。

安娜死後，伊凡四世又娶了六個老婆，有離婚的，有被他殺掉的，還有死得不明不白，最後，只有第七個老婆瑪麗亞活得比雷帝長點兒，後來的事證明，這個「小七」的精神狀態不見得比雷帝健康。

七個老婆生了三個兒子，太子伊凡被雷帝打死，二兒子費多爾繼位成為沙皇。費多爾從小看著就不太聰明，有點愚笨，雷帝早就安排好後事，四位大臣組成攝政會議，扶持費多爾一世。

費多爾一世在位五年，主要工作就是禱告，反正攝政會議那四大金剛什麼事都幫著處理了。四大金剛中，費多爾最相信的，是自己的大舅子戈東諾夫，他自然就成為攝政會議中最有權力的人，漸漸就成了俄羅斯實際上的統治者。

費多爾在位大致平靜，最大的一件事，是宗教上的。《羅馬帝國睡著了》中說過，雖然土耳其佔領了君士坦丁堡，但是沒有滅絕東正教，所以，東正教的中心，以及大牧首（相當於天主教教皇）都還在君士坦丁堡。

一五九八年，透過戈東諾夫的外交努力，在莫斯科設立了自己的東正教牧首，如此以來，莫斯科的東正教地位就和君士坦丁堡平列了，以後莫斯科的宗教事務也不用跟上級領導機關報備，莫斯科的牧首就是老大。大家不要小看這件事，在後來的動盪歲月，俄羅斯大位懸空時，多虧還有一位牧首，穩定了很多事。

跟莫斯科設立牧首比起來，別的事都算小事，比如伊凡四世留下的最小的兒子突然死了。戈東諾夫攝政後，第一時間放逐了「小七」——瑪麗亞，和她生的兒子季米特里。一五九一年的一天，九歲的季米特里突然被一把刀子割破了喉嚨，當場死去。

肯定是謀殺！全莫斯科的人都這麼猜想。四大攝政之一的舒伊斯基組成了一個官方調查委員會去查案。根據現場勘察，舒伊斯基給出的王子死因是：九歲的小公爵在院子裡丟刀子玩，後來癲癇發作，摔在地上，脖子正好就撞在豎在地裡的刀鋒上！這種死法難度很高，而且一個九歲的孩子獨自玩一把利刃也很離奇古怪。舒伊斯基代表官方給出了結論，不管你信不信，他自己是信的，所以大家也就不好說什麼。小王子死了，當時所有人都覺得這是一件無足輕重的事，沒想到事後會引發出各種各樣的精彩。

一五九八年，費多爾一世駕崩。戈東諾夫在各種勢力扶持下成為新沙皇。現在大家知道戈東諾夫為什麼處心積慮要在莫斯科設立牧首，只有得到牧首的承認，他這個跟留里克王朝毫無血緣關係的人才能光明正大地成為沙皇啊。

戈東諾夫是個人物，工作出色，配得上沙皇的皇冠。不過，他名不正言不順，一遇上大事就被當作是罪魁禍首。

一六〇一—一六〇三年，俄羅斯遭遇了大饑荒。早年間伊凡四世的特轄區制度可能在一定程度上對農業有所破壞，但是根本原因還是天災。真是大災，光莫斯科就有十萬多人餓死，草根樹皮，動物屍體都不足以果腹，有的地方甚至還出現了吃人的。饑民們到處流浪，搶劫，時局混亂得難以想像。

戈東諾夫盡了最大的努力，在莫斯科開倉放糧，免費救濟災民。這樣的大災，以當時莫斯科的實力也實在沒有辦法解決。餓昏的老百姓頭腦卻空前清醒了，他們認為，就是戈東諾夫篡奪皇位，搞壞了風水，所以全國跟著遭天譴。

很自然的，各地出現了暴動起義，而又這麼巧，突然，在西部邊境上，出現了一位年輕人，自稱自己是伊凡的幼子季米特里公爵！

很多資料顯示，這個自稱的季米特里早年曾在某修道院做修士，家世血統全都可查，可俄國的老百姓就是願意相信，他是真的，他是那個沒有意外死亡的沙皇遺孤，應該是皇位最正統的繼承人。

假季米特里受到了波蘭政府的支持，還有波蘭貴族願意將女兒嫁給他，在波蘭立陶宛的支持下，山寨王子的實力越來越大。

面對假貨的衝擊，戈東諾夫只能拋出真王子已經死去的官方報告，可當年一手主持了案件稽查的舒伊斯基突然說，他的報告是有苦衷的，季米特里公爵其實並沒死，而即將帶兵打進來拯救百姓的這位，的確是真正的小王子。最高潮的戲碼是，小王子的媽媽，「小七」瑪麗亞也站出來作證，證明這的確是親兒子！

親媽作證，還能有假？甚至連上帝還很給假季米特里幫忙，不久後，戈東諾夫突然死掉了。估計是被活活氣死的，因為莫斯科朝中所有貴族都說那個假貨是天皇貴胄，戈東諾夫分明看到他們眼中奸計得逞的揶揄。

戈東諾夫一死，假季米特里順利進入莫斯科成為新沙皇，就這麼扯淡，就這麼簡單。不過登基容易，坐穩很難。

為什麼波蘭立陶宛和莫斯科的貴族們會支持這個明顯的山寨貨呢？莫斯科的貴族當然是想透過假季米特里整倒戈東諾夫；波蘭立陶宛呢，因為假貨答應他們，一旦取得大位，就割讓一片土地給波蘭，還讓全俄國改信天主教！

莫斯科貴族的目的達到了，而波蘭的目的就難了。割地暫時不說，讓全俄國改信天主教，這個話說出來都顯得腦袋進水。

波蘭人感覺自己扶持有功，開始以俄國的大哥自居，經常過來發號施令。假季米特里的波蘭未婚妻帶著一個兩千人的隊伍進入莫斯科，更是張狂莫名，耀武揚威地經常欺負本地人。

大家注意，到現在為止，這齣大戲演員眾多，有個角色一直產生重要作用，他就是舒伊斯基。在這個承上啟下的關鍵時間點，又是舒伊斯基跳出來。這夥計說話真不怕閃到舌頭，這會兒他出場，拋出的言論是：假季米特里是個假貨，真王子一五九一年的確是死掉了！舒伊斯基拉來的助演還是瑪麗亞，「小七」證實：之前沒看清楚，現在湊近看清楚了，這個不是自己的兒子！

正好假季米特里又弄丟了民心，俄軍確認他是假貨後，毫不留情將他殺掉了。還將其骨灰用大炮向波蘭方向發射。

除害有功，舒伊斯基被大家推選為新沙皇。

這個時候，有必要給大家介紹一下當時俄國的社會結構。雷帝幹掉了世襲大貴族，又培養出了一批新興貴族。這些貴族都是沙皇喜歡的，原來的中下層貴族，他們追隨效忠沙皇，為沙皇征戰沙場，為表彰他們的功績，沙皇賜土地給他們。給他們土地的條件是，一定要隨時跟沙皇出征。這批貴族，被稱為是「服役貴族」，是這段時間莫斯科的中堅力量。

給了土地，還讓人家隨時出門打架，地要有人種啊。所以，沙皇給他們一個保障，就是制定法律，禁止農民離開自己的土地和領主，不准到處亂竄。這些被綁在土地上終老的農民，最後就淪為農奴，有時跟自己領主的土地一起被轉讓，毫無人身自由。不甘為農奴，成功逃脫的，就成為讓社會很不安定的盲流組織「哥薩克」。還有其他不甘為農奴，又做不成「哥薩克」的，只要一有風吹草動，就跳出來起義暴亂。

舒伊斯基的勝利是這批服役貴族的勝利，他們得手取得權力，當然是更加壓榨農奴。舒伊斯基在位，起義此起彼伏，還發生了前後繼續一年多的大型起義。舒伊斯基那點精神，都用來平亂了。

民間一邊暴亂不斷，一邊還批量生產山寨貨，一會這邊冒出來一個王子，一會那邊冒出來一個親王的，都說自己是雷帝後裔，都想複製假季米特里的成功模式。一六〇七年，又一個季米特里冒出來了！他聲稱自己沒有被舒伊斯基殺死，逃出來躲了一陣，現在重新要求皇位！

這個雙料山寨的冒牌貨，我們就叫他山寨二號吧。二號不管是長相和身材，跟山寨一號都毫無相似之處。可不知道為什麼，他這麼一張羅，又有一些人信他。尤其是一號上位成功時，當時支持他的不少人都發了財，當初炒作一號踏空的人，現在就想投資二號以獲得相同的收益。著名助演瑪麗亞又冒出來了，她居然又說這個是親兒子！而另一個新冒出來的助演是一號假貨的遺孀，波蘭小姐瑪琳娜，她堅定地證實，二號是她丈夫！

二號顯然比一號更有頭腦，並不急於進軍莫斯科，而是在莫斯科附近的一個村子圖西諾成立了自己的政權，也徵稅、也賞賜土地、也分封百官，起了個小朝廷，讓俄國有兩個沙皇兩套政府。莫斯科的貴族們有樂子了，哪邊有利，就往哪邊倒，莫斯科和圖西諾雖然是敵對的，人員來往還非常熱鬧，有的莫斯科貴族甚至宣布忠於兩個老闆！

既然來自波蘭的瑪琳娜會跳出來助演，說明二號假貨背後還是擁有波蘭的支持。兩個朝廷力量相持，舒伊斯基萬般無奈只好向瑞典求援。舒伊斯基承諾，俄國放棄對立沃尼亞的領土要求，還割讓一塊邊境的土地，換取瑞典出兵。

瑞典的六千精兵真不含糊，一殺進來就將圖西諾的小朝廷打散了，二號假貨逃跑。但是圖西諾這邊支持二號假貨的投機客不肯投降，他們換了個玩法，突然宣布，他們要求波蘭國王西吉斯蒙德三世的兒子過來做沙皇！

峰迴路轉，波蘭國王現在思路大開。之前瞎忙乎什麼啊，趁火打劫有什麼意思啊，為什麼不趁這個機會，自己成為沙皇，波蘭─立陶宛──俄羅斯合併，將是多麼輝煌的霸業啊！

波蘭有了新的追求，變換動作，號稱反對俄羅斯和瑞典結盟，波蘭大軍殺進了俄羅斯。波蘭軍隊節節逼近，二號假貨看著形勢有利，他又跑回圖西諾，恢復了自己的小朝廷。

一六一〇年，舒伊斯基實在支持不住了，他被社會各階層聯名罷黜，出家做了修士。莫斯科由七位貴族組成議會接手了政府，他們的主要工作，就是推舉下一屆沙皇。

八月，波蘭軍隊終於進入了莫斯科，整個莫斯科同意向波蘭的王子宣誓效忠，但是貴族議會提出的條件是：要登基，波蘭王子必須皈依東正教。波蘭國王當然不答應，而且他此時想的，不是扶持兒子登基，他想的是自己登基。雙方意見無法達成一致，莫斯科派出一些德高望重的貴族代表去波蘭談判，談判代表團讓波蘭國王很光火，他毫不留情地將其中幾個態度強硬的代表逮捕，送回波蘭關起來了。記住這幾個被囚禁在波蘭的代表，他們將會是後來劇情的主要人物。

俄國大部分土地和莫斯科被波蘭佔領，國家生死存亡。二號假貨在這段時間，因為私人恩怨，被部下殺掉。這樣一來，不論真假的繼承人都沒有了，昏了十多年的俄國人終於清醒了，不能讓波蘭國王如願，俄國會亡國！俄國人終於意識到，他們必須上下團結，一致對外了。

群龍無首，好在莫斯科現在有自己的大牧首，他號召所有俄國人、東正教徒為了國家為了信仰，打擊外國侵略者。牧首這麼著急，跟波蘭即將要把全俄變成天主教國家很有關係。

一六一二年響應牧首的號召，下諾夫哥羅德市的一個稅務官米寧站出來，鼓動同胞保家衛國，下諾夫哥羅德市民捐出了三分之一的財產，和其他城市聯合組成了軍隊，找到一個久經沙場的老公爵做統帥，帶著民族復興的熱情和宗教的狂熱，開始對波蘭軍隊發動反擊。經過三個月的戰鬥，攻克克里姆林宮，莫斯科終於被解放。

一拿回首都，社會各階層就開始選代表，教士、服役貴族、商人、市民組成一個「縉紳會議」，這個會議的當務之急就是趕緊選出新的沙皇，因為只要沙皇大位懸空，所有的敵人都會蠢蠢欲動。最後，米哈伊爾・羅曼諾夫高票當選，從此，羅曼諾夫王朝統治了俄國一直到第一次世界大戰結束的三百年。

十、開局三沙皇

米哈伊爾・羅曼諾夫是誰啊？一個十六歲的身體孱弱、性格懦弱、學識平庸的小孩。大家注意，俄國人只是收復了莫斯科，大部分領土還在波蘭手裡，而原來的盟軍瑞典改了主意，也找了個人出來要求沙皇之位，俄羅斯國內還此起彼伏各種動亂呢。這樣的亂局，這樣的危局，怎麼就讓一個十六歲的孩子出來頂缸呢？

首先，莫斯科的「縉紳會議」看中的是米哈伊爾的家世。羅曼諾夫家族，很早就是莫斯科大公的親信，一直深受歷代大公而後沙皇的器重和信任，伊凡四世最愛的原配老婆就是來自這個家族，而當時伊凡四世的大舅子，尼基塔・羅曼諾夫更是在朝野上下甚受擁護，他的子孫都以羅曼諾夫為姓，家族龐大，富甲天下，是留里克王朝時代，最位高權重的皇親國戚之一。

第二，米哈伊爾有個很出名的爹。戈東諾夫掌權後，忌憚羅曼諾夫家族的威望，就把家族族長放逐，讓他出家成為修士，羅曼諾夫夫人也被迫成為修女，帶著當時年幼的兒子，也就是米哈伊爾，在修道院過著悽惶的生活。

沙皇之位幾經混亂，米哈伊爾的爹被放出來，成為一個主教，被稱為菲拉列特長老，簡稱「菲長老」。菲長老在動盪時代上下協調，顯示了強大的平衡能力。上篇說到，為了跟波蘭談判，俄羅斯派了個使團，被波蘭國王抓住，送回波蘭扣為人質，這其中最大的人質，就是菲長老。

綜上所述，縉紳會議推舉米哈伊爾成為沙皇，顯然是經過慎重考慮的。

米哈伊爾正跟老媽在修道院裡無聊度日，突然有人過來傳話，說米哈伊爾是下一任沙皇，這母子倆當時都嚇傻了！這個時候的沙皇皇冠，比牛頭馬面還催命呢，在民間做個百姓，沒飯吃餓死也要等七－八天，坐上沙皇之位，生死可能就是一眨眼的功夫。

波蘭和瑞典為了沙皇之位打破頭，沙皇的皇冠送到米哈伊爾面前他都不受。縉紳會議的決議，也容不得這兩個婦孺推卻，不管是地雷陣還是萬丈深淵，米哈伊爾只能到莫斯科加冕。這時沙皇如果想買個人身保險，沒有任何一個保險公司會受理。

小沙皇除了惶惶終日，什麼也幹不成。好在縉紳會議還沒有解散，貴族親戚們都蜂擁著過來幫忙。擁立新沙皇是第一目標，第二目標就是，趕緊把太上皇找回來。太上皇就是被關在波蘭的菲長老。

在對待新沙皇的態度上，瑞典人顯得風度一點兒，既然人家選出皇帝了，自己的人馬爭位就算成功了也不見得能坐穩，而且幾次戰役，瑞典也沒佔到大便宜，所以率先停手了。

波蘭不幹啊，看見小沙皇，更火大了，加強了攻勢，菲長老繼續關押，就是不放人。從一六一三年，米哈伊爾登基成為沙皇，直到到一六一九年，波蘭還在不屈不撓地攻打俄國，死乞白賴要求沙皇之位。打的時間長了，波蘭自己也耗不起，一六一九年，因為嚴寒，再次進攻莫斯科無果，波蘭軍隊逐漸從這一線撤退。俄國俘虜了不少波蘭軍官，有了交換籌碼，終於將菲長老換回來，老爺子在波蘭被監禁了九年！

太上皇一臨朝，氣象立時不同了。清理國家機構，整頓稅收體系，再次加強了動盪時期鬆散的中央集權。菲長老治國是個熟手、好手，不過他被波蘭人把脾氣搞壞了，所以他的全部政策，都可以看做是累積力量，找波蘭報仇！可惜的是，準備時間太短了，俄國的力量依然不足以趕走版圖內的波蘭軍隊，一六三四年，被波蘭戰事日夜折磨的菲長老終於含恨離世，俄國不得不再次跟波蘭簽訂喪權辱國的條約，波蘭繼續保持對俄羅斯西部的佔領，俄國人賠償兩萬盧布，唯一的好消息是，波蘭答應，他家暫時放棄對沙皇之位的要求。

這就是羅曼諾夫王朝的開局，有點狼狽，有點悽惶，多虧菲長老在關鍵時刻扶住了俄國這倆搖搖欲墜的大車，讓它繼續磕磕絆絆向前走，當然也順帶手把手教會了羅曼諾夫王朝的「太祖皇帝」，如何做一個稱職的「車夫」。

菲長老已經為統治建立了規範的次序，他死後，只要米哈伊爾沙皇不出格，一步步跟著走就能完成自己的工作，不過，有時他謹慎得過分。

一六三七年，頓河上的河盜哥薩克佔領了亞速海邊一個叫亞速夫的地方。這地方屬於土耳其，是個要塞，所以土耳其水陸大軍聯發，要搶回來。神勇的哥薩克兄弟們，居然據守這個要塞四個多月，讓土耳其無功而返！哥薩克頭目偶爾也忠君愛國，知道這個要塞在自己手裡也是個禍端，所以就主動要求送給沙皇。

回憶一下，波蘭、瑞典這些鄰居圍毆俄國是怎麼開始的，不就是雷帝需要出海口嗎。亞速夫就是一個對亞速海的出海口，穿越亞速海就是黑海，再走出去就進入地中海了，如果放在雷帝面前，亞速夫簡直是神賜的禮物啊。

米哈伊爾不一樣，他沒那麼喜歡大海，他只知道，俄國一收下亞速夫，就是跟土耳其叫板了，會遭到這個橫跨亞歐大帝國毫不留情地打擊，此時的俄國，還是不要再惹事了吧。就這樣，一個完美的出海機會跟俄國擦肩而過，地中海和大西洋的波光都只能在遙遠的地方閃耀了，俄國能不能等來一個熱愛大海的君主呢？

米哈伊爾一六四五年去世，四十八歲。獨子阿列克謝繼位，跟父皇一樣，登基時，也不過十六歲。

作為獨子，米哈伊爾對阿列克謝的培養是不遺餘力的，選擇了最有學問的大貴族莫羅佐夫為太子師。阿列克謝五歲就識字，十二歲時就算得上是知識淵博。少年就有才子之名，而且天文地理、音樂藝術、禮儀騎射無所不通。書讀得太多有時也不是好事，只聽說書中有黃金屋和顏如玉，沒人說書中有王權和霸業，所以，好皇帝是學不出來的，要看本人的悟性、野心和脾氣。阿列克謝雖然偶爾也脾氣火爆，但大多數時候，他有一個大知識份子的安靜和內斂，登基後，繼續研究學問，對西方的建築和戲劇有興趣，偶爾還寫文章。

治國呢？有人幫忙啊，最有權勢的肯定是帝師莫羅佐夫，其次就是國丈（沙皇的岳父）。這倆人代表著莫斯科的利益集團，他們統治的辦法，當然是為自己階級謀福祉，少不得要損傷老百姓的權益。在這個動盪還不曾完全平息的年代，權貴動作過激，立時就激起起義。

這是俄國歷史上比較著名的一次大型農民起義。起義的首腦在俄國的歷史上也是個頗為出彩的傳奇人物，大名叫斯捷潘・拉辛。拉辛同學可不是普通農民，他是個哥薩克團夥的大哥，早年間就在伏爾加下游及裡海沿岸打劫。

一六七〇年，拉辛同學在犯罪道路上幡然悔悟，明白了「竊鉤者誅，竊國者侯」的道理。想到自己不論是做海盜還是河盜，都是秋後的螞蚱，蹦躂不了幾天。不如北上，號令天下，將莫斯科的皇位搶來坐坐。

這樣記錄農民起義絕對是世界觀出了問題，但是老楊實在不能昧著良心說拉辛起義的目的是「為萬民謀福祉」。好在俄國的老百姓沒有老楊刻薄，他們都認可拉辛的隊伍，並願意加入，最多的時候，隊伍發展到兩萬人。

起義在一六七一年被鎮壓，拉辛被肢解而死。拉辛沒說自己是王子或者親王，怎麼能隨便就組織了這麼多人手造反呢？因為老百姓日子實在太苦了，除了莫斯科那些權益集團的苛捐雜稅，還有就是俄國對波蘭的局勢再起硝煙，這一次，一個重要的地區出現在俄國的歷史上，它，就是烏克蘭。

之前老楊提到，古羅斯諸國割據時代，東斯拉夫人分化為三個族群，分別是俄羅斯、白俄羅斯和烏克蘭。上面的歷史都是俄羅斯的故事，白俄羅斯和烏克蘭跑哪去了？

莫斯科取代基輔成為俄國中心，波蘭—立陶宛成長壯大，在莫斯科自顧不暇的情況下，白俄羅斯和烏克蘭這兩個族群所在的地區都被波蘭佔領並控制了。

烏克蘭是早先基輔羅斯的中心，最早接受東正教的地區，進入波蘭後，因為宗教對立，矛盾重重。波蘭人想盡各種手段讓烏克蘭人改宗成為天主教徒，烏克蘭人一直抗拒不從，所以經常被波蘭收拾或者迫害。

哥薩克興起後，烏克蘭草原是他們重要的據點，好些哥薩克的著名團夥，江湖幫派都在這一帶活動，這些人也不太容易被收拾或者被迫害。

十七世紀初開始，烏克蘭就連續發生農民或者哥薩克的起義。一六四八年的起義最有規模，因為有個非常能幹的領袖叫赫麥爾尼茨基（簡稱老赫），老赫有效拉攏了克里木汗國幫忙，跟波蘭打了幾次勝仗。後來波蘭人收買了克里木汗國倒戈，老赫落了下風，於是轉而向莫斯科方面求助，如果烏克蘭只能做小弟，當然是拜在東正教大哥的門下。

阿列克謝沙皇跟他爹一樣，屬於膽小過度的，面對烏克蘭的回歸要求，他竟然因為害怕波蘭多次拒絕。直到一六五四年，俄國因為領土紛爭不得不跟波蘭一戰了，這才答應了烏克蘭回家的要求。

收回烏克蘭的過程也是很辛苦的，跟波蘭持續戰鬥，中間抽空還跟瑞典和土耳其各打了一場，大概是在一六六七年左右，終於取得了對波蘭戰事的優勢，雙方規定了以第涅伯河為國界，左岸的烏克蘭併入俄國版圖，右岸繼續留在波蘭。但是，基輔還是由莫斯科統轄。

拿回烏克蘭，真是天大的好事啊，俄國終於擁有了一個進入黑海的出海口，烏克蘭雖然在宗教文化方面和莫斯科屬於同宗一脈，可他們跟西歐聯繫的更緊密，透過烏克蘭，西歐的先進文化和思想就有了一個進入俄國的流暢管道，這個開放的視窗讓後來某位開明的沙皇知道，要學習西方以圖超越西方。

烏克蘭回歸的要求是，莫斯科授予其很大的自治權。俄國這麼一個專制的集權國家，不會長時間容忍「一國兩制」的，時間長了，烏克蘭也感覺挺憋屈，終於開始對老大哥不滿怨懟，不過，這些是後話了。

阿列克謝在位期間，俄國國內鬧過一陣宗教改革，有個叫尼康的大牧首突然興起要按拜占庭帝國古老的規矩程序重建俄羅斯東正教的念頭。因為沙皇本人很虔誠，最開始支持尼康的改革，結果讓俄國的東正教分裂，支持改革和反對改革的分派。後來，尼康冒險犯了個傻，他認為神權應該大於君權，牧首應該像教皇那樣，凌駕於世俗君王之上，並摻和國政。大家知道，西歐那些王權不太霸道的國王都經常跟教皇爭權，更何況是沙皇，從有沙皇這個概念開始，俄國的皇帝就不認為這個世界上還有人能比自己更大。阿列克謝沙皇後來疏遠了尼康，東正教改革除了分裂教眾，沒產生什麼結果。

阿列克謝沙皇一輩子結了兩次婚，第一個妻子給他生了十三個孩子，能活下來的不多，最後剩了一女二子，女兒叫索菲亞，兒子一個叫費多爾，一個叫伊凡。陰盛陽衰，費多爾和伊凡是兩個病秧子，長期病歪歪的，性格還蔫吧，倒是索菲亞長公主比這兩個弟弟剽悍多了，她有多剽悍，我們後面再說。

費多爾繼位，在位六年，他管的事也不多，因為有其他人幫忙。這六年裡，最大的工作業績是廢除了俄國官員的世襲制度，全方位迎接西方的文化和文明，學習西方的經驗，為後來俄國歷史上一次重要的變革奠定了基礎。

以上三位，就是羅曼諾夫王朝開局的三位沙皇，這三位都不算太精彩太威武的君主，在位的事蹟也都很平常，國家的進步似乎也不明顯。但是，這三位的出現，彷彿是上帝的某種安排，他們每個人都工作，都或多或少為後面的巨星的出場留下了伏筆，奠下了根基，套用《功夫熊貓》裡的經典台詞，雖然羅曼諾夫王朝的故事沒有美好的開始，但是都即將到來的這位巨星，會讓所有之前的努力結出碩果。

大明星出場前，還有一個事要交代一下，跟咱們有關的事，也就是這三個沙皇期間，哥薩克這股到處亂竄的不安定份子們，開始騷擾中國的北方邊境了，大約是十七世紀的四—五〇年代，哥薩克佔領了咱們東北的雅克薩，巧了，當時咱們的大清也剛剛開局，也正預備迎接屬於咱們的大明星，下一篇，東西兩個大明星，將在金庸大爺的《鹿鼎記》中碰撞出燦爛的火花。

十一、彼得大帝

老楊讀書的時候就喜歡上課看小說，被抓住的時候少，但是被抓住並被收剿作案工具的幾次，幾乎都是因為看金庸大爺的書，皆因太精彩，無法分神望風。據粗略統計，被沒收至今沒有歸還的金庸作品，應該有好幾部了，我疑心老師也是喜歡看的，沒收了第一部，就惦記第二部呢，有時恨不得慫恿我看，他好順利沒收下一部。老楊再跟中小學師長呼籲一次，「小四」或者「韓少」寫的，可能是雜書或者閒書，金老爺寫的，分明是歷史書！

這一篇，我們的參考書，是金大爺的曠世名著《鹿鼎記》！

1. 放養記

故事從阿列克謝沙皇說起。前面說過，這位沙皇第一任老婆生了十幾個孩子，最後留下的就是索菲亞公主和費多爾、伊凡兩位王子，阿列克謝沙皇娶了第二任老婆，很快又有了一個兒子叫彼得，這是個優生產物，比哥哥姐姐們都機靈健康。

費多爾成為沙皇後，根據莫斯科外戚幫忙的傳統，大太后的家族成為顯貴，控制朝政，其中，最強勢最說話有用的，則是長公主索菲亞。

金大爺對索菲亞公主的描述：「眼珠碧綠，骨溜溜地轉動，皮色雪白，容貌甚是美麗」，而且還時不常的「露出雪白的一半酥胸，膚光晶瑩」。金大爺擅長描寫美女，筆下的女子風情各異，絕不雷同，大部分都明戀或暗戀男主角。而因為索菲亞公主後來跟韋爵爺「胡天胡地」有了一腿，所以必須也是個美女。

這裡需要弱弱地質疑一下，根據老楊查閱的歷史書籍，當然也都帶有作者的主觀情緒，形容索菲亞以「粗黑肥壯」的居多。看一些繪畫作品，索菲亞公主標準是個歐巴桑，脫下身上的華服肯定可以去演一個脾氣爆炸的俄羅斯廚娘，或者灰小姐的後媽。

這個課題不糾結了吧，不論是金大爺還是俄國人寫的歷史，索菲亞有一個性格特點是公認的，這女人有極強的權力欲和性欲，生活放蕩，大把小白臉，除韋小寶外，最受寵最得意的就是金大爺筆下的所謂雅克薩總督高里津，在正史中，大名叫瓦西里・戈里欽，是當時重要的權臣，有能力有知識，絕對不是《鹿鼎記》裡那個窩囊廢。

費多爾死後，莫斯科有點混亂，因為本朝有兩個太后兩夥外戚。伊凡王子天生有怪疾，要看清楚東西需要撐開眼皮，身體還局部癱瘓。莫斯科有點責任心的大臣們都認為，這種形象還是躺在床上的好，就不要坐在皇位上受罪了，他們都支持讓更健康更體面的彼得王子登基。

彼得媽媽的家族也不是善茬，見此機會也跳出來，莫斯科兩大外戚家族爭位。

之前索菲亞掌握大權，有足夠的時間扶持自己的勢力，尤其是她說服了莫斯科最有勢力的「射擊軍」也就是火槍隊效忠自己，於是，一六八二年五月，索菲亞領導自己母親的家族，發動政變，將小太后的家族勢力一併剿滅。行動中，射擊軍當著小彼得的面，殺死了他的兩個舅舅，讓彼得受了刺激，後來留下了面部肌肉痙攣的毛病，還習慣性眨巴眼。

最後，莫斯科的貴族議會不得不同意，伊凡成為第一沙皇，彼得做第二沙皇，索菲亞成為攝政女皇。這次政變果斷俐落，幹得漂亮，但到底是不是韋小寶教的，就不得而知了。

索菲亞取得權力，趕緊將彼得母子趕出莫斯科，讓他們到距離莫斯科十公里的普利奧布拉任斯基皇村去居住（傷不起啊，一個小破村子起這麼長的名字！），並明令禁止他們母子離開。

十歲的彼得從宮裡被發配到村裡，找到了自由暢快的感覺。很多歷史書都喜歡說，彼得是經歷了索菲亞對自己舅舅的屠殺，幼小的心靈埋下復仇的種子，於是喜歡玩軍事遊戲。這個有點扯，十歲的男孩，突然沒有了高牆深院的束縛，廣闊天地大有可為，不都喜歡玩「打仗遊戲」嗎。之前說過，克里姆林宮特別不適合兒童成長，所以老楊深信，是莫斯科郊外那些靜謐清新的日子，讓彼得成為一個優秀的君主。

十一歲，彼得就學會了發射火炮，喜歡大家叫他炮兵彼得。隨後，他又愛上了構築城堡，攻城的遊戲。這種大型遊戲，人少了是不好玩的，於是彼得召集了村裡的其他孩子，還有自己親族內的小孩一起玩，為了對抗，當然是組成兩個兵團，互相對打。

索菲亞做攝政很忙的，她的寵臣戈里欽有追求，組織了幾次對克里米亞半島的遠征，勞民傷財無功而返。再忙，索菲亞也會盯住莫斯科郊外的彼得母子。她發現，彼得沉溺於跟一些泥巴孩子玩打仗，玩得不亦樂乎，對莫斯科的政事似乎毫不關心。索菲亞對於彼得這種「玩物喪志」的生活很滿意，所以，當彼得要求攝政大姐幫著找幾個西方軍事教官來上課時，索菲亞也非常有愛地配合了。小村裡的泥巴兵團，就這樣漸漸走上了正規，越來越像兩支正規的部隊。

一六八九年，彼得十七歲了，郊外的空氣養人啊，這孩子身高兩米零五。這麼個傻大個，一天到晚帶著一些古惑仔在泥地裡滾，好在有份沙皇的工作，不用憂愁求學或者就業的前途。可這麼混下去也不是個事吧，不長進，還晚熟，他老媽想，乾脆給找個媳婦吧，說不定成了親，就懂事了。

彼得就是很懂事，老媽苦口婆心地安排婚事，他想到母子倆這麼多年提心吊膽相依為命不易，雖然對新娘子沒有任何感情，還是答應了婚事。

根據規矩，沙皇大婚了，攝政女皇就該讓彼得親政了。索菲亞大姐沒有交權的意思，她想的反而是，除掉彼得，讓自己成為女沙皇，因為她越來越感覺到，村子裡這個大個子的弟弟，和他一起混的那幫小破孩子，似乎很危險。

一六八九年八月，索菲亞再次召集了射擊軍，她預備突襲小村子，斬草除根了結小媽和弟弟。

彼得長大了，會交朋友了。莫斯科的射擊軍內部，很多人都崇拜這位年輕沙皇的風采。有幾個射擊軍在行動之前趕到小村，提前向彼得預警。彼得半夜三更，衣服都沒顧上穿就跑到了三聖修道院藏起來。天亮時，在修道院長的幫助下，跟彼得一起長大的兩個兵團的兄弟們帶著太后和皇后趕來，而莫斯科還聞訊趕來幾個預備倒戈對付索菲亞的軍團。

沙皇彼得下令，射擊軍沒有命令，不得擅自行動，否則，殺無赦。索菲亞的計畫就這樣被粉碎了，彼得將大姐發送修道院出家，隨後，帶領自己的人馬回到莫斯科，進入克里姆林宮，正式親政成為真正的沙皇

彼得很客氣，沒有取締伊凡的「第一沙皇」之位，伊凡也識時務，頂著皇冠，每天就是祈禱修行養生，從來不找彼得的麻煩，我們就自動將其忽略不計了。

2. 遊學記

什麼也趕不上從小一起玩泥巴的情誼，彼得深信，自己一手培養扶植的兩個兵團是最忠誠最可信的，從此，這兩個兵團就成為自己的近衛軍。而這些髮小中，有些能力很突出，智商情商都很高的，彼得毫不計較其出身，給予一定的官職。但是，他還不想被捆在皇座上，他還沒玩夠呢。

這時的彼得，迷上了造船和航海。其實在小村裡，彼得就喜歡玩船，不過是條件不允許。當了沙皇後，彼得有空就找到過來貿易的荷蘭人英國人，跟他們出海看熱鬧。彼得是放養的孩子，更廣闊的天地才能讓他自在，做一個內陸國家的君主，太憋屈了。他決定，要讓以後的俄國人自由進出大洋。

一六九四年，在彼得「遊戲」之餘幫著照看國務的太后死了，彼得不得不自己考慮問題了，所以，他決定，打下亞速夫，進而控制黑海。

亞速夫都還記得吧，一六三七年，羅曼諾夫王朝第一個沙皇的時代，頓河上的哥薩克曾經打下這個要塞，想送給沙皇，米哈伊爾沙皇忌憚土耳其，居然不敢要，現在自己的小孫子還要費勁再去打一次。

亞速夫在頓河出亞速海的海口上，攻打這樣的城池，一般都是陸海軍聯合作戰。第一次攻擊，俄軍沒有成功，傷亡慘重。

彼得很快就發現了癥結所在，於是組織人馬開工在頓河邊造戰艦，並因此組建了俄國自己的海軍和艦隊。

沙皇親歷親為，還聘請了大量外國專家，不久，三十艘戰艦和一千多艘補給船出現在亞速海上。亞速夫很快就被俄軍拿下並控制。佔領了亞速夫沒用啊，土耳其的艦隊還是控制著黑海，以現在俄國海軍的實力，想衝出去還是不可能，這個出海口，基本無效。

這次對土耳其的戰鬥，讓彼得意識到，國家太落後，不管請來多少外國專家，要趕上還是不容易，俄國的子弟必須走出去，到發達的西方去，直接學習他們先進的科學技術，回來從根本上改變俄國落後的狀況。而在對土耳其戰爭毫無勝算之下，俄國也需要外交上的努力，給自己在西方找到幫手和同盟。

一六九七年，一個兩百五十人的考察團出發了，其中有個叫彼得•米哈伊洛夫的下士很引人注目，因為不管他自己多麼低調，那樣的個頭，到哪裡都能鶴立雞群，對，沙皇親自參加了這一場盛大的西歐遊學。

俄羅斯錯過了西歐最珍貴的發展時期，跟整個西歐比起來，各方面都差得太遠。西歐的科學家、思想家、藝術家已經氾濫如繁星的時候，俄羅斯還沒有一所像樣的學校。西邊已經資本主義萌芽了，沙皇還在加強農奴制。落後一般都愚昧，俄國人自從認為自己是羅馬帝國的繼承人之後，總有種莫名的優越感，覺得全地球只有他家是上帝的子民，別家人都是劣等的，所以，當彼得預備屈尊到西歐跟那些「劣等民族」學習的時候，引起的朝野轟動還是相當大的。

遊學的第一站，彼得來到了近鄰的德意志勃蘭登堡選帝侯家中。德國歷史中介紹過，此時的霍亨索倫家族剛剛崛起，成為勢力僅次於哈布斯堡家族的德意志大諸侯。

彼得和勃蘭登堡的選帝侯相談甚歡，沙皇希望選帝侯能成為自己對抗土耳其的盟友，勃蘭登堡方面給了彼得一個新思路，沒事找土耳其麻煩幹嘛啊，你可以打瑞典啊，那也是出海口，出於霍亨索倫家自己的利益，可以考慮跟沙皇一起行動。

勃蘭登堡選帝侯的夫人帶著女兒專門請沙皇吃了個飯，這兩位歐洲貴婦對這個來自寒冷國度的神祕沙皇印象不錯，認為他容顏漂亮，體型勻稱，就是為人粗魯，不懂禮數，如果能多受點教育，將來一定大有作為。

離開勃蘭登堡，彼得就去了荷蘭。這是他重要的目的地，他要學習造船技術。在阿姆斯特丹，他換上工人的衣服，自備了一套木工器具，就一頭栽進了東印度公司，跟著名的荷蘭技師學習造船。很快，沙皇和其他的留學生們親手製造的巡洋艦下水，獲得了荷蘭技師發給的結業證書。

彼得不僅要學技術，他還想學航海或者海軍的理論。荷蘭這邊最多就是個技校，只教手藝，教不出大道理，於是，彼得去到了擁有最牛艦隊和海軍的國家——英格蘭。

英國的生活真讓彼得開眼了，倫敦的一切都讓他新鮮，眼花撩亂。他去工廠偷學手藝，參加英國皇家海軍的演習，拜訪各種學者，學習天文學、數學之類跟航海有關的知識，當然還像普通遊客一樣參觀景點。最讓他印象深刻的，是某一天他爬到議會大廈的閣樓上，透過天窗參觀了英國議會的開會情況，當時的盛況是：議會的寶座上坐著一個國王，屋頂上站著一個皇帝。

離開英國後，彼得再次來到荷蘭，現在學技術的事可以放放，他想得到荷蘭方面的支持，一起對付土耳其。荷蘭方面婉言拒絕了，於是彼得又跑到維也納，當然，奧地利閒著沒事也不願意陪著這個突如其來的北方大個子打架，彼得只好決定去找義大利。此時，國內的消息讓他提前中止了遊學計畫。

莫斯科城內，射擊軍叛亂了！這是修道院裡的索菲亞指使挑唆的。好在彼得在莫斯科也有自己的人馬，在沙皇到達波蘭時，叛亂平息。

彼得到波蘭也沒閒著，波蘭沒有早幾年那麼凶惡了，此時波蘭的國王，是德意志薩克森選帝侯，奧古斯都二世，這位仁兄跟彼得同齡，一樣的愛玩，不過奧古斯都玩的奢侈多了，他最出名的是酷愛中國瓷器，是歐洲最有名的中國瓷器收藏家。他為了得到普魯士的一批青花瓷，用薩克森裝備精良的六百近衛騎兵去換，這批青花瓷至今收藏在德國德累斯頓的一個博物館裡，是歐洲非常著名的一批珍寶。

沙皇和波蘭國王居然難得地投契，雖然奧古斯都是個文明世界的花花公子，彼得更像個鄉下大戶人家的土財主，拋開品味上的差別，倆人在骨子裡有很多相似地方。正好奧古斯都二世最近也看不順眼瑞典，於是他倆口頭彼此承諾，如果打瑞典，互相給搭把手。

3.變法記

彼得回到莫斯科，行程隱祕，他並沒有直接回克里姆林宮，而是到他長大的小村子住了一夜。第二天，聽到風聲的滿朝文武，趕緊過來見駕。皇上出門十八個月了，市面見過不少，肯定有不少好東西跟大家分享吧！

還真有，沙皇從西歐帶回來的禮物是大剪刀一把，文武大臣正在錯愕，大元帥一把長鬍子就被剪掉了！

俄國人不知道什麼時候開始的惡趣味，覺得男人要有過胸的長鬍子才是美，最好再搭配肥胖臃腫的體型，聖誕老人範兒，自以為很萌很可愛，可能還覺得很威嚴。雷帝就說過，如果俄國的男人像西歐的男人那樣剃鬍子，簡直是一種罪孽，是對上帝恩賜的褻瀆！

俄國的老男人講究啊，每次出門，化妝時間超過女人，因為要仔細梳理長鬍子，有的編上各種小辮子，有的則是加上各種裝飾打個蝴蝶結別個髮卡什麼的。對俄國男人來說，被無端剪了鬍子，其心理打擊堪比受了宮刑，於是乎，被彼得突然剪掉鬍子的元帥，槍林彈雨血雨腥風都經歷過來了，被這一把剪刀，嚇得差點哭出來！

這把剪刀開啟了俄羅斯歷史上最著名也是影響最大的彼得大帝改革。沙皇從西歐轉一圈回來，深受刺激，看自己的國家，怎麼看都是土老冒，土得掉渣，要想學習西方的先進科技，盡快靠近並趕上西方國家，俄羅斯必須從生活習俗開始跟陳舊落後告別，生活習慣改良了，思想才有鬆動，才能實行其他的變革。

老男人們如喪考妣，「皇上，留著鬍子行不，真不能剃啊，怎麼出去見人啊，況且這個嘴和下巴都沒見過市面啊，剃完了走出去，容易受風著涼！」

不剃行啊，交錢，交「鬍子稅」。交完錢，政府統一做一個「稅訖」的牌子帶上，以備檢查。還真有交的，彼得因此發了筆小財，而這些繳了稅的也鬱悶，鬍子雖然留下了，每天掛個不倫不類的牌子，什麼事啊？

鬍子完了就是衣著。俄國的著裝風格延續拜占庭，長袍寬袖，拖拖拉拉。一次宴會，彼得又掏出那把帶著寒光的剪刀，把一個貴族的大袖子當場給剪了。並要求以後所有人，按西歐主流時尚著裝，短上衣和長褲，歐式皮鞋，最好戴頂法國禮帽。

隨後，沙皇又頒布了一系列關於禮儀規範的法典，他在勃蘭登堡受了歧視，認識到舉止粗魯會讓西歐人看不起自己，所以要求俄國人以後吃喝拉撒都斯文點，禮節點，比如，學會用餐巾、吃飯不要發出聲音，官員們議事時，最好不要「像個娘們」一樣大喊大叫的等等。

彼得沙皇遊學了十八個月，骨子裡依然是個粗人，所以對於不按規定學習禮儀的王公大臣們，他要麼謾罵，有的時候還親自操傢伙毆打，按馬克思的話說：這是一種野蠻戰勝另一種野蠻。

「精神文明」建設做完了，該動真格的了。

改革這東西，是歷史寫作中最枯燥的內容，老楊寫的是最八卦最休閒的歷史，千萬不要拿去當教科書或者工具書用，所以，彼得大帝的改革內容，就大致簡單介紹一下吧。

對彼得來說，第一要緊的肯定是軍事，他要按西方的標準建立一支強大的現代化軍隊，包括陸軍和海軍。建設軍隊首先需要軍人，所以服役的辦法最重要。以前是貴族親自服兵役，彼得擴大了徵兵範圍，普遍徵兵制，農奴也要參軍。

皇上親自主持制定了軍事手冊，並規定，任何一個服役者，不論是貴族還是農奴，都必須從最底層做起，靠著軍功，都有機會獲得提升。

陸軍以自己的兩個近衛軍團為核心，組建各職能化部隊。之前在莫斯科「大顯神威」的射擊軍被解散，彼得親自處理了他們的叛亂案件，千餘人被殺，射擊軍退出了俄國歷史舞台。

海軍顯然是皇上最重視的，毋庸置疑，他肯定是完全複製了英國海軍的各種標準。彼得建立正規的俄國海軍沒幾年，英國人突然就撤走了在俄國幫忙的英國技師，大家可以猜想，原因肯定是發現，這個徒弟馬上就趕上師傅了。

行政方面的改革，目的很明確。彼得要建立一個有效安全的政府班子，因為他肯定是要出門找人打架了，家裡總要有人管事吧。

取消過去的貴族杜馬，設立有九名參政人員的樞密院，直接聽命於沙皇，幫助皇帝處理各種事務。樞密院的成員來路複雜，有的出身很低微，但幾乎都是皇帝的親信。

樞密院以下建立十二個院，分管各種事務，就是各部委：外交部、國防部、司法部、商業部之類的。分清了職責，讓之前混亂無章的行政部門提高了效率。

宗教方面，則是專門成立了宗教事務院，將宗教事務置於政府部門之下，政府監控。防止再出現教權大於王權這種危險的想法。

改革當然還有稅收地方財政之類的，就略去不提了吧。全盤西化，跟西方學，重要的就是「重商主義」，所以彼得的改革也鼓勵商業，連帶當然鼓勵俄國本土的初級工業，並用關稅保護本國的產品。

這些改革中，最引人注目的其實是文化教育方面的，沙皇在莫斯科開辦了學校，世俗的學校，跟之前的教會學校沒關係，鼓勵各階層子弟入學。在莫斯科興建圖書館，裡面陳列的，都是沙皇遊學西歐帶回的大量各種書籍。彼得規定，只要進入圖書館讀書，就能免費獲得一杯咖啡或者一杯酒。這項開支很龐大，也很無奈，因為彼得知道，不用伏特加刺激，俄國人才懶得讀書呢！

彼得沙皇的改革可以做為一個歷史研究的獨立課題，有興趣的「地主」自己挖掘吧，再說這個事，讀者真睡著了！清醒一下，要幹仗了！

4. 出海記

一七〇〇年，歐洲大陸烽煙四起，三十年戰爭剛剛打完，西歐那幾位大哥正預備西班牙王位爭奪戰。《德意志是鐵打的》中講述過三十年戰爭那場混亂，不管多亂，最醒目搶眼的人物肯定是少年得志，英姿勃發的瑞典國王古斯塔夫。雖然這位北歐雄獅後來慘死疆場，可他和他的瑞典軍隊成為歐洲最閃亮的明星。三十年戰爭，瑞典是戰勝國，獲益良多，戰後，他佔據芬蘭灣以及波羅的海沿岸等重要地區，成為北歐霸主。

歐洲的政治局勢，第一要點是均衡，誰冒頭誰就是壞蛋，所以，波羅的海周邊的國家，波蘭、丹麥、挪威、德意志北邊的侯國，都看瑞典不順眼，就大致組成了一個反瑞聯盟，俄國當然也毫不含糊入夥。

瑞典小孩早熟啊，成名都趁早，十八世紀開頭這幾年，瑞典又是一位少年國王，十五歲登基，拒絕奢華、拒絕享樂、一輩子都在為夯實北歐霸主的地位而努力，甚至終生未婚，戎馬一生。他是瑞典巔峰時代的國王，查理十二。

彼得打定主意，全力對付瑞典了，他害怕土耳其趁亂背後使壞，所以忙著跟土耳其和談，先穩住南方的敵人。這邊和談剛有結果，那邊波蘭國王就向瑞典宣戰，丹麥趕緊跟上。彼得心想，這倆哥們性子忒急，倒是等我一起開打啊。急忙忙也加入戰團，這一戰就是歐洲歷史上著名的大北方戰爭。

俄軍四萬人馬在沙皇親自帶領下，進攻納爾瓦要塞。納爾瓦是楚德湖對波羅的海的一個海口，對彼得來說，這是他夢寐以求的地方。納爾瓦的瑞典守軍並不多，可他們由著俄軍連天炮擊，死守不出，讓俄軍很無奈，只好圍困。

查理十二忙什麼呢？一開打，他就指揮軍隊殺進了丹麥，以最快的速度讓丹麥投降。隨後，在一個凜冽的冬天，瑞典幾千人的軍隊，從後方偷襲了正在圍攻納爾瓦的俄軍。四萬俄軍有三萬潰逃，剩下沒死的都被俘虜，其中包括多位將軍。

這個勝利太轟動了，彼得沙皇此時已經二十八歲了，人家查理十二才十八歲！年輕人就有點年輕人的脾氣，瑞典舉國歡騰，為慶祝勝利，瑞典人製作了一枚紀念章，正面是彼得沙皇在一個大炮邊上擺pose，註解的文字是：彼得正取暖。背面是俄軍丟盔棄甲的潰逃畫面，註解是「狼狽逃竄，哭爹喊娘」。

二十八歲的沙皇不能跟小孩子一般見識，輸了就輸了，被人惡搞也沒話說。痛定思痛，臥薪嘗膽，韜光養晦，以圖再戰。

恐怕參戰的各方，誰也沒想到，這場戰爭會延續二十多年，這期間，君主的意志力是一切。彼得勝在心理強大，而且不達目的不甘休。上篇說到的俄國改革，很多內容都是在大戰中為了順應戰爭形勢而實施的，比如財政措施，主要是為了軍費；徵兵政策是為了重組軍隊等等。彼得深切感受到俄國的裝備落後，他必須承認，自家的大炮的確是比取暖的功能更好用一點兒。於是下令到西歐徵召技師，製造新大炮。沒有原料？每三個教堂交一個銅鐘出來。後來俄國鑄造出了三百五十門新型大炮，說明這家教堂真是不少。

查理十二怎麼能容許彼得回家韜光養晦呢？對啊，這小孩覺得打俄國人太容易，沒有成就感，所以納爾瓦勝利後，他就將注意力全部放在波蘭身上。波蘭國王當時支持一個流亡貴族，號稱要去瑞典爭奪王位！

彼得一邊在家積極備戰，一邊大力支持波蘭對瑞典糾纏不休，為俄國贏得了寶貴的六年時間。一七〇六年，查理十二終於平定了波蘭，奧古斯都二世投降，並放棄波蘭王位，查理十二選了一個親瑞典的貴族接班。

現在所謂的反瑞聯盟只剩俄國一家了，一七〇八年一月，查理十二世帶領五萬大軍向莫斯科進發。彼得使用的防禦辦法也就是後來俄國人面對侵略最常用的招數，堅壁清野，焦土策略。瑞典軍隊孤軍深入，長途行軍，非常疲憊。於是，查理十二改變了作戰計畫，他更改路線進入了烏克蘭，希望部隊在這裡得到補給和修養，並等待援兵。

查理十二考慮的是，烏克蘭人對沙皇沒什麼忠誠度，而且哥薩克的著名首領馬澤帕帶著不少哥薩克騎兵歸順。查理十二以為在烏克蘭休整會得到當地的幫助。誰知，烏克蘭人雖然對莫斯科有不滿，但是也不準備全體投靠瑞典。最要命的是，從瑞典趕來增援的部隊遭到俄軍伏擊，人打散了，輜重還都被搶走了。

查理十二也是個不服輸的，這麼不利的局面，他還是挺過了嚴冬，第二年夏天，他包圍了波爾塔瓦要塞，俄軍趕來解圍，雙方再次正面交手。

距納爾瓦的慘敗過去九年了，瑞典人很快就發現，對手成長壯大了。當然，此時俄軍超過四萬人，瑞典軍隊只有兩萬多人，俄國主場作戰，具備各種有利條件，不出意外地取得了勝利，查理十二無法回家，只好逃亡到了土耳其。

波爾塔瓦一戰被認為是大北方戰爭的轉捩點，由此開始，彼得取得了戰場的主動，並一步步實現自己的理想。

其實這一戰之後，俄國立即受到了奧斯曼土耳其的攻擊，挾波爾塔瓦大勝之威，沙皇有點兒托大，以至於再次敗給這位南方惡鄰。

現在輸給土耳其是好事，對黑海沒想頭沒指望了，彼得只好將全部的精力和賭注都押在北方。

一七〇三年，彼得帶著親隨，坐船沿涅瓦河而下，來到了波羅的海海邊的一片沼澤地，他剛剛非常艱難地取得了這一地區。這裡雖然到處都是爛泥，一片荒蕪，可是波羅的海魅惑的波光就閃耀在面前，吸引著這位酷愛大海的沙皇久久不願離去。他下令，在這裡修建一座防禦要塞，以永遠將這塊沼澤留住，他可以經常來看海。

防禦城堡修好，被命名為聖彼得堡，倒不是沙皇的名字，既然前面有「聖」字，應該指的是東正教的使徒彼得。有了城堡，島嶼和沼澤都有了生氣。彼得思路擴大了，乾脆，在這裡造一座城吧。

一七〇四年三月一日沙皇下詔，大量農奴、藝術工匠、犯人和瑞典戰俘被押送到這裡，開工造城。從俄羅斯和國外廣泛招募建築師、工藝師參與設計。北歐的嚴冬苦寒，這裡又是水網密集，氣候惡劣，各種工匠聚集在這裡，施工條件惡劣。由於疾病、事故、勞累和寒冷，大約有二十萬人將自己的骸骨永久深埋在聖彼得堡的地基裡。

隨著城市逐漸成型，彼得突然決定，要將俄國的首都遷入這座新城！

彼得的這個計畫讓很多俄國人都懵了，聖彼得堡扼住海口，是大小涅瓦河的交匯處，河網密佈，是個威尼斯一樣的水城（如果此時它算個城市的話），莫斯科人做了好幾輩子內陸居民了，突然看見這麼多水，容易犯暈，或者引發風濕。而且，哪有人把首都設在邊境上的，瑞典國王如果閒著沒事，可以做一把彈弓直接從自己的臥室打俄國人家的窗戶！

沙皇鐵了心了。對彼得來說，克里姆林宮毫無感情，那裡給他留下的記憶恐怖黑暗，而他大部分的時間在波羅的海地區指揮戰鬥，對莫斯科有點鞭長莫及，萬一首都有風吹草動的，容易後院起火。聖彼得堡是新城，油漆還沒乾呢，沒有莫斯科那些陰魂不散的記憶；它面向西方，能更容易接受來自西方的新思想和新文化，也讓俄國對西方敞開大門，讓更多人了解這個封閉的國家。

遷都雖然困難重重，最後還是實現了，經過沙皇曉之以理動之以情和嚇唬威逼利誘等手段，一七一三年，宮廷、樞密院和外交使團遷往聖彼得堡，而後，大規模的城建工作開動，每年有幾百幢帶著西歐各國風格的建築拔地而起，到彼得逝世時，聖彼得堡已經四萬人口，算個大城市了。

此時北方戰爭還沒有結束啊，瑞典國王又跑回了瑞典，組織軍隊再戰，可惜這位驚才絕豔的年輕君主跟他的前輩戰神一樣短壽，在進攻挪威的戰鬥中，他不知道被哪裡飛來的流彈擊中，享年三十六歲。

查理十二在不在，對局勢都沒有什麼影響了，首都遷到海邊，最順手的事就是全力建設海軍。一七〇三年第一艘炮艦下水，艦上掛著俄國的紅白藍三色海軍旗，隨後的幾年，西方的國家驚恐地看見，波羅的海蔚藍的水面上，帶這種標誌的船越來越多。英格蘭反應快，他家下令讓在聖彼得堡打工的英國技術人員全部回國。為了挽留這些外籍勞工，彼得花了大把銀子。彼得大帝之後，他家在波羅的海遊弋的各類艦艇已經不遜於任何海軍強國，讓西歐感到一個新的海上霸主隱隱露出了猙獰的身影！

海上力量的增加，使波羅的海周圍戰事容易多了，兩次重大海戰勝利後，俄軍大舉進發瑞典國土，並佔領了芬蘭，一七二一年，瑞典不得不議和，停止這場二十一年艱苦卓絕的戰爭，此後，瑞典這個北歐大國逐漸隕落，成為歐洲二等國家。

停戰後簽訂的和約，基本實現了彼得的目的，以前立沃尼亞地區（愛沙尼亞＋拉脫維亞）都進入俄國版圖，連帶當然還有不少海邊的城池和島嶼。俄羅斯終於擁有了自己的出海口，可以在未來進入大洋爭霸了。

大北方戰爭的勝利，使彼得沙皇達到了大帝的標準，而樞密院更是授予他「國家之父」的稱號。

5. 殺子記

彼得大帝的偶像是雷帝，榜樣也不是什麼都能學，比如，殺兒子這種事，就最好不要隨便模仿。

這一篇是彼得大帝的家事。

還記得吧，彼得尊重老媽的決定，娶了他完全沒有感情的皇后洛普金娜。結婚第二年，皇后就生下了阿列克謝王子。一六九八年，射擊軍趁著彼得在西歐遊學，發動叛亂，彼得回家後，對射擊軍嚴懲不貸。他認為，皇后對射擊軍有同情態度，所以一併有罪，果斷地離婚，把洛普金娜打發到修道院去了。

彼得大帝不是個慈祥的父親，他戰鬥的一生也沒工夫關心未來的王儲。他也延請名師要求嚴格教育太子，奈何阿列克謝跟父親完全不是一種人。

洛普金娜沒有得寵過，長期怨婦，怨婦的特徵就是，在兒子身上寄託自己全部的幽怨的愛。阿列克謝小時候被老媽嬌生慣養，溺愛得不像話，以至於洛普金娜被放逐，阿列克謝就開始憎恨老爸。

阿列克謝長大後是個無用的花花公子，懶惰沒有上進心，學識平庸。彼得帶著他出去歷練了幾次，就發現這個兒子，基本就是個廢材，毫無前途。

再廢材也是太子爺，太子爺身邊一定會有自動形成的「太子黨」。阿列克謝的「太子黨」人還不少，還都位高權重的，這是為什麼呢？

因為彼得大帝的改革，莫斯科有些頑固份子不能接受，這些改革或多或少也觸及了一些人的利益，所以他們抱團偷偷牴觸沙皇的命令。而正好，發現太子爺對改革也是反對和批評的，於是就擁到他身邊，希望他早日繼位，停止這場全盤西化的運動。

彼得當然知道兒子結黨跟自己作對，他二婚後又生出了兒子，而阿列克謝娶了位德國公主，也生了一名男嬰。所以，此時此刻，沙皇不缺繼承人，於是彼得大帝就跟兒子下了個通牒：要麼認可改革，並承諾在未來堅持深化改革，做一個合格的王位繼承者；要麼，放棄繼承權。

阿列克謝不知道怎麼想的，也許是俄國人的強脾氣，他居然很牛叉地宣布，他寧願放棄王位也不屈服！

一七一六年，彼得出訪法國，想爭取法國的力量一起對付瑞典，雖然沒達到目的，但在巴黎的浮光掠影中又長了見識。就在這期間，太子黨唆使阿列克謝發動政變，篡位登基。

以彼得大帝對首都的控制，這種事很快就有人揭發出來。事敗後，阿列克謝逃亡奧地利，向當時的查理六世要求政治避難。阿列克謝的亡妻（生產時死亡）是德意志公主，正好和查理六世是連襟。

俄國陳兵邊境，並派特使斡旋，第二年，阿列克謝回了家。虎毒不食子，皇上說了，只要阿列克謝放棄繼承權，並交代出同黨，可以饒恕他。

阿列克謝可不是大無畏的革命黨人，他被送回父親身邊，膽子都嚇破了，立時將太子黨內給自己出謀劃策煽風點火的都供出來。這些人一被傳，可真是扯出蘿蔔帶出泥，籐籐絡絡、千絲萬縷牽連甚眾，還連帶交代出很多讓彼得暴怒的言論。隨著審判越來越深入，太子黨內互相揭發，互相指證，阿列克謝的言行被曝光，彼得大帝真沒想到，兒子背著自己如此的無法無天。

最後，彼得認為，兒子不能饒恕，收回原來的條件，讓特別法庭判兒子死刑。一七一八年夏天，阿列克謝沒等到正式處決，就暴死在獄中。死因沒有定論，不過很多人都說，整個審判，這位前太子遭受了多次嚴刑拷打。而一般人都猜想，應該當時沙俄還沒有「王子犯法與庶民同罪」這樣的覺悟，如果不是沙皇的命令，誰敢對一位皇子下這樣的狠手呢？

彼得大帝再婚後生的兒子都夭折了，剩下的只有大帝的女兒或者是孫子。所以，阿列克謝死後，彼得的繼承人還真成了問題。一七二二年，無奈的彼得大帝頒布了新的繼承法，廢除了長子繼位的原則，在位的君主可以自由選定繼位人。這個法律很科學，未來的沙皇可以擇優上崗。彼得大帝沒有第一個實施這項法律，晚年他忙於在黑海征戰，長期艱苦的軍旅生活搞壞了他的健康。

一七二四年秋天，他在芬蘭灣看見幾個士兵溺水，這位五十二歲的犯有尿毒症的老沙皇毫不猶豫跳進冰冷刺骨的水中救人，因此犯了大病，一七二五年一月二十八日駕崩。

性格決定命運，彼得大帝是個思維敏捷，有非常強烈求知欲的人。這樣的人，生命不息，折騰不止。大病期間，他還命令丹麥的船長白令向東方冒險，重點勘察一下美洲和歐洲是不是連著的，如果騎馬能過去，大帝病好了就去美洲玩。最後白令船長發現了亞洲和美洲的分界線，也就是白令海峽。幸好大帝死了，要不然美洲人民不知道會遭遇什麼。

其實，到底彼得大帝對俄羅斯的歷史意味著什麼，不用過多的闡述，大部分的俄羅斯歷史書，如果封面不是彼得大帝，扉頁一定是他的畫像。整個十八世紀，全世界有兩位偉大的君主，統治著幅員遼闊的國家，一位是彼得大帝，一位是大清國的康熙大帝。兩人的交集，應該是簽訂於一六八九年（彼得放逐索菲亞親政那一年）的《中俄尼布楚條約》，作為清政府第一份跟西方國家簽訂的條約，它難得地沒有讓我們感覺丟人現眼。也就是這份條約，暫時遏制了俄國向東方的擴張。

只是，彼得大帝改革開放之後的俄國，成為讓西方國家認可並憂慮的俄羅斯大帝國，一步步爭奪歐亞的霸權；而閉關鎖國的康熙大帝之後，也就是乾隆爺神氣了一把，而後我們就走向悲慘的深淵了。

十二、各種沙皇各種亂

彼得大帝臨死沒有指定繼承人，子嗣方面也不太充裕，混亂中，一七二五年—一七四一年十六年間輪換了四位沙皇，正好兩男兩女。

這四位沙皇故事由一位精彩絕倫的女士開始，這恐怕是古往今來歷史上最成功的女人，整個世界歷史發展過程中，不管有出了多少位卓越的女皇帝和女元首，這一位，肯定是佼佼者，因為她的起點是最低的。

一六八四年，瑪爾塔生於立陶宛一個農夫家庭。三歲成為孤兒，被一個德國教士收留，成為一個洗衣女僕。主人家是路德派的教士，所以馬爾塔從小就皈依了基督教的路德宗。德國教士光讓馬爾塔工作，也沒讓她學文化，馬爾塔不識字，工作是一把好手，吃苦耐勞，比男人還壯實強健。

可能是因為北歐生活條件的艱苦，健壯型美女代表生命力，比較受歡迎。北方戰爭期間，馬爾塔成了一個瑞典軍官的情婦，軍官戰敗被俘，馬爾塔被當時俄軍的元帥佔有，很快，又有一位俄國大人物看中了她。

如同康熙有個韋小寶，彼得大帝也有自己的髮小，他最信任的朋友就是緬希科夫。緬希科夫真是生於微末，早年間在莫斯科街頭賣餡餅，後來跟彼得大帝一見如故後，被編入大帝的兩個近衛兵團。彼得在歐洲遊學，緬希科夫也一直跟在身邊，回國後，被委以重任。

緬希科夫標準鳳凰男，這樣的人，千萬別給他太大權力，因為小時候太窮了，所以總是控制不住對金錢的欲望，而且毫無止境。

彼得大帝對自己的髮小夠意思，他將整個聖彼得堡造城的工程交給了緬希科夫，所有的工程材料都是緬希科夫控制，沒有紀委之類的監控他，大家可以想像他能賺到多少錢。傳聞這夥計當年不僅是俄羅斯首富，很可能在歐洲的富人榜上也是頭幾名。

沙俄政府不允許政府官員參於商業活動（這種禁令在哪個國家都不容易落實），朝野間對緬希科夫指控甚多，彼得大帝當然知道髮小的行為，也恨他貪財，一七一四年，俄國專門成立了專案組調查緬希科夫的巨額財產來路不明。

不管緬希科夫有多麼貪婪，他的工作能力和忠誠都是一流的，這點彼得大帝非常清楚，查歸查，大不了查完了公示一個處理意見，過幾天風頭過去，換個地方繼續當官唄。

就是這位緬希科夫，在北方戰爭的軍營裡看到了馬爾塔，他是俄羅斯最有權勢的人之一，他看中的女人，肯定能順利帶走。

不久後的一天，彼得大帝巡視緬希科夫的軍營，馬爾塔又獲得了彼得大帝的青眼。恐怕世界上敢跟緬希科夫爭女人的只有皇帝了吧，馬爾塔又升了一級，上了沙皇的床。馬爾塔功成名就後，留下不少畫像，真沒看出魅力何在。到底她是如何接連打動了元帥、權臣、沙皇的心，是個神奇的謎。

一見鍾情看上馬爾塔讓人迷惑，但是馬爾塔能一直牽住彼得大帝的心就一點不難理解。彼得大帝這種北方男人，絕對大男子主義，特別看中女人對自己的忠誠和崇拜。馬爾塔跟了沙皇不久，就改信了東正教，改名為葉卡捷琳娜。隨後的日子裡，不管彼得在哪裡，條件多麼艱苦，路途多麼艱難，只要收到召喚，葉小姐就以最快的速度趕到皇帝身邊，陪他行軍作戰，陪他運籌帷幄。

葉卡捷琳娜的出身決定了她的性格開放而豪爽，跟上下都能打成一片。軍營生活艱苦，不嬌氣不惹事，什麼日子都過，什麼苦都能吃，什麼氣都能受，這樣的女人，真是一個沙場中殫精竭慮男人的最佳伴侶。彼得改革阻滯重重，葉小姐一直為他分擔壓力，而當彼得被牴觸火冒三丈要殺人時，只有葉小姐的勸慰能讓沙皇平息怒火，很多人因此保住了性命，感念葉小姐的恩德。

上篇說到，彼得大帝對瑞典大捷後，曾過度自信地跟土耳其打了一仗，大帝慘敗，當時他只想帶著葉小姐逃跑，讓俄軍要麼投降要麼全軍滅亡。葉小姐非常淡定地安撫了沙皇的情緒，捐出了自己所有的金銀首飾，以此為禮物，向土耳其買得了和談的機會。基本可以說，從彼得帶走馬爾塔那天起，沙皇就覺得自己離不開這個女人了。

一七〇三年，葉卡捷琳娜生下了彼得大帝的第一個孩子，到一七一二年，大帝才正式地娶她為妻，一七二四年，大帝臨終前一年，才被正式加冕為皇后。

說葉卡捷琳娜是小三有點委屈，她跟沙皇認識時，彼得已經離婚了。不過當時彼得有個固定的女朋友，來自日耳曼的妖豔美女安娜蒙斯。彼得果斷跟原配離婚，就是想跟安娜蒙斯結婚。誰知她居然在彼得出征期間給沙皇戴了頂綠帽子，失去了成為俄國皇后的機會。彼得一眼看中葉卡捷琳娜，跟他當時被戴綠帽子的心情也大有關係。

彼得大帝的晚年，曾兩次下詔立葉卡捷琳娜為自己的繼承人，後來又不了了之，傳說是葉卡捷琳娜也跟其他男人有染，又給大帝戴綠帽了。

實際上，彼得大帝將王位傳給葉卡捷琳娜，並不是頭腦發昏的行為，他最看中的一點，是葉小姐可以凝聚改革派的力量，維持並延續彼得大帝的改革政策。這一點，彼得大帝的親信緬希科夫當然也想明白了。

大帝走後，俄國分成兩派，一派支持被殺太子阿列克謝的兒子，十歲的小彼得登基。這一派是守舊派，他們擁立彼得，不過是想把俄國帶回從前。另一派則是以緬希科夫為首的，擁立皇后派。最後起作用的，還是彼得大帝那兩支忠誠的近衛軍，他們站在皇后一邊，終於讓葉小姐順利登上了皇位，成為俄羅斯第一位女性沙皇。

葉卡捷琳娜的成功之路，放在任何一個國家，都有點匪夷所思，也充分說明了彼得大帝是個離經叛道的人，俄羅斯是個有個性的國家。葉卡捷琳娜帶上皇冠登基，俄國城市鄉間沒見到特別的反應，似乎大家都覺得挺正常。

女皇在位只有兩年，她也不太管事，緬希科夫會替她張羅打點。之前彼得大帝在位時，因為連年戰爭，百姓生活困苦，大家都以為女沙皇會仁慈點，沒想到，日子更艱難。緬希科夫就是個財迷，他掌握大權，更加收刮壓榨百姓了。

葉卡捷琳娜死於肺炎，病重時，繼位問題又亂套了。彼得大帝和女皇生的孩子，最後長大的只有兩個女兒，後來長女又死了，只剩下小女兒伊麗莎白，被兩人視如掌上明珠。女皇想讓伊麗莎白接班，更多的人當然繼續擁護小彼得。

這時，緬希科夫打起了自己的小算盤。雖然自己大權在握，可不是什麼都能說了算，因為彼得大帝留下的近臣很多呢。而如果他將自己的女兒許配給小彼得，小彼得成為沙皇，自己作為國丈就有機會大權獨攬了。於是，他這次選擇支持彼得。

葉卡捷琳娜沙皇後期病糊塗了，緬希科夫毫不留情地欺負了自己的舊情人和舊主子，帶著他人寫好的沙皇遺詔走進女皇的寢宮，趁亂讓女皇蓋上了玉璽。遺詔上說：女皇指定彼得成為下任沙皇。

緬希科夫從來不把老牌貴族放在眼裡，朝中樹敵甚多。他有些行為讓改革派的陣營看不上，葉卡捷琳娜臨終時他耍了花樣，近衛軍團也不待見他。他如願讓自己的女兒跟彼得訂婚，如願讓彼得成為沙皇，可他忘了，有一件大事，讓他永遠不可能得到新沙皇的信任，那就是，當年處決阿列克謝的判決書上，緬希科夫可是第一個簽名的！

阿列克謝是小彼得的爸爸，這是殺父之仇，對一個十二歲的孩子來說，很容易被挑唆起怒火。小彼得在老派貴族的支持下，將緬希科夫軟禁，繼而流放。最讓緬希科夫絕望的是，流放之前，沙皇命令緬希科夫的女兒交出訂婚戒指，取消了婚約。

最後，緬希科夫這位俄羅斯的三朝重臣、大元帥、第一富豪在流放地淒涼地終老。

彼得二世是代表保守勢力的沙皇，他登基後的第二年，就在老牌貴族的煽動下，將首都從聖彼得堡遷回了莫斯科。

俄國不光緬希科夫一個聰明人，小沙皇年幼未婚，所以權臣們都希望將自己的女兒嫁為皇后，俄國的皇后現在含金量不一樣了，搞不好可以成為女沙皇的，大家都打破頭了。

誰都沒機會，就在一個權勢老貴族要給自己的女兒預備婚禮時，十四歲的彼得二世得了天花，在那個年代，這是絕症。

彼得之後是誰呢？彼得二世無嗣，按道理，皇位應該是伊麗莎白公主繼承。可此時莫斯科的政治氣氛已經變了，樞密院掌權的，都是保守派的老貴族，他們認為，伊麗莎白繼位，肯定是延續父母的政策，又會讓他們日子很難過。新的沙皇，最好是在俄羅斯沒有政治背景和後台派系，容易控制的，這樣呢，樞密院就可以達到跟沙皇分權的目的，結束俄羅斯沙皇高度專制獨裁的狀況。

還真有一個符合樞密院條件的王室成員。希望大家還記得彼得大帝同父異母的哥哥伊凡五世，這個跟大帝並立而被無視的倒楣沙皇，在一六九六年無聲無息地去世，留下三個女兒。次女安娜，由彼得大帝作主，嫁給了波羅的海岸邊一個小公國——庫爾蘭的公爵，原來的騎士團國分離出來的。

安娜前半生堪稱不幸，在聖彼得堡辦完婚禮，回到庫爾蘭的路上，老公就掛掉了。彼得大帝將安娜嫁入庫爾蘭，本來就是為了盯死這個搶回來的地區，他不准安娜回來，讓她留在庫爾蘭守寡，還派了個大臣過去監視她，並管理庫爾蘭事務。

庫爾蘭又小又窮，安娜在那裡過著下放一般的日子。可畢竟是個小公國，也會吸引一些人過來投機。

安娜在庫爾蘭百無聊賴中，鬧出些風流韻事。很多人都跟這位公爵夫人有染，後來最受她喜愛的，是一位叫比靈斯的德國人。比靈斯成為安娜情夫後，庫爾蘭大小事，就交給他管理了，沒想到，他在庫爾蘭的工作，竟然是為後來管理整個俄羅斯做的實習。

樞密院通知安娜成為繼位人，條件是，簽一個協定，內容很多，概括地說，根據這個協定，安娜即使帶上皇冠，她也沒有沙皇的權力，像英國的國王一樣，純粹是個象徵。

安娜毫不猶豫就簽字了，順利登基。別忘了，她有比靈斯呢，還有比靈斯幫她組織的，一個以德國人為主的幕僚集團。

剛帶上皇冠，安娜就命令近衛軍包圍了樞密院，不僅宣布之前的協議無效，還直接撤銷了這個機構。重新建立獨裁統治後，安娜就開始淨化首都的氣氛，德國親信們抓了大批疑似對女皇不忠的人，殺的殺，流的流，莫斯科的大貴族又遭遇了一場血洗。

這個事不能怪安娜，她維持她在庫爾蘭的生活狀態，每天就是吃喝玩樂。所有事，都是比靈斯一手操辦，所以這段時間被稱為「比靈斯專政」。

胡吃海塞不注意養生，十年後，四十七歲的安娜女皇就死於痛風。她指定的是自己姐姐的孫子，三個月的伊凡繼位，成為伊凡六世，比靈斯是攝政。

德國人比靈斯在莫斯科人緣太差，女皇一死，沒人罩他，就成了落水狗。那誰給三個月大的孩子攝政啊，他媽媽唄，不過，莫斯科有更厲害的女人等著收拾她呢！

十三、華麗女沙皇

這段時期的俄國歷史，就是女人政治。彼得大帝可能沒想到，他一手改變的繼位辦法，讓這麼多俄羅斯女人走到了歷史的前台。

十六年了，四位沙皇，血統離羅曼諾夫王朝正統越來越遠。大家都沒忘記，在聖彼得堡，還有一位彼得大帝的嫡系後代呢。

伊麗莎白公主，生於一七〇九年，那一年，彼得大帝贏得了波爾塔瓦戰役，扭轉了大北方戰爭的局勢。他回到莫斯科看到自己剛出生的小公主，可以想像他的喜悅嗎？

小公主美麗聰明，還活潑外向，作為彼得大帝和葉卡捷琳娜女皇的掌上明珠，伊麗莎白的成長受到很多關注。歐洲很多國家的使團訪客拜訪沙皇家庭後，都對小公主印象深刻。

到了公主婚嫁的年齡，沙皇夫婦肯定是想為女兒選出歐洲最好的夫婿。皇室選女婿，重點不是看人品相貌，最好的夫婿，就是指最有權勢的男人。

當時整個歐洲的君主，年紀相當地位對等的，就是法國國王路易十五。沙皇看中了法王，法王卻看不中伊麗莎白。在西歐諸國的規矩裡，伊麗莎白是葉卡捷琳娜正式嫁給彼得大帝之前生的，是私生女，不夠尊貴，配不上法蘭西的國王。

有人居然敢嫌棄自己的寶貝女兒，讓伊麗莎白的媽媽很光火。別人的媽媽碰上這種事，肯定是下定決心，招呼媒人務必找到比這個更好的，氣死這個不識貨的東西。伊麗莎白的媽媽是沙皇啊，她碰上這種事，反應辦法是：從此後，歐洲的事務，不管怎麼站隊結夥，俄國一定會選擇法國的對面。

好在這次羞辱很快就過去了，因為伊麗莎白自己看中了一位帥哥。說到這位帥哥，就一定要講到歐洲亂麻般的親戚關係了。

還記得普魯士的統一戰爭吧，他們首先是收復了北方跟丹麥接壤的石勒蘇益格、荷爾斯泰因和勞恩堡三個地區（見《德意志是鐵打的》之三十三）。而在德意志沒有統一，諸侯林立的時代，荷爾斯泰因地區也有幾個小公國，住著德意志的各種親王爵爺之類的。

伊麗莎白的姐姐安娜就是嫁給了荷爾斯泰因哥道普公國的公爵，生了一個叫彼得的兒子。伊麗莎白看中的帥哥，是哥道普公爵的表弟查理・奧古斯特。

查理・奧古斯特是個英俊而有魅力的德國小夥，讓伊麗莎白很滿意很傾心。可定親不久，查理就得了天花死去了。伊麗莎白痛失愛人，傷心欲絕。從此後，她就開始放浪形骸，只要是稍微順眼的男人，不管是貴族還是大臣，軍官還是近衛都被她拉進閨房。

這裡要順便提一句，算作後文的伏筆，查理・奧古斯特有個妹妹，嫁給一個小城堡的小親王，鬱悶失意中，生了一位小姑娘，名叫索菲亞。

話說伊凡六世成為嬰兒沙皇，媽媽攝政。雖然驅逐了比靈斯，沙皇母子倆也是德國來的，所以，還是德國人掌權。德國幕僚團一致認為，為了伊凡六世位置穩固，必須將最危險的對手，也就是伊麗莎白公主放逐。

也許伊麗莎白從沒有政治野心，可她關係網太給力了，人在聖彼得堡，莫斯科上下所有的事都有人通報她。因為這些人大多數都跟她上過床，俄國男人純爺們，覺得這個女人既然跟自己滾過床單，就有責任保護她的安全，而且人家還是大帝的嫡系血脈呢。

政變嘛，就看誰動作快。朝廷裡的「男朋友們」做好準備，近衛軍團的軍官也大都被伊麗莎白「關照」過，公主一聲令下，一七四一年十二月五日的午夜，他們就幫著殺進了克里姆林宮，突然逮捕了小沙皇和攝政女王，立伊麗莎白為新的沙皇。

女皇一上台就宣布她將恢復彼得一世時期的政策。首先恢復了被解散的樞密院，還宣布廢除死刑。

從伊麗莎白早期的生活看，她應該是對政治的興趣不大，而她既然恢復了樞密院，這裡面又都是她非常親密的寵臣，她就只有充分享受生活了。伊麗莎白沙皇名留青史的原因，不是因為她的政績，而是她被稱為整個羅曼諾夫王朝最荒淫奢侈的沙皇。

伊麗莎白在位最奢侈的一筆支出，就是修建了聖彼得堡那高大壯美的冬宮。作為俄羅斯巴洛克風格建築的代表，冬宮被公認是俄羅斯最完美的房子。十九世紀一場大火，將這座華美的宮殿燒毀，現在能看到的，是後來重建的，我們無法計算當時女沙皇到底花了多少銀子。

十八世紀的王室生活也可憐，男沙皇還能出去打獵溜達，女沙皇只好在家辦舞會玩，順帶展示自己的新衣服新首飾。伊麗莎白在位，一周兩次舞會雷打不動，女皇的衣服從來只穿一次，有的時候，一天要換三次，後來據估計，她應該有超過一萬五千條裙子，宮裡隨便一場小火災，就燒掉了皇上四千條裙子。

這位伊麗莎白一世跟大英帝國的伊麗莎白一世一樣，終生未婚。英女王不婚的原因我們知道，女沙皇不婚的原因我們就猜不出了。英女王號稱童貞女王，女沙皇卻是面首遍天下。俄國官方認同的資料就超過三百個，根據這個數字，莫斯科和聖彼得堡的適齡貴族、重臣、軍官、各國公使應該是人人有份。

三百多人中，肯定有沙皇專寵的，他就是著名烏克蘭歌手拉祖莫夫斯基。小拉同學出身哥薩克，早年還放過羊，放羊容易出歌手啊，他一邊趕羊一邊唱「山丹丹地那個開花呦……」，立即就被「星光大道」挖掘——進宮唱歌。第一次給沙皇演唱，伊麗莎白就將其留下，此後他就專門給女王「獨唱」了。

小拉可以給全世界「面首」這個行業樹立一個標竿，也可以給「小三」當一個榜樣。作為一個出身娛樂圈沒什麼文化的小白臉，小拉出人意料地智商很高。女皇很寵愛他，經常給他財富爵位各種賞賜，他的頭銜大得嚇人，可他潔身自好地不摻和任何政治事件和政治鬥爭，不拉幫結派，不陰謀詭計，不多嘴多舌，當然更不會發微博炫富。他利用自己的地位權勢，私下為烏克蘭做了不少好事，烏克蘭人愛戴他，莫斯科的人也不煩他，他成功地一直守在沙皇身邊，地位無人可比。而傳說，沙皇私下跟他舉行了婚禮，甚至可能還有私生子，當然，這些，以小拉的智商，他是絕對不會承認的。

女皇喜歡華服，也喜歡美食，雖然此時的莫斯科宮廷流行的是法國時尚，女皇自己的行頭都是購自法國，可俄國女人從不認可西歐貴婦苗條的纖腰。一周跳兩次舞的運動量顯然不夠，晚年的女皇是個龐大的胖子，必然是百病纏身。一七六二年，才五十一歲的女皇就駕崩了，這位奢侈的女人走後，俄國的國庫空空如也。

十四、下一盤很大的棋

伊麗莎白就算窮奢極欲，跳個舞買個衣服也不至於將這麼大的國家國庫搬空了吧。對，能讓國庫變成足球場的，肯定是戰爭。

從葉卡捷琳娜一世到伊麗莎白一世，三十七年，五次政變，宮中的日子，似乎過得很快。宮外的世界，更是天翻地覆，以俄國如今的國際地位，他根本不可能袖手歐洲的態勢，所以，無奈或者有意，俄軍的部隊一直出沒於各種戰場。

所有的歐洲國家對著歐洲的版圖，都感覺自家在下一盤很大的棋，沙俄面臨的棋局是什麼樣的呢？

（老楊之前已經寫過三個歐洲國家的歷史，每一個國家，都感覺是一個大拼圖其中的一塊，當俄羅斯這塊完成時，歐洲歷史這塊拼圖的輪廓就大體成型了。以下的內容在其他三國中都介紹過，讓我們拼上俄羅斯這一塊。）

上篇說過，俄國跟法國鬧彆扭，所以，法國是俄國的敵人。敵人的朋友也是敵人，法國明顯的朋友包括波蘭和瑞典，暗通款曲的朋友是土耳其。（法國和土耳其的勾結來自法王弗朗索瓦一世，他為了對付德意志的查理五世，只好跟當時土耳其的蘇萊曼大帝聯手，兩面夾擊；法國後來的偽娘國王亨利三世曾經做過波蘭的國王，所以波蘭和法國是盟友；三十年戰爭時期，法國和瑞典是同夥）。歷史上，俄國本來跟土耳其、波蘭、瑞典就打打殺殺的，因此都是敵人。可能是因為共同的敵人，俄國最喜歡的是奧地利哈布斯堡家族，俄奧的關係在十八世紀是非常穩定而緊密的。

歐洲大陸的強國還有普魯士。普魯士的突然崛起，讓俄國人感覺到，自家在波羅的海的位置受到威脅。不過，眼下，普魯士似乎對俄國還沒有過多的敵意，雙方暫時可以相安無事。

歐洲大陸之外還有英國，英俄沒仇，唯一的隔閡就是怕對方過於強大。但是在貿易上，雙方感覺都不錯，俄國是英國非常重要的市場，既然是貿易夥伴，就互相客氣點吧。

棋局就是這麼個棋局，俄國人怎麼下呢？第一次出面摻和進歐洲這一團亂麻，就是一七三三年，波蘭的王位爭奪戰。

這場戰爭要回溯到彼得大帝的大北方戰爭。納爾瓦失利後，彼得大帝回家韜光養晦，瑞典國王開進了波蘭。波蘭國王奧古斯特二世投降退位，瑞典國王扶持了一位親瑞典的親王斯坦尼斯瓦夫（簡稱斯坦尼）成為波蘭國王。

上篇不是說過，伊麗莎白被法王路易十五嫌棄，沒成為法國王后嗎。路易十五後來看上誰了呢？就是斯坦尼國王的女兒，雖然她的出身也不算太尊貴，可法國更看中波蘭這個傳統盟友的關係。

大北方戰爭，彼得大帝獲勝，他馬上將斯坦尼罷黜，又把奧古斯特二世找回來重新上崗。波蘭的王位繼承戰就是發生在奧古斯特二世死後，法王路易十五興兵，想支持他的岳父找回王位。俄國、奧地利、普魯士誰都不答應，於是就打起來。俄國這方面打贏了，奧古斯特二世的兒子奧古斯特三世成為波蘭國王，波蘭跟俄國的關係近密了。

對俄國來說，最鬧心最無奈的，還是土耳其。為了爭奪黑海，俄國已經和土耳其打過三次，基本都輸了。波蘭王位繼承戰，俄國成為戰勝國後，就感覺自己頗有能力再戰土耳其，於是又打過去了。

這是安娜女沙皇統治時期，所以這場戰爭的俄國主謀應該是德國人比靈斯，他拉上了奧地利一起出手。這一戰，俄軍對土耳其取得幾場像樣的勝利，最多能佔點兒小便宜，想成為黑海之主還是無望。後來因為奧地利中途退賽，俄軍只好議和，唯一的收穫是收回了亞速夫。

伊麗莎白沙皇在位時，瑞典想收回大北方戰爭失去的領土，在法國支持下，興兵復仇，被俄國聯合奧地利打退，俄國擴大了在芬蘭佔領的面積。

這三場戰爭讓俄國的國庫匱乏，老百姓生活艱難，伊麗莎白王朝時，農奴的暴動和起義時有發生。但是這三次出征讓俄國的高層感覺很好，因為俄國在歐洲的地位明顯越來越高，影響力也越來越大了，所以，再碰上打群架的事，俄國人有沒有關係都喜歡湊上去。

歐洲那地方，想打架絕對不會失望的。這不，一七四六年，奧地利王位繼承戰又開打了。作為傳統盟友，奧地利的查理六世無嗣，要立自己的閨女德瑞莎為繼承人，俄國人肯定沒意見的。所以在這場戰爭中，俄國、英國作為支持派跟反對派的普魯士、法國為敵。也就是這一戰，俄國終於跟自己的普魯士鄰居翻臉為敵了。奧地利王位繼承戰的結果在《德意志是鐵打的》中講述過了，說不上哪邊贏了，以至於歐洲這些人預備發動一場更惡劣的鬥毆決出高下。

一七五六年，七年戰爭開打。七年戰中，讓歐洲這個棋盤有了點小變化，這次法國和奧地利這兩個世仇居然合夥了，英國拉住了普魯士。俄國站哪邊呢？已經跟普魯士鬧翻了，俄國覺得，有必要遏制一個強敵在身邊的成長，俄國和奧地利的關係總是很鐵的，所以俄國加入了奧地利和法國這邊，陷入了七年大戰的戰團。

七年戰爭，普魯士被歐洲諸國群毆，生死攸關，而如果幹掉普魯士，英國也不見得會獨立支撐，更何況他家在海上，沒陷入歐戰的泥潭，要抽身非常容易。眼看著，俄國將再次成為一個戰勝國，而且有可能在戰敗的普魯士分的大量的利益，前景燦爛。誰知，這個關鍵的當口，伊麗莎白沙皇死掉了！

十五、科學史上的彼得大帝

伊麗莎白沙皇死於一七六二年，十八世紀中晚期了，按其他國家歷史的規矩，我們早就應該稍作停歇，瞻仰本地的人文風景：思想、文化、藝術或者科學。不過，對於俄羅斯來說，到這個時期，文化方面的特產，相對比較少，而且影響有限。

彼得大帝的改革，讓俄羅斯全盤西化，尤其是進入伊麗莎白時期，法國的時尚席捲了整個俄羅斯的貴族階層。伊麗莎白沙皇更是大量從法國購買奢侈品。只是，假髮和香粉掩蓋不住沒有文化的淺薄，整個俄羅斯，從上到下，基本上沒有人以無知或者粗俗為恥，包括女王自己。彼得大帝雖然開辦了圖書館，鼓勵國民讀書，可是畢竟，根基太差了，環境也太差了。你不能指望一個行政命令，就能從骨子裡改良一群粗人。

好在，不管多麼困苦的條件，總是有天生愛讀書的人。一七一一年，在白海附近的一個漁村裡，誕生了一個小男孩叫羅蒙諾索夫。白海的港口經常有英法商船來往，漁村的漁民生活雖不富裕，還能維持。比其他地方那些毫無自由的農奴，應該說好多了。如果不出意外，羅蒙諾索夫會在父親的培養下，成為一個生活平靜的漁二代。

誰知，這個漁村出生的孩子，唯一的理想就是讀書識字。他抓住一切機會閱讀，學習，小漁村裡能找到的書他都讀過了，每天念叨的，就是去莫斯科求學（羅蒙諾索夫的故事告訴我們，讀書這件事，督促無用，喜歡讀書也不是培養出來的，絕對是天生的）。

白海冰封後，村裡的人會組織一個雪橇隊，帶上一點當地土產品，到莫斯科去販賣。羅蒙諾索夫說服父親答應自己，帶上一些貨物，加入雪橇隊，去莫斯科尋找學習的機會。

十九歲的羅蒙諾索夫來到莫斯科，找到了一所學校。學校規定，只收貴族子弟。羅蒙諾索夫只好說，自己父親是某位貴族，混入了學校。

冒充貴族的事很快就穿幫了，羅蒙諾索夫卻沒有被開除，因為他的好學上進和成績，讓學校的老師起了愛才之心，願意將他留下繼續培養。畢業後，他因為成績優異，進入彼得大帝一手創辦的聖彼得堡科學院。這在當時，算是俄羅斯最高的科學研究機構了，裡面授課的，都是老外。

在科學院學習一年後，作為三個最優異的學生之一，羅曼諾索夫被派往德國留學。

德國擁有那個時代最頂尖的科學家，在他們的啟發引導下，科學向羅曼諾索夫敞開了神祕的大門，迎接這位來自封閉落後國度的年輕人，向自然科學的巔峰探索，並在人類的發展史上，深刻地留下自己的足跡。

科學家要出名，要麼是發明了電燈電話、要麼是發現了造原子彈的材料、要麼呢，是做出來一堆需要在考試前用力背的公式。羅蒙諾索夫是哪一類呢？

對於老楊這麼個科學文盲來說，還真不知道怎麼給羅蒙諾索夫分類。他留學回國後，就在聖彼得堡科學院燒東西玩。他找來一個玻璃瓶子，分別放入鉛屑、銅屑和鐵屑，將容器口封死，而後加熱，觀察這幾個東西加熱後，是不是有一種叫「燃素」的東西幫助燃燒。根據燃燒前和燃燒後的品質測量，羅蒙諾索夫得出一個結論：一個東西不管參加什麼反應，反應後的物質的質量肯定就是所有參與反應的物質的質量，這是不會改變的。

這不廢話嗎？是啊，要不是羅曼諾索夫發現，我們哪知道這是廢話呢。對，這就是我們都知道的，大名鼎鼎的，號稱是化學科學基石的質量守恆定律，俗名叫物質不滅定律。

十幾年以後，法國有個叫拉瓦錫的科學家也做了同樣的試驗，證明了同樣的理論，後來人們經常將物質不滅定律的發現者定為拉瓦錫，很不公平。

雖然俄羅斯沒經歷歐洲的文藝復興，羅蒙諾索夫卻是一個「文藝復興」型的大學者，特點就是多學科的天才。在物理學方面，他創立了原子－分子學說，應用化學方面，研究製造了彩色玻璃，還最早提出，在金星上有大氣存在。歐洲的科學家，同時兼有物理學家、化學家或者天文學家身分的不少，可羅蒙諾索夫最牛的是，他還是個俄文學家，著有專門的俄文語法書，有一個稱號是「俄羅斯現代語言之父」！他同時還是歷史學家和哲學家。俄國著名的詩人普希金的比喻最確切，他說，羅曼諾索夫是俄羅斯的第一所大學。是啊，這樣的淵博和全面，他自己就是一所大學啊。

俄羅斯多少年才出這麼個文化人，怎麼樣才能發揮他最大的作用呢？好在伊麗莎白女皇雖然粗鄙，她手下有愛學習有文化的權臣，他們為伊麗莎白統治時代，留下了最了不起的功績，那就是，讓羅蒙諾索夫主持成立俄羅斯的第一所大學——莫斯科大學。

一七五五年，莫斯科大學成立。大學設三個系：法律系、醫學系和哲學系。大家注意，這個學校沒有神學系，這在當時歐洲所有的大學中，獨樹一幟了，而俄羅斯實在又是個信仰很虔誠的宗教國家。

現在莫斯科大學全稱國立莫斯科羅蒙諾索夫大學，在最近的全球大學排行榜上，它恐怕是前百不入，但是，在當時當地，那樣一個落後封閉的農奴制國家裡，這樣的科學家，這樣的一所大學，代表的，正是那片冰凍的土地未來的希望。

十八世紀，在整個歐洲人的概念中，俄國這片冰天雪地的北方大陸是封閉守舊而落後的，因為羅蒙諾索夫的出現，讓歐洲的科學界對俄國刮目相看，瑞典和義大利的科學院都選他為院士。如同英國的牛頓、法國的笛卡爾、義大利的伽利略和美國的富蘭克林，有了自己的招牌科學家，俄國在自然科學發展的領域，沒有被歐洲的發展拋離。如果說彼得大帝讓俄羅斯成為歐洲主要強國之一，羅蒙諾索夫的工作則將俄羅斯的科學研究帶入了強國之列，所以，有人說，羅蒙諾索夫是俄國科學界的彼得大帝。

羅蒙諾索夫作為一個教育家，沒有等到桃李滿天下的日子，一七六五年，他就逝世了，他去世時，新成立的莫斯科大學還是很冷清的。原因很簡單，俄國人識字的就不多，能上大學的更少，上了大學能聽懂的更是鳳毛麟角。

十六、葉卡捷琳娜大帝

一七九六年十一月，葉卡捷琳娜大帝雙目緊閉，張著嘴，躺在聖彼得堡沙皇寢宮大床上，一動不動。身邊忙碌著許多人，雖然，他們都知道，女皇的生命已經走到了盡頭，而大家此時才發現，這個歐洲最神武最驕傲的女人，其實已經如此蒼老。

雖然不能說話也不能動，大帝卻能清楚聽見宮牆外雪花落地的聲音，聽著聽著，大帝恍惚了，怎麼有馬車的聲音，車輪壓過積雪，碾過泥濘，車上的小姑娘多年輕啊，那是十四歲的索菲亞，她靠在媽媽身上，心裡忐忑著地向莫斯科趕來……

1.外地媳婦本地婆

伊麗莎白沙皇放縱了一輩子，也沒見生出繼承人來，她對儲君的事是怎麼考慮的呢？她有準備，她的姐姐，彼得大帝的大公主安娜曾經嫁到德意志的荷爾斯坦因公國，生下了一個兒子，名叫彼得。根據那個地區複雜的姻親關係，彼得還可以繼承瑞典的王位，伊麗莎白快人一步，將外甥弄到莫斯科去做了太子。

前面老楊曾提到，可能就是因為初戀情人的夭亡，被傷了心的伊麗莎白沙皇成為一個窮奢極欲的女人。而這個初戀情人，也是荷爾斯坦因公國的貴族——查理•奧古斯特。

奧古斯特這個家族是德意志皇親國戚中的大家族，在德意志諸王公中，有點兒地位。查理•奧古斯特有個妹妹叫約翰娜，下嫁給了一個中等軍官。這位軍官雖然有德意志親王的背景，在什切青（現在波蘭的城市）有自己的城堡，但是，生活水準和社會地位就實在不算很高。

約翰娜一邊感歎自己嫁得不好，一邊生下了一個女兒和一個兒子。根據傳統的重男輕女觀念，約翰娜明顯偏心，對女兒索菲亞不夠重視。

七歲時，索菲亞突發了一場胸膜炎，經過救治後，總算撿回了一條性命，糟糕的是，人們發現，小小姐徹底畸形了，脊柱扭曲，一肩高，一肩低，胸骨塌陷。所有人都想，真可惜，這麼清秀聰穎的小姑娘，從此就是殘疾人了。

有人推薦了一個號稱會正骨的劊子手，約翰娜無奈之下，病急亂投醫。劊子手要求索菲亞穿上他特製的緊身衣，除了洗澡絕對不能脫掉。據分析，這個應該是最早的「背背佳」。

四年之後，劊子手和「背背佳」創造了奇蹟，她的脊柱被有效糾正了，她又是一個挺拔健康的小姑娘了。

幾年殘疾人的日子，讓索菲亞有巨大的收穫。因為她畸形有殘疾，所以不敢到處跑出去玩，而正好約翰娜骨子裡保留貴族作派，捨得給孩子們延請最好的家教。所謂優才就是一個好學的孩子碰上了一個循循善誘的老師。

索菲亞的家教是法國人，教育內容以法文和法國文化為主。索菲亞當時並不知道自己能恢復正常，她以為自己一輩子就是醜小鴨了，只能寄情於學習。索菲亞在十八世紀就用行動教育後來的女孩子一個真理：如果外貌不夠漂亮，就努力培養自己的內涵和頭腦。

約翰娜自怨自艾嫁得不好，在什切青城堡裡感覺憋屈，就帶著孩子們旅遊，因為她家族支系龐大，走到哪裡都有人招待，花錢不多，卻讓孩子們長了不少見識，索菲亞待人接物落落大方，要感謝約翰娜帶她見的世面。

索菲亞十歲那年，有次出遊，讓約翰娜對女兒改變了看法，她感覺，女兒或許會比兒子更值錢，更奇貨可居。那是在她娘家，荷爾斯坦因哥道普公國，她突然發現索菲亞跟表兄的兒子彼得玩得很投契，而很可能，彼得未來不是瑞典的國王就是俄羅斯的沙皇。

事情真是按照約翰娜的夢想發展了，彼得果然被伊麗莎白女皇接到了莫斯科，立為太子，並要走了索菲亞的畫像。再過一陣子，約翰娜收到了沙皇送來的旅費，讓她帶著女兒去莫斯科相親！

彼得既然是伊麗莎白的繼承人，就跟她自己兒子一樣了，婆婆選兒媳婦是很慎重的。從一開始，她就預備從德意志的王室中尋找候選人，最後索菲亞能被選到莫斯科參加面試，極其重要的原因，是因為沙皇的初戀情人是索菲亞的親舅舅，女沙皇一直沒有忘記那個與自己有緣無分的男人。

去俄羅斯面試前，普魯士的腓特烈二世專門召見了索菲亞母女倆。索菲亞父親的什切青小王國隸屬普魯士，腓特烈大王是索菲亞一家的大老闆。腓特烈已經有要對哈布斯堡家族動手的心思，所以特別在意後方的安全，他需要跟俄羅斯保持友好。如果未來的沙皇皇后是自己國家的公主，則以後兩家關係就融洽多了。腓特烈二世自己不好女人，但是樂於當婚介，後來，給俄羅斯的大公找老婆，都成了他重要的副業了。

腓特烈大王患得患失，生怕相親失敗，出發前他對索菲亞進行了第一輪面試，面試後他告訴約翰娜，她這個女兒肯定能母儀俄羅斯的天下。交代了注意事項後，他還特別跟約翰娜祕密協商了一陣，他們協商的內容，索菲亞後來才知道，讓她嚇得魂飛魄散。

在嚴冬天氣駕著馬車行駛在十八世紀東歐泥濘的小路上，即使是奔著遠大的前途，也絕不是讓人感到幸福的事。母女倆都差點病倒在路上，足足五十五天的行程，吃盡苦頭，總算到達莫斯科，見到了傳說中的俄國女沙皇。

跟腓特烈二世一樣，女皇很喜歡索菲亞，可太子選妃可不是看一眼就要做決定，沙皇留下索菲亞母女在宮中居住，要觀察一陣子。

沙皇看索菲亞不錯，彼得看這個遠房表妹也不錯，畢竟是兒時的玩伴，有親切感。不過，這可不是林黛玉初見賈寶玉，索菲亞從小就知道彼得是個長得歪瓜劣棗，又有點「二」（**東北話中傻的意思。形容一個人做事欠考慮、不周到，或是比較愚蠢。**）的男孩，以為長大後能稍微好點兒，誰知一樣的醜和二，毫無學識，毫無修養，毫無進步。

彼得生在德國長在德國，腓特烈大帝父親的年代，普魯士到處瀰漫著軍營的氣氛。彼得從小沒什麼家庭溫暖，又被丟進軍營「歷練」過幾年，歷練的結果，沒變成趙子龍，天生一個阿斗。挺大一個年輕人，什麼事都不想，只知道玩，癡迷於木偶兵，最崇拜的人是腓特烈大王。不長進還不算，還偏執，最讓沙皇生氣的是：彼得堅持自己的基督教路德宗信仰不改變，屢屢詆毀東正教，公開宣稱自己厭惡俄羅斯，做夢都想成為普魯士人。所有俄國人說到這位王儲，都是一聲歎息。

未來的丈夫是這麼個貨，索菲亞也鬱悶啊。但她能轉身就走嗎？她不過是個中等身分的德國小公主，將來嫁人也不會有更顯赫的門第，而腓特烈大王將普魯士和俄羅斯的外交未來壓在自己身上，責任重大。況且，親戚朋友都知道約翰娜的閨女要做俄羅斯的未來皇后了，現在回去，怎麼解釋呢？最後，索菲亞下了決心，走了這麼遠的路來到這裡，為了最終的結果努力吧。

伊麗莎白沙皇出於某種私心選中索菲亞，但在女皇的樞密大臣心中，索菲亞不是最佳人選，他們希望沙皇選擇一位跟奧地利哈布斯堡家族同盟的公主，這樣就能保障俄羅斯跟奧地利的傳統盟友關係。看到沙皇留下了索菲亞，朝臣們很焦急，想變著法子讓索菲亞過不了這個「實習期」

索菲亞天生有這麼種脾氣，既然已經確定目標，就會傾盡全力為目標努力，中間不允許自己動搖。她敏感到了周遭的敵意，很清楚地制定了行動計畫。

一，她果斷地改變了宗教信仰。雖然作為一個傳統的基督教路德宗家庭，索菲亞的爸爸多次提醒她不可改變信仰，而她未來的老公彼得也因為這件事鄙視她，可她知道，宗教信仰幾乎可以決定她未來的命運。

果然，皈依東正教的行為，讓伊麗莎白女皇龍顏大悅。特別為她改了自己母親的名字，以後就叫葉卡捷琳娜了。（之所以不讓她叫索菲亞，是因為彼得大帝那個壞姐姐也叫索菲亞）

二，努力學習俄語和俄國文化。為了學習俄語，葉卡捷琳娜幾乎可以說是拚命。每天凌晨起床，為了保證自己頭腦清醒，她光著腳在房間裡背書。俄羅斯的凌晨，可由不得光腳丫。很快，她就感冒並引發肺炎，差點丟了性命。當人們知道她生病的原因時，很多俄國人都被這個小姑娘感動了。尤其是後來皈依儀式時，葉卡捷琳娜操著流暢的俄語朗誦長篇的東正教教義，更是讓在場很多貴族潸然淚下。

葉卡捷琳娜這麼努力地爭取自己的未來，可帶來的媽卻不著調。眼看「試用期」就要過了即將轉正，約翰娜被發現，一直充當著普魯士的間諜，向腓特烈大王傳遞莫斯科的情報！

這件事本來是滅頂之災，沙皇也是雷霆之怒，可因為索菲亞表現得太完美，女皇不捨得這麼好的兒媳婦，居然容忍了。一七四五年八月，克里姆林宮舉行了盛大的婚禮，葉卡捷琳娜實現了她最初的理想，成為俄羅斯的太子妃，當時的她哪裡知道，這僅僅是她輝煌人生的起步呢。

很多女孩子抱怨，說沒結婚前，未來婆婆對自己很好的，一旦辦完手續共同生活，婆婆就橫豎看自己不順眼，不知道什麼原因。

這個困擾，太子妃也有，葉卡捷琳娜的鬱悶還是雙倍的。本來一直對自己和善有加的婆婆，突然變得猜忌而刻薄，甚至給兒子媳婦的宮裡配了專人監視他們行動；丈夫彼得呢，他繼續不著調，繼續玩木偶兵，繼續胡說八道，而且，即使跟媳婦睡一張床，他也絕對不越雷池一步。

伊麗莎白沙皇的心思容易理解，老太太年紀大了，對權位看得重，彼得大婚後，她就擔心兒子媳婦組織一些潛在敵人搶奪自己的權利，以沙皇專制的程度，這純粹是自尋煩惱；彼得的問題更容易解釋，他犯有生理上的小毛病，其實一個簡單的手術就能治療，可他諱疾忌醫，生怕被人知道。

宮闈內一家三口這些矛盾，都只能說是難言之隱，葉卡捷琳娜跟誰也不能說，可是，她是太子妃，她唯一的工作，最重要的職責，是為俄國王室誕下王儲啊。

時間長了，沙皇看出端倪。為了俄國前途，女皇默許了葉卡捷琳娜的婚外情。讓一個宮廷侍衛上了兒媳婦的床。相同的時間裡，所有人說服彼得大公接受了每個猶太男孩一出生就要面對的小手術，恢復了雄風。

一七五四年，葉卡捷琳娜生下了一個男孩，被沙皇愉快地命名為保羅，然後愉快地抱走了。保羅是誰的孩子?正常的分析肯定是宮廷侍衛的,然而保羅成年後,出奇的酷似彼得大公,不論是外型還是性格還是為人處世的方式,這件事可能讓所有的當事人都很困惑,可以當作一個基因學研究的重要案例。

葉卡捷琳娜沒機會分析這孩子生下來時到底像誰,因為婆婆抱走了,要親自教養。葉卡捷琳娜再次陷入了孤苦無依的生活狀態,婆婆不理她,老公不管她,那個被送來「配種」的宮廷侍衛完成任務後,也離她而去。好在葉卡捷琳娜是個有追求有理想的女人,即使是這個環境,她也不允許自己鬆懈或者絕望,她繼續讀書,繼續學習俄文,繼續塑造一個完美的太子妃。她的所有努力漸漸讓她發出光來,吸引了很多人對她的注意和尊敬,而且人們漸漸發現,太子妃有多麼優秀,太子彼得大公就有多麼猥瑣,這倆口是讓很多人歎息的奇怪組合。

葉卡捷琳娜的上進,讓她引起了各國政客的注意。眼看著七年戰爭即將開始,各國使節都在走動交流,是友是敵都在這些勾兌中變幻莫測。

這場戰爭之前的歐洲,英法矛盾是其中最大的矛盾之一,兩邊既然決定要決戰,兩國的大使也跑得很忙。當時英國計畫拉俄國成為同盟,就派了一個經驗豐富的外交官威廉斯爵士跟伊麗莎白女皇套近乎。

不料威廉斯大使跟女皇話不投機,形成僵局,為了在俄羅斯的工作能順利進行,他就想在莫斯科的高層找到一個能替自己美言給自己撐腰的人。當時的莫斯科朝野,名聲最好最受愛戴的就是葉卡捷琳娜了,威廉斯將目標放在她身上。

英國人不學好啊,他們居然用色相賄賂。十八世紀的歐洲人有點管不住嘴,八卦滿天飛。那時候全歐洲都知道葉卡捷琳娜不被老公待見，又剛被情人甩了，非常饑渴。威廉斯大使自覺年紀大了，不能滿足一枝出牆的紅杏，所以他就物色了一個年輕的俊男。

英國的使團中有一位隨員，名叫斯塔尼斯勞斯・波尼亞托夫斯基，年方二十三，俊朗瀟灑，還博覽群書，通曉幾門語言，應對從容。這位帥哥在歐洲的沙龍界頗有美名，因為深受各國貴婦的垂青。要說威廉斯大使真是個天生會拉皮條的，他居然能一擊即中地猜到，葉卡捷琳娜喜歡的男人，一定要內外兼修，色藝雙絕。

波尼亞托夫斯基順利成為葉卡捷琳娜的新男友，這段姐弟戀發展得很美好。不過葉卡捷琳娜對時局幾乎是沒有影響力的，七年戰爭開打時，俄國還是站到了英國的對立面，與法國和奧地利聯手對付英國和普魯士。

葉卡捷琳娜此時真不是受氣小媳婦，她在宮中已經頗有耳目和自己的小集團了，而且她收到內線情報，沙皇有意將她和彼得大公共立，再次組織一個雙沙皇的陣容接班。這個消息又為葉卡捷琳娜打開一片天空，她的理想升級了。

野心很快被扼殺在搖籃中，開戰後，俄軍在面對強悍的普魯士軍隊時，剛開始就敗退。德國卷裡介紹過，腓特烈大王接手的軍隊，是他那個軍曹老爸集全國之力打造出來的一柄軍刀，鋒利無匹。而俄國因為彼得大帝後的一片混亂，伊麗莎白沙皇的奢侈不思進取，裝備落伍，軍隊素質落後，軍人還長期領不到軍餉。

這些硬傷，俄國人是不會反省的，俄軍敗退，他們分析的原因是包括太子妃在內的幾個高層裡通英普，傳遞信息。

傳聞引起了沙皇的警覺，在莫斯科組織了一場大清理，葉卡捷琳娜的親信被捕。太子妃最後是在智囊團的授意下，以一哭二鬧三要回娘家的撒潑方式，保全了自己。沙皇沒有兒媳婦賣國的證據，而這個兒媳婦在自己面前一直孝順謙恭，人人都誇讚。

有驚無險又逃過一劫，身邊的小集團幾乎土崩瓦解，波尼亞托夫斯基也為情勢所逼回到了波蘭，因為他的母親家族是波蘭的望族。

2. 婚姻保衛戰

一七六二年一月，沙皇伊麗莎白一世駕崩，根據遺詔，彼得大公繼位。葉卡捷琳娜沒有等到共同登基的結果。

對這個結果，所有人都很詫異，很多人都以為，就算不讓夫婦倆共掌朝政，也應該讓保羅越過彼得直接登基，因為彼得實在是太不上路子了。

到底伊麗莎白臨終怎麼想的，我們無從知道了，我們知道的是，彼得對這一切並不感激。對於姨媽的死，他看不出一絲一毫的悲痛，甚至有一種被解放的暢快。居喪期間，他瘋狂地舉辦宴會舞會，還禁止大家穿喪服。伊麗莎白一世棺槨前，只看到葉卡捷琳娜一襲黑衣，低聲地為女皇祈禱、抽泣。

對姨媽的態度不算什麼，對國家大事的態度才是真離譜。一七六二年，正是七年戰爭的決勝時刻，普魯士的軍隊在歐洲大陸面對四面八方的對手已經無力支持，腓特烈大王甚至已預備自殺殉國。彼得大公突然成為彼得三世沙皇，他接班的第一個詔令就是全體俄軍停止對普魯士的攻擊，並與普魯士結為同盟，轉頭與奧地利和法國作戰！

全世界都懵了！哪有人這麼玩啊。彼得三世從小就視腓特烈大王為偶像，他追星之狂熱趕上楊麗娟追求劉德華了，一輩子最大的夢想就是舉起普魯士的戰旗，為腓特烈而戰。他不僅成功地在懸崖邊緣挽救了腓特烈和普魯士，還非常義氣地拒絕了後來腓特烈願意支付的各種感謝。

彼得三世崇拜偶像毫無理性，讓他在軍隊失去了支持；而他因為是個死硬的基督教路德宗教徒，一直詆毀東正教，隨後他又拿東正教會開刀，沒收土地財產，還逼東正教會採用路德宗的宗教儀式，讓教會對他咬牙切齒。這個荒唐而愚蠢的傢伙，本來只是在皇宮裡名聲惡劣，現在全俄羅斯甚至全歐洲都在傳說他的各種笑話。

彼得不是酷愛玩木偶兵嘛，如今自己做了沙皇，就不想玩木偶了，他想玩一次真的。打誰呢？打丹麥。

腓特烈大王看著自己這個傻帽粉絲，哭笑不得。本來他很滿意彼得三世這個智商，對腓特烈來說，彼得三世可以是自己手上的木偶兵。但是聽說彼得急沖沖地要打丹麥，腓特烈大王還是跟著上火，他再三提醒彼得，你還沒正式登基呢，先完成登基儀式再折騰啊，要不然你這樣離開莫斯科太危險了。

彼得三世為什麼不先舉辦登基大典呢？估計他是迴避東正教牧首的加冕，以他的智商和魄力，他暫時想不出怎麼解決這個矛盾，乾脆出去找個樂子，打仗玩，玩爽了再考慮以後的事。

至於皇后葉卡捷琳娜。婚後不久，彼得夫婦的感情就基本破裂了，原因是道不同不相為謀，兩個根本不搭調的人，被外力強行配在一起，時間長了，肯定是互相憎恨的。葉卡捷琳娜打心眼裡看不上老公，彼得自己也非常清楚。彼得三世身邊一直有自己的親密伴侶，一個跟他一樣醜陋猥瑣的女人，他在她身上找到了自信，這個女人絕對不嫌棄彼得。伊麗莎白一世的喪禮辦完不久，彼得三世就多次在公共場合羞辱老婆，甚至公開宣布，要廢掉葉卡捷琳娜，立情人為后。

一七六二年六月，預備出征的彼得三世帶著情人去芬蘭灣避暑，為了防備老婆，他命令葉卡捷琳娜搬到芬蘭灣旁一個叫彼得霍夫的地方去住。如果不出意外，彼得三世忙完他手上的事，就會正式跟老婆離婚，說不定會將葉卡捷琳娜幽禁一輩子。

伊麗莎白一死，葉卡捷琳娜就已經知道自己的處境，她早就給自己預備了可以反撲的力量。波尼亞托夫斯基離開不久，葉卡捷琳娜就為自己找到了新的男友——來自近衛軍團的軍官格里高利・奧爾洛夫。

奧爾洛夫是個花樣美男，從存世的油畫看，男生女相，所以後來能大富大貴。奧爾洛夫雖然是個低層軍官，可他在軍隊裡卻很有人脈。奧爾洛夫共有兄弟五個，都在軍中服役，還都能打敢拼，所以雖然出身門第不高，軍階也不高，可兄弟五個在俄羅斯的軍界頗有勢力。而最關鍵的是，兄弟同心，其利斷金，聽說二弟成了皇后的男人，其他兄弟自動站在葉卡捷琳娜身邊，幫她在軍隊羅織了一張保護網。

奧爾洛夫五兄弟是丘八出身的粗人，要幫葉卡捷琳娜策劃大事，還需要幾個文化人。彼得不得人心又粗俗，有點文化的人都不願意跟他混，自動團結在皇后身邊了。基本可以說，彼得三世將老婆放逐彼得霍夫時，葉卡捷琳娜的大業，已經是萬事俱備，只欠行動了。

一七六二年七月八日，一位擁戴葉卡捷琳娜的軍官被俘，為怕事情敗露，七月九日凌晨，奧爾洛夫兄弟家的老三阿列克謝叫醒了皇后，告訴她：是時候出發了！

天亮時，葉卡捷琳娜回到聖彼得堡，之前已經有人印發了大量的傳單散發在城中，市民們對女皇的來臨並不意外；喀山大教堂的主教一臉笑意，彷彿這一天他等待了很久。獲得主教認可，葉卡捷琳娜進入冬宮，她受到了來自議會、貴族和教會各方面的歡迎，在所有人殷切的注視中，昭告天下，葉卡捷琳娜二世女皇是俄羅斯唯一的皇帝！

葉卡捷琳娜無驚無險從容不迫地取得了皇位，彼得三世這個草包還蒙在鼓裡。他預備舉辦一個盛大的出征典禮，讓人去叫皇后來露個臉。去找皇后的人撲了空，這位爺這才收到消息，老婆已經是女沙皇了！

但凡是個有點血性的男人，聽說老婆政變了，還不第一時間組織軍隊鎮壓嘛，彼得三世的反應則是大哭，而後派人去跟老婆商量，能不能兩口子一起當沙皇，結果他派去做說客的人直接投降了女皇的陣營。

葉卡捷琳娜的班子反應快多了，控制冬宮後，第一時間就是掌握芬蘭灣的艦隊。彼得三世見大勢已去，只好簽字退位，簽字前可憐兮兮地要求帶走自己的玩具和情婦，女皇非常仁慈地拒絕了他的要求，將他囚禁在離聖彼得堡不遠的一個別墅裡。

一個星期後，奧爾洛夫兄弟垂頭喪氣地稟告，說是彼得三世突然死掉了。怎麼死的？說不清楚，稀里糊塗就死了。當然這個事，最大的可能是奧爾洛夫兄弟辦事徹底，斬草除根，幫著女皇了卻一個心頭大患，不過很多歷史書傾向於，這個事根本就是女皇授意的，葉卡捷琳娜二世是典型的弒夫篡位！

不能說女皇心理一點難受都沒有，她肯定知道她將會背負最惡劣的罵名，事已至此，她只能宣布：前沙皇彼得三世痔瘡發作，腹部劇痛，醫生搶救無效而死。想不到，痔瘡還是這樣的絕症。這點小事就別追究了，時不我待，女皇有好多好多的大事要辦呢。

3. 女皇突擊

一個成功的帝王，基本就是文治和武功兩個方面，葉卡捷琳娜二世能夠成就大帝的偉業，是因為她的工作包括四個方面，這四條，缺了任何一條，大帝的成色就不夠了。按照葉卡捷琳娜投入的精力排列，四方面工作分別是：一，搶地盤；二，加強專制；三，包養小白臉；四，混西歐文化圈子。

這一篇先講講女皇的武功，和她帶給俄羅斯巨大的領土擴張。

其實，德國公主葉卡捷琳娜成為沙皇，俄羅斯已經不算是羅曼諾夫王朝了，葉卡捷琳娜一直將彼得大帝視為自己的榜樣和前輩，她不介意以彼得大帝的繼承人自居，所以王朝就不用改名了。

仰慕彼得大帝的偉業，就要決心完成大帝當年未竟的事業，彼得大帝打通了波羅的海的海口，對黑海的出海口則死不瞑目，葉卡捷琳娜二世預備繼續這件工作，再戰土耳其，打通黑海。

俄國和土耳其的這場戰事，其實是由波蘭引發的。十七世紀波蘭日益沒落，當時他家的領土還很不識趣地連接著波羅的海和黑海，地理位置讓俄國人羨慕和覬覦。葉卡捷琳娜之前的沙皇，沒有實力生吞了波蘭，只好退而求其次，先在政治上控制這個國家。之前說到，安娜沙皇時代，俄國人扶持的奧古斯特三世成為波蘭國王，波蘭被俄羅斯操控在掌心裡。

一七六三年，奧古斯特三世死亡，波蘭議會要選舉新的國王，這時葉卡捷琳娜沙皇派出軍隊進入波蘭，迫使波蘭人按俄國的需要選立了新的國王。新的國王是女皇的舊友，波尼亞托夫斯基。這哥們對這場富貴並沒有欣喜，對他來說，他更希望重新得到女皇的愛情。

波尼亞托夫斯基成為國王，跟沙皇直接兼併了波蘭沒有不同，而這種兼併來的國家，最麻煩的事就是國民不服。一七六八年，在靠近土耳其邊境的波蘭小鎮上，突然有波蘭人組織了愛國團體，號稱要抵制俄國人，讓俄國人從波蘭的土地上滾出去。

女皇發兵四萬開進該地區平亂。說是鎮壓波蘭亂黨，其實女皇打的是其他的主意。對女皇來說，波蘭幾個造反作亂的鄉民，根本不值得動肝火，女皇希望是，這個事件能引發跟南方惡鄰，俄國宿敵土耳其的擦槍走火，而後雙方就可以痛打一場。

事情還真是如女皇所願，之前俄國的另一個敵人——法國已經多次跟土耳其煽風點火，希望兩邊打起來。如今俄國的軍隊，荷槍實彈貼著自家的邊境動作粗魯，土耳其人終於沒忍住。俄國軍隊非常愉快地調轉方向，開進了土耳其。

雖然葉卡捷琳娜早有動手的心思，可戰局就這樣突然開始，還是讓周邊很震驚，腓特烈大王以一個軍事專家的角度分析，說兩邊都準備不足，十足是「瞎子打瘸子的戰爭」。

俄國方面不瞎也不瘸，俄土交鋒的第一場戰事，有海陸兩個戰場。七年戰爭，雖然俄國的結局很丟人，卻不無收穫，那就是訓練和培養了一批蓋世的名將。就是在這些著名將領的帶領下，俄軍南下的戰鬥非常順利，佔領了多瑙河畔若干小公國，還拿下了亞速夫，並佔領了克里米亞。

克里米亞半島上就是克里米亞汗國，作為蒙古帝國的遺珠，他們早就沒有草原帝國當年的凶猛，面對俄羅斯崛起後的虎視眈眈，他們只能託庇於土耳其蘇丹，都是穆斯林兄弟嘛。吃掉克里米亞，是這次俄國出兵的第一戰略目標。

陸上戰役的成功不如海上來的轟動，俄國的艦隊在奧爾洛夫兄弟老三阿列克謝的率領下，從波羅的海進入北海，在英國人肝顫的注視下大搖大擺地穿越了英吉利海峽，雄赳赳氣昂昂進入了地中海。並在愛琴海上迎戰了土耳其的艦隊。海上的戰鬥封鎖了土耳其的海上交通，迫使土耳其在一七七二年提出和談。因為俄國的要價太高，一直不能達成共識，直到一七七四年，俄國遭遇了更頭痛的問題，和談才算有了結果。

在這個和約中，克里米亞獲得了獨立，土耳其割地又賠款，黑海東岸的地區基本都屬於俄國了，最痛快的是，俄國的商船此後可以自由進出博斯普魯斯海峽和達達尼爾海峽，這就是說，彼得大帝想了一輩子的黑海出海口被打開了。

女皇不滿足於此，讓克里米亞獨立，只是行動的第一步，讓它獨立的目的，就是為了最終佔有它。一七八三年，藉助克里米亞內部的矛盾，俄羅斯就直接兼併了克里米亞，女皇派了自己最鍾愛的男人，波將金去做了總督。

波將金不負女皇重託，接手這片土地後，就安排俄羅斯人向南部移民，開發新收編的國土，幾年之後，建設得有聲有色，有模有樣。他盛情邀女皇南巡，參觀自己的工作成果，女皇很高興地帶著自己的盟友奧地利的約瑟夫二世和波蘭國王波尼亞托夫斯基加上幾個重要歐洲國家的大使，三千人的隊伍，隆重奢侈地做了一次巡遊，期間雪橇、遊船、馬車各種交通工具輪番上陣，是歐洲歷史上空前的熱鬧。而波將金的建設工作，也深受女皇的肯定，新收復的土地欣欣向榮，新收復的人民對女皇崇敬愛戴。

在靠近土耳其邊境地區，波將金組織了一場大型演習，黑海艦隊也表演了一場海戰為女皇助興，女皇聖心大悅，而很多人卻非常不爽。

第一個被吵得睡不著覺的當然是土耳其，這場巨大的熱鬧就在他家門口，對土耳其蘇丹來說，相當於上門羞辱他，另外兩個睡不踏實的，一個是法國，一個是英國。

法國是傳統敵人，他家一直認為，俄國跟土耳其一動手，肯定沒有好結果，沒想到俄國大勝，還取得了這麼大的收益，羨慕嫉妒恨；英國呢？作為海上霸主，俄國的艦隊從自家門口招搖而過，進入了愛琴海，還佔領了好些島嶼，這就是說，北極熊毛茸茸的熊掌眼看要伸進地中海攪合了，這種事，絕對不能讓它發生。

有英法撐腰，睡不著覺的蘇丹決定再次對俄國宣戰。

又中了女皇的下懷，第一次俄土戰爭的收益，對葉卡捷琳娜來說，最多是個零頭，她剛給自己的二孫子起名為君士坦丁，還專門給配了希臘保姆，意思很明白，她要拿下土耳其，讓自己的二孫子進入君士坦丁堡登基，恢復拜占庭帝國。

第二次俄土戰爭打了五年，俄國又贏了。女皇沒有實現恢復君士坦丁堡的計畫，但是她幾乎已經將俄國的領土擴張到了南部的自然邊界，土耳其承認了俄國斯對克里米亞的兼併，整個黑海北岸都進入俄國的版圖。

英法挑唆土耳其上了戰場，關鍵時刻也沒說出手支援，倒是瑞典很夠意思，眼看俄國陷入跟土耳其的苦戰，他家趕緊在北方動手，想收回被俄羅斯佔據的芬蘭一帶。雖然瑞典的軍隊多次威脅到聖彼得堡的安全，可是，如今的瑞典實力實在不值得如此得瑟。俄國軍隊一邊打著土耳其，一邊就逼得瑞典求和，雙方同意維持版圖現狀，女皇曾經在戰時戲稱瑞典國王是小丑，從這場戰事看來，還真是小丑。

收拾了宿敵土耳其，徹底打開了黑海，俄國的版圖向南方延伸了大片，這一切，都沒讓女皇滿足，對她來說，一定要徹底吃掉波蘭，才算工作完美。於是，用了二十三年的時間，分三次，俄國和普魯士、奧地利分掉了波蘭。

女皇把自己的舊情人派去波蘭做國王，這個工作一點兒都不好玩。波蘭國內波蘭人、立陶宛人、白俄羅斯人、烏克蘭人、猶太人花樣繁多，自然宗教信仰也是五花八門。想讓這些人團結一致一條心，怎麼可能呢？

吃掉波蘭，是俄羅斯、普魯士、奧地利三家共同的心思，這三家在波蘭還都有自己的勢力，俄國也知道，想獨吞波蘭是不可能。第一次俄土戰爭，俄羅斯佔領多瑙河流域不少地盤，有點逼近奧地利的意思，於是腓特烈二世就出主意，乾脆就讓俄國分掉一塊波蘭的國土，俄國說不定就不在南方繼續深入了。而普魯士不是佔領了西里西亞嗎，所以奧地利也拿一塊，算是補償；普魯士自己當然也有一份。

就這樣，一七七二年，三家大軍壓境，波蘭國王向舊情人女沙皇說盡了好話，也沒有保全自己國家，眼睜睜地看著三分之一的國土和三分之一的人口失去了。俄國獲得的，是德維納河到第涅伯河之間，白俄羅斯人和拉脫維亞人居住的那部分。這次分割，為了照顧奧地利的心情，讓他家分得最多，可如果看戰略價值，腓特烈拿走的地盤雖然面積最小，卻是價值最高，說明腓特烈才是真正的老狐狸。

第二次瓜分是一七九三年，起因是受法國大革命影響，波蘭人組織了愛國黨派，想透過改革挽救國家，收復故土。女皇當然不能讓他們得逞，再次和普魯士聯手出擊，鎮壓了波蘭國內的運動，順帶又各分走一片土地。

兩年後，只剩二十萬平方公里和四百萬人口的波蘭不屈服，發動大規模的起義，跟俄軍直接交火，一度甚至收復了被佔領的華沙。俄國和普魯士從東西兩個方向進攻，奧地利終於有空加入行動，也從南部出兵，很快，起義軍失敗。三家人終於功德圓滿地最後吃掉了波蘭，那個屢次向沙皇求情無果的舊情人，被帶回了俄國。

十八世紀，三個鄰居如此膽大妄為地瓜分了一個曾經強大的主權國家，的確是夠驚人的。但因為法國大革命更驚人，西歐諸國忙著組成反法同盟呢，所以俄、普、奧三家得手後，其他國家也最多就是譴責而已。

公平地說，俄國分得的烏克蘭、白俄羅斯等區域，歷史上曾經是古基輔羅斯國的領土，被波蘭搶去的，這幾個地區信奉東正教，跟天主教的波蘭人本來就格格不入。所以，這三次瓜分，俄羅斯感覺光明正大。從葉卡捷琳娜二世的角度考慮，是不是歷史上的故土，是不是東正教徒都不是重點，重點是，俄國要擴張。

葉卡捷琳娜二世經過這六場大戰，為俄國版圖增加了六十多萬平方公里領土，可是這個成績遠遠沒有達到她終極目標，她臨終前遺憾地說：如果我活到兩百歲，我會讓全歐洲匍匐在我腳下。她夢想中的俄羅斯帝國應該設六個都城，分別是：聖彼得堡、柏林、維也納、巴黎、君士坦丁堡、阿特斯拉罕（裡海邊的城市）。我們也遺憾女皇沒活到兩百歲，如果能看到俄國女沙皇VS拿破崙皇帝，那將是何等的賞心樂事啊。

4.文化苦旅

打仗挺漂亮，國家統治得怎麼樣呢？一般來說，如果國家一直在擴充領土，則國內很多矛盾都可以化解，找人打架是公認處理國內危機最好的辦法。

說到治國，就一定要說到沙皇跟西歐文化圈子的交流。葉卡捷琳娜二世在位期，正是啟蒙思想的黃金時代。女皇登基前百無聊賴的歲月裡，接觸最多的，就是啟蒙思想家的作品和讀物。作為一個有進步思想的文藝女青年，葉卡捷琳娜對書中的理論點頭嘉許，對這些啟蒙思想家最開始也心存崇敬。很多人當時就猜想，如果葉卡捷琳娜成為女皇，一定是最開明的君主。

等女皇真的登基後，她看問題的高度就完全不一樣了。因為自己是政變上台的，有點名不正言不順，所以，她必須獲得俄國佔主導地位的貴族支持。葉卡捷琳娜自己也是貴族出身，不管她如何贊同「開明思想」，讓她從底層人民的方向考慮問題，是幾乎不可能的。

女皇從不小氣摳門，上台伊始，為了獎勵政變有功人員，賞賜了大量金銀、土地包括土地上的農奴。這些拿到賞賜的「功臣」們，對自己的農奴，想幹什麼都可以，女皇絕對支持，為保障貴族的利益，還禁止農奴申訴自己的主人。

一七七二年，正當第一次俄土戰爭取得勝利，土耳其求和，俄國人端著架子坐地起價時，被壓迫得無路可退得農奴終於發動了大起義，逼得俄國人沒時間拗造型，趕緊簽了和約，軍隊拉回家平亂。

這次起義的發動者是頓河邊的一名哥薩克，大名叫普加喬夫。不過他說他自己叫彼得三世，當初躲過了女皇的毒殺，現在回來報仇。這個小普早年參加過波蘭戰爭和土耳其戰爭，後來懷疑是逃跑回家了，從軍經歷有據可查，他冒充彼得三世實在是忽悠得不負責任，要命的是，俄國的老百姓又信了！

女皇在莫斯科氣得腦袋都痛了，她就想不明白了，每個假貨，不管編的多離譜，多扯淡，俄羅斯的老百姓都會信，都會捨命追隨。而且現在造反的膽子也越來越大了，冒充誰不好，冒充女皇的老公，這不公然吃女皇豆腐嗎？

普加喬夫的起義持續了一年，因為小普曾在俄國軍隊裡服役，所以對俄軍的打法和作風還是比較了解，偶爾也能佔點上風，戰鬥中還有不少俄軍投靠了這支山寨沙皇的部隊。在土耳其作戰的俄軍主力回來後，起義軍就明顯不支。一七七四年底，普加喬夫被手下出賣，女皇將其以極刑處死還不能平息心頭之恨。

普加喬夫起義是俄國歷史上最大規模的一次農民起義，如果一定要分析其意義或者產生的直接影響，那就是，徹底讓女皇對俄羅斯的老百姓死了心。

這個事件讓女皇堅定了一個想法，那就是，俄羅斯這樣的國家，絕對不能讓底層的老百姓太舒服太自由，因為他們愚昧愚蠢，一旦有寬鬆的環境，他們就更加不知道會闖出什麼樣的禍端來。「這些農民根本不需要自由，他們在當奴隸和牲口的時候，自我感覺依然很好！」這是女皇留下的名言。為了控制農民和農奴，更應該加強貴族的權利。

一七八五年，女皇頒布《御賜貴族特權詔書》，規定：貴族可以免除為國家服務的義務，可以享有自由管理地產、自由出國等權利。彼得大帝時代制定的對貴族的種種束縛和壓在他們身上的若干義務，被女皇一手推翻，讓貴族們獲得了徹底的解放和特權，葉卡捷琳娜二世被稱為「貴族女皇」，她所統治的時代是俄羅斯貴族最舒暢最安逸的年代，當然，也是俄羅斯農奴制最頂峰的時代。

葉卡捷琳娜二世在任進一步加強中央集權，讓沙皇更加專制更加權威，在那個時代，她的形象應該是很猙獰的。可是，女沙皇的形象在啟蒙思想當道的西歐偏偏非常好，這是怎麼回事呢？

女皇閱人無數，人情通透。很多人和事，她看得很透徹，也用得很透徹。比如，啟蒙思想家，她一直自詡為他們的粉絲。

最開始，因為女皇弒君篡位，西歐的學者經常刻薄她，她知道，如果想讓西歐的輿論對自己有利，必須先堵上這些著名學者的嘴。當時法國禁止狄德羅印刷百科全書，葉卡捷琳娜就非常親熱地邀請狄德羅去俄羅斯印。狄德羅傲骨錚錚地拒絕，表達了自己不願意跟一個獨裁者為伍的高潔情操。

不久，狄德羅嫁女兒，湊不齊嫁妝，想把自己的藏書賣掉。葉卡捷琳娜二世拿出比狄德羅報價還高的價格買下這批書，條件是，這些書繼續留在狄德羅家裡，女皇聘用狄德羅管理這批圖書，每年給一千盧布的酬勞，並一次支付了五十年的薪水。

狄德羅不是中國的文人，沒受過不為五斗米折腰的教育，這麼大氣的女人，讓他無法拒絕。從此後，狄德羅就成了女皇在歐洲的御用吹鼓手，女皇的任何作為任何言行，經過狄德羅的包裝宣傳，立時光芒萬丈了。

女皇當然知道，啟蒙思想家的老大，還是伏爾泰。收服了伏爾泰，等於收服了大半法國文化界。伏爾泰有點老男人的惡習，被美女一吹捧，就嚴重找不到北。葉卡捷克琳娜極盡情感地寫信，向他求教，向他問候，並訴說了自己的敬仰之情，並說自己閱讀過伏老師所有著作。

伏老師當場暈菜了，威震歐洲的女皇啊，佔有歐洲最多領土的皇帝啊，給自己寫這樣的信，折煞老朽了！於是，伏老師也淪陷，成為女皇的御用文人。女皇所有的決定都是對的，都是無上英明的，女皇是最有智慧最高貴的女人。結果，「整個歐洲的文學界都向陛下歡呼」，主流網站更是打醒精神，全網封鎖，只要一有不利女皇的消息，立時刪帖。葉卡捷琳娜二世，這個沙俄歷史上最集權的君主，居然受到了大量西歐反封建反專制的思想家的追捧，不能不說，這是沙皇另一種強大。

狄德羅晚年曾親自上門，一是瞻仰拜訪他深愛的女老闆，二是想現場給女沙皇上一堂啟蒙思想課，女皇客氣了幾天後，最後忍無可忍毫不留情地制止了狄德羅關於立憲制君主的說教。狄德羅被傷了老心回到法國，卻不願意讓別人知道他被女皇冷遇，還到處吹牛說是受到了國賓般的招待等等。狄德羅死後，女皇第一時間收回那些藏書，大家不要誤會，女皇並不是喜歡這些書，而是法國大革命讓女皇深惡痛絕，她發現大革命的根源就是這些害人的書籍，她要防止這些書害更多的人。

葉卡捷琳娜是專制，但她對俄國的貢獻還是很多的。她重視教育，鼓勵商業，開辦了棄嬰收容所和助產士學校，她甚至親自帶頭注射了天花疫苗，讓這種奪取無數人性命的疾病首先在俄國得到了控制。而俄羅斯人如今酷愛食用馬鈴薯，也是因為女皇帶頭食用並鼓勵種植，才讓這種見不得光的地下塊莖成為俄國人主要糧食之一。

5. 女皇祕史

根據老楊的經驗，叫××祕史的，一般都是要被「有關部門」查禁的。上面我們已經介紹過了女皇的內政外戰和與西歐文化圈的關係，剩下的內容，就是萬眾期待的女皇私生活了。

俄國女皇沒有婦德指標這一項，伊麗莎白女皇找了三百多個面首，被認為有點荒淫，葉卡捷琳娜二世在位三十四年，平均每天工作十二—十三小時，大約混過二十來個面首，這個數字應該還是可以接受。

葉卡捷琳娜二世打仗都是贏家，還成功地鎮壓了起義，讓整個歐洲文化界為自己傾倒，這些都不算什麼，她能吸引無數男人更不算什麼，老楊認為，葉卡捷琳娜最牛的就是，她的每個面首，她都委以重任，授予大權，可這些小白臉，上了床盡心服侍，下了床則更加忠心不二地替她辦事，不管掌握多大的權力，都沒想過要給女皇添亂或者造反，每一個都為女皇的生涯增光添彩，即使在她死後都不辱使命，這才是最難最難的啊！

女皇的第一個男人是幫她生下保羅大公的宮廷侍衛。這位老兄當時心儀太子妃，可發現自己成為配種工具後，就對葉卡捷琳娜非常冷淡。等到葉卡捷琳娜生了孩子，他更是第一時間躲得遠遠的。後來，女皇滿足了他躲避的願望，一直將其外放任職，不准他回到俄羅斯。這個教訓警告男人們，拋棄舊愛時，一定要注意態度，因為你不知道這個舊愛將來會混到哪個高度，給你吃什麼樣的好果子。

第二個男人，就是可憐的波蘭國王波尼亞托夫斯基。波尼亞托夫斯基曾經在葉卡捷琳娜的臥室被彼得大公逮個正著，不過大公毫不介意，因為自己也有情人，據說四個人還共進晚餐，表示了和平共處的美好願望。這次情緣，葉卡捷琳娜又生了女兒，可惜後來夭折了。

波尼亞托夫斯基是所有女皇情人中最悲催的，他的遭遇甚至慘過曾經拋棄女王的第一任。作為波蘭的國王，他一次次哀求女皇放過自己的國家，看到女皇堅毅而決絕的表情，回想當年葉卡捷琳娜的溫柔和多情，讓他情何以堪，國破家亡後，他被帶回俄羅斯監禁，每天老淚縱橫念叨著：人生若只如初見……

第三個男人，就是幫助葉卡捷琳娜政變登基的奧爾洛夫。說到奧爾洛夫，很多人自動想到一顆著名的鑽石——奧爾洛夫鑽。這是世界第三大著名的鑽石，有一百八十九克拉，泛著淡淡的青藍光。這顆出產於印度的華麗美鑽，原本是印度一個神廟的神像眼睛，後被法國士兵盜走，輾轉進入歐洲，被打磨成型後，由奧爾洛夫高價收購，送給女皇，鑲在權杖上。因為他知道，女皇一輩子最愛三件東西，帥哥、駿馬和鑽石。

政變成功後，奧爾洛夫獲得了數不盡的賞賜，並獲得了爵位。女皇知道他忠心可嘉，能力有限，雖然讓他擁有很多財富，卻不會讓他染指國家大事。隨著女皇在皇座上坐穩，身邊的男人越來越多，奧爾洛夫就有點跟不上形勢，女皇漸漸冷落他。

奧爾洛夫是個武夫，被女皇拋棄了，卻不哭不鬧不打不跳，找到機會就為女皇效勞。一七七一年，莫斯科遭遇一場瘟疫，當時女皇和朝廷都在聖彼得堡，莫斯科地方政府為了防止疾病擴散，頒布了很多硬性規定，反而讓局勢更惡化，直接引發了市民的暴亂。

女皇一籌莫展之際，奧爾洛夫主動請纓去處理此事。莫斯科市民沒想到女皇的面首，居然是個辦事雷厲風行，俐落高效的純爺們，他親自上街指揮清理街道，處理屍體，控制疫情，很快平息了混亂，穩定了莫斯科的局勢。

奧爾洛夫立了大功，莫斯科人甚至為他樹立了一尊半身像。女皇更是感激他的工作，為他建了一座凱旋門，金銀土地等賞賜是不計其數，然而，奧爾洛夫最想要的東西，女皇卻再也沒給過他，那就是讓他進入寢宮，重上龍床。

葉卡捷琳娜是女皇，女皇就總有自己的脆弱，她也夢想著，能找到一個在國事上幫自己充分分擔的愛人，既是情人，又是自己的重要幕僚和外腦，靈欲合一。

話說女皇政變成功的第二天，一身戎裝檢閱首都的近衛部隊，女皇配上一把寶劍，發現寶劍上沒掛劍穗，正躊躇間，一位英俊的軍官解下自己的劍穗溫柔地幫女皇繫上，並衝新女皇展顏一笑。女皇記下了這個笑容和這個年輕人，他叫格里高利·波將金。

奧爾洛夫兄弟發現自家兄弟在女皇那裡失寵，斷定是有了新歡，奧爾洛夫兄弟如今權勢喧天，想看哪個小子這麼大膽敢撬奧爾洛夫家的牆角。後來聽說，女皇似乎對身邊的侍從波將金很有好感，奧爾洛夫家的大哥找機會揍了他一頓，波將金被打瞎一隻眼睛，成為獨眼龍。

丘八兄弟們不知道，波將金對女皇的吸引力，是超出色相之外的。波將金有學識有見識，多才多藝，知識豐富，思維敏銳，能跟女皇有思想上的交流。女皇和波將金在一起，可以娛樂工作兩不誤，波將金對時局的見解和分析，經常能幫助女皇開拓思路。女皇對波將金入了迷，人們發現，女皇從來沒有這麼沉淪過，而且從種種跡象顯示，女皇可能是跟波將金私下結了婚。

跟之前的面首不一樣，女皇鼓勵波將金插手政務，給他政府中的實權地位，可以干預國家各種決策。其他國家的國王感覺到，波將金絕對是未來俄羅斯的權臣，紛紛給他各種動章表示巴結，波將金很快上位成為俄羅斯最出名的人物。

波將金在俄羅斯的軍史上可是大名鼎鼎，他後來成為陸軍元帥，軍隊總指揮，外交家，政治家，葉卡捷琳娜朝廷的肱股之臣。女皇在位，縱橫歐洲的大小戰事基本都跟波將金有關，兩人的確算是事業上的最佳搭檔。

在女皇所有的面首中，波將金肯定是成就最高的，這個最高，也包括其智商和財商。波將金作為元帥，常年征戰在外，讓一個大元帥做一個面首的工作，精神和體力上雙重壓力太大了。波將金聰明啊，他想到了一個不用伺候女皇，還讓女皇離不開他的法子，就是在征戰歐洲，日理萬機之餘，他獨家壟斷為女皇提供各類面首。品種多樣，花色齊全，包皇上滿意。最離譜的是這夥計職業拉皮條，那些想一親香澤的帥哥猛男，需要向波元帥交納一定的報名費，元帥找專業人士驗驗成色，優中選優送到女皇的床上。這個操作流程跟買官一樣，自覺地有條件作面首的兄弟，先花些錢打點波將金，這些錢肯定不白花，女皇出名的就是出手豪闊，從不摳門。只要她滿意，十倍的錢都賺得回來，還有大量的農奴贈送，當時流行的段子就是：「龍床一夜，農奴三千」。

波將金曾經將一個叫朗斯科耶的二十五歲青年介紹給女皇，深得寵愛，這個朗斯科耶有頭腦，有思想，對五十四歲的女皇充滿崇拜，兩人最好的時候，他甚至可以影響皇上很多決定，一年以後，這個帥小夥突然死了，說法很多，有的說是死於春藥，有的說是死於白喉，權威說法是被波將金毒死的，因為已經危及他的地位了。

此後波元帥再拉皮條，基本要求是四肢發達，頭腦簡單，俊美的草包是首選。後來還介紹了個出名的面首馬莫諾夫（紅衣先生），這時的女皇已經實實在在是個老祖母了，不管給多少錢，一般年輕男子也接不了這工作。馬莫諾夫伺候了四年之後，發現嘔吐是解決不了問題的，一定要找年輕女子平衡一下，他看上了女皇的宮女。

大家記得我們家的則天皇帝那個如蓮花般漂亮的面首六郎吧，就因為上官婉兒在人群中多看了他一眼，再也沒有忘記他的容顏，於是差點被則天皇上打破頭。這一點，葉卡捷琳娜女皇大度多了，她也知道留不住紅衣先生，索性給了一筆錢成全了這兩個年輕人。在心胸上，武則天算是輸了一截。

波元帥戎馬一生，後來領了克里米亞總督一職，相當於，女皇將南部的半壁江山交給他打理。安排移民，發展生產，促進貿易，努力壯大黑海艦隊，波元帥功勳卓著。不過，讓他名垂青史的，還不是工作業績或者拉皮條的暴利。前面不是說到女皇奢華的南巡之旅嗎，俄羅斯南部的建設讓客人們歎為觀止，都說波將金了不起。其實波元帥只是花巨資修葺了皇上要走的御道，並在路邊臨時趕建了豪華別墅，將破落的民宅和貧窮的百姓都藏在後面。此後「波將金村」成為一個名詞，諷刺那些為討好上級作表面功夫的事。

長江後浪推前浪，前浪死在沙灘上，波將金用盡手段伺候女皇，想保持在她心中的地位，但是面首這職業，青春活啊，保鮮期相當短。波將金這等權臣，朝中肯定有很多敵人。而敵人們都想，波將金這麼張狂，不過是因為控制了女皇唄，只要找到另一個男人控制女皇，波將金自動就要下課了。

波元帥正指揮俄軍與土耳其開仗，朝中的反對派馬上行動起來，為女皇送上新的貨色。二十二歲的朱波夫，比女皇小四十歲，女皇看著長大，一直像自己孫子一樣疼愛的小男孩。

年輕是無敵的，朱波夫以最快的速度獲得了皇上的寵愛，作為反對派，他當然是以扳倒波將金為己任，於是他開始經常彈劾波將金。女皇是個老太太了，孫子說什麼，就是什麼唄。朱波夫的野心和小動作讓波將金感到了危機，急得放棄戰場跑回來挽回地位。回來後發現自己真的被甩了，只好回到自己的職位去。俄羅斯的男人真爺們，以波將金此時此刻的權勢，發現被甩，大可以起兵跟葉卡捷琳娜爭天下，誰知他選擇自暴自棄，在歸途上活活把自己氣死了。

波將金的死訊傳到女皇手上，女皇當場暈倒在地，看得出，這個男人在她心中的地位不一般。好在還有朱波夫，女皇挺住了。此後朱波夫完全取代了波將金的地位。這個小孩年紀小野心大，貪污斂財，挑唆著女皇做了不少不動腦筋的事。但他是女皇最後一個面首，他陪她到生命的最終。在她死後，還幫手幹掉了她的繼承人，這個後面再說。

葉卡捷琳娜的情人太多了，挑幾個出來寫，給大家略略了解一下。她找小白臉出手大方，捨得花錢，有八卦的給她算過帳，她一生送給面首的錢大約估計是：九千兩百八十二萬盧布，天文數字吧，那時他家的農奴最貴的，最有用的賣三百盧布一個。

葉卡捷琳娜一上台就宣稱自己是彼得大帝的繼承者，彼得大帝之後，俄羅斯的首都一直在莫斯科和聖彼得堡之間搖擺不定，聖彼得堡的建設也是時停時續。葉卡捷琳娜登基後，聖彼得堡成為此後俄羅斯帝國唯一的首都，並按女皇的喜好和標準繼續聖彼得堡的建設。

這輪建設中，最耀眼的工程，還是冬宮，女皇並為它配置了一個博物館和一個劇院。十八世紀後期，歐洲被法國大革命搞得兵荒馬亂，女皇一邊跟著罵人，一邊成為當時藝術品最大的收藏者，到處買東西，充實自己的博物館。

葉卡捷琳娜跟彼得大帝最相似的兩個地方，都喜歡擴張，也都喜歡鑽石。十八世紀初，彼得大帝曾頒布了一道專項命令，要求國人不得隨便變賣家中的珍貴珠寶和首飾，一定重量以上的鑽石和珠寶必須由皇家收購。俄羅斯王室收藏鑽石寶石是天下之最，葉卡捷琳娜更是收藏鑽石成癡，她登基時，特製了一頂皇冠，用了四千八百三十六顆鑽石鑲嵌，重兩千八百五十八克拉，頂部那顆是世界上最大的紅色尖晶石，購自中國，也是世界級瑰寶。

《德意志是鐵打的》中，記述過琥珀宮的故事，這座號稱「天下第一珠寶盒」的寶石宮殿，就是由普魯士國王送給彼得大帝，而後被兩代大帝刻意裝飾，成為世界上最令人驚豔的無價之寶，可惜被納粹藏起來後，就再以尋不到它的蹤跡，這樣美絕的東西，藏在深山幽谷或者地下深淵中，無人欣賞，不免遺憾。

現在，冬宮不僅是聖彼得堡的象徵，還跟法國羅浮宮、大英博物館、美國大都會博物館一起，並稱為世界四大博物館，其中的寶石宮最為引人注目，算是葉卡捷琳娜二世留給俄國人最華麗的遺產。

一七八二年，聖彼得堡的另一個標誌——青銅騎士雕塑完工，法國著名雕塑家法爾科內為此花了十二年功夫。基座的巨石則是女皇耗費巨資從芬蘭灣沼澤中挖出來，幾百農奴建專門的滑道，用了半年時間才拉到現在的位置。這是一尊彼得大帝的雕塑，是葉卡捷琳娜二世向前輩偶像的獻禮，雖然沒有血緣關係，葉卡捷琳娜無疑是彼得大帝事業最佳繼承者，樞密院也非常懂事地授予女皇「大帝」的稱號，這一男一女兩個大帝，共同托起了一個巨大帝國的崛起。

十七、盟主——亞歷山大一世

1. 較勁的保羅一世

葉卡捷琳娜收藏了很多寶石，奧爾洛夫鑽和她皇冠上的紅寶石都是價值連城的頂級珍寶，這個級別的寶石，她還有一顆，被稱為保羅一世鑽石，一百三十克拉的紫紅色美鑽，曾經鑲在印度的皇冠上。

保羅一世鑽石是葉卡捷琳娜的心頭至寶，保羅一世卻不是，雖然這還是她自己生出來的。前面說到，葉卡捷琳娜第一個兒子保羅，一生下來就被伊麗莎白女皇帶走。伊麗莎白不會教養孩子，她又教出來一個彼得二世的複製品。全世界都知道，保羅不是彼得親生的，只有保羅自己拒絕承認，為了表示自己出身的清白，他處處模仿彼得言行舉止，包括討人嫌。模仿得太成功了，當看到保羅穿著一身普魯士軍裝組織一個普魯士小軍隊玩打仗時，葉卡捷琳娜差點暈過去。

好在現在是女皇了，不願意看見的東西可以不看，她打發了一塊領地給保羅，讓他遠遠地在自己視線裡消失。女皇不喜歡兒子，兒子也不喜歡這個媽，保羅自己臆想中，彼得二世是個完美的父親，而惡毒的母親毒殺了他，篡奪了王位，還把自己遠遠地打發在外面。

葉卡捷琳娜怎麼會把自己辛苦經營的江山交給一個翻版彼得三世呢?所以她的計畫是，盡快安排保羅結婚，生下孫子，女皇帶走親自教養，而後，讓孫子直接接班。

殷勤的婚介所所長——普魯士的腓特烈大王高興接下了這個任務，女皇從自己的經歷上得出結論，雖然腓特烈大王自己不喜歡女人，但是看女人眼光很靠譜。腓特烈果然給保羅大公找到了合適的兩個老婆，幹嘛找兩個啊?第一個生孩子死掉了，趕緊又給補了一個，婚介所就是靠服務品質生存的嘛。

大公夫人照例還是德國公主，人品相貌不說了，會生孩子，超生且優生，都挺漂亮強壯。女皇跟自己婆婆學習，孫子一面世，她就第一時間帶走了，保羅三個著名的兒子分別是：亞歷山大，君士坦丁、尼古拉。

皇孫亞歷山大在祖母身邊長大，寄託了葉卡捷琳娜所有的希望和理想，孩子挺爭氣，優秀上進，人見人愛，都叫他「天使」，快半個世紀了，俄國皇室總算看到了比較靠譜的男性繼承人。女皇鬆了一口氣，留下遺詔，死後亞歷山大直接繼位。

亞歷山大知道有這麼一份詔書，也非常清楚藏在哪裡，可在葉卡捷琳娜彌留之際，他選擇了緘默，任由欣喜若狂的父親在老媽沒尚未斷氣時，進入宮中一通亂翻，終於找到詔書，丟進了壁爐。

孩子被教育得太好也不行，保羅畢竟是父親，是一個被人擠兌了一輩子，奶奶不疼舅舅不愛的父親，怪可憐的，他想當沙皇過把癮，就讓他過把癮吧。也許，此時的亞歷山大心裡就有譜，只要父親不上路，淘氣搗蛋，他隨時可以修正錯誤，讓老爸下課。

保羅一世終於登基了，他可算是翻身了。反正老媽做的，都是錯的，尤其是那些貴族，絕對不能讓他們太得瑟，太神氣。保羅一世掌權後最重要的工作就是削弱貴族權利，為達到這個目的，他給予了農奴一點點的自由。

和彼得三世一樣，不靠譜的人掌握了大權，只能更不靠譜。四十二歲登基前，保羅一直不招人待見，上台後對別人的尊重就有偏執的要求，比如，他規定，大街上，如果看到皇室的馬車，其他馬車的人必須下車靜候，等皇室馬車經過你再上車。碰上下雨，貴族小姐們提著曳地長裙站在俄羅斯泥濘的街道旁，場面實在不算和諧。

最搞笑的就是保羅沙皇喜歡跟帽子較勁。他最恨圓形禮帽，誰戴收拾誰。有一天，他窗前看景，冬宮廣場上，人來如梭，各種帽子款式各異。聖彼得堡冷啊，還在海邊上，風大，不戴帽子，腦漿子都能直接凍成冰淇淋。沙皇很不爽，他質疑，為什麼這些人經過皇宮不脫帽呢？不懂禮數啊？周圍的人知道他的脾氣，趕緊頒布詔令，從皇宮前的廣場經過，不論颳風下雪禿頭還是癩子，必須脫帽。有的車夫要駕駛馬車，空不出手來拿帽子怎麼辦，用嘴叼著經過廣場。過了一陣子，沙皇很納悶：為什麼所有人經過廣場要脫帽呢？手下人趕緊說，是陛下您命令的！保羅大怒：「朕何時下過這等蠢命令？」要求手下人趕緊修正。這下好了，員警又守在廣場四周，要求所有人，經過廣場千萬不要脫帽。有幾個人脾氣不好，把員警按在地上揍了一頓，理由是：居然敢騙我們戴著帽子經過皇宮，教唆我們犯法?!

這麼個人駕馭俄羅斯這麼大的國家，真是有點危險。果然，跟他「父親」一樣，保羅在外交問題上也是一腦袋冰淇淋（不戴帽子鬧的）。

葉卡捷琳娜去世前，已經決定俄羅斯加入反法同盟了，保羅繼位後，覺得應該和平穩定，避免戰爭。反正所有的事，對不對的，他就是要跟女皇反其道而行。

不參加就不參加，和平也不是壞事，可保羅他不是有點「精分」（神經分裂）嗎，過幾天，法國鬧得不像話，他又跟著瞎生氣，又決定入夥一起收拾法國了。於是他參加了第二次反法同盟，因為當時拿破崙被困埃及，所有人都以為這次能成功地制服法蘭西。第二次反法同盟的工作成果就是逼得拿破崙不得不直接登上大位，親自組織對反法同盟的戰鬥，並迫使他們不得不再次解散求和。

二次反法同盟後，保羅因為俄國艦隊進入地中海的事，跟英國人鬧翻了，他就考慮跟法國結盟，跟奧地利斷交，跟英國人打一場，他甚至派出頓河的哥薩克遠征印度！

保羅雖然糊塗，葉卡捷琳娜的舊臣們都清醒，他們受命輔佐亞歷山大不是保羅，如今保羅眼看著要把全歐洲都得罪光了，唯一能控制事態的辦法就是讓亞歷山大按女皇的願望登基。

知道自己招人恨，保羅一世在聖彼得堡修建了米哈伊洛夫城堡，壁壘森嚴，大炮環伺。他躲在裡面，以為高枕無憂，誰知一八〇一年三月十一日夜裡，有人穿過結冰的護城河進入沙皇的堡壘，逼他簽字退位，爭執中，保羅沙皇就神祕地死掉了。

這個事的主要執行者，就是葉卡捷琳娜最後一任面首朱波夫。而所有人都說，幕後的決定者和策劃者是亞歷山大。以亞歷山大的秉性，要求父皇退位這種事可能做得出，但直接將老爸勒死，他應該沒這麼狠。倒是朱波夫深知政變的結果可大可小，既然動手，最好不要留下任何首尾，所以乾脆就殺掉了保羅一世。

2.盟主是怎樣煉成的

亞歷山大一世號稱史上最神祕的沙皇，外號甚多，有人叫他「兩面神」，有人叫他「北方的斯芬克斯」，這麼多外號，跟他人品行格有關。他並沒有大帝的頭銜，所以在沙皇排行榜上，他無法超越彼得大帝和葉卡捷琳娜大帝的地位，然而，在亞歷山大的時代，他的成功卻是兩位先輩大帝都沒有達到的頂峰，因為，他成為了歐洲公認的老大，聯盟至尊，武林盟主。

亞歷山大登基時二十四歲，算是剛成年，在哪裡學到絕世武功成為盟主的呢？

新人出江湖，成名有兩個方式，一種是安心練武，不斷進步，從家門口的鏢局開始挑起，一直踢館踢到少林，如果真是人才，三十年內可做至尊。當然，沒成至尊中途就被青城派或是威遠鏢局之類的用下作法子幹掉的居多；另一種就容易了，不但可以少年成名，還杜絕了車輪戰的時間風險，那就是，單挑當朝的天下第一，只要打贏了，你直接上位成為至尊，就算是輸了，也會因為不知天高地厚而揚名江湖。當然，一般的武林至尊對這種無名小子的無聊挑釁不太會手下留情，要麼直接幹掉，要麼廢掉其武功，防止再來浪費大家的時間。

說起來，亞歷山大在位期間好像也沒幹什麼了不起的大事，他坐定歐洲盟主之位的原因是：幹掉了武林至尊——拿破崙！

保羅沙皇就是因為外交事務上的腦進水失去了王位和性命，當時的歐洲，非常明顯，法國是公敵，誰跟法國結盟，誰就也變成公敵；俄國和奧地利有傳統盟友關係，跟英國有傳統貿易關係，這兩家如無意外，最好能保持友好。所以亞歷山大一接班，趕緊召回了開往印度的哥薩克，繼續與奧地利和英國修好。而對一個保守專制國家的沙皇來說，拿破崙這樣的人冒出來，對整個歐洲平衡的格局和各國的君主政治都是危險不利的，所以，亞歷山大傾向於，盡快把科西嘉小個子打垮。

一八○五年，第三次反法同盟建立了，俄國、奧地利、瑞典、英國聯手對抗法國和西班牙。十二月二日，著名的三皇會戰，（詳情參看《聞香法蘭西》之二十四），亞歷山大初出茅廬、年少輕狂，雖然手下眾將士都勸他不要貿然進攻，唯恐有詐，他還是和奧皇一起衝進了法國人的圈套。盟軍死傷慘重，沙皇和奧皇趁著夜色，狼狽逃出戰場，避免了更大的羞辱。

這一戰終結了神聖羅馬帝國，奧地利投降，宣布不再結夥反法。沙皇不服氣，逃出性命後，以最快的速度拉上普魯士組建第四次反法同盟，再次出擊。

這次結夥挑釁的結果是，普魯士成為法皇新的戰利品，而拿破崙在柏林顧不上修整，義無反顧地進入了波蘭，向急得手足無措的沙皇送去了問候。

亞歷山大現在看拿破崙，是「科西嘉魔鬼」，他再不敢輕敵，調集了六十多萬人的軍隊，強徵了大量糧草武備，在波蘭迎擊法軍。跟歐洲的其他戰場一樣，不管面對什麼人種、什麼民族、什麼宗教的對手，拿破崙的軍隊總是能節節挺進，在俄國的邊境提爾習特，亞歷山大放棄了，休戰求和。

拿破崙很清楚，想一戰吃掉巨大的北極熊幾乎是不可能的，而西歐還有英國這個讓他一直束手的敵人沒有清理乾淨，他不如留下俄國一起對付英格蘭，等收拾了英格蘭，俄國這個毛頭小子自然手到擒來。

一八○七年六月二十五日，在涅曼河中心的一條木筏上，沙皇和法皇祕密會談。談判現場除了兩位盛裝的皇帝沒有第三人，他們談了什麼說了什麼無人可知，倒是七月七日兩邊訂立的《提爾西特條約》似乎能看出一些端倪。

這恐怕是拿破崙對戰敗國最客氣的條約了，他剛剛分解了普魯士，還在波蘭建立了華沙大公國。可是，對俄國，法國皇帝客氣得過分：只要沙皇承認拿破崙現在對歐洲所有佔領和疆域劃分，並支持拿破崙對英國的大陸封鎖令，俄國和法國以後就是盟友，拿破崙絕對不干涉俄國對土耳其和瑞典的任何軍事行動，甚至，在剛被分解的普魯士版圖上，拿破崙還非常大度地分給沙皇一塊。

失敗對年輕人是好事，對拿破崙的失敗，幾乎是快速促成了亞歷山大的成長。木筏上的和約，看起來俄國似乎並沒有失去什麼，然而亞歷山大清楚，自己戰敗被迫簽下的和約，肯定有對俄國不利的地方。所以，他要趁「科西嘉惡魔」放自己一馬這段時間，勤練武功，強身健體。

根據沙皇傳統，俄國要在不斷擴張中前進，不能因為西方出現了更厲害的敵人，就放棄對其他土地的野心。

亞歷山大登基那年，俄羅斯兼併了格魯吉亞的東部地區。格魯吉亞在大高加索山脈的另一邊，在地理劃分上屬於亞洲了，他周邊有兩個巨大的穆斯林鄰居一個是波斯（古伊朗），一個是土耳其。格魯吉亞是信奉東正教的，兩個穆斯林鄰居是不會讓他好過的，一被欺負，格魯吉亞就找俄羅斯幫忙，所以從彼得大帝開始，就想把格魯吉亞直接收納進俄羅斯的版圖。

跟法國休戰後，俄國的勢力繼續深入格魯吉亞，引發與波斯的戰事。戰勝波斯後，俄國就正式兼併格魯吉亞。波斯服了，土耳其不幹，於是又跟土耳其打了一架，這次出征土耳其的是俄國名將庫圖佐夫。從葉卡捷琳娜開始，土耳其對俄國就基本保持不勝，庫圖佐夫迫使土耳其又簽訂了割地的條約，俄國在多瑙河流域幾個公國還取得了更多的權益。

根據和約，俄羅斯對土耳其和瑞典兩個國家動手，拿破崙不管。亞歷山大當然要抓住這難得的機遇，俄軍又開進了瑞典。以前佔據了芬蘭的一部分，瑞典還天天鬧著要拿回去，這一次，芬蘭全部進入俄國的版圖，成為俄羅斯轄下的大公國，亞歷山大給自己戴上了一頂芬蘭大公的帽子。

一八一二年六月，拿破崙法六十萬大軍入侵俄國。

不是盟友嗎，怎麼說打就打進來了？是啊，這五年的盟友時光，兩邊都憋屈，兩邊都不爽啊。俄羅斯的勢力已經深入多瑙河和巴爾幹地區了，拿破崙可不願意，所以明的暗的經常遏制俄國人。而拿破崙在波蘭的華沙大公國，雖然是原來普魯士分到的波蘭土地，可波蘭人現在是拿破崙的親信，他們正積極要求皇帝陛下把波蘭原來的土地都要回來呢，如果真到那一天，俄羅斯難道也要吐出原來分到的贓物嗎？

一八〇八年，出於兩國關係的考慮，拿破崙向亞歷山大的大妹妹葉卡捷琳娜大公求婚，同盟變親戚，以後聯繫更方便。誰知，亞歷山大沙皇堅決不幹。為了打消拿破崙染指葉卡捷琳娜公主的念頭，亞歷山大趕著把妹妹嫁給了一個條件非常平庸的公爵。拿破崙一片癡心不改，又轉向亞歷山大的小妹妹安娜公主，亞歷山大再次拒絕了，說是自己妹妹年齡尚小，拿破崙四十歲高齡還是個二婚，不合適。

兩次求婚被拒絕，拿破崙陛下的老臉受到極大的羞辱。好在奧地利的瑪麗公主嫁過來，顧全了法皇的臉面。而這場婚配事件的結局就是，拿破崙跟奧地利修好，預備跟亞歷山大翻臉。

以上是累積的小怨念，爆發卻是因為更大的矛盾。

之前說過，俄國和英國的貿易關係是很緊密的，英國和俄國一個工業大國一個農業大國，經濟上互補，貿易上也相得益彰。英俄的貿易是兩國經濟發展中非常重要的內容。亞歷山大被迫加入了拿破崙的大陸封鎖令，沿海的貿易陷入困境，國內地主階級農莊裡生產的東西往哪裡賣啊。俄國上下都不幹，亞歷山大只好認可所有人各憑本事走私。於是，被封鎖的歐洲大陸向英國打開了一個巨大的缺口，當時正在西班牙平亂的拿破崙氣急之下，發大軍攻擊俄國。

拿破崙對俄羅斯的戰事，一個冷笑話就能講清楚。問：如何能把大象放進冰箱？答：打開冰箱門，清空冰箱，讓大象自己走進去，關上門。

哪有這麼傻的大象啊？有啊，拿破崙和他六十萬大軍就是。這支軍隊可不是普通的大象，它是猛獁象，因為士兵來自拿破崙征服的所有國家，軍隊中光語言就超過十種，跟這些人一起行軍一次，獲得的經驗可以去聯合國找份工作。

俄羅斯迎戰多國部隊的只有區區二十二萬人，其中還有幾萬需要在俄奧邊境駐防，真動手的只有十來萬。缺衣少食，武器匱乏，士氣也不高，法國一發動，俄國軍隊只有敗退，法軍在俄國大陸長驅直入。

軍隊後撤，眼看就要退守莫斯科，俄羅斯民族的生存在此一役。國內出現了不同的意見，俄國人的血性也不允許軍隊再後退，現在他們上下一心，要求同拿破崙血戰一場，保家衛國。

在這樣的逆境中，亞歷山大做出了一生最英明果斷的決定，他啟用六十七歲的老將庫圖佐夫指揮這場結局難料的衛國戰爭。

庫圖佐夫不顧國內那些要求血戰的鼓譟，一進入軍營就清晰了戰法。如果說，之前的撤退是無奈的敗逃，現在的撤退則是誘敵深入的戰術了。庫圖佐夫提出了焦土策略，並要求將拿破崙的軍隊引入莫斯科。「拿破崙的軍隊是一股洪流，不能輕易制服他，但是莫斯科會像海綿一樣吸乾這股洪流」。

一八一二年九月十四日，拿破崙進入了莫斯科。跟進入其他的城市看到的歡迎或者抵抗不一樣，迎接拿破崙的，是一座清冷的死城。沒有人煙、沒有糧食、沒有任何有用的東西，克里姆林宮巍然屹立，莊嚴而冷峻地注視著入侵者，要命的是，這座著名的皇宮裡，也空空如也。

攻佔了歐洲最大的國家，是值得驕傲，可惜驕傲填不飽肚子。莫斯科倒是不缺西北風，法國軍隊經過證實，確定西北風也不能吃。莫斯科的拿破崙突然感到了一陣悽惶，隨著西北風越颳越猛，天氣越來越冷，他感覺到，自己被關在一個冰箱裡了。拿破崙向不知道躲在哪裡的沙皇發出郵件：「和解吧小兄弟，出來談談唄。」

拿破崙好話說盡，亞歷山大就是不出面，偶爾出來小打一場，偶爾派人去莫斯科放把火，一個連自己的家園都敢燒的人，拿破崙終於覺得怕了。

拿破崙比大象聰明啊，我自己能走進這個冰箱，我也能打開門走出來。進入莫斯科三十五天後，凍得哆哆嗦嗦的法國皇帝下令撤軍。

撤軍之路是殘酷的屠殺之路。庫圖佐夫早就在沿路布下了埋伏，進入隆冬，雪原上那些進退神速的哥薩克騎兵是法軍公認的死神。兩個月後，入侵的軍隊全部趕到法國邊境，繳獲了幾乎所有的火炮和車隊。拿破崙皇帝最後不得不丟下軍隊，弄了一部雪橇，隻身逃回了法國。

亞歷山大一世贏了，不僅保衛了國家，也成就了自己的偉業。雖然庫圖佐夫進言，說是這一戰，雖然贏了，但是軍隊已經身心俱疲，應該停戰修養，可沙皇卻要求俄軍走出國門，隨他追擊拿破崙，將勝利進行到底。拿破崙已經來過莫斯科作客了，亞歷山大想的是，他要到巴黎去回訪。

3. 改革與糾結

亞歷山大功成名就，葉卡捷琳娜大帝泉下有知，當感欣慰，她更加感覺到，自己教育有方。要說葉卡捷琳娜這個祖母可一點兒不慣孩子。從產房裡接走亞歷山大，她就預備將孫兒打造成鋼鐵戰士。為培養孫子的適應能力，她經常叫一些人到亞歷山大的床前高談闊論，終於讓亞歷山大在打雷的日子都能安睡如山。稍微大一點，亞歷山大每天早上起來必須洗一個冷水澡，而洗澡時，室內的溫度不能高於十五度。亞歷山大幾乎是在女皇的書房長大的，女皇在書桌前處理國事，接見大臣，亞歷山大就在旁邊的地毯上爬著玩，耳濡目染的沒有灰太郎、沒有喜洋洋、全是軍國大事。

到了讀書的年齡了，未來的沙皇的老師，太重要了。女皇的首選是大學者狄德羅，狄德羅當時沒給女皇面子。後來，有人推薦了一個瑞士人，叫做拉阿爾普，女皇面試後，發現果然是博學有識，可堪帝師，於是，拉阿爾普就成了亞歷山大的老師。

也許葉卡捷琳娜很懂得教育孩子，但是給孫子找的這位老師，就不能不讓人懷疑，女皇考慮失當。十八—十九世紀的歐洲，一流的學者一流的人才幾乎都是自由主義派的，受啟蒙思想影響至深。拉阿爾普更是瑞士著名的啟蒙思想家。亞歷山大未來是要做沙皇，統治一個守舊固執的農奴制國家的，葉卡捷琳娜自己說過，在俄國，農奴制是不能改變的，啟蒙思想說的那一套，對俄國有害，她卻給未來沙皇找了一個啟蒙思想家做老師，她到底是想讓孫子成為她的繼承人，還是給俄羅斯帶來翻天覆地的改革呢？

如此一來，亞歷山大的成長環境就是這麼個狀況：家庭關係上，祖母和父親不和，自己一邊要討好祖母，一邊還不能忤逆父親，兩邊賠小心說好話；接受的知識上，老師說的和祖母說又是衝突的，他們都說自己那套是對的，亞歷山大也不知道怎麼分辨。

這麼矛盾的環境，一個小孩不長成「兩面神」就怪了，而一個人會有「兩面」，有的時候，並不是出於某種偽裝，而是他猶豫搖擺不定的性格。

從登基開始，亞歷山大這種糾結的性格就表露無疑。他默許了對父皇保羅一世的政變逼宮，聽說父親被殺死，又惶恐不安，別人來通知他大事已成時，他居然嚎啕大哭。

而對於幫他弒父篡位的功臣，亞歷山大又糾結了。這些人一般有兩個下場，要麼殺，要麼賞。亞歷山大不敢殺，怕引發報復；他又不想賞，他怕這些人持功而驕，以後挾制他。後來乾脆都打發得遠遠的，不准他們回到宮廷。

亞歷山大受老師影響很深，有些浪漫的理想主義，登基後，他也想帶給俄羅斯脫胎換骨的變化。於是，他召集跟他成長教育經歷相同的朋友們，組織了一個「祕密委員會」，一星期三四天湊在一起喝咖啡，討論國務。都是年輕人，都有點改天換地成就事業的理想，閉門造車地提出各種天真的想法。

啟蒙思想家坑人啊。他們提出了構想，畫出了美好藍圖，但是沒人給出具體行動辦法。亞歷山大想改革，想讓落後的俄羅斯跟上西歐的腳步，可他不知道應該怎麼做。

其實，亞歷山大這幫年輕人，非常清楚所有問題的癥結，那就是禁錮俄羅斯進步的農奴制。可如果真要廢除農奴制，大家都慌了，因為沒人能教他們怎麼面對後果和鐵定導致的社會混亂，尤其是如何面對勢力龐大的貴族階層。亞歷山大一上台就恢復了被他父親取消的貴族特權，如今要取消農奴制，這些貴族們還不造反啊。

如果農奴制不能碰，其他的改革措施都是空談。空談中最有價值的事是興辦了教育。不解放農奴，多開幾所學校是沒人反對的，亞歷山大是之前的俄國歷史上對教育投入最大的沙皇，他任內，俄羅斯增加了四所大學和四十二所中學，還有大量的其他學校。

在行政方面，根據西歐諸國的格式，政府各單位，將彼得大帝設定的「院」，改為「部」，內務部、外交部等等，每部有專門的部長大臣負責；農奴方面，沙皇規定，有些地主如果願意，可以給農奴自由，分給土地，不過，會自願給農奴自由的地主，應該是非常少的。

以上內容，就是亞歷山大登基初期的改革，因為遭遇重重障礙，連連阻滯，亞歷山大最初的理想越來越冷，外面的世界還不太平，隨時要出門打架，算了吧，不改了，愛咋咋地吧。

一八〇七年，兵敗提爾西特並咬牙簽訂條約後，亞歷山大痛定思痛，又覺得，法國人這麼猛，就是因為人家國家更先進，更進步，俄羅斯還是要改革。

這次改革，亞歷山大啟用了專門人才，十九世紀最傑出的改革家——斯佩蘭斯基。

斯佩蘭斯基不是貴族出身，家裡不過是鄉村牧師，能一步步走進宮廷，走到沙皇身邊，並被他器重，完全是靠自己的學識和見解。斯佩蘭斯基飽讀詩書，對西歐諸國的政治文獻，了然於胸，特別是對法國，精通了解。亞歷山大一說要「Change」，斯佩蘭斯基就提交了非常詳細徹底的憲政改革方案。

大致內容其實也不高端，就是君主立憲制那一套。限制皇權、三權分立、將國家行政區分為四級，鄉、縣、省、中央，每一級都設自己的立法議會（杜馬），每一級杜馬成員都由低一級的杜馬選舉產生；建立國務會議，取代沙皇總理國事等等諸如此類。

這些東西拋出來，恐怕俄羅斯的貴族們還不太能聽懂，但是斯佩蘭斯基改革中有能讓他們聽懂的東西，聽完就暴怒了。

根據葉卡捷琳娜對貴族的優待，只要是貴族，你就有個官銜，至於幹什麼不幹什麼，沒人管你，反正國家發俸祿。斯佩蘭斯基把這條改了，以後貴族，在其位必須謀其事，如果不能幹，不要霸著位子。以後貴族只是榮譽稱號，跟官銜沒有連結關係了；更可怕的是，斯佩蘭斯基把全國的官員分了十四級，現在國家不是有大學了嗎，八級以上的官員，必須有大學文憑！這條把俄羅斯的貴族逼急了，他們當時也不知道有西太平洋大學可以買文憑這個事啊，別說大學，當時的俄羅斯貴族，大部分連小學都沒上過呢。就這樣，貴族們恨死了斯佩蘭斯基。

斯佩蘭斯基太超前了，他的這套政府框架，大概適用於二十世紀的俄國。要知道，西歐各國能將君主馴服，那是因為資本主義的發展，培養了一批可以跟貴族皇室抗衡的資產階級力量，而俄羅斯國家，除了貴族就是農奴，如果不能解放農奴，想削弱貴族的利益，怎麼可能做到呢？

亞歷山大一世當然知道，這套改革方案其實是不錯的，然而也是不能實施的，就他本人來說，能不能放棄專制皇權，做一個立憲制的君主，他還真不能取捨。

又是障礙重重艱難重重的改革，這次比上次更糟，因為，法國人要打進來了。

斯佩蘭斯基是親法派，親法並不代表賣國，但是恨他的貴族卻咬死他就是法國人派來的特務，想從內部搞垮俄羅斯，而後讓拿破崙佔領俄國。

面對朝中大臣們的質疑，亞歷山大又懦弱了，雖然他一直非常器重斯佩蘭斯基。一八一二年，斯佩蘭斯基的改革中途夭折，他本人被沙皇流放。俄國在民主進步的大道上探了一次頭，很快又縮了回去，而亞歷山大就這樣錯過了讓自己成為俄羅斯千古一帝的機會。

斯佩蘭斯基走後，亞歷山大開始寵信阿拉克切耶夫（簡稱阿拉克），並認同了他的改革方案。阿拉克成為重臣，充分反映了亞歷山大內心的矛盾和糾結。阿拉克和斯佩蘭斯基完全是兩種人，阿拉克軍爺出身，還是炮兵，標準丘八作派，為人粗魯，古板，但是對沙皇是無比忠誠。

阿拉克的改革方案是「軍屯制」。搞一塊地，農民全趕走，駐軍。閒時耕種，戰時出征，駐地的女人必須嫁給駐軍，每年必須生一個孩子。軍屯區生出來的孩子，八歲就入軍薄、上軍校、穿軍裝，從小軍事化教育，十二歲就正式成為軍人，繼續種地打仗生孩子，生生世世無窮盡。

軍屯區又是生活區又是軍營，所以住房和生活內容都是統一的，吃飯睡覺生孩子都有明確的規章制度，誰也別想跑，比坐牢還可憐呢。

軍屯區的生活沒有幸福感，這些「屯民」們多次抗議無效後，就經常發動起義，阿拉克的軍閥脾氣，一概殘酷鎮壓。

亞歷山大在位的最後幾年，對國務完全失去了興趣，阿拉克接下了所有的事，不僅在俄國廣泛施行「軍屯制」，還讓全國各個領域都領略到一個軍人政府的辦事風格。禁錮文化思想，堵塞言路，控制言論，禁止討論國事，禁止亂說亂動。

拿破崙兵敗後，俄國軍隊跟著亞歷山大到西歐遊歷過一圈，此時的俄國大兵，是開過眼看過新興國家的人，他們的見識和覺悟已經和原來都不一樣了，面對種種限制和拘束，他們一定會有自己的反抗了。

4. 盟主的生涯

這一篇就從俄國的軍隊隨沙皇遊歷西歐開始。

俄國軍隊將拿破崙趕回家，亞歷山大讓整個西歐精神為之振奮。沙皇立時成為明燈和戰旗，他一聲吆喝，一八一三年，第六次反法同盟又建立了。

一八一三年十月，萊比錫平原，民族大會戰，西歐各種族在俄國衛國戰爭精神的激勵下，跟「科西嘉魔頭」展開殊死決戰。聯軍經過四天苦戰，取得決定性勝利，驅趕了所有德意志境內的法國軍隊，隨後，聯軍進入法國，反法同盟經過二十一年的屢敗屢戰，終於反攻進入法國國境。

一八一四年三月三十日，巴黎在塔列朗（見《聞香法蘭西》）的安排下，打開城門，迎接聯軍。第二天，亞歷山大人生最輝煌的日子，這位三十七歲的英俊沙皇騎著一匹白馬，神采飛揚地進入了巴黎——這座傳說中歐洲最奢華最浪漫最流光溢彩的大都會，巴黎精緻馨香的美女也第一次見到了來自遙遠冰雪之國的北方兒郎，據說，巴黎美女和俄國帥哥相見甚歡。

亞歷山大沒時間看美女，他現在是聯軍老大，他要趕緊給出一個對拿破崙同事的處理辦法。他宣布，不跟拿破崙談判，只要他自動退位，寬大處理，還讓他去桃花島做島主。

拿破崙接受了戰敗條件，上島去了。巴黎該玩的玩了，該吃的吃了，換個地方繼續開會。於是，俄、普、英幾家轉移到維也納，繼續一邊旅遊一邊開會，討論如何分贓，獎勵自己。

一八一四年的維也納會議談了好幾天都沒有結果，會議焦點就是波蘭—薩克森。還記得吧，拿破崙將普魯士佔領的波蘭那塊切出來，交給德意志的薩克森公爵，組成了一個華沙大公國。這個國家怎麼分？亞歷山大的意思是，華沙大公國併入俄國，薩克森併入普魯士，普魯士沒意見啊，英國人不答應。奧英和法國想聯手抵禦普俄，正當他們糾纏不清都不肯讓步的時候，島主拿破崙回到了大陸，並組織人馬報仇。

第七次反法聯盟再次取得了勝利，在滑鐵盧徹底了結了拿破崙。而亞歷山大也因為拿破崙的突如其來，取得了談判上的話語權，取得了他要求的波蘭領土。

這時的亞歷山大自我感覺是歐洲的救主，他覺得他有資格有義務為歐洲大陸建立新的秩序。所以他建議，俄國、普魯士、奧地利組成一個「神聖同盟」，以後再有其他國家出現法國這樣翻天的事，「神聖同盟」可以快速反應，並即時鎮壓。「神聖同盟」還真管用，先後鎮壓了義大利和西班牙反對專制統治的起義。

做了幾天盟主，亞歷山大老毛病又犯了，他又覺得沒意思了。據說在巴黎和維也納期間，也許是人生輝煌時刻，容易迷失，沙皇就經常出現一些對宗教的偏執和狂熱。神聖同盟成立後，亞歷山大就將歐洲的事務丟給了奧地利首相梅特涅，他自己跑回俄國，像是閉關修行一樣，很少過問政務了。

5.神人的神祕

上篇說過，亞歷山大有個「兩面神」的綽號，他還有個花名叫「王座上的演員」，基本上就是說這傢伙挺能裝的，水有點深，一般人看不懂。

亞歷山大性格的成因跟童年教育有關，而對他影響最大的是他爸爸的死，雖然他沒有親自動手，但他知道，父親算是死在自己手上的，他祖母的皇位是「弒夫篡位」來的，他自己的皇位是「弒父篡位」來的，他從小肯定聽說過不少對她祖母的議論，所有輪到他自己攤上這事，就一直不能釋懷。

亞歷山大成功後成了歐洲很多名媛的偶像，跟很多歐洲貴婦都有過緋聞，奇怪的是，這麼多的桃色傳聞居然沒有讓這個歐洲霸主產生出男性的繼承人來，就是跟皇后有兩個女兒。

亞歷山大是歷史學家最喜歡研究的人之一，他身上有很多的謎，第一個就是，這個威武的歐洲英雄難道某種功能不足？為什麼生不出兒子？女人那麼多，子女這麼零丁？好像不是，歷史學家已經得出了結論，這個亞歷山大雖然女人很多，卻是個柳下惠，喜歡玩柏拉圖，喜歡精神戀愛，不喜歡性生活。他是跟在葉卡捷琳娜大帝身邊長大的，女皇那些眼花撩亂的宮闈謎事都發生在亞歷山大眼皮底下，過猶不及，這麼混亂的後宮生活，很容易讓一個小男孩患上心理疾病，長大後要麼成為一個狂熱分子超級變態，要麼就對床上的事完全免疫。

另一個謎就是，到底他和他大妹妹葉卡捷琳娜公主什麼關係。根據俄國的史料記載，兩個人天天通信，即使兩個人都在宮裡，天天見面還天天寫信。兩個人一見面就可以旁若無人說上半天，互相間還有些不合適的肢體動作。

「我像瘋子一般愛你！……看到你，我高興得如癡如狂，像個著魔的人，四處奔波，多希望能在你的懷裡甜蜜地鬆懈下來」。這是他給他妹妹的信，這樣的句子放在一般的情侶間都嫌肉麻，兄妹之間這樣通信，哪怕世風開放到今天這個程度，我們讀了還是會起雞皮疙瘩。

拿破崙曾經向葉卡捷琳娜公主求婚，其實從政治上講，這是個好事，可亞歷山大果斷拒絕了，他是不能答應讓妹妹嫁到法國那麼遠的地方，還委身給自己的仇家——「科西嘉魔頭」。他物色了猥瑣平庸的德國公爵給她妹妹作駙馬，因為他知道，妹妹絕對不會愛上這樣的一個男人。最有趣的是，婚後的公主還長期居住在聖彼得堡，兄妹倆經常見面。公爵死後，葉卡捷琳娜就搬回娘家，守在哥哥身邊，兄妹倆又恢復了過去那種親密無間的關係。

如果這件事是真的（多半是真的），原因也容易分析，葉卡捷琳娜大帝為了培養孫子的男子漢氣概，在他六歲的時候就把他身邊的保姆奶媽之類的全辭退了，伺候皇孫的，清一色大伯們。這孩子從小接觸的異性除了親祖母就是親妹子，多少總要有點異性需要吧，所以全部的幻想就放在妹妹身上了。

亞歷山大最大的歷史之謎就是他的死亡。推翻拿破崙成為歐洲霸主後，他以歐洲員警的身分跑遍了各地幫著鎮壓資產階級革命和民主思想的萌芽。在自己家裡，強大的軍隊背後是貧窮的老百姓，和越來越陳舊腐朽的國家機器。國內危機重重，國外受到各國反對，他越來越感到統治這麼大的國家力不從心。不久，莫斯科發洪水了，死了不少人，恰恰在亞歷山大出生那年，發生過一樣的水災，他突然想到，這說不定是上帝的懲罰，因為他殺掉自己的父親。

四十七歲那年，亞歷山大不堪壓力跑到海邊渡假，沒幾天就傳來他的死訊。這樣偉大的沙皇，葬禮上有許多不合理的事，讓老百姓都懷疑，沙皇詐死！

十年後，烏拉爾山區員警查戶口時，一個陌生的老頭，因為不能提供有效的身分證明被流放西伯利亞。這個老頭自稱費道爾・庫茲米茨。到西伯利亞時窮困潦倒，當地一個小商人看他可憐，給了他一間小屋。這個老頭雖然窮，可器度雍容，談吐高雅，知識淵博。所有的政治事件如數家珍，尤其是俄軍進入巴黎的盛況，他可以描述出許多細節，彷彿身臨其境過。有種種事件表示，這個落魄的老頭很可能就是沙皇亞歷山大。

老頭死於一八六四年一月二十日，亞歷山大曾經的御醫突然在此後的某天向沙皇的亡靈祈禱，之前他從沒這麼幹過，而且還自言自語地說：沙皇真的死了。後來的沙皇亞歷山大二世的辦公室裡不知什麼時候，還掛上了這個叫費道爾・庫茲米茨的畫像。如果這些事都屬實，那也就是說，這個歐洲的新霸主在壯年突然退出江湖，歸隱了！

根據葉卡捷琳娜的教育思想，亞歷山大應該是一個蓋世的大男人，純爺們，可看起來，不論是對事業還是對女人，他好像都不算太男人，他的內心深處比他的祖母可是柔弱多了，在國家最危難的時候，這個衛國戰爭的領袖選擇了逃跑，把他的子民和祖宗的事業拋在水深火熱中，這樣一個人物，這樣一個結局，不能不說有點遺憾！亞歷山大逃離帝王生涯的時候四十七歲，死的時候八十四歲，在西伯利亞還活了快二十年，他奶奶證明是很有遠見卓識的，從小給他洗冷水澡就為了讓他到西伯利亞去養老！

十八、歐洲憲兵——尼古拉一世

1.第一代革命者——十二月黨人

不論亞歷山大沙皇是病死了還是歸隱了，他都算是好死了。歷史不好假設，實際上，如果亞歷山大不病死或者不逃跑，他可能會死得很慘，而且這個「餐具」眼看就要發生，原因是，有一些人預備暗殺沙皇。

誰要謀殺皇帝？十二月黨人，俄國的第一代革命黨，這都寫到了十九世紀了，才終於看到了正式的革命團體，沙皇俄國同志們的政治覺悟夠低的。

沙皇遭遇革命黨，比其他國家碰上的都傷心，因為他家的革命黨是他自己一手培養的，還都來自皇帝一直深為器重仰仗的貴族階層。

俄國的貴族生活腐化，不思進取，但是隨著西方思想的滲透，和逐步發展的高等教育，終於改變了新生代貴族的「道德血液」和「三觀」。這些受過西方啟蒙思想教育的年輕人，開始思考國家的現狀和未來。一八一二年將拿破崙的軍隊趕出俄國後，這些貴族青年們追隨沙皇到西方進行了一場壯麗的遠征，巴黎、維也納西歐諸國對自由進步的追求讓這些北方小子真開了眼，全身心領略了一個被革命思想充分洗禮過的土地是什麼樣的。

一八一六年，大約三十名思想進步的貴族青年組織了「救國協會」，主張君主立憲，廢除農奴制。因為人數太少，影響太小，很快就解散了。一八一八年，又出現了一個祕密的團體——幸福協會，這次進步了，不空談理想了，他們明確提出透過軍事手段推翻現有的專制皇朝。

因為理念上不能同步，有的激進，有的保守，幸福協會形成了南北兩支，南方跑得比較遠，甚至透過了一部憲法——《俄羅斯法典》，主張建立共和國，廢除農奴制和等級制；北方保守，他們接受君主立憲，保留沙皇，給予他可控的行政權力。

南北兩邊決定，到底是共和國還是君主立憲，都可以隨後討論，第一要緊的，是先推翻了沙皇政府。他們計畫，一八二六年春天發動起義，當時亞歷山大一世將會去南方檢閱部隊，革命黨預備到時動手，將其暗殺。

沙皇沒給他們機會，一八二五年十一月就突然「病死」，還導致沙皇之位出現了一段混亂懸空。

亞歷山大無嗣，有兩個弟弟。大弟弟君士坦丁常駐華沙。維也納會議，亞歷山大全取了波蘭的主要地區，兼任了波蘭王國的國王。他給於波蘭很大的自治權利，將自己的大弟弟君士坦丁任命為波蘭武裝部隊總司令，相當於總督，替亞歷山大總攬波蘭國事。在華沙期間，君士坦丁與自己的原配離婚，娶了一位波蘭的女伯爵。波蘭女伯爵非皇家血統，君士坦丁大公的這場婚配有點違反皇室章程，俄國人似乎也沒太當回事。但是君士坦丁大公卻主動提出，他放棄皇位繼承權。到底是為女人捨棄江山，還是預計到沙皇之位並不舒坦，不得而知。

亞歷山大一世生前留有詔書，讓三弟尼古拉成為自己的繼承人。亞歷山大突然死去，並沒有公開頒布詔書，君士坦丁和尼古拉這兄弟倆還很恭讓，大哥死去後，華沙的君士坦丁大公向自己的弟弟尼古拉宣誓效忠，而尼古拉則在聖彼得堡向自己的二哥宣誓效忠，兩邊一來一去地折騰，最後才終於明確，尼古拉一世成為新沙皇。這場混亂持續了十多天，俄羅斯人過了幾天沒有皇帝的日子。就在兄弟倆你推我讓的時間裡，北方協會的革命黨決定起義。他們預備在尼古拉一世登基那天行動。

十二月十四日，北方協會挑唆近衛軍，說是尼古拉篡位，讓近衛軍團到參政院廣場，要求君士坦丁大公登基。近衛軍不明真相，被忽悠著上了廣場，還跟尼古拉派來和解的官員發生了衝突。尼古拉一世一邊不斷派人勸說，一邊調集了軍隊和大炮，將廣場團團圍住。黃昏時，見軍團還不肯散去，尼古拉下令開炮，現場留下了六十多具屍體。

隨後，尼古拉一世開始大規模清理「亂黨」，南方協會收到消息，馬上發動起義回應。不久，也被鎮壓。隨著清理逮捕的深入，大批革命黨紛紛落網。審判後，尼古拉一世決定高抬貴手，殺掉其中五個頭目，其他三百多人流放或者拘役，算是平息了這場著名的「十二月黨人起義」。

2. 敗家子沙皇

尼古拉一世跟亞歷山大一世性格迥異，尼古拉目標清晰，性格果斷。對亞歷山大來說，一輩子最痛苦最糾結的就是，他是個有進步思想的保守派君主，他總想變革，可又不敢面對變革帶來的變化。尼古拉沒這些煩惱，他對所謂啟蒙思想根本嗤之以鼻，他從小到大堅定的信念就是維護正統，維持專制統治的局勢，最恨有人犯上作亂，最恨革命黨。

登基當天就大炮轟響，血肉橫飛，一般人多少會有些惶恐，尼古拉不存在這種脆弱，他從小就喜歡軍事，喜歡軍隊，因為從沒指望過成為沙皇，他也不需要接受君主課程的教育，只管按自己的個性成長為一個意志堅定的軍人。

尼古拉最喜歡軍事工程學，從小就喜歡築堡壘砌要塞，做了沙皇後，專業發揚光大，就把俄羅斯打造成為攻不破的堡壘。可問題是，他不光是防守就算了，他還要出門管閒事啊。自從他大哥做了個「神聖同盟」，俄國人就以幫著歐洲鎮壓革命為己任了。到尼古拉一世這輩更熱鬧，明知道他是最恨革命的，偏偏此起彼伏到處都鬧革命。

第一場革命，是亞歷山大時代遺留下來的，希臘人的獨立戰爭。

十五世紀開始，希臘就被土耳其統治著。隨著十九世紀希臘資本主義經濟的發展，土耳其日漸羸弱，越來越多的希臘人產生了脫離土耳其獨立的要求。一八二二年，佔領了大部分地區的希臘起義軍宣布希臘獨立。土耳其當然不能承認，又發重兵鎮壓。

這件事在亞歷山大時代把他愁死了。希臘人是信東正教的，他們要獨立，俄國應該大力支持吧；可神聖同盟當初成立是幹什麼的？就是鎮壓這種起義的嘛，如果東正教徒可以反抗自己的宗主要求獨立，那其他種族為什麼不可以。所以，亞歷山大時代，沙俄對希臘獨立運動的態度猶豫曖昧。

到尼古拉一世，這個事容易多了。雖然尼古拉憎恨革命，可從一個軍人一個統帥的角度考慮，他認為更應該限制土耳其，而且這中間還有俄國在巴爾幹的利益要求。兩害相權，尼古拉決定對付土耳其，至於希臘獨立，那完全是俄土戰爭的副產品，沙皇並沒有公開支持希臘獨立。

一八二八年，俄國正式對土耳其開戰，俄國依然保持不敗，第二年，雙方簽訂了《亞得里亞堡》

條約。這個條約中，土耳其賠款，俄國增加了在黑海的權利；多瑙河流域的那幾個小公國自治，以後就由俄國保護；土耳其割讓多瑙河的入海口和高加索的大片土地。應該說，贏得非常漂亮。

尼古拉沙皇真沒顧上慶祝勝利，一八三〇年，歐洲著名的革命之年，法國七月革命推翻了復辟的波旁王朝，隨後，比利時、義大利、德意志又冒出來各種起義。沙皇在家組織了一支軍隊，預備開出去維持秩序呢，誰知，自家也出事了。

亂子出在波蘭。波蘭人從來沒有屈從過被俄國的佔領，而君士坦丁大公雖然是波蘭軍隊的總司令，對波蘭的軍隊，並沒有有效的控制，這支軍隊主要軍官都是些民族主義者，天天策劃著讓波蘭獨立呢。一八三〇年十一月，藉著歐洲此起彼伏的運動大潮，華沙的波蘭軍隊也行動了。

沙皇派出十餘萬軍隊和三百多門大炮開進波蘭平亂。經過大半年的戰爭，中間還經歷一場霍亂的疫情，波蘭的起義終於被鎮壓。因為二哥君士坦丁大公在霍亂中死去，尼古拉對波蘭派駐了新的總督和大量的駐軍。

尼古拉倒也不一味地蠻幹，重新征服波蘭後，他給於了這個地區少許懷柔政策，比如，在波蘭廢止了農奴制，有沒有土地，都是自由民，不再是農奴；允許部分機構部門使用波蘭語等。但是，根據一八三二年新頒布的《統一法》，波蘭成為「俄羅斯帝國不可分割的一部分」。

因為希臘獨立戰爭期間，歐洲諸國立場有點差異，使「神聖同盟」基本上就名存實亡了。一八三〇年的運動，又讓中歐三國俄、普、奧感覺到了聯手維持秩序的必要。三方又跑到柏林簽了個和約，約定：任何一方遭遇內部暴亂或者外部威脅時，另兩國都要顯身幫忙。

怕什麼來什麼。一八三〇年帶給沙皇的胸悶還沒恢復，一八四八年又風風火火地趕來了。

一八四八年二月，尼古拉一世正在宮裡組織舞會，突然受到線報，法國又革命了，這次，他們整了個共和國出來。尼古拉一世當時就說：「先生們，請上馬，法國宣布共和了！」俄國軍隊又要出門去管閒事了。

俄國宣布跟法國斷交，而後組織軍隊向西進發，還沒等看到萊茵河呢，奧地利、普魯士都革命了！尼古拉沙皇可是找到工作了，到處救火，哪有革命的火苗，他就出現在哪裡。

一八四九年，在奧地利的請求下，尼古拉一世的軍隊趕赴匈牙利，鎮壓這一輪最頑強的匈牙利解放運動。

沒白忙乎，轟轟烈烈的一八四八年，雖然危險，總算是都被平息了。尼古拉沙皇因為這一輪表現優異、反應迅速，為歐洲局勢穩定做出了突出貢獻，被授予「歐洲憲兵」的光榮稱號。

老楊家裡有個家訓啊，說是對一個挺正常的家庭來說，如果後代野心大水準臭喜歡投資，就絕對不如養了個吸毒鬼。因為如果吸毒，一定金額之內就會送了性命不會再吸了。可如果是個喜歡投資的，那家裡的錢就沒救了，多少家產都會敗光掉。

要把這個家訓轉送給尼古拉一世。可憐從彼得大帝到葉卡捷琳娜到亞歷山大，這麼多年的苦心累積，慘澹經營才讓俄國擁有這霸主之位，雖然家裡千瘡百孔，危機四伏，但一時半會還是可以維持。尼古拉如果是個酒池肉林的昏庸皇帝，安享富貴是沒什麼問題的，要命的是，這夥計還有野心，野心大腦子小，這可要命了。

話說一八二八年俄土戰爭雖然贏了，土耳其還簽了喪權辱國的條約。可俄國並不滿足，因為他跟土耳其較勁的目的，就是想全取巴爾幹，把黑海變成自家的內湖。鑑於葉卡捷琳娜大帝以來，俄國每次對土耳其出兵都收益甚豐，所以有事沒事，沙皇都很喜歡找土耳其打架。這次尼古拉一世挑起戰事，用的是宗教理由。

土耳其佔領了拜占庭帝國，治下有不少東正教徒，不能指望穆斯林政府能給異教徒絕對的平等和寬容，雖然土耳其號稱是一視同仁，但是東正教徒還是覺得很受委屈。一八五〇年，聖地耶路撒冷爆發了一場東正教和天主教的爭論，一八五三年的一天，尼古拉一世派特使進入土耳其，耀武揚威地提出了幾點要求：聖地的爭端必須利於東正教徒，俄國代表土耳其國內的東正教徒，去聖地建造東正教堂等。

沙皇的要求遭到了拒絕，土耳其認為，本國的東正教徒的地位，那是土耳其內政，不關俄羅斯的事。尼古拉一世一氣之下直接佔領了多瑙河的兩個小公國，土耳其宣戰，兩邊又打起來。大概算一下，這是兩邊的第九次打架。

尼古拉一世錯誤估計了形勢，他沒想到，這次對土耳其用兵，犯了眾怒。法國是土耳其的傳統盟友，現在兩家還是重要的貿易夥伴；英國一直防備北極熊的熊掌伸進地中海，如果俄國真是完全控制了黑海，他能放過地中海嗎？於是，一八五四年初，英法的艦隊開進了黑海，幫忙土耳其。因為俄國對巴爾幹地區的咄咄逼人，幾乎是引發了所有歐洲國家的不爽，既然英法都加入了，顯然又是好幾家打一家的局面，於是其他國家也紛紛趕來捧場，尼古拉一世扳著手指頭數了半天，直接動手的國家包括：英國、法國、土耳其和來自義大利的撒丁王國，跟在後面喊加油，隨時預備上場幫忙的：瑞典、奧地利、西班牙。

這就是著名的克里米亞戰爭，因為主要的戰場在黑海上的克里米亞半島，歷史上又稱「東方戰爭」。戰爭打了三年，俄國戰敗。戰後，交戰雙方簽訂《巴黎和約》，重新劃分了歐洲各位大佬在中近東和巴爾幹的勢力範圍，還規定，相互歸還所佔領的地區，共同保證土耳其的獨立和領土完整；黑海中立化；俄國和土耳其都不得在黑海擁有艦隊和基地；俄國拆除黑海的要塞；承認多瑙河在國際監督下的航行自由等等。

克里米亞戰爭號稱是世界上第一場現代化戰爭，蒸汽帆船和電報等出現在戰場上，火車也被用來運送補給，但是，作為現代化戰爭，戰場的環境可是夠差的，戰役規模不大，各方死亡超過五十萬人，大部分人死於饑餓、營養不良或者是衛生醫療條件惡劣。

挑起這場戰事的俄國投入七十萬兵力，傷亡五十多萬，損失最慘重。罪魁禍首尼古拉一世沒等到簽訂條約那一天，一八五五年，他感覺到戰事不利，認定了俄國會面對一場慘敗時，做出了跟他大哥一樣的選擇——逃跑，尼古拉一世跑得比較遠，直接服毒自殺，跑到另一個世界去了。

尼古拉一世在位，長期在外國管閒事，其實，他自己家裡並不太平，連年戰爭，本來貧困的俄國百姓生活更是艱苦。十二月黨人起義被鎮壓了，革命思潮沒有被清理乾淨，為了防止自己在外鎮壓革命，家裡再有人給自己搗亂，尼古拉決定從思想上控制俄國人，不讓他們胡思亂想。既然十二月黨人是在外國學壞的，那麼所有人就不准出國了；嚴格新聞檢查制度，刪除書本中會引發遐想的各種敏感詞；作家寫了文章要交給專門的機構審查，一旦發現有影射或者暗喻之類的危險言論，作者立即被流放。思想和文化都被窒息，整個俄羅斯出現了一種爆發前的死寂。

俄國軍隊一直打勝仗，很少反省。克里米亞戰敗，對比英法的軍隊，俄國終於看到了自己的落後和腐朽，更多的人產生了對俄國國家制度的反思。

十九、喚醒一代人之一

1. 黃金時代

「假如生活欺騙了你，不要悲傷，不要心急，憂鬱的日子裡需要鎮靜，相信吧，快樂的日子就會來臨。心兒永遠嚮往著未來，現在卻常是憂鬱，一切都是瞬息，一切都將會過去，而那過去了的，就會成為親切的記憶。」

看到這個標題，就知道，要寫普希金了。這首詩在咱家算是家喻戶曉了，按老楊的理解，這個詩的意思就是，假如生活欺騙了你，最好的解決辦法，你就應該和生活一起騙自己。

寫俄國的文學家是個大事，因為歷史上咱家和蘇聯的關係，有一陣子，蘇俄的文學作品在咱家非常流行，是文藝青年的重要指標。咱們的父母輩，談戀愛處對象時，花前月下聊的可不是你家能不能出首期買房子這些瑣事，人家聊的，不是屠格涅夫就是托爾斯泰。

前面一直說俄國腐朽落後沒文化，那是因為封閉，文化是思想的展現，一個思想被禁錮的地方，根本不指望在文化上能產生像樣的建樹。在整個歐洲的文學乃至文化界，俄國是比較異類的，根據我們之前了解的西歐各國歷史，從中世紀到文藝復興到啟蒙運動，文化伴隨著社會形態和主流思想的進步而傳承並發展，非常清晰活躍。可是，這幾項驚天動地的大運動，幾乎跟俄國都沒什麼關係，所以，當老楊其他幾本書裡提到過的文化巨擘閃耀文化的天空時，俄國是一片暗淡荒蕪。

隨著十九世紀初，俄國也出現了革命黨，而且是從貴族階層內部產生了對國家民族的思考，俄國人的思想體系就算被徹底啟動了，出現了所謂「被喚醒的一代人」。

可能是因為冰封得太久，一陣春風就能解凍無數涓涓細流而後匯聚成波濤滾滾的江河，甚至激起驚濤駭浪。十九世紀的俄國文學界，是個巨星井噴的時代，這個時代的文化人物，對咱家來說，各個是大名如雷貫耳，歷史上，這一段被稱為是俄國文學的黃金時代，而整個黃金時代的奠基者和引領者，就是普希金。

文化也是產業，也要為經濟效益服務，就算是為人類思想服務，也要考慮能讓最大多數人接受，所以，當一段時期，某種社會情緒影響最大，最多人感觸的時候，適應這種氣氛的文化作品也就應運而生，很容易成為當時最流行的作品。

比如，十八世紀末，法國大革命的起起伏伏，歐洲的思想界不可避免地開始憂鬱糾結，人面臨看不懂的事解決不了的局面，就容易感傷，於是乎，這一陣子，西歐文學流行感傷，進而就形成了所謂的「感傷主義」。感傷主義的特點就是自怨自艾，不痛快憋著自己瞎琢磨，琢磨得太多了，就不自覺地將自己的情緒和內心情感宣洩爆發在作品裡，這種帶著個人主觀思想色彩，和內心真情流露的做法，就是我們經常說到的浪漫主義。

這次俄國沒有落伍，就在這個感傷主義到浪漫主義進化的時期，俄國貴族因為跟著沙皇去巴黎旅行開了眼，而開始將西歐的時尚作派各種時髦帶進俄國，當然，其中最時髦的就是浪漫主義。

最早跟上了歐洲時尚，並讓感傷主義到浪漫主義在俄國確立的人，叫茹科夫斯基。大家都知道，不論是東方還是西方，古代文學家，比較出名的都是詩人，因為不論何種語言，詩歌至少在韻律和意境方面可以相通的。茹科夫斯基正好是個傑出的翻譯家，而且還寫詩，所以，他最早能領悟到西歐浪漫主義的精髓，並用俄語將其發揚光大。

俄國著名的文學評論家別林斯基曾說：茹科夫斯基讓俄國的詩歌有了靈魂，還說，如果沒有茹科夫斯基，我們也沒有普希金。

大約是一八一四年左右，茹科夫斯基主編的《歐洲導報》收到一個投稿，是一位彼得堡皇村學校的十五歲學生的詩歌，茹科夫斯基非常慧眼地鑑定出，詩歌的作者是將是罕見的天才，其成就會超過當時所有的文學家，他沒看錯，投稿的，就是普希金。

皇村是貴族子弟學校，普希金很早就有神童之名。而在皇村求學期間，他接觸到了啟蒙思想並結識了不少十二月黨人，年輕的文學青年終於走上了「以文亂法」的道路。

我們對普希金作品的了解，最多的是他的童話詩歌，比如著名的《漁夫和金魚故事》，漁夫抓到一條金魚，這條金魚答應滿足漁夫老婆的所有願望，最後這個貪婪的漁夫老婆因為要求太多，最後還是回歸於一無所有。其實這個故事最早出現於格林童話，為什麼被普希金一改寫，擁有這麼高的傳播度呢？最難得的是，改良。

普希金貴族出身，歐洲貴族都有點假模假式，說話挺裝，寫文章更裝，唯恐讓人覺得你的文字通俗易懂。普希金幼時有個保姆，這個保姆算是普希金創作的啟蒙老師，因為她經常用各種民間故事和民間傳說來哄孩子，這些故事和保姆講故事的方式，都給普希金留下深刻的印象。所以，進入文學創作後，他非常熱中總結改編這些民間故事和童話傳說，他引入了通俗的語言，讓故事更親和更生動，普希金天才的文字功夫，又讓這些通俗的詩句帶著優美的韻律。

從《漁夫和金魚的故事》已經可以感覺到普希金對於某些人和現象尤其是權貴階層的諷刺。從二十歲第一篇童話敘事詩《魯斯蘭與柳德米拉》引起轟動和爭議開始，這位天才的作品就在俄國各地引發流行。剛出社會的普希金有點憤青姿態，詩句批評諷刺的居多，尤其是十二月黨人摩拳擦掌預備行動時，普希金更是跟著著急，作品裡居然有煽動的苗頭，最後終於驚動了沙皇亞歷山大一世，被流放克里米亞。

克里米亞在俄國南方，環境能比西伯利亞強點兒，本來不過是個激進憤青，一被流放又給鍍金了，普希金自己都覺得自己應該有點悲壯範兒，所以作品開始更深刻更思考。

這段時間，普希金開始創作他一生最為重要的作品，詩體小說《葉甫蓋尼・奧涅金》，就是在這首詩歌裡，普希金塑造了一個「多餘人」的形象，而這個形象，成為其後一段時間，俄國文學作品最喜歡的主人翁。

葉甫蓋尼・奧涅金是個貴族青年，從小衣食無憂生活無聊，讀了些閒書就喜歡胡思亂想，對上流社會厭倦，對現實不滿，有點憂鬱有點糾結，但是什麼也不想做什麼也不會做。後來因為繼承遺產，跑到鄉下生活，他預備在自己的農莊做一些革新改革，實現早年的胡思亂想。結果發現，他的新思路被整個環境抵制，奧涅金這樣的公子哥，根本不可能真正從最底層的方向上考慮變革。於是，鄉村生活又鬱悶了。

實在百無聊賴就只能交朋友談戀愛。交朋友也不好好交，因為一場誤會，跟最好的朋友決鬥，並將對方殺死。一個很不錯的女孩子向他表達了愛慕之情，他因為對現實不滿，連帶對婚姻家庭也不看好，於是拒絕了對方。若干年後，再遇上這個女孩時，對方已經是位貴婦，奧涅金這時又轉了性，瘋狂地墜入愛河，不顧對方已經嫁為人婦，死乞白賴給人寫情書追求。小說結束，貴婦還是拒絕了他。

為什麼叫多餘人，想的比做的多，在任何時候任何地方做任何事都有點不合時宜，對社會毫無貢獻，自己還活得痛苦萬狀。每當面臨社會的轉型和變革，這樣的人都不鮮見，尤其是在十八—十九世紀的俄國，奧涅金是一個階層一個族群的代表。

當文學作品開始揭露批判抨擊某種實在的社會現象時，我們就可以將其歸入現實主義這個派別了。也許浪漫主義階段，俄國一直跟在西歐比如法國文學身後，但因為普希金和《葉甫蓋尼・奧涅金》的出現，俄國在現實主義這個程度上，終於可以跟法國文學一較高低了。

似乎批判現實主義的作家和作品，在整個文學發展史上，都顯得地位特別高些，加上普希金這種用民間語言與文學語言相結合寫作方式，使之成為俄國文學的奠基人。有人說：到普希金，俄國才有了真正的文學。而後來的高爾基更是說：普希金是一切開端的開端。

普希金作品不少，但還不能說他著作等身，倒不是他寫不出來，而是盛年夭亡，好多才華還沒有變成作品就隨風而逝了。根據經驗，私生活太單調的文人不是成功的文人，普希金幾乎算得上是俄國歷史上最成功的文人之一，他的私生活則更加驚天動地了。

普希金是個貴族出身的才子，所以他能配得一個佳人。娜塔莉婭，莫斯科罕見的美女，雖然出身於沒落貴族，可她在十六歲現身社交界時，就已經閃亮得讓好多人都找不到北。時年二十九歲的普希金也在其中，一見鍾情。

亞歷山大一世將普希金流放，尼古拉一世又把他召回首都，在沙皇眼皮底下工作，所有的作品要經過嚴格審查。這樣一個被監控的意見份子，誰家也不願意將女兒嫁給他的。才子想追女孩，一般很少失手，最後終於讓他抱得美人歸。

據說婚禮儀式上，普希金失手掉落了戒指，禮堂的蠟燭還意外熄滅了，當時普希金就感覺這是凶兆。

詩人的直覺是靈驗的，這個凶兆還真就發生了。娜塔莉婭這樣的美女，放在哪裡都藏不住，法國大革命後，許多法國的流亡貴族喜歡到俄國避難，某些法國軍官被沙皇召進皇宮成為近衛，有位英俊瀟灑、風流倜儻、能說會道的法國軍官就是丹特斯。

丹特斯一點不給大才子面子，從看到娜塔莉婭那天起，就大獻殷勤，赤裸裸地勾搭有夫之婦。十九世紀的俄國，還有點舊思想舊習俗，大家都不按婚姻法辦事，解決這種「恨不相逢未嫁時」的遺憾，有個快速有效的辦法就是決鬥，雙方找個地方，簽個生死狀，拼一次命，活的就是老公，死的就是死鬼。

後世關於決鬥的評論，大都是說丹特斯這個法國小流氓不地道，人家普希金還沒準備好他就先下手了。客觀分析一下，人家是個近衛軍官，他要真想要一個詩人的命，恐怕不用搞壞規矩吧。

三十八歲的詩人就這樣死了，文學作品都稱之為「俄羅斯的文學太陽隕落」。為搶女人決鬥而死，跟咱家李白想去水裡撈月亮一樣，應該屬於浪漫主義的死法，普希金好歹混進了批判現實主義作家行列，沒有被當局迫害致死，死得稍顯輕佻。

不過，有些野史祕聞還真說普希金是被迫害的，丹特斯在前台做了執行者，真正想做掉普希金的，是沙皇尼古拉一世，原因是，尼古拉一世也是普希金老婆的裙下之臣，所以他挑唆丹特斯勾搭娜塔莉婭，刺激普希金決鬥，達到了目的。而娜塔莉婭到底是跟丹特斯有一腿還是跟沙皇有一腿，還是都沒有一腿，這就是歷史之謎了。

一個天才就這樣逝去了，後人並不吸取教訓，決鬥這個事，在俄國屢禁不止，似乎文人特別容易受挑唆，被決鬥，不久，又有一代文豪因此而死。

普希金死後，有個萊蒙托夫的寫了首詩悼念他，在這首《詩人之死》中，作者認為，害死普希金的是整個俄國的上流社會，而且對腐朽的社會提出了自己的批判。詩引發了震動，連沙皇都被驚動，並下達了拘捕令，將其流放高加索，萊蒙托夫馬上紅了，還自然就被當作了普希金的繼承人。

萊蒙托夫的生涯跟普希金還有些相似，他出身於一個退役軍官的家庭，也是早慧的天才，中學時就開始寫詩。

可能是因為一直在近衛軍團服役，一個軍官文人言辭更大膽激昂些，萊蒙托夫經常盛讚法國大革命，並預言陳腐的沙俄包括沙皇早晚要倒台，於是他經常被流放。

萊蒙托夫成就最高的作品應該是小說《當代英雄》，踩著普希金的足跡，他也塑造了一個「多餘人」。

《當代英雄》由五個中篇構成，講述了一個叫皮卻林的俄國軍官在高加索服役時的故事。皮卻林出身名門顯貴，跟奧涅金一樣，他過花天酒地紙醉金迷的日子，時間長了也膩歪，加上受點進步思想薰陶，於是也看著上流社會不順眼。不順眼他也不幹什麼，他選擇到高加索去服役，離開首都和上流圈子去找樂子。

皮卻林比奧涅金更「多餘」，他精力充沛，智商很高，能言善道，所以，他找樂子，就能搞出好多事情來，先勾搭一個走私家族的小姐，攪黃了人家的生意；又在服役地點出盡花樣泡妞，跟情敵決鬥殺掉了情敵；因為殺人被放逐後，又誘拐了當地土司的女兒，最後導致這個女孩慘死；隨後無聊的皮卻林又成為一個宿命論者；出去遊歷後死掉了。

基本上，皮卻林的人生可以用荒唐無聊來形容，他對社會的不滿和對人生的彷徨表現出來就是遊戲人間，在各種無意義的事情上消耗生命。按萊蒙托夫的說法，皮卻林擁有一代人身上所有的缺點。而在萊蒙托夫看來，這一切的根源就是沙皇的專制統治和對人思想的禁錮，導致了年輕人不知道何去何從，除了犯渾不懂如何「好好活」。

小說情節跌宕，語言生動個性，從立意上看，顯然是萊蒙托夫將批判現實主義更深化了一步。批判現實主義這東西，應該是年紀越大，閱歷越豐富，可以掌控得更自如，可惜萊蒙托夫沒讓我們看到他成為大師的那一天，二十八歲，他就因為決鬥而死。

沙皇尼古拉一世對萊蒙托夫深惡痛絕，幸虧這些意見份子文學青年的師長——茹科夫斯基進了朝廷，經常替他們說話，幫他們周旋，尼古拉一世才沒對這些人下狠手。不好明動手，尼古拉一世找到了最高明的殺人辦法，那就是挑唆決鬥。

一八四一年，萊蒙托夫預備轉業回到高加索，以後就全心寫作。辦理轉業時，有個休假，萊蒙托夫遇上當年士官學校的同學，隨便一句玩笑，對方就發飆，要求決鬥。萊蒙托夫慷慨赴約，而他以一個玩笑的心態覺得，對方也是鬧著玩的，結果，他在還沒準備好拔槍的情況下，被對方先行擊斃。

這個決鬥比普希金那個還沒有意義，死得比鴻毛還輕，所以很多人願意相信，是尼古拉一世和被萊蒙托夫得罪的首都貴族，處心積慮安排了這場無端的決鬥，了無痕跡取了作家的性命。

二十世紀末，當俄羅斯和烏克蘭這對兄弟終於分家後，好多事扯不清楚了。比如，烏克蘭說，果戈理是烏克蘭人，俄羅斯堅持說他是俄國人，因為他出生在烏克蘭，可出生的時間，烏克蘭是屬於俄國的。這樣的爭執，說明了一個問題，大家都希望，果戈理是自家的驕傲。

老楊對果戈理要比普希金熟悉些，因為他有一部小說，是頂級的世界名著，叫《死魂靈》，相信大部分文學青年都讀過；他還有一個劇本，至今被各劇場反覆演出，尤其是各種小劇團，大學社團什麼的，也就是著名的喜劇《欽差大臣》。

認識果戈理，是從魯迅開始的，魯迅顯然是個果粉，所以，在果戈理寫了一部《狂人日記》後，魯迅也寫了一部；一九三五年，在魯迅先生因肺結核去世的前一年，他強撐著透過日譯本將《死魂靈》翻譯成中文，可能是因為魯迅特有的辛辣凝練的筆法更適合這種批判作品，所以很多人都認為，魯迅翻譯的版本是迄今為止最好的。

死魂靈的主人翁叫乞乞科夫，本是個公務員，因為貪污協助走私被降職，於是提前退休下海，還跟人學了一門快速發財的生意。

俄國農奴制社會時代，地主養一群農奴，需要為農奴繳納人頭稅。人頭稅怎麼收呢？國家做人口普查，根據在冊的人口徵稅。可人口普查不能天天做啊，大約十年才有一次，根據俄國地主的剝削程度和俄國那種惡劣的天災人禍，十年間能死不少人，於是就產生了一個群體，名字還在冊，人已經去了天國。

這些農奴是屬於地主的資產，你可以用手上的農奴去政府抵押，申請貸款之類的救濟。乞乞科夫的生意就是，先到南方搞塊荒地，然後跟政府說，要買一批農奴移民過去，每千個農奴大約可以跟政府抵押弄到二十萬盧布，而這些農奴其實是已經死了的。乞乞科夫於是找各種地主，跟他們收買花名冊上死去農奴的名字，做成自己的名冊，跟政府騙錢。

在俄語中魂靈和農奴是同一個詞，所以《死魂靈》這個名字就有點雙關的含義。小說講的就是乞乞科夫到省城，憑著彬彬有禮的舉止和謙卑懂事的態度打點了上下官員，然後透過官員認識當地的地主，再一一拜訪他們，跟他們收購死去農奴的資料。

乞乞科夫前後拜見了五位地主，這五位大約是代表了農奴制時代俄國地主的全貌，有裝十三的，有貪得無厭的，有精得像鬼的，還有吝嗇得有病的。其中最傳神精彩的，就是第五個地主，叫潑留希金的，這傢伙巨富，有農奴上千，家產不計其數，可他每天過著貧寒交加的日子，住得像豬窩，穿得像乞丐，閒來沒事還上街撿破爛。他家倉庫裡的穀子和乾草都腐爛了，糧食結成塊，布匹都腐成碎片了。這傢伙不僅克扣自己，當然更克扣農奴，連兒女也休想得到他任何東西。

整個歐洲的文學作品中，共有四個傳神的吝嗇鬼形象，分別是莎士比亞喜劇《威尼斯商人》中的夏洛克，莫里哀喜劇《吝嗇鬼》裡的阿巴貢，巴爾札克小說四《歐也妮・葛朗台》中的葛朗台，當然也包括《死魂靈》中的潑留希金。

《死魂靈》寫成於一八四一年，因為其辛辣的諷刺，俄國不許其出版，果戈理找到別林斯基走了個後門，才終於得以面世，產生了巨大的轟動。這部小說在文學史上的地位，我想就不用多描述了，整個俄國文學的黃金時代，這部小說肯定是巔峰的成就。

果戈理的《欽差大人》則是一部五幕喜劇，講訴一個小混混被某地的市長當作是巡查地方的欽差大人，極盡拍馬奉承之能事，市裡上下各級官員都賽著給這騙子送禮行賄，當市長預備將女兒嫁給他時，才聽說真正的欽差大人要來了。

《欽差大人》是果戈理真正成就大名的作品，但是據他自己說，這個素材來源於普希金跟他說的一個故事，還有傳聞說，連《死魂靈》的最初構思，也是普希金給他的，也有人說，普希金有的時候滔滔不絕講故事，果戈理偶爾會乘機竊取其創意。其實，不管原始構思是什麼，這兩部偉大的作品肯定是果戈理自己寫的，客觀地說，普希金自己寫這兩個故事，也不見得能比果戈理更漂亮。

有人說，普希金是俄國詩歌之父，果戈理是俄國的散文之父，可看起來，果戈理的江湖地位總是比普希金低一點，老楊分析，應該是源於果戈理最後幾年的走火入魔，行為怪異。

從果戈理的作品來看，他應該也是受進步思想影響，希望能改變俄國現狀的，其實，比起普希金和萊蒙托夫，果戈理保守多了，他大約也認可俄國有需要改善的地方，但是他絕對想不出來應該怎麼改，也看不到問題的本源，他甚至希望透過宗教規範所有人的行為，讓一切向好。

一八四七年，三十八歲的果戈理陷入宗教狂熱引發的憂鬱症，他反思自己的作品，覺得自己對俄國社會的批判和諷刺是不對的，是罪惡的，他開始維護他之前一直諷刺挖苦的階層。後來他甚至去到耶路撒冷朝聖，回家後，徹底混亂了，他燒掉了《死魂靈》第二部的書稿，並在其後病逝，終年四十三歲。

以上三位作家，都被認為是俄國批判現實主義文學的奠基人，就是因為這三位巨星的出現，俄國文學以最快的速度趕上西歐，在世界文學的頂級殿堂坐擁一席之地。最有趣的是，俄國的文學家大部分都會畫畫，不是玩票的，基本都能算作是畫家，而其中成就最高的，就是茹科夫斯基。

2.東方還是西方

愛情、希望和平靜的光榮
並不能長久的把我們欺誑，
就是青春的歡樂，
也已經像夢，像朝霧一樣也消亡；
但我們的內心還燃燒著願望，
在殘暴的政權的重壓之下，
我們正懷著焦急的心情
在傾聽國家的召喚。
我們忍受著期望的折磨
等候著那神聖的自由時光，
正像一個年輕的戀人
在等待那真誠的約會一樣。
現在我們的內心還燃燒著自由之火，
現在我們為了榮譽獻身的心還沒有死亡，

我的朋友，我們要把我們心靈的
美好的激情，都呈現給我們的國家！
同志，相信吧：迷人的幸福星辰
就要上升，射出光芒，
俄羅斯要從睡夢中甦醒，
在專制暴政的廢墟上，
將會寫上我們姓名的字樣！

這首詩也是普希金的名篇，名字叫做《致恰達耶夫》。上篇說到，俄國人禁錮的思想被革命啟動了，作家顯然只是一個方面，這段時間最醒目最活躍出現也最多的應該是各種思想家，這些思想家將逐漸構造出屬於俄國人自己的哲學體系。這一篇我們要向俄國歷史上第一位真正的現代思想家敬禮，他就是恰達耶夫。

稍有閱讀的「地主」都認識恰達耶夫和他的《哲學書簡》，跟這一時期的所有精英一樣，恰達耶夫也是貴族出身，參加沙皇的近衛軍，並參與了對拿破崙的戰爭。戰後離開了軍隊，跟十二月黨人非常接近，一八二三—一八二六年，他遊歷了西歐各國，西歐和俄國的差距讓他很受刺激，回到俄國，他開始幽居思考，想得最多的就是：俄國到底應該按西方的模式發展，還是繼續維持東方國家的格局。

恰達耶夫很快就想清楚了，他覺得俄國應該徹底跟東方切割，沿著西方的發展道路前進。他開始出入各大沙龍，發表各種演說，傳播自己的想法。跟東方切割，有一條是基本的，肯定要放棄專制的統治，所以，對沙皇來說，這傢伙顯然是在傳播「歪理邪說」。

一八二八－一八三〇年，以書信的形式，恰達耶夫寫了八篇闡述自己論點和思想的文章，這八封信集結成冊後，就是著名的《哲學書簡》。恰達耶夫生前，只有第一封信得以公開發表，一面世就像冷水滴進滾油，頓時炸了鍋，沙皇尼古拉一世直接斥之為瘋子的胡言亂語，恰達耶夫「被神經病」送進精神病院，政府非常有愛地每天派專門的醫生去給「瘋子」檢查身體。

到底恰達耶夫有什麼「類瘋子」的言論呢？有一句最著名的，經常會被微博轉用：「對國家的愛，是一種美好的感情，但是，還有一種比這更美好的感情，這就是對真理的愛……我比你們中的任何一個都更熱愛自己的國家，我希望她獲得光榮……我沒有學會蒙著眼、低著頭、封著嘴地愛自己的國家」。恰達耶夫的意思是說，愛自己的國家，並不需要天天唱讚歌，真正的愛國應該是發現國家的問題，並思考解決的辦法，達到讓國家越來越美好的目的。

其實，恰達耶夫的問題就是長久以來，一直困惑俄國思想家的問題，俄國，這樣一個夾在東西方之間的大國，到底應該何去何從，地域和文化歸屬都讓人糾結，她到底應該是一個東方國家，還是一個西方國家呢？

恰達耶夫的思想，讓這種糾結更明顯了，於是俄國的思想界出現了兩個派別，一派同意恰達耶夫緊跟西方的想法，被稱為西方派。在西方派的眼中，俄國的歷史和文化對整個世界一點進步意義都沒有，也沒從其他國家學到什麼有用的東西，一無是處，俄國的前途就是要放棄傳統及錮守的東西，全盤複製西方文明；另一派當然是覺得西方派有失偏頗，斯拉夫文化的傳統和歷史是有價值的，斯拉夫人也並不比其他的民族更差勁，更低劣，而且完全可以從斯拉夫特有的文明和傳統中探索出俄國自己的發展道路的，這一派，被稱為斯拉夫派。

其實這兩派也不是涇渭分明的，兩邊存在許多共同點，比如，都想廢除農奴制，都反對專制，兩派最大的共同點就是反對革命，沒事最好不要起義不要騷亂，國家的改良應該是自上而下的改革。這種溫和派的改良方式，這兩派內部也有很多人不同意，兩派爭來爭去的，最後終於衍生出了第三派，也就是支持用革命實現民主哪一派，這個派系有兩位該時段最引人注目人物，他們是別林斯基和赫爾岑。

上篇多次提到別林斯基，似乎普希金等幾位大家的江湖地位都是由別林斯基的評論得到確立的，對，別林斯基就是俄國最早的文學評論家和批評家，不管評論家這個職業在其後的歲月多麼不討好，多麼讓人質疑，別林斯基做評論家的時候，他是很客觀很有品很有風骨的。

作為一個文學評論家，別林斯基是幸運的，因為他所處的時代，正是俄國文學最閃耀的時期，放眼望去，全是巨星。也可以說，就是這麼一個全明星的陣容，成就了別林斯基。別林斯基是史上最偉大的文學評論家之一，其根本原因就是，他的文學評論已經不僅僅侷限於文學，而是將文學置於社會和文化大的範疇內評級和考量，大約也就是從他開始，某些政治、意識型態或者社會學的標準成為評價文學作品的重要尺度。

大部分西方派的知識份子或者意見份子都是出身於貴族，而別林斯基僅僅是個貧困的醫生家庭的子弟，所以，在對俄國未來的思考上，他有機會沉入底層並不被所謂的貴族思維所束縛，隨著對俄國的專制制度越來越清楚地認識，別林斯基看到，不論是斯拉夫派還是西方派，他們想像中那些溫和的自上而下的，指望統治高層良心發現的改良是不可能實現的，要想達到目的，恐怕是需要一場鬥爭，一場革命，推翻舊秩序，重建新秩序。

別林斯基死於三十七歲，他的作品中已經開始出現了民主革命的思路，但是，很多問題他自己想得也不是太明白，所以，需要其他人更強化這個想法。

跟別林斯基一樣想到要革命的，是赫爾岑。這是位出身於富裕貴族家庭的革命家。大家都知道，有錢有勢的富二代一旦決定成為革命黨，玩忤逆，其信念是非常執著的。赫爾岑這位貴族子弟，年輕時代就被十二月黨人影響，長大後成為西方派的意見份子，二十二歲大學一畢業就被捕並遭到流放，也算是少年有為。

年紀輕輕就成了政治犯，更容易在「忤逆」的道路上越走越遠，而且沙皇的流放制度，就是給所有的異見份子繼續深造的機會，在流放的過程中，赫爾岑大量閱讀哲學著作和「反動書籍」，終於理順了自己的思想，讓一個憤青昇華為革命家，並清晰地看到，俄國的前途，就在於推翻沙皇的專制統治。

赫爾岑為後來的俄國開創了一種異見份子的生存模式，，那就是流亡。在西方派和斯拉夫派的爭論中，赫爾岑和別林斯基是比較受矚目的兩位，包括被沙皇矚目，所以，經常被當作出頭鳥遭冷槍，加上俄國國內對思想和言論的禁錮，為了讓自己說得痛快，赫爾岑跑去了歐洲，來到了法國，那是一八四七年，席捲全歐洲的革命之火正在醞釀。

赫爾岑比別林斯基思維更清晰的原因，可能就是因為他經歷了一八四八年的歐洲革命，隨著這轟轟烈烈的一年以各種悲壯降下帷幕，赫爾岑想明白一件事，那就是，資本主義革命不靠譜，尤其是在俄國，資本主義還沒完全確立的地方，想倚靠這些資本家成事，更難。

因為遊歷歐洲，赫爾岑難免不認識馬克思和恩格斯兩位老師，跟他們一交流，赫爾岑對俄國的前途想明白了，那就是社會主義，俄國式的社會主義，一定可以在俄國得以實現。

赫爾岑一直被認為是革命家思想家，其實，他的文學造詣一樣很高，只不過因為他在俄國思想界這種大拿的地位，經常讓大家忽視了他的極高文學才華。赫爾岑有一部世界名著的，書名叫《誰之罪》，講述了來自三個不同階層的俄國青年的愛情故事，這個簡單的三角戀故事中，赫爾岑也順應潮流塑造了一位「多餘人」的男主角，反應了農奴制的悲哀，知識份子的無能，多餘人的多餘等等。

根據老楊的習慣，寫任何國家的歷史，該時段一定會讓這個國家的書籍伴隨左右，對蘇俄的文學作品，老楊是不太喜歡的，寫作俄國史的這段，老楊閱讀的是赫爾岑的《往事與隨想》，這是赫爾岑晚年僑居倫敦時寫下的回憶錄，詳細地記載了自己的一生和所處的這個大時代，赫爾岑的出身和經歷讓他有機會接觸社會各方面，各層次，一八四八年，又讓他見證了波瀾壯闊的各種運動，這本回憶錄，說它是「十九世紀的百科全書」並不過分，難得是文筆還非常抒情，頗有感染力。書比較厚，推薦「地主」們在實在清閒時閱讀。

一有人說要革命，就肯定會有非常激進衝動的一群人。十九世紀四十年代，有位叫彼得拉舍夫斯基的外交部翻譯，成立了一個祕密團體，叫做彼得拉舍夫斯基小組。這個小組的思想就是我們熟悉的空想社會主義，想在俄國建立一個烏托邦的社會，受別林斯基和赫爾岑的啟發，這個小組也認為，這個烏托邦必須透過革命的手段才能實現。

小組網路了當時俄國社會各階層很多人，但是以社會低級階層的人員較多，好像往往是這個階層，對烏托邦容易產生些遐想。很多知名人物都曾是小組成員或者跟小組走的比較密切。但是，地下組織和異見派別是不一樣的，思想派系最多就是打打嘴仗，而既然祕密成立了小組，還週期活動，如果思想行為過激，就肯定會引發當局惶恐了。

彼得拉舍夫斯基小組活動了近四年，歐洲革命之後，被政府嚴厲鎮壓，有六十三人被捕，二十一人就地槍決，組織發起人彼得拉舍夫斯基本來被判死刑，在即將行刑前幾分鐘，被改為苦役。

也就是這個祕密小組被鎮壓，沙皇政府加強了對異見份子的懲罰和教育，俄國國內開始了一場「恐怖檢查」，有七年時間，政府禁止上述這幾個刺頭的文章和名字在報刊雜誌上出現，很多文藝作品被禁，赫爾岑等一批人被迫流亡海外，俄國人的精神世界再次陷入一片黑暗，歷史上，這七年被成為「昏暗七年」。

二十、悲劇改革者——亞歷山大二世

就算沒有俄國思想界的風起雲湧，沙皇的日子也不好過。從「歐洲憲兵」淪為「歐洲公敵」，在黑海被圍毆慘敗，將幾代沙皇浴血奮戰獲得的黑海權益全部讓出，這樣的局面，換了誰是沙皇都會想自殺。尼古拉一世將一個自己都不能面對的爛攤子，就這樣丟給了兒子。

尼古拉的大哥二哥都沒有兒子，所以，亞歷山大一世時，大家就把尼古拉一世的長子亞歷山大當作是未來儲君了，給他最純粹的帝王教化，專門配備的帝師，就是大學者茹科夫斯基。除了最全面最系統的沙皇功課，在尼古拉的要求下，這位太子曾遊歷了俄羅斯全國和歐洲大部分國家，雖然，看到的幾乎都是接待人員刻意營造的「波將金村」，但是，跟其他沙皇相比，亞歷山大二世算是在登基之前，對國內外形勢比較了解的一個沙皇了。

這個亞歷山大和上一個亞歷山大有相同的悲劇，他們都有個軍閥專制父親和一個民主派思想的老師。因為這個矛盾的教育環境，上一個亞歷山大成為一個很糾結的人，這位亞歷山大，一樣的辦事兩頭不到岸。

上篇說到，亞歷山大一世縱馬進入巴黎，代表著俄羅斯帝國最輝煌的時代，然而，他離俄羅斯的千古一帝就差一步，因為他看到了阻礙俄羅斯帝國持續強大的問題所在，卻不敢解決。亞歷山大一世沒敢做的那件事，亞歷山大二世居然做到了，並不是侄子的能力在大伯之上，而是，他被逼到這個份上了。

克里木兵敗，很多原因，根本原因肯定是因為落後。不論是軍隊素質還是武器裝備，俄國和英法的差距不是一點點。經過十九世紀俄國上下各種各樣的思想運動，都知道癥結所在，那就是，農奴制已經嚴重制約了國家的發展，甚至還威脅國家的安全。

首先，農奴的生產效率是很低下的，這個是自然規律。沒有自由，沒有選擇，沒有獎勵機制，沒有前途遠景，誰有勁頭工作啊。沒有勁頭工作當然也沒有精力創新，農業科技和農業改良也無從談起，種地越種越沒勁，糧食產量眼看就跟不上人口發展的需要。

俄國已經出現了資本主義工廠，工業資本主義需要大量的工廠工人，所有人都被綁在土地上，毫無自由，那些新興的工廠用工荒，當然工業也發展不起來。

種地效率低，地主們就冒火，冒火了就更加壓迫農奴，農奴也會反抗啊。十九世紀，俄國沒出普加喬夫這樣的大起義家，但是密集的小起義也夠頭痛的了。亞歷山大登基後的六年時間裡，大小農民起義發生過四百七十四次，誰當沙皇不鬧心啊？

亞歷山大二世登基後，迫於壓力，放寬了對輿論和媒體的禁制，釋放了當年被流放的大批十二月黨人和波蘭解放運動人物，這些人一回家，民主自由的思想就鋪天蓋地席捲了俄羅斯，這其中要求改革的呼聲最是響亮。

一直以來，農奴制和專制集權統治被認為是俄羅斯帝國的基石，抽掉任何一塊，都有大廈將傾的危險。所以，以亞歷山大一世那樣的神武，他都不敢輕取妄動。而亞歷山大二世被逼到不得不改革的時候，他就天真地認為，他能找到一種辦法，讓地主和農民都滿意，繼續維持帝國基業的平衡。

一八六一年三月，亞歷山大二世的改革法令終於出台了。到底這個法令從醞釀到出台經過了多少艱難多少阻滯，是可想而知的。

法令的核心有兩點：一是宣佈廢除農奴制，農奴全部獲得人身自由，以後搬遷、結婚、換工作、訂合約都是自己的事，不用麻煩地主出面了；二是規定全部土地還是地主的，農民要地需要花錢買，農民支付一部分，其餘由政府以發國債的方式代付，農民必須在四十九年內還清本息。

除掉了農奴制這塊最大的絆腳石，其他的配套的改革政策就比較容易了。比如行政方面，給於了一定的地區自治；將司法部門從行政領域剝離並獨立；允許大學自治，讓學術空氣漸漸自由等等。其中效果最明顯最有用的，就是軍事領域的改革，尤其是徵兵制的改革，改革後，所有的俄國人都有服役義務，服役期從原來的二十五年縮短到六年，對入伍軍人進行初級教育，還建立了一支後備軍。一言以蔽之，以前的俄軍是屈從嚴格的軍紀作戰，改革後的俄軍更重視士兵的素質培養。在所有的改革項目中，軍事改革是收效最快的，因為不久，俄國軍隊就在戰場上找回了當年的雄風。

讓所有的農奴獲得了自由，就憑這一項，亞歷山大二世的改革就能算得上是人類歷史上最偉大的改革之一，很多歷史學家認為，其價值絕對超越法國大革命和美國的黑奴解放。

不管歷史給了多高的評價，改革肯定是不徹底的。越是這種想兩面討好的政策，越是會兩面得罪。保守派地主因為失去了農奴和土地而憤憤不平，農民雖然獲得了人身自由，卻沒有土地，花錢贖買土地，等於是對農民新的掠奪，一開始對改革抱有的美好希望被無情地現實粉碎，農民們更是激憤不已，而進步的改革派都認為不痛不癢，革命尚未成功。

走到這一步，亞歷山大二世似乎用完了所有的勇氣，他突然開始懼怕了，不敢繼續將改革深入進行了，這個被民主自由思想教育長大的沙皇，再次被專制的神祕流毒附體，面對改革派的鼓譟，他舉起了大棒，預備誰冒頭就打誰。

因為亞歷山大二世最初的自由政策，波蘭一直在俄羅斯轄下高度自治。波蘭人想獲得完全獨立，找到機會就反抗起義。而此時，英國、法國和奧地利還都想私下支持波蘭獨立運動。一八六三年，波蘭又發生大規模起義，亞歷山大二世派出龐大地軍隊，用了一年多時間充分鎮壓。鎮壓之後，波蘭許多自治條款被剝奪，俄國在該地區努力去波蘭化，終於讓波蘭徹底淪為俄國的附庸。

亞歷山大統治後期，對於日益高漲的各種革命運動一概殺無赦。他的矛盾作派給自己招致災難。因為開始給予的自由和寬鬆，這段時間裡，俄羅斯各種思潮幫派應運而生。俄羅斯人很兩極，要麼迂腐透頂，一旦被自由民主思想打中開化後，又變得非常激進。

不知道從什麼時候開始，各種各樣訴求不同的社團英雄所見相同了，他們一致認為，要改變俄國的現狀，必須幹掉沙皇。亞歷山大二世榮膺被暗殺次數最多的沙皇之光榮稱號，先後遭遇了五次暗殺，大家猜，到底哪一次才要了沙皇的命呢？

一八八一年三月一日，亞歷山大二世的馬車從冬宮出來拐到街角，一顆炸彈不知道從哪裡丟過來，炸壞了馬車，沙皇本人並沒有受傷。這夥計總是被暗殺，面對這種事，有不正常的淡定，所有人都叫喚著，讓沙皇不要出來，注意隱蔽，他還是非常勇敢非常魯莽地要求下車查看傷者的情況。這樣愛民如子的善行沒有獲得認可，他一下地，另一發炸彈又飛過來，當場就炸斷皇上兩條龍腿，被緊急送回皇宮後，失血過多而死。

成功組織這次謀殺的「地下黨」叫做民意黨，有兩個頭目，一個是翻身的農奴，一個居然是聖彼得堡前市長的女兒，這說明，沙皇的敵人是來自社會各個階層！

在後人看來，亞歷山大二世因為主持了俄羅斯這場翻天覆地的巨大變革，可以成為沙皇排行榜上僅次於兩位大帝的沙皇；但在先人看來，要對得起羅曼諾夫王朝的列祖列宗，亞歷山大二世應該洗刷克里木戰爭的戰敗之恥，維持俄羅斯疆域不斷擴張的格局。

俄羅斯血統裡的基因就是擴張，不讓他家出去搶地盤，那憋得是相當難受。克里木戰爭後，俄國不太敢往西邊去了，於是，他家就開始向東方打主意了。

在黑海的權益被取消了，出海口還有啊。向東去，大清帝國的東北角上，黑龍江一帶，那也有海口，還是世界最大洋的入海口。《尼布楚條約》一直讓俄國人耿耿於懷，一聽說英法聯軍在我們家玩得熱鬧，趕緊組織軍隊侵入黑龍江下游建立侵略據點。

一八五八年，隨著英法軍隊攻佔大沽，震驚了京師，俄國軍隊進逼璦琿城下，拋出了《璦琿條約》逼清政府簽字認可。同情一下清政府吧，割地跟炒股票割肉一樣，割多了就麻木了，有的時候，割肉了反而舒坦了。面對沙俄咄咄逼人的武力，想到家裡還有一眾歐洲各地的長毛鬼，割就割了吧，買個消停。《中俄璦琿條約》後，黑龍江以北，外興安嶺以南六十多萬平方公里的土地就歸俄國了。

一八六〇年，英法聯軍光榮地攻佔了北京，既然清政府分別給了英法好處，俄羅斯也不能落下，《中俄北京條約》讓烏蘇里江以東的四十萬平方公里土地包括庫頁島永遠脫離了中華的版圖。

一八六一年，也就是亞歷山大二世開始改革的那一年，咱家的咸豐皇帝嗚呼哀哉了，留下一位史上最會敗家的老婆——慈禧。而就是這段時間，咱家的「洋務運動」也在洋人的隆隆炮聲中啟動。亞歷山大二世的改革和咱家的洋務運動孰優孰劣，不用我們評判了，都知道《北京條約》不是最後一個中俄之間的領土條約，俄國在歐洲列強瓜分中國的那場狂歡中，非常得意地以取得最多的土地笑傲群雄。

面對鄰居強佔國土，老楊最恨的就是強烈譴責或者罵人家是強盜，既然人家是憑實力搶去的，不服就應該憑實力搶回來；當初面對列強佔我國土，大清割肉認了，這麼窩囊的王朝當然就給推翻了。

除了跟英法夥分大清版圖，亞歷山大二世時期，是俄國徹底征服中亞的開始。經過軍事改革後的俄國軍隊面貌煥然一新，到沙皇被殺時，俄國基本佔領了外高加索。

亞歷山大二世忙著爭取新的領土不亦樂乎，手裡有的卻不珍惜。大家還記得，彼得大帝曾派人去往北美一代勘察，看看俄羅斯有沒有機會向那個方向擴張吧？丹麥的白令船長不辱使命，不僅發現了白令海和白令海峽，還越過海峽進入了北美大陸，發現了一片美麗的冰雪大陸，居住著很多愛死寂寞的愛斯基摩人。

這片大陸就是美麗富饒的阿拉斯加。不過在當時的俄國人看來，這裡除能出點水獺、鯨魚什麼的，就剩冰塊值點錢了。克里木戰爭戰敗後，沙俄政府手頭挺緊，而且跟英國人鬧翻了，對於他家全地球搶殖民地這個作派有點小忌憚，在另一片大陸上的領土不好控制，說不定什麼時候就被不列顛看中，顛著顛著就過去佔領了。正好美利堅對北美大地都有點企圖，兩下一勾搭，七百二十萬美金，俄國人將這片冰雪大陸賣給了美國。

七百二十萬美金在當時也是天文數字，沙皇對這個交易很滿意，而美國方面力主交易的官員被認為是腦子被凍壞了，買這麼個大冰箱回家有什麼用啊？這是人類土地交易史上最大的一筆買賣，核算地價，每英畝大約值兩美分。

說是七百二十萬美金，因為種種內幕，沙俄政府並沒有實際收到這麼多錢，而其後這片神奇的大陸被發現的資源恐怕遠遠不是這個地價可以核算的了。就算那些黃金和石油俄國人都看不上，阿拉斯加在北美大陸的戰略價值也是非常明顯的，相信後來的很多蘇俄統治者，尤其是進入冷戰後，想起這筆交易，就會躲起來用力撞牆。

有些歷史傳聞，說是亞歷山大二世最後幾年，因為政府高層中思想進步的改革派越來越多，又說服沙皇深化改革，更進一步了，甚至還有人說，沙皇已經答應將政治改革也就是要不要君主立憲之類的事提交宮廷會議討論。這樣的突然死亡，讓俄國似乎近在咫尺的立憲制改革戛然而止。

亞歷山大二世後期私生活不檢點，包養小三。四十八歲的沙皇看上了十八歲的女學生，專門在冬宮附近蓋了別院，將女學生金屋藏嬌。小三整整包了十四年，髮妻在被拋棄冷落的鬱悶中死去不到一個月，亞歷山大就趕著娶小三進門。因為小三地位卑微，嫁給沙皇也不能成為皇后，生了四個孩子，也都沒有繼承權。小三也挺虧的，過門一年不到，亞歷山大二世就被炸死了，小三和孩子們被送到法國尼斯終老。前幾年，亞歷山大和小三私通時的部分信件被拿出來拍賣，內容很是肉麻，現在俄羅斯政府也忙著從法國尋找收集遺失的沙皇情書，不知道算是寶貴的歷史遺產還是怕丟人現眼。

二十一、隱形沙皇——亞歷山大三世

亞歷山大三世是亞歷山大二世的次子，二十歲之前，他根本沒想過要當皇帝，所以，給他安排的課程，也沒有關於法律行政或者哲學思想之類的帝王功課。最近這一輪的沙皇特徵挺明顯，生下來就知道要繼位，從小就遴選名師特別教育特別關照的沙皇，就猶豫反覆，行為糾結；而從沒想到要繼位，突然成為沙皇的呢，都比較果斷，意念清晰。前者比如亞歷山大一世和二世，後者比如尼古拉一世和亞歷山大三世。

亞歷山大二十歲時，大哥突然死了，臨終前正預備大婚，迎娶丹麥的公主。大哥不僅將王儲之位傳給了亞歷山大，還囑咐他迎娶這位丹麥公主。亞歷山大當時心有所屬，他看中了一位宮廷女官，甚至想為這位女官放棄繼承權。可真事到臨頭，沙皇的冠冕就在眼前時，亞歷山大屈服了，他接受了準大嫂。

大家不要認為這是個八卦故事，亞歷山大這次婚姻選擇，直接影響了俄羅斯的外交關係格局，可能是後面很多大事的根源。一八六四年，普魯士啟動了鐵血的統一德意志戰爭，第一戰就是找丹麥的麻煩，收服了北方一直由丹麥實際控制的地區。兩邊因此結仇，丹麥公主當然恨死了俾斯麥。

亞歷山大三世雖然剛開始跟丹麥公主沒什麼感情，可是結婚後，感覺還很好。皇后天天在沙皇耳邊念叨，普魯士是大灰狼，一定要防，而且眼看他們統一了德意志，成為沙俄一個強悍危險的鄰居，所以，亞歷山大三世在位，放棄和普魯士睦鄰友好的一貫外交政策，跟法國，奧地利走得比較近密。

俄羅斯政府高層的進步派，對於亞歷山大二世突然被殺都很扼腕，因為眼看著，沙俄的改革會更進一步。亞歷山大三世上台就省了這些麻煩了，從他父親啟動改革，他就打心眼裡不贊成。如今自己能說了算了，除了不能恢復農奴制，他是想盡辦法，要麼遏制改革的進程，要麼就盡量消除改革的影響。

一上台，亞歷山大三世就宣布，他無意放棄不受掌控的個人權力，給了預備立憲的大臣們迎頭一盆冷水，隨後，這些渾身冷水還沒恢復過來的進步派大臣們，就被挨個請出了政府班子。

所有的革命行動和進步思想一概要鎮壓和清除，而「反動思想」的滋生地就是大學，先皇給予大學自治，是危險而錯誤的，馬上收回來；提高大學學費，淨化大學生的階級種類，貴族子弟偶爾有點小衝動還可以約束，都是被大學裡來自底層的窮小子教壞的，以後沒錢的，不准上大學；頒布新的出版法，所有激進的刊物全部取締，即使是溫和派的自由主義刊物也要受到當局的嚴密監控。行政上，沙皇取消了地區自治的有關法令。

亞歷山大三世是標準斯拉夫派的沙皇，而且認為必須在一個宗教、一個民族、一種語言和一種制度下統治整個俄羅斯。俄羅斯西部邊境被兼併過來的日耳曼人、芬蘭人、波蘭人都被要求學習俄語，如果天主教徒或者新教徒跟東正教徒結婚，則後代要無條件信仰東正教。

這時，老話題又來了，歐洲的每一個國家，每當搞宗教淨化之類的動作，首當其衝受害的，肯定是猶太人。中世紀末，因為波蘭的接納，很多猶太人向東歐遷徙。在十九世紀初期，巨多的猶太人定居在俄國西部。沙皇政府一直讓他們在「猶太人定居區」內活動，強加給他們大量的限制。

一八八一年，亞歷山大三世在俄國西南部對猶太人展開了一場瘋狂屠殺，原因是，猶太人疑似參與刺殺先皇。當時俄國政府給出的處理猶太人的辦法是：三分之一皈依基督教，三分之一驅逐出境，三分之一肉體消滅。

亞歷山大三世在位十三年，因為年輕時酗酒，四十九歲就死於腎病。雖然他在位一直忙於修正先皇改革的「錯誤」，但是，他不得不承認，先皇的改革的確帶給俄羅斯工業高速發展，俄國正以緩慢的速度逐步向資本主義過渡。

因為先皇被刺的慘狀，亞歷山大三世在位第一要事就是防備謀殺，大部分時間，沙皇都不在皇宮，甚至不在聖彼得堡，而是躲在郊外加特契納的行宮一間低矮的小屋子裡。實在迫不得已要出門，身邊簡直就是鐵桶陣，不過，對「民意黨」份子來說，沙皇提高了警惕，最多是增加了他們玩恐怖的難度，絕對不會打消他們的殺人之心。

這時，要給大家介紹一位明星級的恐怖份子，他叫亞歷山大．烏里楊諾夫，是聖彼得堡大學物理系的優等生，閒暇還因為對蚯蚓的研究獲得過大學的獎勵。就這麼個書呆子，誰也想不到他是個激進的民意黨人。

一八八七年初，幾個聖彼得堡大學的學生策動刺殺沙皇，還是老辦法，做些炸彈，遠距離投擲到沙皇車隊裡。這次丟炸彈，技術上升級了，和炸藥混合在一起的，有浸過士的寧（一種劇毒藥物）的子彈。這麼高科技的炸彈，就是書呆子亞歷山大造出來的，整個行動的炸藥，都是他準備的。化學藥品用於恐怖襲擊，好像還沒有先例，所以，亞歷山大同學是個先驅。

作為主謀之一，亞歷山大被絞死，死時年僅二十一歲。家人非常悲痛，尤其是他的弟弟，他說，「這樣不行，我們必須找另外一條路」。弟弟的名字簡單多了，叫列寧。

列寧都出來了，羅曼諾夫王朝還能支持多久？亞歷山大三世將末代沙皇的光榮留給了兒子，他夾在大變革沙皇和末代沙皇之間，不容易在歷史書上找到，在位期間又經常躲在小黑屋子裡，所以，叫他隱形沙皇。

二十二、末代沙皇之一

1. 約伯日的倒楣蛋

先說個聖經故事，出自《舊約》的約伯記。說烏斯地有個叫約伯的人，為人正直良善，信仰虔誠，敬畏上帝。他有七個兒子三個女兒，個個健康成長，家產還有上千的牛羊駱駝，奴婢成群，身家顯赫。上帝因為約伯的虔誠敬畏，對他很滿意。

有一天，魔鬼撒旦跟上帝說，約伯這麼虔誠侍奉你，不過是因為你給了他富庶安逸的生活，如果把這些都剝奪，他還能信你嗎？

上帝說，那就試試唄。撒旦最喜歡幹這種事，於是就開始對約伯施法。一天約伯的孩子們都去大兒子家吃飯，突然約伯收到僕人報告，天火燒死了牛羊、強盜搶走了駱駝、狂風吹倒了房子，約伯的兒女僕人們都壓死了。猛然遭受這樣的不幸，約伯還是很淡定，他說，既然這些都是上帝賜予我的，上帝要拿走也應該。

撒旦不服，他說，取走身外之物不足以考驗約伯的誠心，要求對約伯本人施法。上帝同意了，結果，約伯全身上下都長滿了毒瘡，痛苦難當，生不如死。約伯每天坐在爐灰裡，用瓦片刮自己的身體。基本上，約伯算是天地間最悲催最倒楣的傢伙了。但是，他沒有因為倒楣動搖信仰，還是保持對上帝的虔誠和敬畏，最後上帝給了他補償，讓他重新獲得十個兒女，並雙倍補償了他損失的財產。《約伯記》是舊約中著名的篇章，闡述了重要的基督教道理，老楊只是泛泛地介紹大概內容，請信徒們勿怪。

這個故事跟這一篇的內容有什麼關係呢？因為沙皇俄國時代，使用的曆法是俄曆，五月十八日，在俄曆中就是約伯日。我們這一篇的主角——末代沙皇尼古拉二世，就是這一天出生的，所以，對於自己悲劇的人生，尼古拉一直挺樂觀向上的，因為他堅信，所有的苦難都是神的考驗。

亞歷山大三世是斯拉夫派的君主，他絕對不會為兒子找自由民主派的老師，尼古拉二世小時候的教化就是：君權神授、沙皇權力無限、東正教義神聖不可侵犯。如無意外，尼古拉二世肯定成長為一個保守專制的民族主義者，跟之前所有的沙皇一樣，沉迷軍事、喜歡軍隊。尼古拉二世更喜歡戎裝，總是綬帶勳章全副軍隊的儀式掛在身上，彷彿是隨時隨地要去閱兵的造型。

沙俄太子文化教育後的實習課程就是周遊列國。自從俄羅斯感覺西方不好混之後，俄國人就對東方產生了難以遏制的臆想。尤其是尼古拉，他不知道從哪裡打聽到日本很好玩，歐洲轉一圈後，歡天喜地帶著幾個朋友就去了日本。

十九世紀末，日本人忙什麼呢？正天翻地覆地改革呢。明治維新，讓這個小島子頃刻間就脫胎換骨。一八九一年，沙俄的尼古拉太子登陸日本時，日本人正在崛起，還沒有充分進化，而沙俄算得上是當時世界上最強的國家之一，面對上邦太子降臨，日本接待規格很高。

為了保護俄國太子的安全，從長崎上岸開始，日本警察局就部署了嚴密的保全措施。尼古拉對日本感覺真不錯，據說尤其吸引俄國人的，就是京都風情萬種的藝伎。溫柔鄉又是英雄塚，很容易樂極生悲。

一天，尼古拉受到當地官員招待，預備赴宴，鑑於自己在京都出入風月場所的經歷，太子感覺京都治安應該是不錯，也沒帶很多人，毫無警惕就上了街。剛坐上人力車，尼古拉就遭到了襲擊，頭部右側受傷後，又被人用日本刀追殺。幸而身邊的人反應快，救了尼古拉的性命。

後來發現，刺殺者居然是日本政府為俄國太子專門配備的保全員警，瘋狂的愛國者，仇視俄國，他認為俄國太子跑到日本來，就為打探情報以備將來欺負日本。尼古拉真冤，吸引他的明明是日本藝伎。

事發後，日本政府非常恐慌，根據保護太子來訪安全的約定，如果有人要刺殺尼古拉，日本政府會按「謀殺皇室成員罪」處置，這項罪名的內容就是，只要是對皇室成員下手，不管成事還是未遂，一律死刑，只是，這個皇室成員，說的是日本天皇一家。

案子交到當地的法院，法官堅持按普通的謀殺未遂罪審理，判犯人無期徒刑。日本政府怕引發兩國的糾紛，專門派人又送禮又行賄又說好話請求法官改判，可是，當地法官以三權分立，司法獨立不受行政干涉為依據，堅持拒絕了日本政府的要求。

最後，俄國沙皇寬容為懷，沒有不依不饒，了斷了此案。這就是著名的「大津事件」。這個事件，讓日本人很有面子，差點殺了大國的太子，沙皇居然不追究；而在歐美國家眼中，對憲法的尊重和維護是國家文明進步的重要標誌，小日本對司法獨立的堅持，讓歐美人看到了這個小島的軟實力，一致認為這個國家不錯，有前途。

沙皇怎麼這麼好說話呢？兒子差點送命，沙皇也心痛，可是，對於遠東的局勢，亞歷山大三世還沒有把握充分掌控，確切地說，還沒做好戰爭準備，所以他先忍了。最難忍的是尼古拉太子，從此頭上留下傷疤，心理留下傷痕，他暗暗發誓，得空他就扭斷日本獼猴的脖子。

一八九四年，亞歷山大三世眼看不行了，他下令安排太子大婚，預備登基。出於外交考慮，亞歷山大三世曾給兒子安排過法國公主和普魯士公主相親，可尼古拉自由戀愛，看上了德國黑森公國的公主——阿麗克斯。阿麗克斯的母親，是英國維多利亞女王的次女，據說是最受女王鍾愛的女兒。雖然是英女王的外孫女，可一個小公國實在不具備聯姻的價值，因為尼古拉的堅持，亞歷山大三世又實在病入膏肓，勉強同意了婚事。

阿麗克斯在亞歷山大駕崩後一個星期嫁入俄國，皈依東正教，改名亞歷山卓。所有人都說，她伴隨著先帝的棺木進入俄國，本身就帶著不祥，會為羅曼諾夫王朝招來滅頂之災。

俄國人真沒看錯，亞歷山卓野心勃勃，一過門就開始插手政事，而尼古拉二世對老婆言聽計從，幾乎讓皇后一起坐上朝堂。

服喪期間不能加冕，一八九六年才正式履行了登基儀式，此時，皇后已經為尼古拉產下了一名公主。當年五月，盛大的加冕儀式在莫斯科舉行，根據傳統，加冕後，沙皇和皇后會走到廣場，給觀禮的百姓發放糖果之類的小禮物。

活動安排在霍登廣場，這地方本來是給近衛軍做訓練校場的。趕上這麼大的活動，也不事先整理一下環境，地面坑坑窪窪不是深溝就是塹壕。活動當天，霍登廣場上聚集了幾十萬人，比魚罐頭還擠。有人摔倒掉進溝裡，隨後越來越多的人擁擠踩踏，終於導致了一場多人死傷的重大惡性群體事故，大概估計，當場死亡人數接近五千，還有萬人受傷。

加冕流程是，霍登廣場派發禮品後，當天夜裡法國大使會安排盛大的晚宴招待沙皇。出於基本人性的考慮，這麼大的死傷事故，沙皇應該取消其後所有的慶祝活動，可他沒有，他帶著皇后愉快地出席了法國大使豪華奢侈的宴會。

整個加冕禮大約用掉了一億盧布，可給霍登廣場死難者家屬發放撫卹金時，沙皇卻能省則省，最後這麼大的事故，政府總共拿出十萬盧布，了卻了所有的撫卹費用和喪葬費用。

尼古拉二世的倒楣事還沒完呢。亞歷山卓嫁過來後，接二連三地生孩子，產量很高，就是品種比較單一，一水的公主。直到一九〇四年，千辛萬苦第四次產育，終於生下了皇室望眼欲穿等候的太子，阿列克謝。

太子剛生出來時，看起來還挺正常的，滿月後，問題來了：只要一個小傷口，太子就會流血不止。後來又發現，偶爾輕微撞傷，太子就會出現瘀青的腫塊，皮下出血不能凝固。來自維多利亞女王的血友病，終於透過外孫女進入了俄國皇室，讓羅曼諾夫皇室也成為歐洲血友病高端俱樂部的會員了。

發現孩子有病，尼古拉二世夫婦的生活中心就全是兒子了，想盡辦法求醫問藥。病急亂投醫，不管是神仙還是妖怪，只要能減少兒子的痛苦，這夫婦倆都頂禮膜拜。

2.瓦良格號的前世

這篇開始，是老楊最不願意說起，想起來就心痛的——中日甲午！一八九四—一八九五年，經過洋務運動武裝後的大清海軍，在黃海上對陣明治維新後的日本海軍。這群一直被我泱泱大國不恥，稱之為「倭寇」的小鬼子，全殲了大清的北洋水師，逼清政府割地賠款投降，而日本人拿著這筆天文數字的賠款，一躍成為亞洲強國，以後就以蹂躪鄰居為樂。

一八九五年《馬關條約》簽字。大清政府何曾想過，跟歐洲列強簽條約簽到麻木，居然有一天還要向倭寇小東洋割地賠款。這個條約中，大清放棄了對朝鮮的宗主國地位；割遼東半島、台灣和澎湖列島；賠償軍費白銀兩億……（悶熱的天氣寫這樣的歷史，這是自虐）！

條約讓日本人中了彩券般的得意，讓中國人深入肌髓的傷痛，而俄國人也陪在一邊捶胸頓足。他家可不是同情咱們啊，他恨的是：好肉給小鬼子先咬住了！

之前說過，俄國的東進計畫，咱家的東三省幾乎是他的囊中物，從亞歷山大三世開始的修建的西伯利亞大鐵路，橫貫俄羅斯東西，東邊的終點站落在符拉迪沃斯托克，目的就是運送軍隊物質方便，以利於取得中國東北包括朝鮮，可能還有日本。如今，日本強大了，脫離了被殖民國家的序列，還實際控制了朝鮮，如果再把遼東半島佔住，俄國人以後還混不混了？這麼長的鐵路難道是白修了？

俄國人想出來的辦法就是，說服或者恐嚇日本，放棄遼東半島。恐嚇一般是人越多越好，俄國的盟友是法國，法國當時有點覬覦台灣，所以很痛快答應幫忙。亞歷山大三世跟德意志不好，但此時德意志的皇帝威廉二世覺得自家也有必要在東亞局勢中踩一腳，正好給俄國一個面子，屁顛顛地答應入夥。俄國、德國、法國三家要求日本交還遼東半島，日本人剛剛大國崛起，突然被三大家族聯手嚇唬，還是有點兒虛，所以就讓了。也不白讓，清政府花白銀三千萬兩贖回了自家的遼東半島。

真是要感謝俄國人啊，所以，尼古拉二世登基加冕，咱家的李鴻章大人被榮幸地邀請做了觀禮嘉賓，好吃好喝還收了不少金銀錢財。李鴻章給送的賀禮是什麼呢？中堂大人快遞了一份合約給光緒皇帝，請他趕緊簽字，這份合約就是《中俄密約》，密約的核心內容就是，俄國在中國修築中東鐵路，滿洲里到齊齊哈爾市到哈爾濱，也就是說，俄國的西伯利亞鐵路在中國境內的這一段得手了。俄國人大方，事成之後，送給中堂三百萬盧布表示感謝。

隨後的兩年，清政府越來越好說話，中東鐵路又冒出來一條支線，從哈爾濱經長春到到旅順港，順便強行租借了大連和旅順港，從此，俄國人擁有了對太平洋的不凍港，組建了自己的太平洋艦隊。

一九〇〇年，慈禧老大媽發現有一群叫義和團的組織，號稱刀槍不入，說不定可以幫著抵制洋人。於是，義和團的各位大哥也感到匹夫有責，舉起了扶清滅洋的大旗。滅洋這個口號一出來，在中國旅遊的所有洋人都找到樂子了，組織了八國聯軍一起開party啊。義和團是武林高手，然而不是功夫熊貓，學不會徒手接住炮彈那種太極功夫，沒幾下，就被鎮壓。

反正每一次微弱的反抗結果都是新的侮辱新的割肉，這次簽約的國家有十一個，條約就是《辛丑合約》，銀子要賠四點五億，因為當時中國有四點五億人，每人罰一兩，加上利息共九億八千萬兩，允許分期付款，三十九年付清。這筆著名的「庚子賠款」給中國人最大的收益就是產生了一座叫清華大學的學堂，最近剛剛慶祝了自己的百年生日（從庚子賠款的角度說，這事還真不值得慶祝）。

俄國人最會佔便宜，藉著這一通亂，他全取了東三省。俄國人佔領東三省，其他國家肯定不幹，英國和日本強烈抗議後，俄國假承諾說是會陸續撤軍，可是，誰都能看出來，要把他家從東三省趕出去，比弄掉鞋底的口香糖還難。

明治維新後，日本人上下一心，奮發圖強，就是要壯大小島子，對他家來說，發展壯大最稱手的辦法，就是佔領朝鮮和中國東北，雖然日本和俄國都有把中國全吞下的野心，但在此時，他們倆看在眼裡不可自拔的肥肉，就是東三省。

打吧，誰打贏就歸誰。日本這個國家，一旦從小國變成侵略者，就突然迸發出神奇的戰爭天賦。他家認為，要打一定要盡快動手，趁著西伯利亞鐵路和旅順的要塞還沒有完工，打俄國人一個出其不意。

一九〇四年二月八日，日本聯合艦隊突襲了俄國駐紮在旅順的太平洋第一艦隊，重創了俄國三艘主要艦隻，第二天，俄國宣戰，日俄戰爭開始了。本來這兩家打架咱可以搬小板凳看熱鬧，可是，這倆強盜無恥地選擇了中國的大地作為他們的戰場，這麼大的國家，被人欺負到這個份上，還能說什麼呢？

日本的戰術思路很簡單，滅了俄國的艦隊，掌握制海權，而後登陸，將東三省的老毛子趕回家，從此東三省就是日本的了。

二月九日，日本人在仁川登陸，而仁川的外海港上，也有俄羅斯的軍艦在駐防，可憐這兩艘俄艦剛開始不知道日俄已經開火，還沒來得及反應就被日艦堵在了仁川港，這兩艘俄艦，一艘是炮艦，高麗人號，一艘是俄國從美國購買的輕巡洋艦——瓦良格號。那時的瓦良格號是個帶著北美氣質的帥小夥，年輕氣盛，一九〇一年才出道，是俄國海軍中最新銳的戰艦。

日本控制仁川港後，要求這兩艘俄艦投降，俄艦拒絕，面對日本海軍的六艘巡洋艦和八艘驅逐艦，高麗人號和瓦良格號選擇了出港反擊。俄艦的掙扎從清晨堅持到了黃昏，眼看著都失去了還擊能力，俄軍的指揮官決定，這兩艘軍艦自沉。當晚六點十八分，瓦良格號帶著累累的傷痕和艦上的官兵一起沉入海底。

一九〇五年，日本打撈了瓦良格號，並編入日本海軍服役，一次大戰中，將之交還給俄國。瓦良格號一直被當作海上英雄被後來的蘇聯大肆宣揚，於是，一有機會，蘇聯就讓它復生了。

二〇一一年的某個早晨，瓦良格號在晨曦中醒來，突然感覺這周遭的空氣和環境如此熟悉，猛然間，前塵往事都浮上心頭，一百零七年前的那個早上，黃海海面也是這樣的晨曦。瓦良格號看看自己，居然變得如此龐大如此威武了，那個帥小子又回來了，當年將他圍在海上，逼他窮途末路不得不自沉的哪些人，現在何處？

對於這場戰爭，日本比俄國準備充分多了，而且，經過改革更新後的日本，現代化程度更高，軍事力量已經超越了俄國一籌，只不過，俄國人固步自封的，意識不到這一點而已。況且，日本本土離戰場近得多，西伯利亞鐵路還有一段沒有完工，從地利上來看，俄國也是弱勢。在人和上，俄國人對這場戰爭的熱情遠遠比不上日本人，比如一九〇四年末，日本人攻佔旅順二龍山炮台，當時俄軍軍隊還在，大炮和炮彈都不缺，可司令官居然就投降了，氣得手下官兵親手炸毀了自家的工事和彈藥庫。

進入一九〇五年，局勢對俄國更為不利，聖彼得堡舉行了大罷工，鬧得不可收拾。日軍登陸後，基本將俄國軍隊壓縮在北部地方。

最後一擊發生在對馬海峽，日軍見到了傳說中的俄國太平洋第二艦隊。為什麼說是傳說中的呢？這支艦隊來歷不簡單，它們是從波羅的海航行了近兩萬海哩趕來的。一個艦隊繞著地球走了大半圈招致了沿途不少圍觀，而最讓它出名的是，進入北海多格海灘時，它們突然收到了被日艦包圍襲擊的訊號，以致於倉促還手，提前打了一場海戰。

所謂包圍了俄艦隊的「日艦」實際上是一群英國的拖網漁船，正組團打漁呢，沒招誰沒惹誰，突然就被炮彈擊中。幸好英國的漁船性能好機動快，頓時鳥獸散了。俄國艦隊當場擊沉了一艘英國漁船，死了幾個人，造成了國際糾紛。海洋盟主英吉利絕對沒想到自己會冷不丁遭遇這種襲擊，有種陰溝裡翻船的屈辱感。

經過斡旋賠償，海洋盟主放了俄國人一馬。後來分析英國人放俄國艦隊過去，就是自己不屑於動手，等著看日本人收拾他們呢。大家想啊，一支艦隊，突然以為受到襲擊，倉促間對一群漁船發動進攻，只打沉了一艘，這樣的戰鬥力，神勇的英國海軍真是抹不開面子打他們。據說經過英吉利海峽時，大英艦隊在俄艦經過的沿途監視，乘機炫技拗造型，把俄國人嚇得夠嗆。當面見到英國的艦隊才感覺到，俄國這隊，絕對是破銅爛鐵。後來漫長的旅途中，因為大洋幾乎都被英國控制，俄艦每次停泊加煤補給都被對方刁難侮辱，這個艦隊一時成為世界海軍的笑柄。

對馬海峽一戰，這支丟人丟到家的波羅的海艦隊幾乎被全殲，俄國無力再戰。而這兩年打下來，日本也消耗甚大，在美國人主持下，雙方和談，俄國承認日本對朝鮮的控制；俄國將旅順口、大連灣並其附近領土領水租借權和其他特權，長春至旅順口鐵路及一切支線，附屬所有權利、財產和煤礦，都轉給日本；庫頁島南部及其附近一切島嶼永遠讓與日本。這兩強盜分咱們的土地分得這麼興奮，就好像跟咱們沒有任何關係，不過，東三省在老毛子手裡還是在小鬼子手裡，又有什麼區別呢？

3. 十月革命大演習

日本人要打這一場，是國家強大後實現擴張理想，奔著強國強兵的崇高目標；沙皇打這一仗，除了想保持住俄國在遠東的地位和利益，還有一個更大的原因，就是轉移國內的矛盾。

尼古拉二世接班的日子並不好過，農民獲得了人身自由卻生活困苦，天天鬧；資本主義的發展，必然形成資產階級和無產階級的對立，資本家對工人不友善，俄羅斯國內的資本家還都是英法等國來的，更不會體恤俄國工人，所以工人也鬧；各種革命黨從來沒有肅清過，頭腦還越來越清楚，運動目的和運動方式也越來越明確，漸漸形成了各種各樣的「反動」黨派；作為一個橫跨亞歐的大國，境內超過五十％各種少數民族，宗教文化本來就隔閡，政府對他們又不寬容，所以他們也鬧。也許尼古拉二世覺得兒子的血友病才是世界上最無解最絕望的事，實際上，整個國家，已經可以說是雞飛狗跳。而尼古拉二世簡單地認為，只要出去打一架，就能化解國內所有的矛盾。

用戰爭轉移國內危機，要點就是不能輸，輸了民眾更恨；然而後方不寧怎麼能指望前線士氣高昂。如果不是純粹找抽，就千萬不要輕易出去招惹鄰居了。

兩軍一對接就分出高下，戰場的失利讓國內雪上加霜。一九〇五年剛開始，日俄戰爭正激烈時，聖彼得堡爆發了工人罷工。大家都知道，工人運動最開始，都是罷工，訴求也全都一樣：八小時工作日，不要強行安排加班和給予最低薪資保障。要求不高，態度也不算激烈。當時聖彼得堡有個牧師叫加邦，在工人中頗有威信，願意聆聽底層聲音。他做和事佬，勸說大家該上班還是要上班，可以找個假期，大家寫個請願書，他帶著大家面呈沙皇。

一月二十二日是個周日，聖彼得堡二十萬工人，帶著老婆孩子，抬著聖像和沙皇像到冬宮廣場聚集，遞交請願書。請願的工人既然帶著老婆孩子，就說明他們說不準備要暴力，誰知，遭遇的卻是殘酷的暴力。

下午，聖彼得堡那兩支近衛軍團開始向遊行人群開槍，不論老幼婦孺；馬隊衝上大街，憲兵們揮舞軍刀見人就砍；有些憲兵甚至專門對孩子開槍，頭腦簡單的加邦牧師也在混亂中失去了性命。當天冬宮廣場，有一千多人殞命，五千多人受傷，這就是俄國歷史上的「流血星期日」。

當時尼古拉二世並不在冬宮，是不是他下令屠殺已經不重要了，反正所有人都把這血海深仇算在他頭上。俄羅斯政府中很多人都對屠殺表示了憤怒和不解，有人說：多少年的宣傳都趕不上陛下本人這一天產生的效果。

是的，效果非常明顯，讓俄國人對沙皇失去了指望，一九〇五年成為革命之年，罷工行動越來越密集，罷工人數也越來越多，甚至出現了幾百個城市聯動發起罷工。對日戰爭即將失敗，國內的動亂一浪高過一浪，心煩意亂的尼古拉二世唯一能做的就是鎮壓，殺人，再激起更嚴重的暴亂，再繼續殺人。

手無寸鐵的工人農民好殺，如果碰上軍人造反就有點麻煩。黑海艦隊有一支叫「波將金號」的裝甲艦，有一天，水手午餐時，發現煮湯的牛肉已經生蛆了，因而拒絕食用。艦上的軍官居然下令要槍斃這些抗議的士兵。水手們被激怒了，打死軍官，豎起紅旗發動了起義。當時奧德薩正在進行罷工，起義的軍艦開進了奧德薩的港口，獲得了當地百姓的聲援。

可惜的是，當時俄國的革命勢力還比較分散，思想也不能統一，沙皇隨後派來軍隊鎮壓，「波將金號」被迫駛入羅馬尼亞。羅馬尼亞不夠義氣，第二年根據引渡條例將起義的軍艦交還俄國，大部分水手下場悲慘。

一九二五年，俄國著名導演愛森斯坦拍攝了電影《戰艦波將金》紀念這次非凡的鬥爭，而因為出神入化的蒙太奇手法，這部電影被認為是有史以來最偉大的影片之一。

一九〇五年十月，俄國著名的政治家維特回來了。他剛代表俄國與日本簽訂了停戰協定，因為他嫻熟老練的外交技巧，雖然戰敗，俄國人還是最大限度地減少了損失。作為當代頭腦最清醒的政治家，維特一見到沙皇，就建議他妥協改革。

改革的核心就是君主立憲制的確定，給予公民的自由權力。十月底，尼古拉二世不得不簽署了維特起草的立憲宣言：人身自由不可侵犯；言論、結社、出版自由；成立立法的國家杜馬（**俄羅斯聯邦會議的下議院**）；以後沒有杜馬同意，任何法律都無效等等。

簽是簽了，尼古拉二世一肚子不情願，一有機會他就想推翻這個宣言。一九〇六年第一屆國家杜馬開工了，不管杜馬要討論什麼，對沙皇來說，他希望杜馬就是一個服從於自己的機構，他根本不能習慣俄羅斯國內居然有一個政府機構是完全獨立的。

沙皇態度不正確，組成杜馬的各種黨派也無法達成共識，談到俄羅斯最困難的土地問題時，矛盾終於激化，尼古拉二世解散了存在七十三天的第一屆國家杜馬。

國內形勢再次陷入緊張，為了緩和矛盾，第二屆杜馬應運而生。可是，杜馬和沙皇政府之間還是不能協調，結果一樣，再次解散杜馬。

沙皇俄國病入膏肓還不願意吃藥，維特縱有一肚子的才學和主意也無能為力，只能辭職，而沙皇之所以能順利解散杜馬並恢復舊觀，因為他得到了更厲害幫手，他叫斯托雷平。

斯托雷平出身貴族，在一九〇六年成為大臣會議的主席，相當於沙皇的首相。面對國內此起彼伏起義罷工動亂，維特的維穩辦法是紓緩對峙，讓沙皇盡量釋放善意和放棄專制權利；斯托雷平正好相反，他維穩乾淨俐落，那就是，殺。從他一上台，整個俄羅斯絞架林立，他說：國家危機之時，必須制定最嚴酷、最極端的法律來保護它自己免遭瓦解。因為絞架成為斯托雷平執政的特色，有人稱絞索為「斯托雷平的領帶」。

就是斯托雷平的鐵腕，沙皇才很得意地解散了第二屆杜馬，恢復了往日的威風。而從一九〇五年蔓延到一九〇七年的零散革命，也被有效抑制和控制。這兩年的各種革命，讓俄國的革命黨也得到了不少經驗教訓，所以，基本可以說，這兩年是後來十月革命的大預演。

光靠殺人肯定是不能維穩的，斯托雷平是兩手都要抓，兩手都很硬，一邊毫不猶豫鎮壓革命黨，一邊就開始俐落果斷地解決最困擾俄國的農民土地問題。斯托雷平是強硬派，他認為，改革沒有什麼按部就班的，俄羅斯最怕什麼？農民起義！讓農民穩定了富裕了，日子能過了，誰起義啊。

農奴解放時，有很多無錢贖買土地的農民組成農社。斯托雷平就是要摧毀農社，讓有能力的農民發展成為富農，有自己的私產和田莊；那些基礎比較好的農民，透過農民銀行扶持也逐步建立自己的私有田產和農莊；規定凡進行土地規劃的地方，村社份地都自動變為私產，鼓勵並強制沒有地的農民向西伯利亞一帶移民，開發荒地。

這些改革措施是不錯的，至少讓一部分農民日子好過了，在地主和農民之間扶持了一個富農階層，稀釋了部分的怨氣，間接還促進了資本主義的發展。可是，這個改革措施最多是緩解了局勢，根源的問題依然存在，從一九〇五年的革命態勢顯示，單純的經濟改革，尤其是這種溫和改良的經濟改革，根本不能滿足需要並挽救羅曼諾夫王朝的頹勢。

斯托雷平因為自己強硬手段招人仇視，他也一直很淡定地表示，誰想殺他，放馬過來，他來人世走一圈就沒預備活著回去。一九一一年，革命黨成全了他，在基輔送給他兩顆子彈。雖然斯托雷平沒有為沙俄的命運帶來逆轉，可是他的鐵腕畢竟還是能大致控制局勢，而且以他的能力，也許會在未來為這個千瘡百孔的國家帶來新的改良，他這一死，俄國的局面就徹底失控了。而倒楣的沙皇尼古拉二世在遭遇大革命之前，先被捲進了第一次世界大戰。

二十三、喚醒一代人之二

前面說到，因為彼得拉舍夫斯基小組被端掉，俄國的文化進入了「昏暗的七年」，總是黎明前最昏暗，因為在一八六一年，也就是祕密小組被摧毀後的十二年，亞歷山大二世終於下旨廢除了農奴制，俄國歷史進入了嶄新的一頁。

雖然歷史書都高度評價俄國廢除農奴制解放農奴這項運動，但在俄國內部，被喚醒的一代依然覺得不夠，亞歷山大二世的改革又有點搖擺不定，左右不著，讓俄國的各種思想鬥爭更加活躍，在彼得拉舍夫斯基小組前後，俄國國內虛無主義、無政府主義都流行過一陣子，但總的來說，越來越多人看重人性的解放和民眾的力量，於是，慢慢形成了一個叫「民粹主義」的新派系。

「民粹主義」最近見得比較多了，它在俄國最早出現的時候，主要思想就是：強調普通民眾的力量，時代和社會的進步應該是由民眾開始的，而國家的職能應該是為這些民眾謀福祉，人民群眾是可以改變社會發展軌跡的決定性力量等等。而「民粹主義」的反面就是所謂的「精英主義」，認為人類社會的發展應該是由精英主導的。

既然民眾是最大的力量，那這股力量就應該被有效引導，人民在產生決定性作用前，也應該收到相應的教育，所以，民粹主義就搞了一個「上山下鄉」的運動，號稱要「到農村去」，接觸底層人民，在他們中找到純潔和正義。

「民粹主義」真的下鄉了，這些出身不錯，受過西方教育青年男女，帶著些浪漫綺麗的理想，下到了民間，成為鄉村教師、鄉村獸醫、鄉村幹部等等，他們希望在底層傳播「民粹」思想，鼓勵老百姓為自己的權益抗爭。

雖然歷史上，俄國的農民經常被各種山寨貨煽動作亂造反，可真有人苦口婆心教他們認清自身的價值，並力求提升這一價值時，他們反而迷茫了，加上沙皇的宣傳力道似乎更大，有很多地區的農民將這些來路不明，說話奇怪的城裡人扭送警察機關，沙皇的員警機構當然也跟著「深入民間」，抓了不少人，經過約兩百次的密集審判，民粹主義的運動終於宣布失敗。

革命黨人總是不甘失敗而思維活躍的，「上山下鄉」沒取得效果，看來是俄國的農民不開化有奴性，那就不指望他們了。革命黨人自己不能退縮，不能大規模革命，就小規模行動唄。一八七六年，又有一個祕密的革命團體成立了，名叫「土地和自由社」，他們希望能漸進式地實現自己的主張，內部有些急性子不喜歡漸進，於是「民意黨」就應運而生。這個組織的行動乾淨俐落，他們的主張就是，如果自己的訴求不能被採納，就殺掉那些不採納的人嘛，一個不夠多殺幾個，反動派死光了，自然就沒有反動派了，所以，民意黨的重要工作就是殺人，最重要的目標就是殺沙皇，亞歷山大二世之死就是民意黨最成功的案例。

思想界亂套是挺可怕的，左一個主義右一個思潮的，要理清這麼混亂的思路非常難，但是人類就是在無數思想的碰撞糾結中上升，所以，意識型態領域越熱鬧，越反應社會的某種覺醒和覺悟，而比較具象的表現就是各種文藝作品。說十九世紀俄國文學是「黃金時代」，進入二十世紀，這些思想的糾結沒有平息，俄國的文學界又迎來了史上的「白銀時代」，讓我們再來回顧黃金時代到白銀時代期間各路跟黃金白銀一樣珍貴的巨星吧。

1.多餘人的思考

俄國所有的作家都可以從普希金說起，普希金決鬥而死的前一年，他當然不知道此時也是他的晚年，他還是很有幹一番事業的雄心壯志的，跟現在的當紅作家一樣，到底你在文壇有多牛，有一個鑑別辦法，辦一份雜誌試試。普希金「晚年」辦的雜誌，叫《現代人》，如果非要劃分種類，《現代人》應該是接近《獨唱團》，肯定不像《最小說》。

《現代人》比《獨唱團》運氣好，它有幸出現在黃金時代，有幸讓當時所有的名家留下了印記，甚至，透過這本雜誌，還培養出了不少名家。比如，在剛創辦之初，雜誌找不到合適的稿子有點抓瞎。一八四七年，即將出版的雜誌還少一個短篇小說，之前有個文學青年曾在《現代人》發表過詩歌，居然讓別林斯基很推崇，在當時當地，被別林斯基推崇的作家，立時身價暴漲。於是，主編便向這位叫屠格涅夫年輕人約稿。

屠格涅夫真交出一個短篇小說給主編，小說名叫《霍爾和卡里內奇》，講訴一個獵人去某地打獵認識了某個地主的兩個佃農，這兩個佃農各有特點，給獵人留下深刻印象的故事。老楊狹隘的見解，總覺得短篇小說最重要的是生動緊湊的故事，比如《聊齋志異》那些妖魔鬼怪就很好看，而屠格涅夫寫的這兩個佃農，有點像隨筆，適合發在博客裡，看著是挺沒勁的。可就是這篇小故事讓主編很滿意，而且主編本著培養新進作家的目的，為這篇小說加了一個（選自獵人筆記）的副標題，並鼓勵屠格涅夫按這個思路，從這個獵人的視角，連續寫同類的故事。最後，屠格涅夫總寫了二十五篇短篇小說在《現代人》的某個欄目中連載，並引發了轟動，後來集結成書，就是大名鼎鼎的《獵人筆記》了。

老楊認為這書沒勁，不耽誤它的價值，按別林斯基的標準，文學作品一定要有社會性和進步性，屠格涅夫是第一個在文學作品中詳盡描寫農奴生活的，這二十五篇作品不僅描述了農奴生活的各方面，當然也對地主表示了批評，最值得稱道的是，對俄國中部農村自然景色風土人情的描寫。《獵人筆記》是屠格涅夫的成名作，大部分作家的第一部作品都是自己很熟悉的生活，屠格涅夫為什麼會對農村和農民的生活這麼了解呢？

屠格涅夫出身顯赫，他媽媽是個世襲貴族，也是大地主，身家豐厚，吸引了一位英俊的軍官入贅。這種婚姻雖然是各取所需，也很難不吵架，屠媽是個跋扈的人，對兒子非常嚴厲，對自己農莊上的農奴就更加刻薄，因為被同一個人欺負，所以屠格涅夫自動跟家裡的農奴非常親密。也許是從小受了刺激，也許是對嚴厲老媽的怨懟，成人懂事後，再受點啟蒙主義之類的薰陶，則開始對農奴制度發動攻擊了。

被翻譯成中文的屠格涅夫作品非常多，他幾乎所有的作品都有中譯本，其中大部分都可歸入名著的範疇，有一陣非常流行，比如我們都知道的《羅亭》、《前夜》、《父與子》等等。

跟隨這一陣主流意識，屠格涅夫也在《羅亭》中塑造了一個多餘人的形象，其實，屠格涅夫自己就是個多餘人。他對農奴制開炮，他希望俄國社會有所改變，可他自己就是貴族，他母親死後，他成為大地主，他斷不會無端希望有人革自己的命，當然他自己也不會革命，他也是漸進式改革派的。異見份子如果不贊成革命，進入十九世紀後期，就明顯跟不上形式了，國內的進步革命黨比如《現代人》雜誌就不待見他，當然沙皇更不待見他，於是，屠格涅夫的晚年一直生活在法國，跟法國作家交流，並向他們推薦俄國的作品，屠格涅夫不僅在中國是最讓人熟悉的俄國作家之一，在西歐，他也是比較流行的。

讓我們回到彼得拉舍夫斯基小組被摧毀的那段時間，創始人彼得拉舍夫斯基被判死刑，突然在行刑前改為流刑，把人嚇得半死。嚇得半死還有作伴的，跟彼得拉舍夫斯基同一遭遇，大難不死的，還有一個名字很長的革命黨，叫杜思妥也夫斯基（簡稱杜哥）。

在對待俄國的發展問題上，杜哥提出，俄國不做第一也不做第二，要做獨一無二的。他預言不錯，俄羅斯就是獨一無二的國家，而杜哥本人，也是個獨一無二的人物，而且，跟他自己的國家一樣，杜哥的人生也透著精分（精神分裂）。

杜哥是位酷哥，cool到了cold的程度，引用一段杜哥的文字引來說明吧，「再不能錯過這一霎那的時間了。他把斧頭完全拿了出來，雙手掄起斧頭，幾乎不知不覺，幾乎毫不費力，幾乎不由自主地用斧背打到她的頭上。這時他似乎根本沒有力氣。但是他剛一把斧頭打下去，身上立刻有了力氣……這時他使出渾身的力氣又打了一下，兩下，一直是用斧背，而且都打在頭頂上。血恰似從翻倒的杯子裡迸湧出來，身子仰面倒了下去……他拿著斧頭向她撲了過去：她的嘴唇抽搐，扭歪了，樣子那麼悲哀，就像很小的小孩子叫什麼給嚇著了，直盯著讓他們感到害怕的那個東西……斧頭正對準她的臉高高舉了起來。她只是稍稍抬起空著的左手，不過離臉還很遠，慢慢地向他伸過去，彷彿是要推開他。斧刃正劈到她的顱骨上，立刻把前額的上半部，幾乎到頭頂，都劈作兩半。」

這段細膩的殺人描寫就出自杜哥的曠世名著《罪與罰》，老楊對翻譯作品一向不感冒，文字上的疏離感讓我永遠無法沉浸於作品中。但是杜哥這段殺人場景的描寫，一直讓老楊在閱讀時感覺很胸悶，寫一位年輕的大學生用斧子劈死兩個老太太，居然可以寫得這麼從容淡定，作者本人的心理應該也不算太陽光。

杜哥出生於一八二一年的光棍節，是一個醫生家庭諸多孩子中的一個。醫生的孩子也不都健康，杜哥患有癲癇，並在九歲時開始發作。一八四六年，杜哥的書信體短篇小說《窮人》發表，還是讓別林斯基來評價一下杜哥的處女作吧，他看完小說後說，杜哥是俄羅斯文學的天才。

《窮人》讓二十四歲的杜哥成為名作家，也就是同時，他沉溺空想社會主義，並加入了彼得拉舍夫斯基小組，差點被槍斃。生死之間走一圈又經歷了十年的流放，心理容易遭受巨變，而天才這東西，不在折磨中爆發就在折磨中枯萎，也許杜哥的才能還在，可是心性卻大不同了。現在他認為，要改變俄國的面貌，靠底層人民的革命是沒用的，貴族更指望不上，唯有忍耐堅守，並篤信宗教，有一天上帝會給予正確的安排。

六〇年代是杜哥的創作黃金期，偉大的《罪與罰》就出自這一時期。這可以被認為是最早的犯罪心理小說，講述的是聖彼得堡有一個年輕的大學生拉斯科尼科夫（小拉），因為貧困從大學法律系輟學，生活無著，靠著拮據的媽媽和妹妹提供生活費，妹妹因此必須嫁給一個她不愛的人。

小拉過著窘迫的日子，每天要躲著房東追債，偶爾要去典當些東西維持生活。典當行的老闆娘是個放高利貸的，為人刻薄貪婪，小拉很仇視她。小拉認識一個小公務員叫馬兒美拉陀夫，這傢伙也窮得叮噹響，他還酗酒，為了維持一家五口的生活，小公務員的女兒索菲亞甚至去當了妓女。

小公務員的生活狀態給小拉觸動很大，他開始思考自己的人生道路，他覺得，這個世界上有兩種人，強人和慫人，慫人就是小公務員這種，面對生活的重重壓迫，毫無反抗，越活越賤，而強人不一樣，比如拿破崙，他也出身寒微，經歷過貧困，可他就是出人頭地了，而他的成功是建立在死了很多人的基礎上。

小拉因此建立了一個理論，有些人注定是非凡的，他們可以取得一切包括他人的生命，還可以透過取得壞人的性命，讓世界更美好。於是，就出現了上面引用的那段，小拉用斧子劈死了典當行的老闆娘，行兇過程中，老闆娘的妹妹誤入犯罪現場，也被小拉毫不猶豫地劈死。殺掉老闆娘姐妹，小拉搶了她們的錢袋，他也不是劫財害命或者殺富濟貧，因為他藏起了贓款，到最後也沒有用過。

小拉不是反人類的變態，殺掉兩個人後，他因為恐懼被嚇病了，他見到了小公務員那位為家庭做皮肉生意的女兒索菲亞。索菲亞是虔誠的教徒，面對所有生活的打擊，她以一個教徒的堅韌全部接受，並保持一直保持著平和善良的心。殺人後的小拉活著巨大的恐懼和壓力中，索菲亞這種默默忍耐的力量讓他釋放了自己，索菲亞和小拉一起念聖經，並勸他投案自首。最後，受到感召的小拉在員警無法破案的情況下投案，被判八年苦役，而索菲亞陪在他的身邊。

這部小說如果出現在某些文學網站上，它不過是一個殺人犯和妓女有點扯的愛情故事而已。但是杜哥寫的，就不一樣了。它探討的是一個關於當時的社會背景下，貧困和犯罪和人性的高端論題，更不用說，杜哥強大的技巧，刻畫人物心理絲絲入扣，整個作品一直保持著高度的緊張感和壓抑感，可以讓人讀得透不過氣來。所以很多人都說，《罪與罰》是蘇俄小說的巔峰。

《罪與罰》是蘇俄小說的巔峰，但還不是杜哥的巔峰，他在生命的最後幾年，寫出了《卡拉馬佐夫兄弟》。講述的是卡拉馬佐夫和他四個兒子之間的一個弒父慘案，當然也是個陰暗的故事。

卡拉馬佐夫是個貪財好色的老地主，有兩次婚姻和一次鬼混，生了三個兒子和一個私生子。長子跟老地主一樣貪婪好色，有未婚妻還看上了一位聲名狼藉的浪女，悲劇的起因居然是，老地主和大兒子看中同一個女人，大兒子還一直跟父親索要亡母的一筆遺產；二兒子是個大知識份子，無神論者，過於理性，對現實看得太清楚，他認為既然無辜的人和孩子都會受到傷害，而上帝毫不作為，只能說明，沒有上帝，既然沒有上帝，那大家幹什麼都可以；三兒子是個修士，更是作者筆下的天使，他純淨明亮，溫暖善良，篤信上帝，也篤信虔誠的信仰可以改良一切；私生子是家裡的一個廚子，他兼有大兒子的貪婪和二兒子的信仰缺失。

大兒子跟父親水火不容，搶女人和搶財產都會引發人的惡念甚至是殺念，有一天父親就真的被殺了，大兒子自然是第一嫌疑，可實際上，真正的兇手是私生子，他弒父的目的為了劫財，而他之所以會這麼做，原因是他一直崇拜二兒子，和他那個「沒有上帝，做什麼都可以」的信條。

最後私生子畏罪自殺，大兒子被流放西伯利亞，二兒子因為自己被定性是弒父的主犯而崩潰，剩下的唯有天使般的三兒子，他將走向塵世，開始他的新生活。

看起來，這又是個犯罪小說，可是杜哥當然不會僅僅寫一個慘烈的家族悲劇，作為杜哥人生的最後一部作品，他將自己一生的思考困惑都融入其中，他所要探討的問題非常龐大，那就是：到底上帝是否存在？

《卡拉馬佐夫兄弟》一書中，杜哥強大的心理描寫和準確的人物定位得到了登峰造極的展示，作品的氣質延續杜哥一向的風格，帶著幽暗冰冷的氣場，緊緊將讀者壓抑束縛在其中。本書其中有一篇被很多大家高度推崇，《卡拉馬佐夫兄弟》已經是小說界的峰頂，而其中的這一篇，無異是全書的靈魂，這篇就是著名的《宗教大法官》。在老楊看來，能寫出這樣一篇文字，基本可以說：地球人都攔不住杜哥了！

這是老地主的二兒子寫的一篇寓言詩，他講給自己的三弟聽，把這個純良而虔誠的天使差點聽傻。二兒子寫的故事發生在十五世紀的西班牙，在紅衣主教火刑處決異教徒的現場，耶穌出現了，他回到了人間，並再次顯示了神蹟。可紅衣主教下令逮捕了耶穌，並質問了他一篇話，耶穌沒有回答，甚至可以說無言以對。紅衣主教的這些長篇大論大意就是：耶穌你為什麼要回來呢？你回來是妨礙大家啊，很多事你可以做，可你不做，你給了人類自由，可人類又不能負荷這些自由，現在教會把你沒做到的事都做到了，幫你統治了世界，你就不要再回來礙事了吧！

上帝沒有做成哪些事呢？上帝可以把石頭變成麵包，可他不肯，他認為，人類不能因為他可以給予麵包而追隨他，而實際上，人類鐵定是追尋給他們麵包的人，如果沒有溫飽，談什麼道德呢？上帝可以創造奇蹟，可他不願意，因為他認為人類不能因為奇蹟而追隨他，可是人類就是需要奇蹟，有奇蹟就有神祕就有權威，這樣才能讓人信服並順從。

最後的結論，上帝應該回到他自己的地方去，永遠不要再出現了，人類信仰上帝，可並不真的需要一位這樣的上帝！

「你只要把石頭變成麵包，人類就會像羊群一樣跟著你跑，感激而且馴服……可是你拒絕了這個提議，因為你想，假使馴順是麵包換來的，還有什麼自由可言呢？你認為人不能光靠麵包，但是你可知道，地上的精靈就會藉塵世的麵包為名，跟你交戰，並戰勝你……人類用智慧和科學的嘴宣告，根本沒有犯罪，無所謂罪孽，只有饑餓的人群……『先給食物，再問道德』……」

這一篇，在整部作品中是顯得很突兀的，它基本可以完全獨立於整個故事存在。而就是這突然出現的一篇文字，點亮了整部小說，讓作品的意境和思想提升到一個新的境界。當然，杜哥是宗師，他這麼寫當然是劍走偏鋒地驚才絕豔，別人也冷不丁來這麼一個長篇大論的跑題，肯定被認為是胡攪蠻纏。

前面說過，流放後的杜哥在宗教方面有點偏執，他堅持俄國的未來和前途在於宗教和信仰。他特別設定的三個兒子，分別代表著俄國的過去、現在、和未來，天使一般潔淨虔誠的三兒子就是俄國的未來。而在小說中，他這麼赤裸裸地質疑上帝，也多少反應出，杜哥自己的糾結和彷徨，所以說，杜哥的潛意識，是有點兒精分的。杜哥是個東正教徒，紅衣主教是天主教徒，杜哥自己有困惑，藉著紅衣主教提出些「大不敬」的說法，萬一真有上帝，自己還不擔「罪孽」，挺聰明的。

杜哥是老楊最崇拜的作家之一，而且老楊一直認為，杜哥在整個俄國文學史，可穩坐頭把交椅。可惜，主流的文學評論似乎不這麼認為，杜哥偶爾還是被低估，皆因作為一個現實主義作家，到後期，他不說是鼓舞所有人有所行動「敢教日月換新天」，而是提倡宗教信仰這種無力而保守的辦法，在思想意識上，杜哥算是相當不進步了，似乎當一個文學家又是革命家時，身價能憑空高出許多。

《卡拉馬佐夫兄弟》寫完，杜哥意猶未盡，他本來預備為小說寫出第二部，主要內容是三兒子入世後的生活和愛情，一八八一年，在寫作時，杜哥的筆筒掉在桌子下面，他為了搬桌子，用力過猛，腦血管爆裂而死。杜哥也太節儉，一個筆筒嘛，買新的不就完了，至於把命賠上嘛？

終於輪到托爾斯泰了。雖說文無第一武無第二，但在主流標準中，托爾斯泰肯定是俄國文壇的大哥大，作品數量最多，品質最高，影響最大，被認為是大師中的大師。

老托更是出身顯赫，據說還跟沙皇家族沾點兒遠親關係，因為繼承了莊園和家業，當時當地，我們見到老托，要尊敬地稱呼他：伯爵。

老托早年生活有點兒放浪形骸，不喜讀書，但對哲學有點興趣，老楊一直覺得古代的歐洲公子哥是有點品的，不作興炫富之類的玩法，他們再有錢再有地位，都會學點哲學藝術之類的花哨功課傍身，以保障自己在社交圈不要顯得太土鼈並能擁有一定的被關注度。在中國日漸富裕的今天，老楊特別想倡議，有錢人也組成類似當年的歐洲上流社會社交圈，經常就人文藝術時政組織討論，讓富二代們有個去處，別沒事上街飆車，拼爹！

上了三年喀山大學，因為學科不及格、賭博等劣跡昭彰被學校留級，後來他乾脆退學回家了。

老托是小兒子，根據歐洲的規矩，他可以繼承母系的遺產，於是托爾斯泰成為一個大莊園主。又是被啟蒙教育「教壞」的小孩，想法很簡單很天真，一接手莊園，他就著手改善農奴的生活。俄國的農奴，早就被剝削麻木了，冷不丁碰上一個滿臉善意的老爺，完全不敢接受，都想這地主老財說不定憋著什麼壞呢。

以老托的出生和地位，他也是糾結的，他知道農奴制不好，應該被廢除，可到底應該怎麼廢除，他也沒個思路，用革命的辦法自然是絕對不行的。對農奴的同情，和想改善他們生活條件的善意都沒有得到充分有效的釋放，加上對上流社會生活的厭惡，老托參軍去了高加索。大家看出來了，老托也是個「多餘人」，他的人生軌跡跟之前介紹的幾位文人都有類似，顯然，當時的俄國上流社會的公子哥，大多數都是「多餘人」。

托爾斯泰在三十四歲結婚，娶了一位十七歲的大家閨秀索菲亞。老托做了他人生最愚蠢的一件事，給後世留下了慘痛的教訓：老托是個文藝青年，在沒有博客和微博的時代，他們用日記記錄自己的生活點滴和心聲。面對即將進門的年輕的新娘，老托無法表達愛意，就覺得應該對她充分坦白自己，於是，他將日記獻給了未婚妻。日記一般都是比較寫實的，又沒有監管當局控制尺度，內容可讓十七歲的新娘開了眼了，原來自己要嫁的這個男人，吃喝嫖賭無所不為，還染過性病，有過私生子！

索菲亞帶著震驚失望和傷心成為托太，日記在她心中留下的記憶永遠揮之不去，所有的女人都希望老公對自己坦白過去的情史，可一旦真坦白了，就成為其一輩子的說辭和把柄，並認為只要有前科，必定還會再犯，所以，奉勸所有的老公，坦白從寬的結果，一定是牢底坐穿！

托太很能幹，那真是上得廳堂下得廚房進得書房，結婚後，老托就開始專心著書寫作，偌大的莊園事物全部交給托太，除了公家的事，還有私事，托太從進門開始生孩子，一刻不休地生了十三個孩子，這兩件大事，就讓托太白天晚上都不閒著了，老托又給老婆整出了一件新業務。

十九世紀六〇—七〇年代，老托寫出了兩部鉅著，分別是家喻戶曉的《戰爭與和平》和《安娜・卡列尼娜》，俄國作家動輒就能寫出巨長的小說，這兩部書的厚度用來當板磚使相當稱手，其中《戰爭與和平》翻譯過來後，四冊一百三十多萬字（草嬰翻譯的版本），一口氣讀完，真有頭昏眼花之感。

《戰爭與和平》講述的是俄國一八〇五年到一八二〇年間為背景的故事，所謂戰爭就是指的俄國對拿破崙的戰爭，小說最著名的就是氣勢恢宏，場面浩大，人物眾多，涉及了政治、社會、文化、宗教、心理、情愛等各個方面的內容，在小說覆蓋的廣度方面，《戰爭與和平》無疑已經是史上最登峰造極的作品了，它被稱為是描繪俄法戰爭的一副珍貴壯美的歷史畫卷。

小說的圍繞著莫斯科上流圈子的四個貴族家庭的子女們展開，這四大家族分別是賈家、薛家、王家和史家，故事開頭就是一個怪和尚和一個臭道士到處亂跑……，打住，又穿越了！忒容易穿越了，每次讀《戰爭與和平》，老楊總是能走神想到《紅樓夢》，並喜歡將兩者做對比，這兩部小說應該說分別代表俄文和中文小說的最高境界，而且兩部書都勝在人物多場面大，中心內容都是描述一群年輕人的生活和愛情，只是，因為老托的作品依託於偉大的俄國衛國戰爭，看起來浩瀚而壯麗，戰爭背景下的愛情，總是容易寫的盪氣迴腸一些；《紅樓夢》用一個大院子裡發生的瑣碎家務事構成了這麼強大的一個故事，更顯得難能可貴。

莫斯科那四大家族共有十多個適齡年輕人，因為俄國對拿破崙的戰爭，讓他們的生活都有了改變，有的毅然參加戰爭，並在戰爭中調整自己的三觀；有的則是繼續在上流社會墮落頹靡，也透過時局的變化改變了自己；當然有的就變成了「多餘人」，對現實有了自己的困惑，在困惑中又不斷修正自己的位置。因為老托自己的思考，小說少不得還討論了關於農奴改革和信仰之類的問題。

至於《安娜·卡列尼娜》則更是讀者眾多了，老楊家也不算好讀書的書香世家，記憶中家裡很早就有這本書，而她開篇的那句名言，大約是識字時就接觸過了：幸福的家庭都是相似的，不幸的家庭各有各的不幸。

幸福的家庭怎麼幸福呢?沒人出軌,或者出軌也不出事;不幸的家庭大部分是因為有人出軌,出軌還出事。《安娜・卡列尼娜》不管在文學界有多高的地位,不用解構它隱含或者隱射或者隱喻的內容,它講的,不過就是個出軌的故事。

年輕的美女嫁給了比自己年長很多有地位有身分有財富的老男人,錦衣玉食之際還渴望愛情,於是私通發展到私奔,後來發現這段關係為上流社會不恥,還被社交圈子排擠;小白臉的愛情隨著時間的流逝逐漸衰退,美女絕望之下為了終極懲罰情人,跳下鐵軌自盡。

要在現實生活中認識一個安娜這樣的女人,誰不罵她道德敗壞品質惡劣啊,可她在老托筆下,幾百年來就是成為了追求愛情追求自由的女性先驅的代表。鑑於老托自己早年私生活也不太檢點,他寫一個已婚女人偷情的故事,怎麼看都不具備積極的教育意義。安娜背叛丈夫,與情人通姦,遭到全莫斯科的鄙視,就有不著調的人因此總結,這是封建社會對人的自由的壓制和迫害,這也太離譜了吧,難道現代社會沒有封建迫害的時候,我們就能公開接受通姦和背叛了?!真要將安娜樹為女性榜樣,以後的世界還不亂套了嗎?

顯然是老托自己也覺得,單獨寫一個通姦的故事,還被炒成世界名著,對不起廣大觀眾,所以《安娜・卡列尼娜》還有另一條線,講述了一個叫列文的農場主,和他天真單純地在自己的領地上企圖對農奴做出改革。跟安娜自由追求愛情遭受慘敗一樣,列文對農奴的一系列措施也沒取得他想要的成果,很明顯,這個列文,是托爾斯泰自己的寫照。

因為上面介紹的這兩部鉅著,老托得以不朽,這份功勞一定要分一半給老托可憐的妻子。在沒有電腦的時代,作品的修改和謄寫是巨大的體力工作,尤其是老托這種寫起來文思如滔滔江水連綿不絕，動輒幾百萬字的作品。根據老托留下的文稿，這傢伙字跡相當潦草，顯然也沒好好練過字，看原稿非常費神吃力，因為老托家所有的體力活都是老婆幹，所以這個瑣碎而勞累的工作又被安排給托太，索菲亞在管家、生育機器、奶媽等工作之外，還要當老托的助理和祕書。

老婆很幫忙，吃喝都不愁，老托只管用力寫，晚年時，又一部鉅著《復活》問世了。《復活》講述一個貴族公子哥，在自己姑媽的莊園誘姦了一個女僕，始亂終棄。若干年後，他做陪審團成員出現在一個案件的審理現場時，發現被控毒殺富商的妓女，就是他當年拋棄的女僕，而且女僕之所以淪為娼妓，就是源於當年和公子哥的一夜情而後懷孕，被主人家驅趕，後流離顛沛為生活所迫成為「失足婦女」。

公子哥懊悔自己錯誤開始為女僕奔走，想替她洗刷罪名，在奔走的過程中，意外幫助了很多犯人，並深刻認識到了沙俄社會監獄、法律、國家機器對老百姓的迫害和欺壓。女僕被判流放，公子哥預備陪伴她服刑，並要求跟她結婚。女僕從最初的怨恨到最後被他感動，再次愛上了他，但是她認為結婚是不可能的，這對公子哥不好，於是她嫁給了一個服刑的政治犯，而公子哥也在這一輪的救贖中，找到了真正的自己，和未來的方向，開始了一段新生活。特別需要說明的是，雖然女主角最後選擇了革命黨，但不意味著老托為公子哥指引的方向是走上革命道路，因為小說的最後一篇，男主角在研究福音書，所以，遺憾的是，對老托來說，抗爭和改變也要寄希望於宗教信仰。

老托不可避免要變成一個有點兒古怪的老頭，像托爾斯泰這樣的人，不能指望他老了帶孫子消遣，他肯定是繼續偏執地胡思亂想，並認定現實中的一切都讓他不滿意。好在他沒有變成一個刻薄的地主，而是努力想拋棄貴族生活，跟農民或農奴為伍。老托八十大壽後，所有人看他就真老糊塗了，他好日子過久了，突然想要放棄一切，做普通百姓。

怪老頭要散家產，老伴是絕對不能答應的，在老托看來，老婆總是跟不上自己意識和思想，還總給自己添亂。而托太也苦悶，自從嫁給老托，活沒少幹，苦沒少吃，可就是得不到認同，加上，自從新婚的日記事件後，托太就落下病根，總懷疑老托背著自己幹了不少花花草草的事，而老托居然不再坦白交代了，托太百忙之中的還給自己增加了一項工作：隨時翻找老托的新日記。

一九一〇年十月二十八日，八十二歲的老托決定，離家出走，他要到南方去，自食其力自力更生自說自話。對於一個八十二歲的老頭來說，玩離家出走最好僅僅是口頭嚇唬小輩，來真的就有點冒險，十天後，在旅途中的一個寒冷的小車站裡，因為肺炎，老托病逝。很多人都說，老托的離家出走和逝世，罪魁是因為家裡那個不懂事的老婆，因為和老婆的爭執口角，直接導致了一代文豪的離去，為俄國乃至世界文壇造成了巨大損失。公平地說一句，一個八十二歲的固執老頭的折騰，真不能怪任何人。

老托的三部名著可以被稱為文學界的豐碑，任何人可能寫出其中的一部都可以算的上是大家，老托的名字後面，經常有文豪、巨匠、宗師之類的尾碼，在文學界，至少在俄國的文學界，他肯定可以穩坐頭把交椅，笑傲江湖。不過，老托自己說過，如果僅僅是比較小說的技巧，他自覺比不上契訶夫。

肯定是比不過的，稍懂文學的人都知道，寫小說，越短越艱難，要寫好短篇小說，遠比寫一部磚頭厚的長篇難得多，有些人就說中國最好的小說應該是《聊齋志異》。而我們即將要介紹契訶夫就是選擇了這條最難的路，他是短篇小說的大師。

契訶夫家裡是開雜貨舖的，後來雜貨舖還開倒閉了，他靠當家庭教師才完成自己的學業，他學的是醫科，大家都知道，醫生不能隨便轉行，一轉就容易轉出大事，以咱家為例，有兩個當醫生的不專心本職工作，就天翻地覆了，一個叫孫文，一個叫魯迅。

是不是因為醫生的思維跟常人有異，他們一跳槽到文學界，就帶著不一樣的氣象，他們觀察生活更仔細，對細節看得更清晰，更能拋開表象看到最深刻最腐壞的內在。最重要的是，作為醫生，他們都比較狠，文章看似幽默實則刻薄，喜歡夾槍帶棒地嘲諷。而因為一個醫師的思維習慣，他們的作品都很凝練而且緊湊。

大家注意，契訶夫出身普通，成為小說兼作家後，也不可能進入上流社會去憎恨上流社會，所以，在上面介紹了一堆「多餘人」作家後，難得地出現了一個不是「多餘人」。沒有多餘人的矛盾和糾結，沒有他們那些說不清楚的桎梏，契訶夫反而可以把周遭看得明明白白真真切切，作為一個執業的醫生，在行醫的過程中，他零距離接觸社會各類人群，所以，契訶夫的大部分作品，素材都是在日常生活中隨手拈來，樸素實在，緊貼現實。

契訶夫我們不陌生，中學時代都學過他的作品，隨便屈指一算，《變色龍》、《凡卡》、《套子裡的人》都是我們耳熟能詳的。在寫作方面，契訶夫曾總結出一條祕笈：「天才的姊妹是簡練」，要求作品盡量廢話少說。這條祕笈雖然大多數作者都認同，不過都不喜歡照著做，因為好多地方是按字數算稿費的，作家也要吃飯吧，看老托，那樣有錢的伯爵老爺，他寫東西也絕對不精練，生怕作品印刷出來後，墊桌子高度不夠。

在老托離家出走的六年前，契訶夫也因為肺炎病逝在德國，人類文化史上的文學家浩如繁星，可寫短篇小說成了氣候的，不過就是美國的歐亨利、法國的莫泊桑和俄國的契訶夫，當然，老楊認為，蒲松齡也可以放在其中，不能因為人家寫妖魔鬼怪就矮化人家的才能。

2. 伏特加、紙牌、烤鴨與狗

老楊每啟動一個國家的旅程時，都會選擇讓自己第一時間想到的該國特產來開頭，比如德國的音樂家、法國的羅浮宮、英國的魔法師、羅馬的上古神話，而一說到俄國，相信很多人跟老楊一樣，第一個入腦的，肯定是伏特加，因為這東西容易上癮。

開篇介紹了「生命之水」的釀造方法，釀酒是個很容易的活，但是要釀出好酒卻殊為不易，酒是藝術品，釀造的過程要講點天賦和靈感，純技術肯定不能達到化境。不過有人認為，酒不過是一種勾兌藝術，只要能精確算出配方，就能調和出一流的好酒，於是他就給伏特加研究出了標準配方，而根據這個配方，俄國推出了自家的招牌好酒，標準伏特加，這個給酒寫祕方的人叫門捷列夫。

門捷列夫出生於西伯利亞，那種地方長大的人，估計對伏特加之類的東西有深刻的感情。門捷列夫是師範生，畢業後就成為中學化學老師，後來成為彼得堡大學化學系的教授。

老門同志一生有兩大嗜好，玩牌喝酒。要不怎麼說玩物喪志也要看人呢，老門，好酒之餘為俄國的伏特加制定出了標準，而玩牌呢，更玩出了巨大的成就。

卻說老門早年教授基礎化學，基礎化學要研究自然界的元素，到底這個地球有多少種元素？中國人最簡單了，五大元素，金木水火土，什麼都能聯繫上，包括人品。比如老楊是個爆脾氣，則是火性；沒主見還喜歡招惹桃花的人，我們說她水性；有些人腦殘加天然呆，我們叫他榆木或朽木等等諸如此類。西方人計較啊，五個元素肯定不夠，要細分再細分，於是，到十九世紀六、七〇年代左右，科學家已經發現了構成這個世界的六十三種元素。

這六十三中元素要記住還是挺難的，而且，元素間會不會有什麼內在聯繫呢，比如金生水、水生木、木生火這種。正好英國有個叫道爾頓的，提出了原子學說：物質由原子構成的，元素由同一種類的原子構成的……因為原子是有質量的，所以不同的元素有不同的原子量。所以，當時的科學家都認定，透過原子量，可以找到這六十三種元素的某種內在聯繫。

作為基礎化學的教授，老門覺得研究出這六十三種元素的規律責無旁貸，至少要給學生一個簡單的背誦方法吧，全掛科了不是顯得教授無能嗎？

老門喜歡玩牌，於是把這六十三種元素做成了六十三張紙牌大小的卡片，天天在桌上排來排去的，不知道內情的同事都說：門教授真悲催，犯了牌癮，還天天一缺三。

紙牌終於啟發出了老門的靈感，他發現元素的性質是隨著原子序數的增加呈規律變化的。至於怎麼個規律變化，「地主」們自己復習初中的化學吧，老楊到現在還沒學明白呢。

只要發現了規律，就容易整理了，於是，元素週期表就出現在全世界所有的化學書上了，老門用撲克牌推演出來的天才圖表。

老門的元素週期表絕對人類科學發展史的一塊里程碑，自從這個週期表出現，人類發現新元素的進度明顯加快了。比如兩個元素在週期表上是鄰居，可原子量又相差比較大，那就說明，這兩個元素之間，一定存在著新的不為人類所知的元素，可以按這個線索去尋找。而老門自己在做元素週期表的過程中，已經有意識地留下空位，他留下的位置，陸陸續續被新發現的元素填滿。現在這個週期表已經擁有一百多種元素，如果老門再想做成卡片，只能做成麻將來研究了。

在老楊看來，這張表格最大的作用還是幫助我們背誦記憶應付考試，老楊化學學得焦頭爛額，只有元素週期表至今能流暢背誦，也算對得起門教授了。

這個時期的俄國，有錢人家的少爺都研究文學哲學以圖在上流社交圈裡磨嘴皮子，能沉下心來研究科學的，都是貧寒人家的子弟。只有科學研究是實打實要看成果的，不需要拼爹也能出人頭地。俄國雖然一直落後保守，但家裡一直不缺少世界頂級的科學家，十九世紀中期這一段，除了門捷列夫，俄國人還擁有巴甫洛夫。

全世界知道巴甫洛夫，是因為他欺負虐待狗，每次餵狗之前都搖響鈴鐺，狗會自動分泌唾液配合，幾次以後，就算搖鈴不給狗進食，它也分泌大量的唾液。一隻可憐的牧羊犬被巴甫洛夫整得神經兮兮的，但因此幫助他建立了強大的條件反射理論。

網路上的神仙們根據這個條件反射定律發明了一種泡妞祕笈：如果你看上了辦公室某位美女，每天早上你就默默地匿名買好早餐放她桌上，時間長了，她吃成習慣，突然你就停止不送早餐了，美女馬上就鬱悶了，會全力尋找這個送早餐的，並對你流口水。

巴甫洛夫是世界上第一個獲得諾貝爾獎的生理學家，在獲獎時，他特別感謝了幫他完成各種試驗的牧羊犬，其實，巴甫洛夫要感謝的動物很多，在研究消化道之類的問題時，被他折磨並搞亂了神經的動物真不少，動物保護協會的也不說去包圍他的實驗室。

在面對死亡時，巴甫洛夫更是表現出一位超級科學家的強大心理，有一篇文章被收錄在小學課本裡，叫做《巴甫洛夫很忙》，在預感自己時日無多時，作為一個醫科工作者，沒有急得到處找偏方找熟人不計成本延長生命，而是淡定地接受，並口授自己身體和生理的各種變化，讓助手記錄下生命走向終結的過程，在「等死」的這段時間裡，他不許任何人去打擾他，並因此留下人類歷史上最牛的臨終遺言：巴甫洛夫很忙，巴甫洛夫正在死亡。（中國的教育喜歡培養「冷血超人」，喜歡宣揚為工作父母生病都不回家這種可悲「事蹟」，巴甫洛夫一生鑽研科學，對家庭頗為冷漠，生命的最後也不說好好補償一下家人，這個故事進入小學課本，感覺對小孩產生不了特別有愛的教育作用。）

3.悲愴和大笑

俄國的文學家是世界一流的，科學家是世界頂級的，而真正讓俄國文化被全世界高度認可，老毛子家最強大的軟實力，肯定是來自柴可夫斯基，據不科學資料，說老柴是最受歡迎人氣最高的古典音樂家，應該是毫不過分的。

要追述俄國的音樂發展史，最先被提到的應該是格林卡，作為一個小莊園主，他也幸好沒有淪為「多餘人」，一門心思想著解放農奴，他在農奴身上汲取的，是俄羅斯民間音樂的營養。他舅舅有一支由農奴組成的樂隊，格林卡參與其中成為一員，最讓他沉迷的，就是那些來自俄羅斯鄉間的民歌。

格林卡成為職業音樂家後，將俄羅斯的民間音樂與西歐的創作技巧結合，創作出了俄國歷史上

第一部有世界影響力而且是帶有俄羅斯民族風格的歌劇《伊萬・蘇薩寧》，隨後他又根據普希金的同名長詩創作了《魯斯蘭和柳德米拉》，為俄國的民族音樂奠定了基礎。格林卡在晚年寫了一部交響樂《卡瑪林斯卡亞》，這是一部以俄國民歌為基礎的交響樂，為後來的俄國作曲家開闢了道路，柴科夫斯基說：《卡瑪林斯卡亞》孕育了整個俄羅斯的交響音樂。

格林卡之後，俄國音樂家迎來了一個小高峰，出現了著名的「強力集團」。這是一個由進步的俄國作曲家組成的團體，成員共有五人，「組織頭目」是格林卡的學生，巴拉基列夫。這五個人中，只有巴拉基列夫算是受過學院派的音樂訓練，其他四個都是業餘工作者。沿著格林卡的道路，繼續將俄羅斯的民間音樂發揚光大，他們主張利用俄國民間音樂中獨特的因素，創作出具有鮮明的俄羅斯風格的音樂作品。

五人集團作品豐厚，最被我們熟知的就是五人中年齡最小的科薩科夫為歌劇《薩爾旦沙皇》譜寫的曲子——《野蜂飛舞》。《薩爾旦沙皇》是普希金寫的一部童話故事，故事講述了三個不友愛的姐妹。最小的妹妹成為皇后，讓兩個姐姐很嫉妒，於是用陰謀詭計將妹妹和剛出生的王子放逐荒島，後來王子在一位被施了魔法的公主幫助下，變成大黃蜂找回了正義，全家大團圓。野蜂飛舞這一幕描寫了王子變身大黃蜂（不是博派那個機器人啊），向兩個壞姐姐報仇的情景。現在最火的跨界鋼琴家馬克沁就是以神乎其技眼花撩亂的指法彈奏這支曲子而一舉成名，後來這首樂曲就經常被各種演奏家用來炫技，快速流暢，激情滾滾，馬克沁在演奏時幾乎達到了人琴合一的境界，閉上眼睛，真能感覺到一群大黃蜂的急速飛行。

經過格林卡和五人集團，俄國的音樂界找到了明確的方向和定位，陸續開始出現影響世界的超級音樂家。

柴可夫斯基出生於一八四〇年，一個富裕的知識份子之家，十歲那年，柴爸成為聖彼得堡國立大學的校長，所以柴哥一直能受到正規而且良好的教育，從五歲學鋼琴開始，就表現出了藝術天賦。柴爸雖然支持兒子學音樂，可從傳統教育的理念上考慮，音樂作為一生的事業，道路比較狹窄，餓肚子的機率極高，柴爸一直給兒子施壓，讓他學習法律。

柴哥性格敏感而脆弱，有點小孤僻，是個天才卻不敢叛逆，他屈從了柴爸的安排，進入法學院，並在畢業後到司法部工作。二十二歲時，柴哥在司法界實在看不到任何前途和樂趣了，於是說服柴爸，進入聖彼得堡音樂學院學習，師從安東・魯賓斯坦。

安東・魯賓斯坦（注意區分二十世紀美國著名的波蘭裔鋼琴大師）在俄國音樂發展史上有非常尊崇的地位，他不但是俄國數得著的音樂家，最大的成就是音樂教育，他一手創辦了聖彼得堡音樂學院，柴哥是他的首批學生。畢業後，安東・魯賓斯坦的弟弟尼古拉・魯賓斯坦邀請柴哥到莫斯科音樂學院去執教，當時柴爸已經過世，柴哥要吃飯，所以就接受了音樂史教師的工作。

吃不飽餓不死的工作是很有空的，柴哥開始了自己的音樂創作之路。跟其他天才一樣，柴哥的作品剛問世的時候，收到的全是冷遇，比如在莫斯科音樂學院任教期間，他寫了一部叫《降B調鋼琴協奏曲》的東西，就被同事同行菲薄，甚至連尼古拉・魯賓斯坦也覺得這個孩子想在音樂道路上實現成就恐怕是天賦有限。這首曲子後來名震全球的時候，都叫它《第一號鋼琴曲》，「地主」們可以去百度一下，就會知道這是一首多麼著名多麼熟悉的曲子了。

柴哥一生作品很多，《第一號鋼琴曲》是他的金字招牌，而最奠定他江湖地位的，則是芭蕾舞劇。在老楊成為文藝青年之前，一直以為世界上只有三部芭蕾舞劇，分別是《天鵝湖》、《胡桃鉗》和《睡美人》，而這三部都是柴哥的作品。

芭蕾舞劇發源於義大利興起於法國，十九世紀，俄國流行法國時尚，所有法國的東西都被俄國尤其是上流社會追捧，作為法國藝術標誌的芭蕾舞也進入了俄國。原本的芭蕾舞注重舞台效果，肢體動作，對配樂不是太重視，就是跟柴哥的經典樂曲結合後，這門藝術才上升到一個新的階段，並使俄國成為世界芭蕾舞的頂級殿堂。

天才總是寂寞的，柴哥的落寞來自他的「疾病」，至少在當時的環境下，他被認為「有病」——柴哥疑似同性戀。對一個東正教國家來說，這個事招人嫌棄，前面說過，柴哥不是那種敢於抗爭的人，他生怕他這「毛病」給人知道。不知道從哪裡搞來偏方，柴哥認為，找個女人結婚能「治病」，正好他有個女學生，要死要活地崇拜他，甚至威脅說，柴老師不要她，她就去死！

柴哥當時正為普希金的《葉甫蓋尼·奧涅金》寫歌劇，這個故事不是講述男主人翁拒絕一個追求自己的女人後來腸子悔青的故事嘛，柴哥一時感動，就答應了女學生的求婚。還沒過完蜜月，柴哥就崩潰了，差點自殺，他逃到了聖彼得堡，跟自己哥哥生活在一起，雖然一直沒離婚，可再也沒跟老婆見面。

婚姻破裂又失去了工作，柴哥的生活和創作還在繼續，因為另一個女人救了他。有錢的寡婦梅克爾夫人，酷愛音樂，崇拜柴哥，主動為其提供資助，兩人約好，只寫信，不見面，搞網戀。這種「虛擬世界」的關係維持了十四年，除了有一次因為沒安排好，兩架馬車意外錯車，讓彼此對看了一眼，再沒見過面。

也是這個女人導致了柴哥再次崩潰，因為突然有一天，梅克爾夫人就中斷了資助，還失去了所有的消息。柴哥敏感，喜歡瞎想，他不知道梅克爾夫人是因為破產，他就感覺是被拋棄了，此後的歲月一直為這事痛苦。

一八九三年十月，柴哥的第六交響樂公演，他的哥哥聽完這個曲子後，憂傷的難以自持，所以為之命名為《悲愴》。這首曠世的名曲由四個樂章構成，第一部分應該是柴哥大致回憶了自己的一生，雖然敏感而憂傷，可沒有放棄夢想和渴望；第二部分，柴哥想到了梅克爾夫人和自己的愛情，這是一種明媚的憂傷；第三部分，明媚轉入絕望，浪漫的夢想總是遭遇現實的高牆，甚至連梅克爾夫人都消失無蹤了；第四部分，不管什麼樣的生命都歸於虛無，最好的音樂，也不過是自己的安魂曲。

《悲愴》之悲愴，不僅浸滿了柴哥一生的感傷和淒涼，它更是柴哥的絕唱，公演八天後，柴哥死去了。

柴哥之死是歷史之謎，官方說法是他不知道在哪個不衛生的小店喝了一杯水，染上霍亂病逝，而更多的說法是柴哥死於自殺，還是因為他的性取向，悲催的是，他還愛上了自己的外甥。柴哥晚年一直享受沙皇發給的俸祿，一個御用音樂人的私生活影響皇室的臉面，沙皇「賜死」柴哥，並答應為其死因保密，柴哥其實是死於砒霜。

現在有些人想給柴哥洗刷名聲，找出各種證據證明柴哥性向正常。這純粹是沒事找事的行為，不管基督教教義怎麼說，也不管即使是現在還有些假模假式的人動輒抨擊同性戀，有一個事實不可否認，很多同性戀者，都有驚人的藝術天賦，並為藝術領域做出過革命性的貢獻，他們是一群特殊卻絕對正常的人，他們取得的成就同樣應該受到尊重。

整個歐洲的主流地區的文化，隨著十九世紀動蕩起伏的政治形勢和思想界的變遷，都走出了大致相同的軌跡，古典主義日漸沒落，代表內心釋放的浪漫主義興起，又隨著現實生活給人的打擊和思考，誕生出現實主義。之前說過的俄國文學就是這樣一個發展順序，音樂和繪畫藝術的風格也是這樣地變遷，而在俄羅斯，因為其特別落後和農奴制產生的社會撕裂，則讓其現實主義的藝術顯得特別深刻。

音樂對於現實的感悟和批評，總是要隱晦一些，而作為俄國音樂代表人物的柴科夫斯基，他因為是莫札特的粉絲，音樂表現更貼近西歐，所以，要說最能代表這個時期俄國風貌的藝術家，應該是畫家列賓。

俄國是宗教國家，所以十九世紀中期以前，他家的繪畫內容不過就是聖經故事或者神話。一八六三年，有幾個美術學院的學生為了抗議學校只准他們繪畫宗教題材，集體退學，組織了一個「自由畫家協會」，開始用畫筆描繪我們日常可見的現實主義內容。俄國規定，畫展只有聖彼得堡和莫斯科舉辦，這個協會成立後，組織成員在俄國各省辦展覽，形成了俄國藝術史上著名的「巡迴畫派」。

「巡迴畫派」在社會生活的各方面尋找素材，跟音樂界的「五人強力集團」一樣，他們也認為，俄國的藝術應該遵循自家的傳統，減少對西歐藝術的模仿依賴，逐步建立起屬於俄羅斯民族自己的創作風格。

列賓就是這個畫派的代表人物，他的《伏爾加河上的縴夫》為我們每個人所熟悉。其實，要說列賓數量巨大的名畫中最牛的一幅，應該是現藏於俄羅斯特列恰柯夫美術館的《查波羅什人給土耳其蘇丹回信》。

查波羅什人是一夥流落在烏克蘭的哥薩克，武裝草莽，驍勇無匹。土耳其蘇丹知道後，有意拉攏，就寫信想將他們招至麾下，幫自己打工。誰知查波羅什人雖然天天跟俄國的地主老財們幹仗，可他們還是深愛自己的國家和故土的，所以寫信拒絕了土耳其蘇丹的招安。這幅畫描述的就是這群哥薩克給土耳其蘇丹回信的情景，哥薩克首領想在信中加上一句對土耳其蘇丹的調侃，引發了這群粗狂而豪邁的哥薩克爺們的大笑。笑容各具情態，反應了畫家在刻畫不同人物時高超的技法，而這群人物中不同的衣飾、髮型、表情每個細節都處理得非常精細，人物性格特徵也非常清晰，尤其是畫面左側那個紅衣白鬍的胖子，仰天大笑的表情格外傳神。史上由諸多人物構成的畫作中，列賓的這幅作品算得上是頂級之作了。

列賓用了十三年的時間才完成這幅畫，期間他多次到烏克蘭采風，對底層人民的性格和作風有了自己的見解。哥薩克都是逃跑的農奴，他們的地位是卑微的，可畫中的人物每個臉上都有無畏、勇敢、自豪、樂觀的光芒，在列賓心理，這可能就是俄國底層百姓的精神，最俄羅斯的精神。

列賓一直生活在聖彼得堡郊區，聖彼得堡這個城市有個尷尬，它實在是離邊境太近了，俄國人又喜歡跟鄰居糾纏不清，所以，第一次世界大戰後，列賓住得那個地方，就被劃給芬蘭了。藝術家可以用藝術反映時政，表達思想，可他們對政局的變化是一點辦法也沒有的，說到第一次世界大戰，讓文人們都藏起來吧，又要打仗了！

二十四、第一次世界大戰

一說到世界大戰，都要闡述兩個問題，一，為什麼捲入戰爭；二，加入哪個陣營。

俄國為什麼捲入第一次世界大戰，不，俄國不是被捲入第一次世界大戰，他幾乎是這場大戰的主要肇事者之一。根據之前西歐三國的歷史，大家已經知道，第一次世界大戰最大的矛盾焦點，就是巴爾幹半島的問題。可巴爾幹問題是怎麼來的呢？就是因為俄國人一直想肢解土耳其，將巴爾幹半島上所有的斯拉夫人統一到自己麾下，而歐洲其他國家不能坐視俄國這樣張狂的擴張。

克里米亞戰爭，俄國遭到西歐列強的圍毆，南下黑海控制海峽之類的計畫被打黃了。最可氣的是一八七八年，在普魯士的俾斯麥主持下，召開了一個柏林會議，這次大會讓俄國人感覺非常受擠兌。俄國人的想法，就是以保加利亞為中心，在巴爾幹半島上，所有信仰東正教的斯拉夫人建立一個泛斯拉夫的獨立國家，當然是由俄羅斯控制的。這個想法西歐諸國都不會答應，尤其是俄國的傳統盟友奧地利，毫不給面子，咬住了波黑和塞爾維亞地區，堅決不鬆口。大會主持人俾斯麥出於德意志在土耳其的利益考慮，站在奧匈帝國一邊。柏林會議讓俄國人感覺丟了人吃了虧，在巴爾幹一帶也不好輕舉妄動，所以後來將全副精力放在了遠東地區，結果又被日本人揍了一頓。

卻說俄國在農奴改革後，資本主義迅速發展，要感謝法國，《聞香法蘭西》中提到，十九世紀，法國國內產生了大量金融寡頭，他們最喜歡對國外放高利貸，俄國恰恰是法國最大的主顧，法國人特別喜歡買俄國公債。因為這種金錢上的互相需要，十九世紀到二十世紀間，俄國和法國的關係那是相當不錯。

雖然英國對俄國覬覦黑海不滿，但因為軍備競賽和德意志的崛起，英國感覺到德意志才是眼下大敵，法國人牽線，英俄結為盟國。如此一來，德國、奧地利還有跟著打醬油的義大利組成同盟國，俄國、法國、英國就對應成立了協約國，第一次世界大戰在奧匈帝國的太子殞命塞爾維亞後，正式開打。

第一次世界大戰開打之前，雖然俄羅斯帝國還號稱自己是世界上最強的國家之一，可從克里米亞戰爭到日俄戰爭的慘敗，所有人都發現北極熊大而無當，非常腎虛。跟經過了兩次工業革命的歐洲列強相比，俄國工業技術科技文化都算落後，落後顯示在軍事上，就非常明顯，尤其是他們即將面對的，幾乎是可以號稱陸上最強軍隊的德意志。

一九一四年夏天一宣戰，德軍就將全部精力投入西線的法國，東線面對俄羅斯，只有少量兵力。俄國見此情形，組織了西北方面軍對德國東部發動進攻，效果還不錯，居然直接打進了德國腹地。這時德軍不得不從西線調集軍力反擊，很快，戰場又轉入了波蘭境內，俄軍開始敗退。

協約國有幾個國家，可東線戰場的俄國人幾乎是得不到任何支援的，因為德軍控制了波羅的海，而土耳其參戰後，控制了黑海，兩頭一堵上，德意志、奧匈、土耳其幾乎是將俄國圍在中間打。

好在德軍兩線作戰，不敢深入追擊俄軍，於是，俄軍此時的動作就只有不斷地補充兵源，送上前線讓德軍屠殺，以達到將德軍牽制在東線的目的。可憐俄國軍隊，裝備和彈藥都嚴重不足，很多俄國士兵被送上戰場前，都不能配給槍支，軍官們告訴他們，衝上戰場，去撿陣亡的前輩留下的。

一九一五年，德國人被兩線作戰折騰膩歪了，他們也發現，整個協約國陣營，俄國是最弱的一環，乾脆就集合力量，一舉消滅俄軍主力，而後解套的大軍就可以調到西線，繼續收拾法國和英國。德國一將注意力轉到東線，殘破不堪的俄國軍隊就更是潰不成軍，不得不撤出了波蘭、立陶宛、拉脫維亞等地區，巨多的士兵傷亡或者被俘。雖然一次次戰役，德國人都勝得漂亮，可也付出了巨大的代價，最無奈的是，即使被打得支離破碎，俄國人就是不投降，那些破衣爛衫武器簡陋的俄國軍隊總還能死纏住德軍不放。德國的計畫失敗，東線繼續存在。

有感於俄國被德奧圍毆不屈不撓，緩解了西線巨大的壓力，英國和法國這兩兄弟，格外開恩，應允了俄國對黑海海峽及附近臨海地區的佔領，還說，只要俄國人有本事，衝進君士坦丁堡也沒意見。克里米亞戰爭後，英法迫使俄國的軍事勢力退出黑海，如今能同意他們回來，算是對東線戰場死傷無數的俄國一種補償了，也可以說，這是羅曼諾夫王朝在第一次世界大戰中最大的勝利吧。

被捲入第一次世界大戰和前兩場搶奪殖民地的戰爭不同，俄國人有血性，每次面對國家遭遇大敵進襲，基本都還能上下一心配合沙皇保家衛國。第一次世界大戰剛開始，雖然國內亂七八糟，可是尼古拉二世不管是徵兵還是調集資源都算順利，沒有後方的配合，他也不可能將驍悍的德意志軍隊牽制這麼長時間。

這次大戰，其實是上帝賜予尼古拉二世翻身的機會，他如果運用得當，完全有可能收復民心力挽狂瀾，逆轉王朝的命運。可是，他被大戰弄昏了頭，跟前幾任沙皇一樣，他們都酷愛戰場和戰爭，遇上這樣規模的戰事，丟下國家就衝到前線去看熱鬧。俄羅斯國內的大事，尼古拉二世最相信的是自己的老婆，亞歷山卓皇后幾乎是攝政。

皇后是個野心勃勃的女人，剛嫁入俄國時，也有萬丈雄心，可自從生出王儲阿列克謝，這個媽媽就把全部心思放在兒子身上了，發現兒子有病後，更是覺得人生都灰暗了。從太子第一次發病開始，對沙皇和皇后來說，誰能治療兒子的病，誰就是上帝派來的天使。而就在羅曼諾夫王朝最後的這個階段，上帝還真給派了「天使」來。

二十五、天下第一神棍

到底世界上有沒有神，眾說紛紜，但是古今中外，無論哪一個國家，從來不缺神棍。神棍這個物種，對中國人尤其不陌生，不說古代，就是改革開放這三十年裡，一代代的神棍大忽悠從來沒有絕跡過。因為中國沒有特別主流的宗教信仰，所以咱們家出的神棍基本都能與時俱進，每代都以不同的面目出現。早年間是各種氣功大師，自稱有通天徹底之能，排山倒海之功，最近幾年流行養生專家，都說自己掌握了延年益壽長命百歲的法門，生病不用吃藥不用去醫院。

一般認為，會出現神棍，肯定因為群眾愚昧加腦殘，容易受忽悠。分析一下深層次的原因，如果不是看病難看病貴，中國的老百姓真會傻到吃生茄子喝綠豆水治療糖尿病嗎？大部分時候，盲目地相信，是出於一種死馬當活馬醫或者尋找精神支持的無奈。

這一篇，老楊給大家介紹一位混得很成功的俄國神棍，最輝煌的時候，這位神棍左右俄羅斯帝國的所有政事，幾乎能控制沙皇，他叫拉斯普丁。

一八六九年一月，拉斯普丁出生於西伯利亞的一個小山村。西伯利亞廣袤而遼闊，除了盛產冷空氣，還有茂密的森林和豐富的礦產。不過一直以來，俄國的政治經濟中心都在西部，西伯利亞地區除了被流放來的犯罪份子，就是政治鬥爭政治運動被迫害逃亡而來的落魄貴族政客，還有就是改革之前逃亡的農奴。這種地方魚龍混雜，特別容易出現牛人或者神人。

從拉斯普丁在西伯利亞時的表現看，他不是牛人也不是神人，是個標準流氓。打架鬧事、偷雞摸狗、偶爾還誘姦婦女。「拉斯普丁」不是他本名，這四個字的意思翻譯成中文就是「淫棍」。劣跡昭彰，嚴重影響村民的正常生活，所以當地政府和教會就一起將他趕出了村子。

拉斯普丁穿上僧袍，自稱是一名苦修的僧人，開始混跡於江湖。這樣的混混有「小強」一樣的生命力，怎麼都能活下來。以後的幾年，這位苦行僧走遍了巴爾幹半島，最遠甚至去到了耶路撒冷。他的這段行走經歷，尤其進入聖地的過程，是他最大的人生財富。

不管哪種神棍，有個共同特點就是舌燦蓮花，口才極好。拉斯普丁蓬頭垢面衣衫襤褸回到俄國一家修道院。雖然身上帶著風塵和寒酸，可他的湛藍的眼睛裡卻閃爍神祕變幻的光芒，他跟牧師修士們講述了一個浪子作惡多端而後透過苦修得悟大道，最後去到耶路撒冷被開了天眼，有了神通之類的故事。當時就魅惑了很多人。

拉斯普丁到底有沒有神通？有，他在行走江湖中，學了些類似催眠的法術，偶爾可以控制人的情緒。傳說有幾次預言很準，還治好了某個貴族的狗。（神棍的神通大家可以參考早年間中國那幾個著名的「特異功能者」，能用意念彎曲勺柄或者藥丸穿過玻璃瓶那些。）

一九〇五年的革命，讓沙皇兩口子很慌亂。第一屆國家杜馬成立後，尼古拉二世組建了一個「黑色百人團」到各地去鎮壓亂黨，或尋找對皇上無限忠誠的人加入杜馬，以增加沙皇對杜馬的控制。而皇后本來就是個神叨叨的迷信女人，自從生出了血友病的兒子，更加變得歇斯底里不可理喻，最熱中的事就是尋找神仙或者妖怪來幫兒子減輕痛苦。所以她要求「黑色百人團」遇上有神通的大師，趕緊帶回來。

不久，黑色百人團就將拉斯普丁帶到了皇宮。這位西伯利亞鄉下人言行粗野，毫無教養，可他淡藍色的眼睛和低沉的聲線確實能讓焦慮的皇后鎮定平靜下來。而對於阿列克謝太子，拉斯普丁更有辦法，他經常坐在太子身邊，給他講故事，講各種見聞，不久，太子平靜地進入夢鄉。

一九一二年的一天，太子因為淘氣，碰傷了腿，又開始嚴重的內出血。御醫們都束手無策，眼看王朝的繼承人生命垂危。當時的拉斯普丁正在外雲遊，突然拍了張電報回來，說是上帝聽見了皇后的禱告，太子馬上會好起來。收到電報的當天，太子的腿就停止了出血，漸漸恢復了。

如此一來，沙皇和皇后認定了拉斯普丁是兒子的守護神，兒子的性命和羅曼諾夫王朝的未來都掌控在拉斯普丁手裡。

拉斯普丁真是神仙？當然不是，他會忽悠，尤其對女人。他早就買通了皇后宮裡的侍女，太子受傷時，給偷偷下了出血的藥物，加劇了病情。等估摸著拉斯普丁要發電報，就停止下藥，出血自然就少了。用相同的辦法，拉斯普丁在宮裡玩了好多神蹟，皇上和皇后深信不疑，從此，拉斯普丁任意進出宮廷，沙皇夫婦大小事都喜歡找神仙商量。

拉斯普丁本來就是個流氓，現在成了皇室的紅人，著名的神仙，對女人更好下手。被拉斯普丁「度過」的貴婦不計其數，「大師」的床上功夫都被傳成神話了。因為過於放縱，有些人就覺得不太對勁，尤其是拉斯普丁將太子的保姆弄上床後，皇后聽到了很多關於神仙不利的言論，皇后一概拒絕相信，在她看來，拉斯普丁是個「聖人」。拉斯普丁不是正人君子，皇后也算不得三貞九烈（傳說她有情夫），所有人都認為，皇后對拉斯普丁病態的信任，肯定是跟拉斯普丁有姦情。不過，俄羅斯的史料裡，找不到確切證據。

一九一四年八月德國對俄宣戰，俄國進入第一次世界大戰。第二年，尼古拉二世慷慨激昂，御駕親征，將國事留給了皇后，也留給了拉斯普丁。

戰爭如此辛苦，國家如此混亂，國家還被操控在神棍手裡。這神棍真把自己當神，憑個人好惡和感覺決定國家大事，他主持朝政時，大臣們被他隨意任免升降，一年多的時間裡，首相就換了四個，內務大臣換了六個，陸軍大臣換了四個等等，有的時候，拉斯普丁提拔某人的原因僅僅是因為愛吃那人家裡的馬鈴薯！

一九一六年，隨著局勢越來越糟，保皇派的貴族們覺得，這個神棍早晚會搞垮王朝，鑑於不管是誰說拉斯普丁不好，皇后都一概不信，唯一能挽救局面的辦法就是殺掉神棍。

策劃這件事的是尤蘇波夫親王，他是俄國最富有的貴族，還是個著名的同性戀。所以他不介意用他漂亮老婆當誘餌。對拉斯普丁來說，一個親王夫人請他到閨房一敘是常事，於是就大方赴約了（也有傳說是尤蘇波夫親王拿自己當誘餌，似乎拉斯普丁也是男女通吃）。

接下來的故事可以用駭人聽聞來形容，殺人者動用了他們能想到的所有謀殺手法：拉斯普丁先在親王夫人的引誘下吃了三塊混了氰化鉀的蛋糕，喝了一瓶氰化鉀葡萄酒，淡定無壓力，還談笑風生的；尤蘇波夫急了，跳出來開了一槍，子彈穿過肺葉直達肝臟，神棍頓時倒地；親王正預備過來驗屍，「屍體」突然跳起來卡住親王的脖子，還大聲詛咒他！親王的幫手五六個人過來按住神棍，這神棍竟然脫身而去，跑出門外；參加謀殺的某位議員連開了三槍，其中一槍正中頭部。當這群殺手們將倒地的神棍拖回來，他居然又醒過來，大罵不止；尤蘇波夫親王鍥而不捨地操起啞鈴在神棍腦袋上猛砸，打到神棍完全不動彈才停手；殺人集團氣喘吁吁將神棍丟進結了冰的涅瓦河，第二天撈出來一查，發現這傢伙居然是淹死的，也就是說，前面那些手法都沒讓他死絕，他在冰水下還存活了好幾分鐘！他的屍體是後來被蘇維埃政府主持燒掉的，鉛和鋅的棺木都燒化了，屍體還沒成灰，足足燒了十個鐘頭，才搞定。當地很多人把骨灰搶回去當神物供奉。（關於謀殺這段，野史正史都描述得神乎其神，老楊一直半信半疑，當熱鬧看吧。）

神棍死後也很風光，命根子被割下來，放在聖彼得堡一個博物館裡供人參觀，長度為二十八點五公分。

拉斯普丁最邪門的，絕對沒坑爹的預言是，他曾經說過他死後三個月，羅曼諾夫王朝將覆滅，一九一六年十二月他被殺死，一九一七年三月，尼古拉二世被「二月革命」趕下台，王朝終結！

二十六、列寧在一九一七

1. 列寧

拉斯普丁的出現，可以說是「國之將亡，必降妖孽」。也有古語說是「亂世出英雄」，妖孽已死，英雄何在？

列寧是每個中國人從小就很熟悉的大叔，我們每個人都能準確描述他的樣子，要說外國人在中國深入人心的人物，列寧同志肯定算頭幾號。

一八七〇年四月二十二日，這是列寧出生的日子，金牛座的，這個星座的外表特徵有茂密的頭髮和粗壯的脖子，我們從未見過列寧同志茂密的頭髮是什麼樣子。

上篇說到，列寧的哥哥是恐怖主義派的革命黨，被當局絞死。哥哥死的當年，列寧進入了喀山大學法律系。眼看親哥哥被絞死，這要換了一般人，從此就不碰政治這種會掉腦袋的東西了。但列寧不是一般人，受到刺激讓他轉換了思考方式，確定了一個道理，那就是：殺死一兩個沙皇是沒用的，只有推翻整個制度才是正道。

因為他哥哥的事，列寧的求學生涯過得很不平靜，這位老大心理強大，不論什麼樣的環境，他都堅持學習堅持理想。在喀山大學期間，他開始接觸馬克思主義，革命黨的職業生涯都是相同的，結社，組團，演講，散布革命言論，被捕，坐牢、流放。後來列寧靠自修完成大學課程，一八九一年，作為旁聽生，獲得了聖彼得堡大學法律系的文憑，考了律師執照，在律所打工。

一八九五年，列寧移居聖彼得堡，創立了「聖彼得堡工人解放協會」，年底再次被捕，十四個月監禁，關押在聖彼得堡監獄中。刑滿釋放後，列寧被流放到東西伯利亞的偏僻村莊。根據我們前面的了解，西伯利亞那是個牛人如雲的地方，所有有名的好人和壞蛋都往那裡送，在革命年代，沒到西伯利亞吹過冷風的，都不敢說自己是正牌革命黨。就是在這裡，列寧結識了將馬克思主義引入俄國的著名學者普列漢諾夫和其他一些知名人物。

列寧同志坐牢期間也沒閒著，咱們都聽說他用麵包做墨水瓶，牛奶當墨水，在書籍的空白處寫文章的事。他用牛奶寫的這本就是《俄國資本主義發展》，這本書在老毛子家估計相當於咱家的《農民運動考察報告》，都有綱領級的地位。為了逃避抓捕，以列寧為筆名發表文章，這名字來源於西伯利亞的勒拿河，感謝勒拿河，以後我們就不用叫這位老前輩：弗拉基米爾・伊里奇・烏里揚諾夫了。

這裡特別要提到一個八卦，既然能用牛奶寫書，說明牛奶管夠，有牛奶有麵包，在當時物質條件很差的俄國，不能不說是對政治犯的優待，據說列寧從牢裡出來還長胖了。而流放生涯就更離譜了，根據列寧自己的回憶錄啊，他流放的小村子屬於西伯利亞氣候最好的地方，靜謐和暖，空氣新鮮，列寧每天散步釣魚打獵如同度假，有人幫他漿洗衣物打掃屋子，基本上每天有肉吃，不是羊肉就是牛肉。這麼度假雖然安逸，一個人總是孤獨，列寧寫了個申請，他的女朋友居然帶著大量的

「反動」書籍過來一起流放了，兩個人就在流放地結了婚。列寧的夫人克魯普卡婭的回憶錄說，流放的生涯確實不錯。

這段內容經常讓老楊糾結，根據我們被灌輸的歷史，革命黨成事之前，受迫害是受得水深火熱，白色恐怖更是令人窒息，可從列寧的遭遇看，在俄國做一個革命黨還真是難度不高，而且，把所有的革命黨流放到同一個地方，這不就是給他們機會組團結黨嗎。想到後來蘇聯的某位大佬對同志的鎮壓，不得不感歎，末代沙皇尼古拉二世真是個單純厚道的老實人。

牢坐過了，流放度假結束了，老婆也有了，革命家該幹點正經事了。對一個革命黨來說，要實現自己的理想和抱負，第一件事就是要獲得知名度。

一九〇〇年，自由後的列寧去到歐洲，在慕尼黑跟另一位同事馬爾托夫創建了馬克思主義的報紙《火星報》。

世紀之交的俄國，對體制不滿的各種精英們張羅各類政治運動，組團黨派也就應運而生。主張君主立憲制的那一派成立為立憲民主黨，之前民粹派的組建了社會革命黨，馬克思的追隨者們成立了社會民主工黨。列寧所屬的社會民主黨在一八九八年想開個全國代表大會，他們因為沒有嘉興南湖那樣安全的會議地點，所以與會者大多被抓捕，第一屆大會流產。

一九〇三年，社會民主黨在布魯塞爾和倫敦開了第二屆大會，這才正式確立了黨的成立。俄國人有效率，成立大會就成了分裂大會，這些馬克思主義的信徒們，因為各自理解不同，分成了兩派。列寧同志是哪派呢？布爾什維克派的。

所謂布爾什維克就是指多數派。而列寧代表的這個多數派就認為，不能純粹依賴工人運動，因為工人運動有弱點，上街鬧騰半天，資本家只要願意加薪給假期，運動就可能終結。所以，必須有職業政治家，領導工人運動爭取更高的目標，黨應該建立無產階級革命的先鋒隊，由政治精英組成，制定出嚴密的章程和紀律；絕不應該是一個鬆散群眾性組織，應該是中央集權、半軍事化的組織，各層級的領導人和黨員都嚴格遵守黨的紀律，黨做出的決策，就必須無條件接受並嚴格執行。不同意列寧這一派的人認為，列寧的意思，就是把黨搞成一個獨裁領袖軍政府。不過不同意的還是少數派，他們叫孟什維克，孟什維克的領導就是馬爾托夫。

一九〇五年，俄國革命爆發，列寧領導召開俄國社會民主工黨第三次代表大會，這次大會只有布爾什維克參加，制定了布爾什維克在這次革命中的策略。

十一月上旬，列寧回國到聖彼得堡，一九〇六年被選入俄國社會民主工黨主席團。一九〇七年十二月，革命失敗後，列寧再次流亡在西歐的巴黎等地，生活頗為貧困，不過他堅持政治寫作和參加歐洲各地的社會主義集會活動。除了這些政治活動之外，一九一〇年，四十歲的列寧在巴黎遇上了一位三十五歲的法蘭西美女，依娜莎・阿曼德。

在某一個歷史時期，蘇俄的這些前輩們被我們像神一般的崇拜，關於他們的私生活，尤其是「小三」之類的事，絕對不許造謠傳謠。可是，人道地分析一下，革命黨幹的工作，朝不保夕，經常不知道死亡和明天哪一個先來，不知道下一次坐牢和流放能不能生還，雖說偉大的信仰可以戰勝一切，如果能有個紅顏知己親密妻子在巨大的壓力下幫著分擔一些，不是很好嘛。列寧的原配夫人克魯普卡婭很早就喪失了生育能力，列寧一直視其為戰友和同志，只有依娜莎這位帶著法蘭西風情有點布爾喬亞作派的摩登美人，才讓列寧真正體會到了男女之愛。

一九一二年一月，由列寧領導黨的第六次代表會議在布拉格舉行，這次會議決定將孟什維克驅逐出黨。從此布爾什維克成為一個獨立的無產階級革命政黨。

第一次世界大戰爆發，列寧提出了「變帝國主義戰爭為國內戰爭」的口號，不管列寧的出發點是什麼，這口號讓人有點思量，在俄國上下一心全民禦敵幾十萬俄國兒郎前仆後繼送上性命抵抗著強大的德意志軍隊的緊急關頭，這個口號，不算太給力。

第一次世界大戰最膠著最艱苦階段，列寧在瑞士的蘇黎世，繼續號召工人階級乘機發動起義，奪取政權。

2. 二月到十月

第一次世界大戰開始後，因為「聖」這個詞來源於德國，為了表示和敵人劃清界限，首都聖彼得堡改名為「彼得格勒」，「格勒」就是俄語中城市的意思。

戰場失利戰事綿長，俄國從上到下心力交瘁。整個俄羅斯，物質燃料生活必需品空前的匱乏，還價格飛漲。即使是在首都彼得格勒，因為麵包和煤炭的短缺，工人薪資跟不上物價高漲，騷亂和暴動一直沒有間斷過。

一九一七年三月八日，紡織女工上街慶祝三八婦女節（婦女節來自一九〇三年的美國芝加哥）。一般慶祝三八節都是給婦女放半天假回家給老爺們做飯洗衣服，可是鑑於買不到麵包無法做飯，買不起煤炭無法燒水洗衣服，婦女們只好走上了街頭抗議。

女人們上街了，男人們能坐著看嗎？在布爾什維克黨的領導下，第二天，彼得格勒的罷工人數超過三十萬。先開始還是罷工，等沙皇召集軍隊一鎮壓，布爾什維克黨就號召大家起義，搶奪槍支，築起街壘跟軍警對抗，不少鎮壓的軍警還現場倒戈，直接加入了起義軍。尼古拉二世不得不逃離戰場，並從前線徵調軍隊回來鎮壓。前線回來的軍隊更不可靠，他們一回來就直接變成新的起義軍了，而且發現，對付沙皇實在比對付德國人爽。

這是俄曆的二月，所以歷史上，我們稱之為「二月革命」。三月十五日，尼古拉二世淡定地接受了他的結局，一邊看莎士比亞，一邊簽署了退位詔書，將沙皇之位傳給自己的弟弟。皇弟更識時務，第二天也宣布放棄皇位，這樣一來，羅曼諾夫王朝就徹底歇菜終結了。三百零四年跌宕起伏的王朝，十八位沙皇的榮光，就這樣黯然銷魂地轉身遠去了。

二月革命取得領導地位的是立憲民主黨，他們之前就分布於各權利集團，沙皇倒台的混亂中，他們很容易就接住了從天而降的政權，尼古拉二世退位前，任命了李沃夫公爵為新政府的總理，主持這個亂糟糟的臨時政府。

李沃夫是原來沙皇政府的地區自治和城鎮聯盟主席，他召集立憲民主黨成立了代表資產階級利益的政府，對廣大還在堅持鬥爭的工人農民來說，實在沒什麼權威性。

除了各種黨派，一九〇五年的革命，罷工的工人和暴動的士兵也組建了自己的地方性的組織，叫蘇維埃。一九一七年六月，第一屆全俄蘇維埃的代表大會在彼得格勒召開，成員主要來自於社會革命黨和社會民主工黨，後者包括大部分孟什維克和少部分的布爾什維克。這次大會選了執行委員會，這樣一來，社會主義和資本主義，俄國有兩重政府，一國兩制。

罷工和起義這些體力活都是工人農民幹的，多勞多得，最後獲取勝利果實的應該是工農蘇維埃，可是為什麼由著資本主義的政黨攫取了政權呢？因為布爾什維克的大佬們此時還都在國外呢，國內的社會主義派別中，佔主導地位的是孟什維克。孟什維克理解馬克思主義比較教條，馬克思說過，資本主義發展到一定階段，必將激化矛盾，那時，無產階級可以取得政權，社會主義才好取代資本主義。如今俄國資本主義才算個初級階段，所以，無產階級取得政權的條件不成熟，就由著資本主義再折騰幾年，將馬克思說的那個宿命的矛盾激發出來。

一九一七年，一列裝甲火車穿越了德國的戰場，到達俄羅斯邊境，車上下來的，都是布爾什維克黨流落在瑞士等地的大哥，其中包括列寧，還有他的夫人和情人。

這個事件，引發了一個世紀懸案。裝甲火車穿越德軍控制的戰區，無驚無險回到俄國，這當然需要德國人的配合。於是，很多人由此得出結論，列寧和德皇威廉二世是一夥的，東線戰事遲遲沒有結果，威廉二世需要自己的人回去，獲得俄國的政權，幫他終結東線的戰事，甚至還有人說，列寧私下收受過威廉二世贊助的真金白銀等等，更有人推斷，列寧根本是威廉二世一早養在俄國的間諜。

歷史上的事，有的不需要真相。不管列寧是不是間諜，停戰反戰是當時飽受生活所迫的俄國人民共同的訴求，列寧是布爾什維克黨的領袖，他既然是代表最大多數人的領袖，有些狹隘的愛國主義就不考慮了吧。

一九一七年四月，列寧回到彼得格勒。臨時政府根本不能控制局面，所有末代沙皇遺留的問題都還存在，依然沒有麵包沒有煤炭。當年七月，部分水兵、士兵、工農又發起了一場暴亂，蘇維埃和列寧顯然對這次所謂的「七月事件」沒有準備充分，臨時政府鎮壓了這次行動，並決定藉這個事，痛打布爾什維克黨。國家還在打仗，天天挑唆老百姓鬧運動，這樣的行為，不是通敵，不是間諜，又是什麼呢？知道自己又危險了，列寧逃亡到了芬蘭，遠距離遙控俄國的布爾什維克繼續鬥爭。

七月事件後，臨時政府的內閣也產生變化，一名叫克倫斯基的律師成為新的政府總理，他是早期的民粹派，如今是社會革命黨人。一上台，他就聯合各派，組建了一個臨時政府。克倫斯基任命了科爾尼洛夫成為俄軍的總司令，作為一個軍人，老科恨死了在大戰中給國家「添亂」的亂黨，所以他上台第一件大事就是找布爾什維克算帳。

老科將前線軍隊調入首都，說是為了恢復軍隊和國家的秩序，要成立一個軍管政府取代臨時政府。首都老百姓和士兵的反抗，讓老科沒有得逞，克倫斯基趕緊下令逮捕了老科。

這個事也是個歷史之謎（從列寧同志降生開始，俄國的歷史到處都是謎），因為認識老科的都說，他雖然哥薩克出身，可骨子裡是個民主派的軍人，突然想搞政變獨裁，這個事肯定有貓膩。根據隱約的證據，想搞獨裁的其實是克倫斯基，啟動後發現搞不定，趕緊把老科拋出來當替死鬼，攬下所有的責任。

克倫斯基算是俄國革命的恩人，如果不是他昏頭玩了一次政變，革命還沒這麼順利。彼得格勒的工農士兵由此看穿了臨時政府的本性，更加堅定地圍繞在布爾什維克周圍，九月，托洛斯基成為彼得格勒蘇維埃的主席。

3. 一聲炮響

哪裡冒出來的托洛斯基呢？我們從小學的功課，是列寧一手領導了十月革命。上面我們介紹過，他老人家避禍芬蘭，到十月二十三日才偷渡回國。十月革命發生時，列寧同志正在主持更重要的工作，身處起義現場的領導者，就是托洛斯基，確切地說，托洛斯基是十月革命軍事上的總指揮。

托洛斯基生於烏克蘭的猶太富農家庭。因為俄國人的民族宗教政策，革命黨人很多都是來自這些少數民族。托洛斯基也是筆名，源於他投身革命後給《火星報》撰稿。

列寧一直非常信賴和器重托洛斯基，但是沒想到，二大開會的時候，托洛斯基成為反對列寧的主力，他說列寧是俄國的「羅伯斯比爾」，權力欲過分，有獨裁傾向。

一九〇六年，因為總是撰寫「反動文章」，號召所有人堅持不斷地革命，直到推翻沙皇，托洛斯基被判終生流放。雖然號召百姓起義推翻沙皇，第一次世界大戰爆發後，托洛斯基也反戰，但是，他並不認同列寧關於俄國應該戰敗，變帝國主義戰爭為國內戰爭這個思想。

一九一六年，輾轉流浪到美國的托洛斯基遇上了另一個俄國老革命，布哈林，他當時流落在美國編寫一份俄語的報紙《新世界報》，托洛斯基就加入了編輯部。

收到二月革命的消息，托洛斯基回到了俄國，參加了「區聯派」。區聯派是當時的一個政治聯合的派系，什麼人都有，剛開始大部分都比較中立，有點「觀望派」的意思，隨著布爾什維克在大眾心目中地位越來越高，區聯派開始向布爾什維克靠近，托洛斯基也開始以列寧的親信和助手身分出現。

托洛斯基屬於老牌革命黨，有江湖威望，又有個人魅力，他被彼得格勒的群眾推舉為首都蘇維埃的主席，隨後又成為軍事委員會主席，列寧同志認為，起義的時機已經成熟，托洛斯基責無旁貸。

一九一七年十一月七日上午十時，列寧以革命軍事委員會的名義，起草了《告俄國公民書》，停泊在涅瓦河的「阿芙樂爾號」巡洋艦上向全國廣播了這份檄文，此時這艘戰艦已經沿涅瓦河逼近了冬宮。當晚二十一時四十五分，「阿芙樂爾號」一聲炮響，宣告向臨時政府所在的冬宮發動攻擊。四周事先布置好的大炮馬上回應，冬宮成為一片火海。早就包圍了冬宮的士兵和工人赤衛隊高喊著「烏拉」向冬宮撲去。進攻的難度不大，只遭遇了部分微弱的零星抵抗，到第二日凌晨，除了克倫斯基逃走外，其他所有臨時政府成員都被擒獲，起義軍佔領了冬宮和首都所有戰略要點，「十月革命」取得成功。

而就在攻打冬宮的同時，十一月七日十時四十分，全俄蘇維埃第二次代表大會在斯莫爾尼宮開幕。列寧同志效率很高，那邊臨時政府還沒被正式推翻，這邊新的政府就組成了。所以說他在忙更重要的事，無法分身關照起義現場。第一屆蘇維埃政府成立，列寧當選為人民委員會主席。因為其他的黨派不願意參與，這是純粹由布爾什維克黨構建的政府。

二十七、末代沙皇之二

俄羅斯的歷史進入了列寧和蘇維埃時代，羅曼諾夫王朝還有一家老少不尷不尬地活著呢，如何對待末代沙皇一家呢？

剛被推翻那陣子，尼古拉一家被安置在郊外皇村裡，一切供給照舊，有人伺候，日子還不錯。沙皇兩口子都認為，這個狀況是暫時的，早晚還要請他們回去主持大局。後來時局動盪，臨時政府不能不將他們轉移到了西伯利亞，藏在一個潮濕陰冷的森林沼澤地帶。

一九一八年年，隨著蘇維埃政權在全國的確立，國內的反動份子和國外的反共勢力都想營救尼古拉一家，讓他們成為反對蘇俄的先鋒，蘇維埃政府只好又將他們轉移到烏拉山中的葉卡捷琳娜堡。

帝國主義武裝干涉，國內地主資產階級不斷作亂，列寧越來越感覺，末代沙皇一家的存在，給新政府帶來很多不可預知可大可小的危機，算了，這種禍水，還是趕緊清除吧。

一九一八年年七月十七日，烏拉工兵代表蘇維埃槍決了尼古拉二世一家，屍體經過焚燒後，被丟進了一口礦井裡。

歷史之謎又來了。沙皇兩口子有四個女兒一個兒子，加四個侍衛，應該有十一具屍體，可清點下來，遺骸只有九具，有兩具不見了！各類傳說喧囂起來，一致的說法是，王儲和小公主沒有死，逃走了。王儲就不用考慮了，遺傳的血友病，就算沒被槍殺也活不了幾年。小公主的下落呢？這個小姑娘叫安娜塔西婭，在皇宮裡都叫她「小淘氣」，很可愛的姑娘，她的故事困擾了歷史學界好多年。

沙皇死時，他的財產被確認的有兩萬億美元，因為沒有繼承人，至今散落在歐洲各大銀行。於是，整個二十世紀，有三十多個女子自稱是逃出生天的末代公主，後來都被證明是假貨。但其中有三個取信了不少人。

一九二〇年年，德國員警救下一個欲投河的年輕女子，她自稱是安娜塔西婭公主，並編了個逃生的完美故事，皇室成員輪流見她也莫衷一是，有的說是，有的說不是。直到七〇年代，她的身分既不能被肯定也不能被否定，是可信度最高的一個。直到後來有了DNA技術，才宣布她是冒充的。

一九九五年，還有個老太太也自稱是公主，她最清楚的是沙皇財產的去向，還專門成立了基金會，想追回散落在世界各地的沙皇財產。

第三個演得更像，她能詳細說出很多沙皇的宮廷祕聞，那些事，一般人是不可能知道的，根據她編的故事，好萊塢專門弄了部叫《真假公主》的電影出來，完美的好萊塢女神英格麗・褒曼飾演，大家可以找來看看；如果不喜歡黑白片，還可以看一九九七年福斯拍的動畫片《安娜塔西婭》，也是說這個故事。第三個自稱公主的人也沒通過後來的DNA檢測。

這種生不見人死不見屍的事最讓考古學家亢奮。後來有當時殺人的特工撰文說，他們的確是把兩具屍體埋在別處了，根據這個線索，考古學家真的在西伯利亞的某個地方挖了兩具骨頭出來，然後就宣布這是末代沙皇的王儲和公主。

真的假的，到如今都是浮雲，就算公主當時沒死，現在也該死了，不會有人出來冒充了，在歐洲銀行的那些沙皇遺產該怎麼分就怎麼分吧，歐洲銀行這種找不到主人的錢太多了，他們肯定有

「科學」的解決辦法。其實兩萬億只是銀行存款，還有幾百噸的黃金在運輸途中蒸發了，至今成謎。不先把皇室的財產弄到手就把人殺了，革命得很不專業，下次再有皇帝被趕下台時，一定要吸取教訓！

直到一九九七年，末代沙皇和其他人一同九具屍骨才正式回到聖彼得堡，按東正教儀式下葬，一九九八年安放在彼得和保羅大教堂。本以為沙皇滅門案就算是安靜了，結果有人發現，根據屍骨的牙齒特徵，這具被隆而重之安葬的骨頭根本就不是尼古拉二世的！沙俄王朝真厲害，倒台這麼多年，該死的都死了還在折磨世界。

最值得讚賞的是，二〇〇八年十月一日，俄羅斯聯邦最高法院主席團做出最終決定，承認俄羅斯末代沙皇尼古拉二世和他的家庭成員是蘇聯政治鎮壓的犧牲品，給予平反。

二十八、生命力強大的嬰兒

寫了三年多的世界各國歷史，進入這部「俄羅斯卷」時是壓力最大的。之前很多「地主」都對老楊表達了期望，期望老楊能交出一部客觀而真實的俄國尤其是蘇聯歷史。可是，有的時候，客觀和真實是又不可望又不可及的奢侈品，老楊並沒有比其他人高明或者更牛叉，之前寫過蘇聯史的前輩們不敢觸碰的東西，老楊也不敢不能碰。我只能承諾「地主」，盡自己最大的努力，實在達不到「地主」們的要求，希望理解。

1. 呱呱墜地的痛

布爾什維克黨領導蘇維埃取得政權，雖然炮聲連天，看著挺熱鬧的，但依然可以稱為「不流血的革命」，彼得格勒臨時政府防不勝防，幾乎沒有有效抵抗。在莫斯科，他們反應過來了，蘇維埃進行了一個星期的戰鬥，才最終取得了莫斯科，彼得格勒和莫斯科都被蘇維埃掌握，對他們站穩腳跟是非常有利的。

列寧同志是暴力革命的宣導者，成為蘇俄老大後，他要求將暴力進行到底，他說的暴力，也就是無產階級對資產階級的鬥爭。為了配合暴力，當然要先成立特別法庭，「全俄鎮壓反革命和罷工特別委員會」誕生了，這個組織另一個名字比較威風，叫「契卡」，經過幾十年的進化修練，它後來的名字叫「克格勃」。

契卡從誕生起，辦事就特立獨行，繞過法庭，私刑處理嫌犯，司法效率極高。此時的蘇維埃是個剛初生的嬰兒，沒用什麼手段都要保證他的存活和成長。

新政府的第一件工作就是分地，取消等級，沒收東正教會的財產。貴族和地主們被要求參與各種苦力，這個畫面對咱們不陌生。當時的俄國，誰窮誰革命，誰富誰反動，上街不要穿得太乾淨，也不要修剪指甲，會被人當作貴族地主資本家，稀里糊塗就丟了性命。

不管什麼政府，總要先搞出一部憲法吧。列寧曾抨擊他之前臨時政府不召開制憲會議，如今他自己主事，情願不情願的，一定要兌現承諾，公開選舉出一個制憲會議。誰知，選舉的結果讓列寧同志很鬧心，布爾什維克黨獲得了一百七十個席位，似乎成績不錯，可社會革命黨獲得了三百七十個席位！這是公開公平選舉的結果，社會革命黨的切爾諾夫成為制憲會議的主席。

對列寧來說，任何事都不能阻擋他和他代表的政黨取得政權，會後不久，列寧就解散了這屆讓他不爽的制憲會議，老大的意思非常明白，如今他手裡掌握者蘇維埃的軍事力量，其他的政黨就不要再自找沒趣了吧。

此時共產黨（一九一八年年布爾什維克黨改名為共產黨）指揮著全俄工人赤衛隊超過二十萬人，還有大量的革命士兵和海軍，這支軍隊雖然人不少，可毫無建制，很不正規。列寧知道即將面對什麼，於是在一九一八年年一月下令組建蘇維埃政府正式的紅軍，包括陸軍和海軍，以原來的赤衛隊為骨幹，工作者中有覺悟有進步要求的，都可以加入紅軍隊伍。

紅軍要打誰呢？敵人太多了，不過眼前不得不首先解決的是德國人，因為第一次世界大戰還沒結束呢。蘇維埃政權踉踉蹌蹌，風雨飄搖，列寧堅持，不論如何，先停止被德國、奧地利等圍毆的局面，以便空出手來解決國內的麻煩。

知道俄國人想停戰，德國人立時漫天要價，要求割地和賠款。如果簽了德國人的和約，蘇俄將至少失去包括二十六%的人口，二十七%的耕地，七十五%的煤炭在內的大筆資源，另外還有巨額的戰爭賠款。雖然當時列寧已經表示願意接受德國人所有條件，可托洛斯基作為蘇俄的談判代表，堅拒了這個出賣國家人民的條約，而當時的制憲會議也很硬朗地認為，頭可斷血可流，屈辱條約不能簽。德國人成全了俄國人的英雄氣概，向蘇俄發動大舉進攻。

托洛斯基這個同志比較靈活，看著德國人來勢洶洶，他又覺得列寧說得對，趕緊投降簽字得了。這次德軍差點攻陷彼得格勒，蘇維埃政府認為這地方做首都太不安全了，於是，重新將首都定在莫斯科。有兩個首都的國家真方便。

對德國條約的簽字，幾乎坐實了列寧賣國的間諜傳聞，而列寧想的應該是，忍這一時之辱，為政權贏得寶貴的修養時間。好在，上帝垂憐，德國戰敗，那些賣國條約都不用兌現，時間換空間，讓蘇俄傷痕累累的身體終於緩了一口氣。

2. 紅白交織的世界

根據一九一八年年的蘇俄憲法，一九二二年正式將國家的名字定為蘇維埃社會主義共和國聯盟，從此，北極熊的大名就叫蘇聯，成立之初是由俄羅斯、烏克蘭、白俄羅斯和外高加索四個部分構成的聯盟，到二〇年代晚期，又有中亞三個國家成為加盟共和國。

蘇維埃政權最大的支持者是工人，還有底層士兵。但是，舊俄國的剩餘勢力中，除了貴族地主之外俄軍的軍官、哥薩克、知識份子，他們對蘇維埃的政權也不認同。列寧解散制憲會議後，因為布爾什維克黨表現得挺獨裁，導致其他的黨派比如社會革命黨也成為反對派。所有反對布爾什維克的人，早先都是舊俄國的社會中堅，手裡有大量的資源，相比於紅軍，他們有裝備精良的正規部隊。共產黨組建了紅軍，這些反對派武裝就只能叫白軍了，紅白對決，蘇俄進入了內戰。

內戰也不單純，蘇維埃一跟德國「媾和」，協約國集團就抓狂了。東線消失了，德國人自在了，最麻煩的是，當初為了支持俄國抵抗德軍，協約國還衝破重重險阻，給發來不少戰備物質呢。這個叫列寧的，底細很模糊，萬一他真跟德國人有一腿，形勢就危殆了。

拋開戰爭不說，歐洲大陸突然出現了一個龐大的社會主義國家真挺嚇人，這就是那個傳說中一定會取代資本主義的「妖魔鬼怪」，它居然真的出現了！老牌的資本主義國家不敢賭馬克思的那個宿命論，所以，他們一定要聯手，將蘇維埃絞殺在搖籃裡。

協約國絞殺蘇維埃的誠意絕對要大於當年支持俄國抵抗德意志，蘇德條約簽訂的第二天，英國艦隊就出動了，第一次世界大戰還沒結束就開闢了新的戰場，可見他們心裡多麼焦急。

好在不久後，第一次世界大戰打完了，協約國的成員，英國、法國、美國等，有了充足的時間精力對付蘇俄。表現最積極的是日本，一九一八年年末，他家發動了近七萬人，浩浩蕩蕩登上了符拉迪沃斯托克，預備向西伯利亞挺進。

老楊一向不憚以最壞的惡意來推測日本人，雖然這次參於干涉蘇維埃的國家有十四個，但想想他們對社會主義國家出現的驚恐，似乎可以理解。日本人，他們的小腦袋裡應該是沒有意識型態之類的思考，對他家來說，有佔領別人家土地的機會是絕對不會放過的，甚至，沒有機會創造機會也要霸佔，他們太想離開那個成天地震海嘯的小島子了。

一九一九年年十月到一九二〇年年一月間，協約國甚至完全封鎖了蘇俄的海岸。協約國包圍在外，白軍征戰在內，協約國還經常地為白軍提供支援和幫助。

聲勢浩大的白軍在國內對蘇維埃形成一個大包圍，蘇維埃紅軍要面向東、南、北等方向四條戰線的七十萬白軍作戰，伏爾加流域大部分、烏克蘭、高加索、中亞、烏拉爾、西伯利亞和遠東，大約四分之三的國土都先後落在白軍或者外國軍隊手中。煤炭、鋼鐵、石油等主要工業被白軍佔領，而最致命的，是他們還佔據著南方的糧食產區。

除了白軍和協約國的干預，一九二〇年年，波蘭也向蘇俄宣戰了。第一次世界大戰開始後，德軍對俄軍的節節推進迫使俄國人放棄了波蘭，為了讓波蘭支持同盟國的戰鬥，德奧承諾讓波蘭獨立。根據其後德國和蘇俄的停戰條約，俄、德、奧退出之前瓜分的波蘭土地，波蘭獲得了獨立。

大家還記得，整個俄國史，不是俄國人吃掉波蘭就是波蘭人挖俄國人的牆角，沒有消停的時候。剛剛獨立的波蘭決定將這個局面保持發揚，眼看著蘇俄內憂外患，趕緊趁火打劫，要求拿回他家的「歷史遺產」，也就是西烏克蘭和白俄羅斯等地區。

實際上，整個第一次世界大戰，俄國早先擴張強行征服的很多地區都獲得了獨立，比如芬蘭、拉脫維亞、愛沙尼亞、立陶宛等等。看到這些地區都獲得了自由，其他的地區當然也跟著蠢蠢欲動，烏克蘭也要求獨立，投身到各種各樣的反蘇維埃武裝中，局勢亂得夠嗆。

能不能算清楚，到底蘇維埃政府面對多少敵人？好在敵人雖然很多，蘇維埃政府是唯一而且獨裁的，在這樣的情況下，越簡單的指揮系統越容易發揮最大的效應。托洛斯基被任命為紅軍總司令，支持前線戰鬥，列寧同志在莫斯科啟動了「戰時共產主義政策」。

馬克思絕對沒有想到，他想像中的共產主義是在這樣的條件下這樣實現的。蘇俄的共產主義要求：一，徵糧。農民的富餘的農產品全部上交，一開始蘇維埃政府還是拿錢收購，後來通貨膨脹失控，那些糧款形同廢紙，付不付錢意義都不大；二，所有工業，不論大小全部收歸國有。蘇維埃政府剛建立時，只是收回了大型的基礎型命脈型的工業，現在要求小企業也要交出來；三，取消私人商業，所有物質都由國家統一分配，也就容不得小賣部雜貨店之類的存在了。大家都知道，這種「共產主義」的分配方式，到後來肯定是人多東西少，大部分東西要憑票供應；四，共產主義，共同工作共同分享，沒有工作不准分享，既然什麼都是國家配的，大家就別計較薪資加班費了，出來義務工作吧，轟轟烈烈如火如荼產生了大量優秀感人事蹟，經常見諸各類教科書的「星期六義務工作」就開始了。

不管合理不合理，都是為了戰爭，為了應對四面八方各種來路的敵人。因為疆域遼闊，角色眾多，關於這場紅白之戰的過程就不復贅述了。新興的蘇維埃政權在一九二〇年年底戰勝了所有主要的敵人，只是對波蘭的戰事失利，讓他家拿走了要求的大面積國土。協約國陸續退出，日本混賴，舔著臉到一九二二年才答應離開，徹底完全退出乾淨則是到了一九二五年。

這樣的艱難，這樣的困苦，蘇維埃政權為什麼能獲得最後的勝利？這個題目應該是今年咱家最火的議題，標準答案應該是堅持共產黨的領導。不過，蘇共能在一九一八年—一九二〇年年取得勝利，還是可以從其他方面客觀地分析一下。

歷史無數次證明，打架是個科學的系統工程，有效的配合調動才是王道。看起來似乎白軍漫山遍野哪裡都有，實際上他們很混亂，品種流雜，其中有社會革命黨人，有哥薩克軍官，有保皇黨還有流寇，雖然在反對布爾什維克的問題上是一致的，可他們就沒想過要聯手結為同黨；各外國干涉軍隊也心懷鬼胎，目的各異，更不可能團結協調行動；白軍一度控制了大部分國土，但是核心區域尤其是兩個核心城市，聖彼得堡和莫斯科都在蘇維埃手中，核心區域都是交通樞紐，不管白軍佔了多大的地盤，鐵路交通還被蘇維埃把持，調運補給和軍隊，部隊間的戰術配合都更有利；也許此時的布爾什維克並不完美，但是他們的綱領是明確的，那就是無產階級要當家作主，白俄天天吵著要推翻布爾什維克，可一直也沒提出可以說服大眾的綱領，仗打得是不明不白。

不管上面的原因起了多大的作用，布爾什維克最強悍的一點是，他一直被廣大的工人階層擁護和支持。佔俄國最大多數的農民，雖然對蘇維埃政府強行徵糧頗為不滿，但在紅軍和白軍之間，他們還是傾向於紅軍，畢竟蘇維埃政府分給他們土地了。因為有底層百姓的支持，紅軍有源源不斷的兵源補充，將戰鬥持續到了最後。

3. 共產主義到新經濟

不能光看到偉大勝利和光輝戰績。普通老百姓剛開始可能會被某個政黨的言辭吸引，但能讓老百姓永遠順服的還是實際行動。

俄國農民不知道什麼是共產主義，只知道雖然分了地，可政府會派人來強徵餘糧，考慮到當時的戰爭形勢，我們也相信，有的時候徵走的不見得是餘糧，而是農民的口糧。為了抵抗政府徵糧，有些地區的農民組織起來暴動，跟紅軍對抗。他們雖然跟紅軍翻臉，卻更加不認同白軍，於是，他們是碰上紅軍打紅軍，碰上白軍打白軍，遇神殺神，遇佛殺佛，不紅又不白，他們被稱為「綠軍」。

跟政府軍作對又不加入反政府，那就是梁山好漢的性質了。而且，以他們的裝備和人員素質，也只能發揚農民兄弟比較擅長的功夫，爬山涉水打游擊，所謂「綠軍」就是綠林軍隊。

戰時共產主義可能在戰爭中挽救了蘇維埃政權，它明顯弊端也大有可能在戰後毀滅國家。內戰結束後，徵糧制繼續實行，不僅是糧食，還擴大到了毛皮、棉花等農產品；私人企業和貿易被嚴格限制，國家又生產不出這麼多東西滿足各方面需要。馬克思主義者可能一輩子都在想像共產主義的情景，沒想到真正實現時，它導致的結果卻是：一九二一年年，蘇俄的礦山工廠產量只有第一次世界大戰前的二十%，耕地面積只有戰前的六十五%，而收成只有戰前的三十七%。不難理解，面對政府的強徵餘糧，哪個農民願意全心全力地耕種呢？哪有生產積極性呢？

從這個時期看，號稱讓無產階級當家作主的政黨，似乎是讓百姓生活得更苦了。內戰結束後，此起彼伏的罷工和暴亂又開始了。其中最讓布爾什維克黨覺得沒面子的，就是喀琅施塔得水兵的起義。

喀琅施塔得港是俄國海軍最重要的波羅的海海軍基地，蘇共最忠實的支持者，十月革命那一聲炮響，就是來自於這個軍港的艦隻。

一九二一年年一群喀琅施塔得的水手、士兵及其平民發動起義，反對當地的蘇維埃政府，他們的起義宣言也都有理有據的：要求言論自由、停止關押人到集中營、停止共產黨對蘇維埃的控制以及允許更多的私人財產。面對自己最忠誠的追隨者的質問與反抗，蘇俄政府丟人丟大發了，紅軍總指揮托洛斯基與起義者短期談判後，沒有達成共識，只好讓所有的敵人看更大的笑話——派軍進入喀琅施塔得血腥鎮壓。

人的反抗可以鎮壓，老天爺的情緒可不受控制。戰爭必然導致饑荒，一九二〇年—一九二一年，蘇俄遭遇了連續兩年的大旱，如此一來，大面積餓死人的狀況，就不能避免了。

這場二〇年代初的蘇俄饑荒到了什麼程度呢？人吃人肯定是發生了的，最多的是吃屍體。列寧同志也很震驚，他將責任歸於白軍和外國軍隊的干涉，獨獨忘記了，他組建了一支作風硬朗，態度強悍的「武裝徵糧隊」。到底餓死多少人，不知道，每份史料數字都不一樣，而且差距甚遠，如果實在找不到真相，就只好忽略了。

值得慶幸的是，一九二〇年年的蘇俄，還沒有完全自閉隔絕跟西方世界的聯繫。這樣大規模的饑荒，引起了人道組織的注意。著名作家高爾基出面，向西方世界求援。

美國最早回應。一九二一年七月二十六日，美國救濟署署長的胡佛回覆高爾基，表示可以向蘇俄饑民提供必要的援助，條件是蘇聯政府必須釋放被關押在蘇俄監獄中的美國人。一九二一年八月兩國達成協議，美國救濟署派員到蘇俄境內實施援助，在蘇俄境內的十六個區開展救濟，從美國購買糧食運抵蘇俄境內。除了糧食，美國還向饑民提供醫療幫助，並幫助蘇俄政府在國際市場代購糧食，好在蘇俄政府手裡還有買糧食的錢。

整個援助工作大約在一九二三年結束，救濟署人員年中離開蘇俄，高爾基專門寫了感謝信給胡佛：「你們從死神那裡奪回了三百五十萬名兒童和五百五十萬名成年人，在我所了解的人類受難史上沒有任何行動就其規模和慷慨能夠與這次援助相提並論」。

外部救援拯救了不少生命，可要真正從根源解決饑荒，必須重新考量那個共產主義政策，列寧同志醒悟到，實現共產主義的條件還不成熟，蘇俄必須退回來，慢慢來。

一九二一年年三月，列寧和共產黨開始施行新經濟政策。這個政策最緊要的一點就是：用農業稅來取代強行徵糧，政府允許某些私人進行生產或者貿易的活動。

允許私人企業家和個體商人的出現，這不是資本主義嗎？蘇俄都已經共產主義過了，現在又搞資本主義，這簡直是嚴重倒退，是極其荒謬的！這不是老楊的想法，這是新經濟政策施行後，蘇共許多黨員的想法。

新經濟政策實行了七年，應該說，在經濟上的成功是有目共睹的。到一九二八年，蘇聯的耕作水準終於超越了戰前，而工業水準也基本可與戰前持平。

日子慢慢好過了，有一部分人先富起來了。黨內的爭執卻越來越激烈了，列寧同志說了，新經濟政策不是倒退，是蘇俄特色的社會主義，而且已經收到了很好的效果。可他無法說服所有的人，因為一九二二年開始，列寧就一病不起，不能理事。

二十九、鋼鐵漢煉成記

列寧在組建布爾什維克黨時就提出，黨應該是一批政治精英的組織。實際上，跟列寧共同革命並最後進入蘇共高層的同志，大部分都是出身良好，受教育程度很高的精英份子。可是，病中的列寧也很驚恐地發現了一個問題，作為一個通過暴力革命成功的政黨，它必然的結果就是培養出幾個「暴徒」，言行粗暴或者吃相難看，然而，卻能戰勝所謂的精英，操控大局，所以，這一篇，我們要從頭認識史達林。

史達林一八七九年生於沙皇俄國的第比利斯省的哥里城，在格魯吉亞境內。跟其他革命黨一樣，史達林是化名，本名叫約瑟夫・維薩李敖諾維奇・朱加什維利，太囉嗦的名字了，所以，她媽媽給他起了個很萌的小名，叫索索。

索索的爸爸是個格魯吉亞鞋匠，早年間據說還有自己的產業，後來不知道怎麼落魄成鞋匠，一股子憂鬱的鳥氣全部發洩在老婆孩子身上。索索本來有兩個大哥，都夭折了，索索作為唯一的孩子，跟母親一起，承受了一個酒鬼鞋匠父親所有的家庭暴力，從小遭受家暴的孩子長大後成為「暴徒」的機率並不低。

索索媽是農奴出身，是個虔誠的東正教徒，虔誠的標準定義就是逆來順受。脾氣暴躁的酒鬼老公死於一場鬥毆後，索媽靠著做縫紉獨立撫養索索長大，失去父親那年，索索十一歲。

作為一個教徒，索媽理想中有出息的兒子，就是成為一個神父。索索被送進哥里的東正教的學校。教會學校給索索最大的教育是學會了俄語，就是學得不正宗，索索後來的俄語總帶著格魯吉亞的口音。

索索這樣的小孩，讓他潛心研究神學是不靠譜的，讓他老實在學校裡待著，更不靠譜。古往今來的年輕人，叛逆期都是一樣的，那就是家長老師反對什麼，什麼就是最酷最炫的事。老楊並不認為索索同學在中學期間接受革命思想是某種憂國憂民心腸或者從小就樹立「為萬世開太平」的偉大理想。索索在中學會成為一個激進的準革命黨，肯定是叛逆讓他覺得很爽。

達到目的了，因為「思想反動」，索索被開除出校（又一個被退學的），他在一個氣象站找到一份工作，看著天氣，知道潮流風向，索索選擇了自己的革命方向。二十五歲時，索索加入了列寧的布爾什維克黨，成為高加索地區的領導者。雖然索媽經常跟兒子說，希望他回到上帝身邊，可她也發現，兒子的生活似乎離她的期望越來越遠，或者，是不是可以說，離上帝越來越遠。

三十多年後，史達林去探望病重垂危的母親，母親問：索索，現在什麼工作啊？史達林平靜地告訴母親「我現在相當於沙皇」。索媽此時並沒有說，兒子，我為你驕傲，而是遺憾地說：「終於沒有成為一個神父。」從這次對話來看，對史達林，索媽比世人都看得明白。

作為一個出身地位和教育程度都不高的革命黨，索索沒機會跟列寧這些人到西歐去學習薰陶走白道鬧革命，但是索索對革命的貢獻可能更直接。一九〇七年，索索指令手下，在第比利斯的廣場伏擊了銀行的護送隊。作案的手法有點壞規矩，不過是為了搶錢，可索索手下用自製炸彈造成了幾十人的死亡。一九〇二年到一九一三年這段，索索因為綁架、搶劫、暗殺被捕七次，被流放六次，再次鄙視沙皇俄國的流放制度，索索五次從流放地成功逃跑！

一九一三年開始，作為「涉黑集團頭目」的索索終於走上了革命正道，洗心革面，給自己起了個新名字「史達林」，開始在聖彼得堡為《真理報》撰稿。史達林這個名字起得好，讀起來如同一塊生鐵含在嘴裡，頗有份量，所以它在俄文中，就是「鋼鐵」的意思。

革命的方式變了，遭遇也沒什麼不同。當年，史達林再次被捕流放，這次流放地點是西伯利亞北極圈附近的地方，地廣人稀，氣候惡劣。史達林在一個農民房中棲身，按他的性格，此時應該考慮再次逃跑之道。不過這次他還真不跑，他找到了這冰天雪地中的一線春光。

此時的史達林三十四歲，二十七歲那年，他結了婚。妻子溫柔美麗，並為他生了個兒子，雅可夫。一年後，這個女人就因為傷寒去世，史達林將襁褓中的兒子留給親戚，繼續投身革命運動。

在西伯利亞漁獵的日子裡，史達林被一個十四歲的小姐吸引了。孤兒少女遇上年長二十歲的異鄉人，心裡也起了漣漪，不久，她就流產了。即使是沙皇俄國那個不開化的時代，十四歲少女懷孕流產，也要問罪責任人的。據說史達林當時詛咒發誓會娶少女過門，村裡人厚道，就決定放他一馬。

這段流放地情緣因為第一次世界大戰中止。第一次世界大戰俄國玩人海戰術，即使史達林三十七歲了，也要被徵召入伍。後來體檢，發現史達林左臂是不能彎曲的，這怎麼開槍呢，算了，放他一馬吧。

從現有的圖像資料看史達林，威武有型，大鬍子還頗為英俊性感。不過，真實的史達林是這樣的：身高大約一百六十七（此資料不詳，為蘇聯高級機密），瘦弱，麻臉（天花後果），左手殘疾，眼睛棕黃色。既不魁梧也不英俊，舉止不瀟灑，談吐也不倜儻，那時的史達林應該是沉默寡言，有點自卑的小人物。

被徵召而又沒上戰場的史達林幸運地離開了西伯利亞的小村莊，他女朋友並不幸運，因為第二年，她生下了史達林的兒子，亞歷山大。沒等到史達林回來，她只好帶著孩子嫁給一個農夫，生了其他一堆孩子。亞歷山大一直沒機會見到自己的親生父親。

二月革命後，史達林回到聖彼得堡，成為《真理報》的編輯，另外兩位編輯，一位叫做加米涅夫，一位叫莫洛托夫，這兩位老兄還將在後文中出場。

到蘇聯解體之前，《真理報》都一直是蘇共的中央委員會機關報，在十月革命前，《真理報》是反動報紙，不能在俄國印刷。所以，即使是《真理報》的編輯，也算不得什麼很有江湖地位的人物，對當時的國內國外來說，列寧、托洛斯基、布哈林之流都是成名英雄，史達林，應該還是沒沒無聞的，好在，列寧老大肯提攜拉扯他。

十月革命那場大型演出中，列寧和托洛斯基是當之無愧的男主角，史達林的戲份並不多，史達林漸漸混出了名堂是在紅白內戰中，名堂混大了，他開始跟紅軍的創始人、總司令托洛斯基叫板。

內戰時期，托洛斯基的江湖地位可以說是如日中天，作為戰爭的總指揮，他將一輛火車當作流動指揮部，一身黑衣，穿行於各大戰區，器度威嚴，指揮有度，加上他善於演講、喜歡演講，所以，整個內戰，托洛斯基是明星統帥。

史達林呢？他被派到北高加索徵糧，列寧知人善用，知道史達林這種脾氣的人，領導徵糧隊事半功倍。史達林果然能很好地完成任務，有時為了防止糧食被白軍奪走，他會果斷地燒毀村莊。

史達林被派到北高加索，不過是徵糧官，但他很快發現，他大有機會在軍界插一腳。托洛斯基沒有受過正規的軍事訓練，作為統帥，他的辦法就是，只要是投誠的舊俄軍官，都給予重用。史達林出發來到南方，是立過軍令狀的，要發大量的糧食回莫斯科的，可他發現，如果沒有當地的軍政大權，這個任務似乎很難完成。

不管出於何種目的，史達林開始向托洛斯基要求對當地軍隊的指揮權，托洛斯基覺得這個要求很荒謬，一直不予受理，史達林因此產生了對托洛斯基的怨恨並逐日增加。要跟托洛斯基作對，史達林顯然是地位太低，所以他努力爭取列寧的支持，他的說辭是：舊俄的軍官毫無忠誠，即將來犯的白軍是他們過去的同袍，誰知道打起來會發生什麼事呢？列寧居然就被他說服了，在托洛斯基來不及反應的情況下，史達林收押了軍區的舊軍官們，並將他們集體槍決。北高加索軍事委員會成立，史達林成為主席，並用自己的親信組建了新的軍隊。托洛斯基只差沒氣死。

好在史達林自己組建的軍隊爭氣，一九一八年年，白軍大舉進攻察里津，察里津是伏爾加河重要港口和鐵路樞紐，白軍必爭的要地，史達林和嫡系軍隊組織了一場漂亮的保衛戰，殺退了白軍，保住了南方。史達林成為「沙皇」後，察里津這塊龍興之地被改名為史達林格勒，如今，它叫伏爾加格勒。

史達林的戰場輝煌也很短暫，蘇波戰爭爆發，他被派往波蘭，又跟托洛斯基的戰略思路產生衝突，而拒絕執行有關命令。波蘭戰爭失敗後，史達林遭到列寧和托洛斯基的批評，他辭去了軍職，更恨托洛斯基了。

內戰成就了托洛斯基的輝煌，在一段時間裡，蘇聯的黨政機關辦公室內，列寧和托洛斯基的畫像是並掛的。托洛斯基是猶太人，出身富裕，有點舊知識份子的作派，自視甚高，恃才傲物。有才的人很少低調內斂，尤其是革命年代，有點「得瑟」的人，很容易出人頭地，老托好表現，為人張揚，可以想像，周圍的革命同志，對他多少會有些微詞。

蘇維埃政府成立後，列寧和托洛斯基偶爾也會有意見分歧，而在列寧心目中，史達林總是跟自己一條心的，所以，他當時就想扶持史達林抗衡托洛斯基。拉攏史達林對付托洛茨基的想法，另兩個蘇共的大員也有，他們一位叫季諾維也夫，一位就是加米涅夫。對這兩位來說，史達林沒什麼了不起的經歷和背景，不算個狠角，但是他處處敢和托洛斯基對著幹，正是「無害有用」的武器。於是，不知道什麼時候開始，史達林和老季、老加混得很熱乎。

蘇維埃政府成立後，有三個中央機關，政治局、組織局和書記處。政治局和組織局都是處理國家大事，書記處則是重點處理黨務。政治局的任務是解決最重要的政治、經濟和黨內問題，相當於軍機處；組織局委員主管相應部門的工作，調配黨的幹部；蘇共中央書記處成立於一九一九年，主要任務是日常黨務工作，中央委員們透過書記處和地方黨組織保持聯繫，書記處組織黨的情報資訊系統，調節黨員幹部的分配，從事中央委員會的通信聯絡工作，統計和監督黨的資金等等。

在這三個部門中，史達林的身分最特殊，因為他都有份，政治局委員、組織局委員，後來還當上了書記處書記。一九二二年，俄共十一次代表大會上，史達林在他那兩個老兄弟的支持下，成為「總書記」。這是本屆大會新出現的職位，可能大部分人當時對這個「總書記」還沒有明確的概念。實際上，史達林成為「總書記」，他的對頭托洛斯基頗不以為然，因為他認為，這個書記處，不過是個辦雜事的機關，沒什麼特別的政治地位，史達林喜歡給自己搞個大頭銜，就給他好了。

托洛斯基太書呆子了，神祕的「總書記」之位，充滿想像，落在胸有大志的人手裡，是會迸發出神奇力量的。史達林擔任總書記後，開始不斷為書記處增加工作人員，相應地，下屬部門也不斷擴大，分管的工作範圍當然也越來越大，漸漸地，書記處除了日常黨務工作、技術性工作外，開始插手政治性工作。

其他幹部都喜歡參照西方政府思路考量蘇聯政府，都覺得軍事大權或者財務大權是最吸引人的，而史達林最早發現，對一黨專政的國家來說，掌握了黨員，就掌握了一切。書記處掌握著高級幹部名冊，有調動和任命黨和政府中高級幹部的權力，還能把控國內大大小小事件的信息。所以沒多久，總書記就控制了黨代表大會和代表會議代表的選舉工作。終於有一天，所有人都發現，這個粗狂的格魯吉亞人，已經掌握了「無限的權力」。

三十、列寧之死

史達林權力很大，列寧同志看在眼裡，急在心上，他想控制史達林，可惜，他無能為力了。有部曾經在咱家非常風行的電影，叫做《列寧在一九一八年》。老楊不喜歡黑白電影，因為觀影過程很容易經常懷疑自己是不是突然色盲了。而且，對於早期進口電影中那些老派配音演員學院腔說話方式，也很受不了。不過我知道《列寧在一九一八年》中有句經典台詞，後來經常被我們引用，偶爾還惡搞。這句話是「讓列寧同志先走」。

這句台詞應該是出現在列寧被刺殺的現場，一九一八年年八月三十日，列寧在莫斯科某個工廠演講，遭遇暗殺，身中兩發子彈，刺客當時就被抓住。非常酷的女人，剛刺殺完了「偉大領袖」，不但不跑，還靠在樹上抽菸，場面像香港的黑幫電影，令人叫絕。

刺客名叫卡普蘭，社會革命黨人，早先也是玩恐怖主義那一派的，對於暗殺頭腦有病態的熱中，遺憾是不夠訓練有術。

卡普蘭被捕後第三天就遭到槍決，這個刺殺事件又是歷史謎案。卡普蘭因為常年眼疾，幾乎是個半瞎子，如果她沒學過中國功夫裡關於「聽風辨穴」之類的高深武功，出來做一個刺客未免嚴重對不起客戶和受害者。這麼嚴重的案子，三天就審結處決，沒有拉出一大票幕後黑手，也略顯輕率。

後來英國人跳出來承擔責任了，他們說當年這起暗殺，是英國人策劃的，目的是想推翻列寧，扶植一個願意繼續跟德國人打仗的俄國政府。

列寧沒死，子彈留在體內，尤其是右頸的那顆，過於接近動脈，醫生不敢手術，就只好留作紀念，成為列寧重要的健康隱患。

一九二二年五月，列寧徹底病倒了，不能理事。但此時，他頭腦還很清楚，他的妻子、妹妹、祕書守在身邊，隨時向他彙報一線的情況。這時，有幾件事讓列寧很不爽，因為他感覺史達林開始跟他對著幹了。

第一件事，列寧是支持外貿國家壟斷，因為他擔心走私。第二件事，列寧一直是主張「民族自決」的，對少數民族加入蘇聯，盡量按他們的自由意願。而這件事就是史達林和列寧翻臉的導火索。史達林是個獨裁者，覺得，你們這些少數民族地區，要加盟，就要完全臣服，莫斯科怎麼要求你們就怎麼做。當時外高加索三個小國，格魯吉亞、阿塞拜疆、亞美尼亞要求各自以獨立共和國的身分加入蘇聯，可史達林要求他們三家合併為外高加索聯邦，再以聯邦的名義加入。格魯吉亞政府不幹，史達林就派了自己的親信過去恐嚇嚇唬施加壓力，據說他派去的人還打了格魯吉亞領導人耳光。列寧對此事很不滿，而最搞笑的是，當初他就是因為在格魯吉亞的問題上，跟托洛斯基有不同意見，才扶持史達林的。

外貿問題列寧贏了，格魯吉亞的問題繼續膠著，病中的列寧無奈地讓妻子寫信給托洛斯基，希望他能站在自己一邊，反對史達林對格魯吉亞問題的粗暴。列寧和托洛斯基交通的事，很快被史達林知道，火冒三丈的史達林不能找列寧算帳，他就遷怒於列寧的夫人，因為信件都是列寧口授，克魯普斯卡亞記錄並傳達的。

史達林讓列寧夫人聽電話，然後對她大罵。格魯吉亞人怎麼罵女人不知道，據列寧妹妹說，放下電話的嫂子嚎啕大哭。作為一個有教養有擔待的女人，克魯普斯卡亞並沒有告訴列寧自己受的委屈，她只能找加米涅夫和季諾維也夫求助，這種求助沒什麼用，此時的蘇聯大小事務，都操控在史達林、加米涅夫、季諾維也夫這「三駕馬車」手裡，換言之，這三個是一夥的。

列寧最後還是知道了妻子受辱，氣急攻心，加重了病情。而蘇共中央委派了史達林監督負責醫生對列寧的治療。史達林嚴格控制了病人說話的時間，他也很有道理，他認為多說話會「耽誤列寧同志休息和治療」。

列寧同志到底是老牌革命黨，在這麼不利的情況下，他還是口授了《給代表大會的信》等八篇書信和文章。這些文字就是著名的「列寧遺囑」。主要內容是「對我們的政治制度作一系列變動」。

一九二四年一月二十一日莫斯科時間十八時五十分，列寧在戈爾基村去世，終年五十四歲。根據當時流行的某種神祕學，蘇聯人認為應該保留列寧的遺體，以備將來某一天能讓他甦醒回來。但是因為技術設備上的困難，後來就決定對屍體進行防腐處理。於是，列寧同志被打扮俐落送進了紅場的列寧墓，永久保存，從蘇聯到俄羅斯，每年政府花巨款維持這副水晶棺，經常被人質疑這筆費用過於沉重。列寧的忠實粉絲普丁掌了權，他力主繼續保留遺體，所以到現在，列寧同志不僅活在我們心中，還偶爾能出現在我們眼中。

三十一、戰勝對手

1. 遺囑門

蘇聯是地球上最新款的國家，前無古人，沒有師傅。國家的組織形勢、政府架構等等都需要自己摸索。現在擺在這個新型國家面前的難題是：如何傳承？

有人類以來，王位的傳承正常不外乎三種方式：老子傳給兒子；上屆指定下屆；選舉。列寧同志臨終前，忙了不少事，就是沒把這個事確定，到底誰能接下大位成為這個幅員遼闊國家的新掌門呢？好在，如果沒有定規矩，那大位的傳承就還有一種不規矩的規矩，那就是，篡！

蘇聯最高的決策機關軍機處就是政治局，政治局成員天天面對的都是一等要緊的國家大事，是政府的中樞，如無意外，下屆蘇聯的領袖應該在政治局成員中產生。列寧晚期，政治局有六大金剛：托洛斯基、布哈林、史達林、加米涅夫、季諾維也夫、皮達可夫。到底這六人中，列寧更傾向誰接掌大位呢？

還記得列寧遺囑嗎？寫了些什麼呢？其中最主要的內容，就是列寧對這六大金剛的評價。列寧認為：托洛斯基才能卓越，是個人能力最傑出的，但是過分自信，有點張狂；布哈林是黨的最寶貴的和最大的理論家，他也理所當然被認為是全黨喜歡的人物，但是他的理論觀點有時很瑣碎，書呆子氣；加米涅夫和季諾維也夫兩人，曾經在十月革命犯過點小錯誤，但是可以原諒；皮達可夫熱中於行政管理事務，在政治上還是個雛兒。

這五個人評價倒還中肯柔和，只有對史達林，列寧沒客氣：「史達林太粗暴，這個缺點在我們中間，在我們共產黨人的來往中是完全可以容忍的，但是在總書記的職位上便是不可容忍的了。因此，我建議同志們想個辦法把史達林從這個位置上調開，另外指定一個人擔任總書記，這個人在各方面同史達林一樣，只是有一點強過他，就是更耐心，更忠順，再和藹，更關心同志，少任性等等」。接著他又說：「這種情況看來可能是微不足道的小事。但是我想，從防止分裂來看，從我前面所說的史達林和托洛斯基的相互關係來看，這不是小事，或者說，這是一種可能具有決定意義的小事。」

看明白了吧，這份「遺囑」雖然沒有明確指定接班人，但是卻明確否定了某個人，我們可以理解為：誰都可以，就是史達林不行！而且列寧還預言，因為史達林和托洛斯基的矛盾，黨將面臨分裂。

這份遺囑叫《給代表大會的信》，列寧將之封存，希望能在一九二三年召開的蘇共十二次代表大會上當眾宣讀。到一九二四年，列寧去世，克魯普斯卡亞向政治局遞交了這封信，想像當時史達林的反應，應該是一顆炸雷響在頭頂。

事先，史達林已經將自己的環境經營得非常好了。在政治局，加米涅夫和季諾維也夫是他的死黨戰友，堅定挺他；而對布哈林來說，他是右派領袖，一直跟左派的托洛斯基不合，而且從托洛斯基的聲望和列寧的態度來看，顯然托洛斯基是最有資格上位的，布哈林不願意看到托洛斯基得逞，他很樂意支持史達林繼續對付托洛斯基。如此一來，政治局大半江山都掌握在史達林那邊，政治局會議上，史達林根據列寧的建議提出辭職，大家都不同意，執意挽留，他只好「勉為其難」繼續當總書記了。

現在的問題是，列寧是要求這封信在代表大會上公開宣讀的，代表們會質疑為何不執行列寧遺囑啊。一九二四年俄共中央委員會舉行了特別會議。列寧病中，政治局主席就由加米涅夫擔任，所以他主持會議。加米涅夫會上宣讀了列寧的信，讀完他又宣布，政治局建議不要在全體會議上，而是在代表之間討論這一文件；在即將舉行的代表大會上不傳達列寧的信，只向各代表團團長傳達。加米涅夫好事做到底，他說，政治局建議在討論列寧的信時應以能夠把史達林留在總書記的職位上為出發點，因為史達林已經承認錯誤並會改正。季諾維也夫跟著敲邊鼓，他要求全會選舉史達林繼續擔任總書記。

特別會議後，俄共第十三次代表大會開幕。選舉產生了新的中央委員會。在新的中央委員會全體會議上，史達林再次提出辭去總書記的職務，但是，中央委員一致選舉史達林為總書記，托洛斯基也投了贊成票，他顯然知道史達林這個勢力已經不好遏制。既然史達林得到了全黨的擁護，列寧的遺囑只好作廢。

2. 剪除雜草

戰勝「列寧遺囑」這顆重磅炸彈，史達林基本立於不敗之地。但如果要獲得自己預想中的權力，完全取代列寧的位置，還需要將路上幾塊巨石搬掉。

前面說過，從列寧臨終的態度和遺囑的口吻來看，他應該是傾向於托洛斯基接班，而且以托洛斯基的資歷和貢獻，他接班算是實至名歸。地球人都知道，史達林和托洛斯基是有宿怨的對頭，用腳趾頭就能想到，史達林找到機會就會先除掉托洛斯基。

在咱家，托洛斯基也算名人，因為他為咱家的革命引導出一個大名鼎鼎的「托派」，「托派」有位大佬叫陳獨秀。到底「托派」是什麼派？有興趣的「地主」可以翻閱黨史之類的書籍，這類書今年在咱家是很火的。

都是黨內的同志，看不順眼也不好明火執仗地操傢伙除之而後快，消滅政治對手有政治的方式。史達林很早就將列寧送上了神龕，建立一種奇怪的個人崇拜。根據這個崇拜，跟列寧思想有不契合的地方，就是反動的，就是敵對的，就是會被消滅的。都知道托洛斯基心高氣傲，而且張揚得瑟，跟列寧不合拍的言論肯定是很多的。

托洛斯基最高的理想是輸出革命，他不認為，社會主義國家可以在眾敵環伺中孤獨地存在，蘇俄的革命應該是世界革命的一部分。西歐所有國家，只要有工人運動就應該去發動革命。老托這個想法在波蘭演習過一次，他發動波蘭工人運動，結果波蘭人打進蘇聯要求取回丟失的國土，前面講的蘇波戰爭就有這個起因，蘇俄因此失去了大面積的領土。後來老托又想到德意志去扶持革命黨，效果卓越，有個叫希特勒的被「扶持」出來了。

史達林想除掉托洛斯基，加米涅夫和季諾維也夫也想，這兩位自恃在黨內的背景和地位，都覬覦大位，對他們來說，托洛斯基正是大敵，而且這傻哥倆一直認為，他們可以拿史達林當槍使，沒想到，他們自己是史達林手中的槍。

在史達林對托洛斯基的這場戰役中，可以明顯看出市井出身的梟雄和舊俄知識份子的高下。托洛斯基並不笨，只是他估不到有人可以這麼耍詐。比如列寧去世時，托洛斯基在外療養，居然沒有出現在列寧的葬禮上，讓所有人都非議他對老領導的忠誠。而主持葬禮的史達林一臉悲痛，以列寧最信賴的門徒自居。這個事托洛斯基很冤，因為史達林故意傳給老托一個錯誤的葬禮日期。

史達林對托洛斯基的火力有效，老托漸漸失勢，一九二五年二月，被解除軍權。而此時，加米涅夫和季諾維也夫發現，史達林是比老托更可怕的敵人。於是這哥倆果斷找到剛被他倆罵臭打倒的托洛斯基，組成一個左翼反對派聯盟，反攻史達林。

既然被左翼反對，就聯繫右翼。右翼的頭目是布哈林，布哈林是支持新經濟政策的，而且他認為不應該過分擠壓民營企業，要以市場運行規律來實現「工業化」。後面我們講到史達林在位的經濟政策時，我們基本可以斷定，布哈林這一套，在史達林心裡就是狗屁，但是在那段激烈血腥的爭位歲月，史達林對布哈林頗為贊同，讓布哈林成為他阻擊左翼三位大佬的重型武器。

一九二七年，左翼三位大哥被開除出黨。老加和老季這兩位，標準就是牆頭草，眼看著無力回天，趕緊向史達林低頭，重新領回了黨證，老托硬頸，不肯低頭，一九二八年被判流放。

史達林聯合加、季幹掉了老托，又聯合老布幹掉了加、季，如果老布還不知道他是下一位，那可真是糊塗透頂了。要說布哈林之倒台，就一定要說到史達林的經濟政策了。

「市場經濟規律」是一隻看不見的手，自發地調節供需和價格，所以大部分經濟學者就認為，健康的國家經濟，就是盡量少地干預這隻手的工作，它是最公平公正的調節器。不過，對一個有嚴重控制欲而且驕傲自大的人來說，這隻看不見的手肯定比不上自己這隻看得見的手來得可靠，來得有效率。

3. 五年計劃

俄國從古時在歐洲就是比較落後的國家，在經濟發展尤其是工業生產上處於很低的水準；農業的耕作方式也依然停留在古代，有頭牛估計就算機械化了。蘇聯立國後就面臨內戰和外國干涉，而後又被左鄰右舍孤立，對外貿易活動非常低迷，讓經濟狀況進一步惡化。

進入三十年代，西邊的德國及東邊的日本這兩個曾經的大敵都在擦拭盔甲，磨礪寶劍，對蘇聯的表情都不算太親切，而英法美三國顯然對蘇聯更沒有好感。史達林經營自己的地位很果斷，經營國家的地位也很鐵腕，他知道，只有國家變強大，才能在這個危機四伏的環境中站穩腳跟：「我們比先進國家落後五十或一百年。必須在十年內趕上這個差距。我們必須要做到這一點，否則我們會被摧毀！」

一九二七年，國家計劃委員會提交了一份計畫，由此誕生了我們最熟悉不過的地球上第一個「五年計劃」。一九二八—一九三二年，蘇聯第一個五年計劃施行。

一句話就可以概括第一個五年計劃：用最短的時間讓蘇聯實現工業化。都知道蘇聯是老牌的農業大國，要工業化，最要突破的瓶頸就是大量的資金。興建工廠、投資設備、購買原料、聘請工程師、組織工人生產。錢從哪裡來啊？不是農業大國嗎？銷售農產品啊。

既然擺明了就是壓榨農業催發工業，農民就倒楣了。政府收購農民的糧食，價格是很低的。穀賤傷農啊，我不賣不行啊？不行！史達林最大的天才就是能透過各種表象看到本質，社會主義國家的農民本來應該老實巴交的，國家讓幹嘛就幹嘛，如今居然敢押著糧食不賣，說明什麼？說明農民隊伍裡有禍亂國家的壞份子。

因為之前的新經濟政策，有些勤勞精明的農民慢慢攢下了不少家底，成為農村裡的富農。史達林就認為，這些富農是農村政策中最不安穩的因素，如今抗拒賣糧，他們肯定是領頭的，對這些富農，一定要沒收財產並放逐。而剩下不是富農的農民呢？大家把牲口、工具、所有家當交出來，組織成集體農莊，國家統一安排耕作，收穫後，國家該拿的拿走，剩下的農民每人分一點兒吧。

這個國家的特點就是，基層辦事，只對領導負責，不會拿「群眾當親人」。領導說要處理富農，誰處理得多誰有功，富農又沒有國家標準，說你是富農，哪怕你家裡天天喝粥，也要把煮粥那點兒米糠交出來，全家走人！而將自家的私有財產歸入集體，大部分農民都不願意。為了抗拒集體農莊，蘇聯的農民不惜殺掉自己的牲口，破壞自家的農具，燒掉自家的糧倉來抗議。這些反抗能有什麼用呢，史達林同志說了，誰牴觸集體農莊，誰就是最大的敵人，對待敵人，什麼手段都是可以的。

農民這麼不情不願地種地，每天汗滴和著淚滴一起下土，別指望莊稼能茁壯成長了。史達林團隊的工作效率真不是蓋的，從一九二八年—一九三四年，整個蘇聯大地穀物的總收成下降了八%，可是，國家的收購量卻增加了一百五十%！也就是說，明明收成銳減，國家拿去的反而更多，顯然，國家收走的，都是老百姓嘴裡的。

一九三二－一九三三年，蘇聯七十年歷史上最大的饑荒，解體前，關於這次饑荒，蘇聯人諱莫如深。大家都有經驗，關於大饑荒或者餓死人這種話題，很多資料能銷毀盡量銷毀，基本可以說，關於餓死人的數量，簡直是宇宙之謎。而史達林政府在饑荒的兩年繼續向國外銷售糧食，也算是作風硬朗了。

這次饑荒還有個特點，那就是受災最嚴重的都是蘇聯的糧食主要產區，最慘的是烏克蘭。烏克蘭如今自由獨立了，什麼都敢說了，他家滿懷委屈拋出官方資料，說是當年，僅在烏克蘭餓死的人數就超過一千萬，而且，烏克蘭人還咬定，這次饑荒，是史達林卑鄙的陰謀，想以此滅絕烏克蘭的種族。看烏克蘭這個咬牙切齒的控訴表情，俄羅斯真該慶幸跟他們分家了，再擠在一個屋簷下，後果不堪設想。

俄國官方認可的資料，是八百萬！餓死八百萬值不值？史達林說，值！一九三四年，他宣布第一個五年計劃提前完成，而且，蘇聯的的確確成為了一個工業大國。根據蘇聯人自己的資料，第一個五年計劃後，蘇聯的工業產值在全球應該僅次於美國。尤其是投資最大的重工業，大約超過一千五百家工廠拔地而起，荒野上，一座座新興的工業城市陸續出現，大型的工業部門從無到有發展起來。

第一個五年計劃期間，資本主義世界正好遭遇了一九二九年全球經濟危機，而這片蕭條中，蘇聯經濟卻是個亮點。在美國找不到工作了，老毛子家揮舞著鈔票邀請大家共襄盛舉，於是西方大量的資金、技術、設備、人才都趁這段時間進入蘇聯，直接提升了蘇聯的工業水準，也可以說，展現了全球經濟危機下，社會主義國家巨大的優勢。

蘇聯的工業化神速發展，但它是跛腳不平衡的工業化，重工業創造了奇蹟，人民日常生活相關的消費品就奇缺，食物需要定量配給，即使沒有餓死的，生活得也異常貧窮窘迫。

既然饑荒和貧窮都不考慮，從史達林的角度看，第一個五年計劃是成功的，所以，馬上啟動第二、第三個五年計劃。大家都知道，一九二九年全球經濟危機到二次世界大戰之前的時期，世界上大部分國家都是不太景氣的，而蘇聯這輛大車，開足馬力向前衝，不能不說是取得了驚人的成就。

用一個經典笑話來紀念五年計劃這段光輝歲月吧：

某天，一個好幾天沒有吃飯的人在河邊捉到了一條魚，興奮地跑回家去，招呼自己的妻子說：「快！快拿一個鍋來！我們炸著吃！」妻子說：「可是我們沒有鍋。」那人說：「那就找堆柴禾，我們烤著吃！」妻子說：「可是我們沒有柴禾。」那人急了：「那找兩把叉子來，生吃！」妻子又說：「我們連叉子都沒有。」那人很失望的回到河邊，極其不情願的把魚放回了河裡。魚兒快活地游了一圈後，大喊一聲：「史達林萬歲！」（這笑話雖然經典，編的卻不嚴密，要什麼刀叉啊，用手撕著吃不就完了嗎！）

4. 斬草要除根

「五年計劃」，蘇聯人創造了工業奇蹟，除了要感謝農民的犧牲，工人的拚命，有一群人的工作絕對不能忘記，他們分布在各勞改農場或者流放地服刑，大部分罪行曖昧不詳，但他們不敢質疑不敢喊冤，不敢叫苦說累，在監督和嚴控下完成艱鉅的苦役。

有人會問了，這有點誇張了吧，一群勞改犯，就算把女人當男人用，男人當驢用，能產生多少價值呢？人多力量大啊，如果有幾百萬這樣的勞改犯，不給薪資，天天迫使他們完成非人的苦役，他們創造的價值就是驚人的，而且，在上世紀的三〇年代，蘇聯可能哪裡都缺人，就是勞改營，絕對不缺，而且陸陸續續不斷補充新的勞力。

事情要從一九三四年十二月一日說起。這一天，列寧格勒的州委書記基洛夫像往常一樣在州委辦公室上班（列寧格勒的州委辦公室是斯莫爾尼宮，當年「十月革命」的司令部，有機會去該地旅遊，這是值得注意的景點），下午四點，當他經過三樓的走廊時，隨著一聲槍響，基洛夫倒地身亡。

基洛夫何許人？如果你是一位軍事愛好者，應該知道，「基洛夫」級核動力導彈巡洋艦是世界上噸位最大，火力最強的導彈巡洋艦，戰鬥力驚人，是真正的海上霸王，俄羅斯海軍最驕傲的寶貝之一。這東西無比金貴，蘇聯晚期到俄羅斯，他們家的財力都不夠再造這種頂級奢侈品。

會用「基洛夫」給這麼貴重的東西命名，基洛夫肯定是個超級人物啊！作為列寧的戰友，也是革命元老，在蘇共內部仕途順利，一九三四年更成為蘇共中央書記。很多資料都顯示，基洛夫是被史達林當親信培養，用來幫他出面遏制那些反對派，史達林對付老托、老加、老季這三位大哥時，基洛夫就是衝在頭裡，很給史達林長臉。

長臉的過程也是個人建設的過程，逐漸基洛夫的人氣就越來越高，有點功高震主的意思了。蘇共十七大開幕，會上因為討論了關於國內饑荒的問題，史達林遭遇了一些問責，因此獲得了兩百七十張反對票，而基洛夫僅僅獲得三張反對票，基洛夫的講話得到了滿場長時間的掌聲，超過他們開會的鼓掌時間限制。好在其他的史達林親信沒有反骨，忙著把這些翻天的反對票全都銷毀了。

基洛夫被暗殺，史達林親自牽頭成立了調查組，並由此牽出一個「驚人大案」。殺手名叫尼古拉耶夫，一個落魄的前公務員，早年看起來沒什麼出息，不安心本職工作，不服從上級分配領導，長期泡病假，後來終於被開除了公職。失業後，就成為職業「上訪者」，生活中主要的內容就是給黨政各級領導寫信，陳述自己不如意的人生，抱怨社會不公。沒想到就是這麼個毫無出息的窩囊廢，居然幹出了這麼驚天動地的大事。

雖然契卡的首腦們輪番上陣對尼古拉耶夫逼供，他還是堅持咬定暗殺是自己獨立的行為，跟其他人無關。十二月二十九日，尼古拉耶夫被槍決。尼古拉耶夫可能是知道自己辦了一件大事，可他絕對沒想到，這個事能大到什麼程度。

所有人都不相信，一個普通的落魄公務員會無緣無故槍殺中央領導，這中間肯定有陰謀有內幕。當時蘇聯的報紙也每天報導調查組的工作進展，當然報上的內容，基本都是被史達林同志嚴格控制的。

最初，這個事的幕後主使被定為是白俄時代的近衛軍，尼古拉耶夫是所謂「白衛恐怖份子」，那前後，史達林正清算舊政權的殘渣餘孽，藉著這個機會狠殺了一批。

幾天後，報紙改口風了，恐怖份子原來是托－季反革命集團派來的。托洛斯基於一九二九年被蘇聯驅逐出境，並剝奪了公民權，流亡到南美。加米涅夫和季諾維也夫還在國內，根據調查組的說法，老加和老季組織了一個叫「列寧格勒總部」的反革命恐怖團夥，其目的就是刺殺包括史達林在內的國家領導人，基洛夫就是他們行動的開始。

都成立「總部」了，可見根源很深啊，要在全黨全軍範圍內，大規模清理整頓，把不老實不忠誠，對偉大領袖史達林同志不夠敬畏不夠膜拜的人都抄出來，挨個教育。就這樣，蘇聯乃至人類歷史上最大規模的對自己同志戰友的屠殺開始了，這就是轟轟烈烈慘絕人寰的大清洗運動！

大清洗運動以三次著名的審判構成，第一次公審是一九三六年八月，目標是「托－季恐怖組織」，十六名被告，包括老加和老季這可憐的哥倆，所有十六人都被判有罪和處死。

第二次公審是一九三七年，比較仁慈，十七名被告只槍斃了十三個，剩下四個沒高興幾天全死在勞改營裡。

第三次公審是一九三八年，最受矚目，因為史達林終於要下狠手，拔掉王座旁最後一根雜草，也就是布哈林的末日到了。

布哈林是新經濟政策的支持者，他一直堅持，工業化要慢慢來，強行工業化，尤其是犧牲農業進補工業，會徹底摧毀這個農業大國的根基。布哈林這個「蝸牛社會主義」的計畫，跟史達林的「五年計劃」根本是牴觸的，剛開始為了用布哈林打倒托洛斯基，史達林擺出了一副很認同的表情，估計是給予了布哈林錯誤的信息。

正如布哈林預計的，「五年計劃」造成了慘烈的饑荒，布哈林出於一個黨員的良心，覺得一定要站出來反對史達林的政策了。老布也是書呆子，他不知道，這個時候的史達林，根本是不能反對的。據說，如果當時有人說「饑荒」「餓死」之類的事，都會被當反革命抓起來，說是「別有用心」的人造謠。可是，這麼多人餓死是藏不住的，越來越多的老布爾什維克也發現了自己的良心，他們跟布哈林站在一起，希望能改變領袖的想法。

書呆子布哈林不達目的不甘休，咄咄逼人，讓史達林看著他很無奈。史達林大會小會多次提醒布哈林，愛惜自己的大好頭顱，可布哈林不知道被哪位革命烈士附體，就是不屈不撓，非要跟史達林對抗，終於讓自己成功地被捕。布哈林沒想到自己的罪名如此嚴重，因為內務部門逼他承認連暗殺列寧和基洛夫都是他指使的，最後是以「叛國罪」被處以極刑。

除了這三次大審判，軍事法庭還開工一次，審判的是一批紅軍將領，蘇軍最有才華的陸軍元帥圖哈切夫斯基被處死。

四次審判，幹掉的都是政府軍隊的頭面人物，正兒八經地審判，宣判，槍決，顯得很公正。審判都是公開進行的，甚至有外國媒體在場，絕對沒有冤案，因為上述所有人，在法庭上都非常清晰明瞭地承認了自己所有的罪行，有的痛哭流涕，說自己對不起國家對不起民族，不殺不足以平民憤，不殺不足以正國體。

能達到這種審判效果，我們要認識一下這個時期的明星人物，一九三六—一九三八年，大清洗最瘋狂的兩年，歷史上又被稱為「葉若夫時期」，葉若夫就是讓蘇聯所有人聞風喪膽，能把小孩嚇哭的契卡頭目。

都知道，共產黨是很硬頸的，嚴刑拷打、金條美女都不能讓他們屈服，葉若夫對付這些老牌共產黨有更有效的手段，那就是折磨其家人。根據野史或者是解密資料，葉若夫的手下抓人從來不是抓一個，而是一次抓一家，逼供時，如果不配合，槍斃或者折磨其父母子女，更有甚者，要當著父親的面強姦其女兒。這樣的手段，最後幾乎沒有人不屈服的。招了還不夠，出庭前要排練好形體和態度，保證在審判時，認罪伏法要發自真心，不能假惺惺不夠投入。

葉若夫幹這個差事是天賦異稟，據說他小時候就喜歡虐貓虐狗的，但是強中更有強中手，長江後浪拍前浪，有個更猛的猛人叫貝利亞，橫空出世。作為史達林的老鄉，他對老大更忠誠，辦事更得力，所以取代了葉若夫的位置。至於葉若夫呢，這樣的時代，殺人和被殺的大都殊途同歸，後來有一天，史達林認為葉若夫「以一種瘋狂的方式管理內務部，逮捕無辜的人們，同時又掩護另一些壞人」，而後，他更被指控企圖暗殺史達林，一九四〇年，監獄看守脫光他的衣服給他一頓暴揍，又送了他一顆子彈。有道是：善惡終有報，天道好輪迴，不信抬頭看，蒼天饒過誰！（四十五度角仰頭，無語望天。）

既然是「大清洗」，上面幾個人的死亡就不夠規模了，其他沒有正式審判直接消失的人還有多少呢？這個數字無法統計，被逮捕的超過八百萬，死掉的最少有幾十萬，也有人說過百萬。而這些死去的人中，也許沒有上述幾位有江湖地位，可也都是老黨員，一九三四年當選的中央委員幾乎沒了四分之三，雖然大部分曾經或者正在或者企圖反對史達林某些想法，但是還有一部分是從沒對史達林表示過意見，也屬於躺著都中槍，稀里糊塗丟了性命。整個國家遭受的這一場血洗，說穿了，目的就是要達到史達林天上地下唯我獨尊的境界！要麼效忠要麼死，一九三四年—一九三九年的蘇聯，沒有第三種選擇！

史達林暗自算了一下，列寧之後的中央政治局成員，基本清理乾淨，最鬧心的是大對頭托洛斯基還活著，還逍遙地活在墨西哥，別以為逃到南美就處理不了你了！

為了追殺托洛斯基，史達林專門成立了一個部門。第一次行動是一九四〇年五月，二十多個殺手攜帶各種武器向托洛斯基的住所射出了三百多發子彈，人多容易亂，托洛斯基夫婦趴在地板上，非常神奇地躲過了謀殺。

經過這個事，托洛斯基加強了安保措施，暗殺者決定對老托的住宅實行滲透。老托身邊有個美國女祕書，女祕書被一個西班牙人迷住了，這位叫梅爾卡德爾的西班牙人自稱是托洛斯基的粉絲，總是讓女朋友幫他安排面見向托洛斯基求教。

一九四〇年八月二十日，梅爾卡德爾登門拜訪，謙遜地將自己寫的一篇文章請托洛斯基過目，托洛斯基埋頭看時，一把冰鎬砸向他的後腦，砸出個七公分深的傷口。就這樣，老托也去了另一個世界。好在被史達林趕去另一個世界老同志和老戰友比留在這個世界的更多，老托如果不那麼驕傲，在那裡應該能找到很多老朋友。

殺了一圈，回到整個事件的起因，「基洛夫被殺事件」到底是誰主使的呢？沒有正確答案，現在我們知道的版本說基洛夫被殺是史達林指使的，是個一石幾鳥的計畫，這完全是後來赫魯雪夫的說法，他恨史達林入骨，把所有的壞事都往仇家身上栽贓很正常，也不能全信他一面之辭。

咱們是外國人，沒什麼親戚在大清洗中被肅反了，在大饑荒被餓死了，所以咱們站著說話不腰疼啊，任何一個皇帝遇到王位遭到威脅或者疑似遭到威脅的時候，各種極端手段都是可以理解的，不過因為殺的都是自己的戰友和同志，有的還是好友，顯得特別滅絕人性。史達林的經濟政策是餓死了不少人，可如果沒有他這樣鐵腕的改革動作，也沒有後來可以跟老山姆抗衡的超級大國。當然，如果不是史達林從此確立了高度集權的專制統治，蘇聯恐怕也不會說散就散了。

三十二、黑色閃電高傲飛翔

整個蘇聯的大清洗運動，史達林有一句響亮的口號，大家都熟悉，「敵人不投降，就讓他滅亡」。史達林說這句口號的時候是很自得的，因為每當需要這句話時，史達林都會說，這句話是高爾基同志說的，在史達林看來，高爾基這位舉世著名的文豪對自己的支持可以讓自己的行為更名正言順，那麼我們自小就熟悉的紅色文豪高爾基，到底是不是史達林一夥的呢？

高爾基出生在伏爾加河畔的下諾夫哥羅德城裡一個貧寒的木工家庭，四歲就失去了父親，在外祖父家長大。十一歲就不得不走向社會討生活，自己養活自己，在社會最底層艱難地生活，嘗盡了城市對一個低級打工者的嘲弄和折磨。他當時肯定沒有想到，他朝不保夕謀生的這座城市，有一天會用他的名字命名，叫高爾基城。

成年之前，高爾基是一個盲流，為了討生活，他流浪了俄國各地，對社會人情有了最直觀的了解。雖然說行萬里路勝讀十年書，高爾基如果僅僅是像盲流那樣到處亂跑，他也就成不了高爾基了，雖然生活困難，高爾基一直沒有放棄過學習。實際上，高爾基受到的正統教育只有兩年，他是真正被社會大學培養出來的。

整個高爾基童年和走向社會並成為盲流的經歷，分別記錄在他最著名的三部自傳作品裡，《童年》、《在人間》、《我的大學》。而從這三部自傳體小說來看，高爾基在寫傳記方面比較高手，也許就是這個技能導致了他的悲慘結局。

高爾基在九〇年代初投身革命了，也就是參與罷工遊行之類的事，他是作家，他的高度不一樣，一九〇一年一次罷工失敗後，他寫出了《海燕之歌》，從此，這首詩歌就成為了革命號角，經常在各種運動場合被高聲朗讀，由此，高爾基就成為了第一個真正意義上的無產階級革命作家。

跟其他革命黨一樣，被捕流放，然後找到組織。高爾基不可避免地遇上了列寧，並惺惺相惜。列寧力挺高爾基的作品，尤其是二十世紀初，高爾基以聖彼得堡工人運動為背景創作的小說《母親》讓列寧高度讚賞，因為這部作品很契合當時布爾什維克黨的鬥爭理念，所以被推崇到極高的位置，成為所謂社會主義現實作品的奠基之作。

高爾基雖然是個革命黨，可他跟列寧是有極大不同的，作為一個文人，他不自覺地會懦弱，對於列寧那個暴力革命的理念，他有點排斥，而且，即使是十月革命勝利，他還是認為，俄國人和俄國的現狀不足以支持這個偉大變革和傳說中的社會主義。

一九二〇年上半年，高爾基和列寧徹底鬧翻了，高爾基認為列寧就是個專制沙皇。好在列寧同志頗有些胸襟，對於這個處處跟自己發難的刺頭，他保持了高度諒解，他僅僅是要求高爾基跟之前很多的蘇俄文人一樣，不要在國內犯禁，流亡到西歐去。

從一九二一年到一九二八年，高爾基一直在西歐各地溜達，大部分時間落戶於義大利的索倫托。這段時間是高爾基創作的黃金歲月，自傳體三部曲也出在這個時期。特別需要說明的是，雖然他和列寧不合，出走歐洲，可他在文章中對列寧的評價依然很高，稱列寧是他最愛戴的人。

一九二八年，高爾基迎來了他人生的巔峰，他遇上了最好的「主人」——史達林。史達林突然處心積慮地讓高爾基回家，客氣得不像話，而且承諾，高爾基如果在俄國待著不舒服，隨時可以回到索倫托。

如果史達林只知道殺人，他的事業絕對不會如此順遂。順著他清理異己，佔領大位，他越來越需要有人為自己的所作所為提供辯解提供理論支持，最好還能歌功頌德。在一個言論被嚴格管束的社會，所有的形象工程都需要御用文人來打造，高爾基因為跟列寧理念不合流亡歐洲，這種背景讓他更容易被西方人認同，所以，要為自己樹碑立傳，高爾基顯然是最好的人選。

史達林給予高爾基一個文人所能獲得的最優渥的待遇，當時史達林是號召社會各界包括少年兒童給高爾基寫信，讓他回國幫助提高全蘇聯人民的文化水準，對於一個六十歲的老爺子來說，這樣的追捧，真的很容易犯暈。高爾基帶著巨大的聲望回到蘇聯，接受了盛大的歡迎儀式，史達林給他安排了一幢花園洋房和兩幢獨家別墅居住，所有的吃用供給都相當於中央政治局委員，伺候高爾基的各種工作人員，保姆司機警衛多達幾十人。為了慶祝老爺子六十大壽，還特地舉辦了盛大的慶祝活動。

吃人的嘴軟，當史達林要求高爾基盡一個御用文人的責任時，老爺子也只能屈從。最著名的就是地獄島事件。

蘇聯的勞改營是該時代的特色景觀，不僅規模大而且數量多，勞改營裡的生活和改造條件，咱們都可想而知了。二〇年代，有位在蘇聯索洛維茨島勞改營服刑的犯人越獄成功，逃到英國，於是寫了一部叫《在地獄島上》的書。顧名思義，肯定是披露了蘇聯勞改營的地獄生涯，內容在西方社會引起轟動，各種批判向著蘇共劈頭蓋臉而來。

要駁斥這本書是胡說八道，被西方利用造謠生事的，蘇聯必須派一位在國際上有影響力的人寫一篇反向的報導，史達林派高爾基去勞改營視察。視察完畢，高爾基寫下了自己的「參觀心得」，「犯人們的生活非常之好，改造也非常之好，無論任何人，用這個勞改營的事來欺騙和恐嚇人民都是毫無根據的」。

事實是什麼？高爾基心裡很清楚，他是不是昧著良心，也只有他自己知道了。文人都是懦弱的，不管他們曾經寫過什麼說過什麼，他們都只是普通人，要求他們不為五斗米折腰或者「鐵肩擔道義，妙手著文章」，都頗不人道，即使他是無產階級革命文人。

高爾基經常用海燕做筆名，在他的《海燕之歌》中，他認為海燕是黑色的閃電，應該高傲飛翔。也許在某段時間，高爾基屈服於強大的勢力和安逸的生活，好在，他在最後找回了氣節，終於在最後將自己成就為一隻海燕。

史達林的大清洗，讓高爾基很傷心，而整個大清洗的過程中，很多高爾基的朋友、同志都毫無徵兆地失去了性命，雖然這中間，他利用自己的影響力救了不少人，可是他對史達林的失望是無法挽救了。高爾基對史達林失望，史達林對高爾基也越來越沒有耐心。其實史達林對高爾基客氣，是想讓高爾基為自己寫一個傳記，全世界都知道，高爾基寫傳記是大師。史達林認為，自己的人生被高爾基記錄後，就真可以流芳萬世了。

越來越多人的死亡，讓高爾基很疲倦，他是個老人家了，他無力反抗的事可以躲避，史達林曾答應過他，如果蘇聯讓他過不習慣，隨時可以回到義大利去。三十年代末，史達林清洗熱火朝天的時候，高爾基流露出了去意，老爺子激憤時可能還表示過，回到義大利，他會就蘇維埃政府的所作所為向全世界討一個說法。我們當然知道，此時此刻，史達林不會讓他離開了。

一九三六年六月十八日，高爾基逝世，官方說法是「病逝」。根據後來的解密資料，最新的說法是，高爾基死於謀殺，史達林向高老贈送了一盒糖果，老頭就這樣被「賜死」。史達林對高老不錯，在他死後，詳細研究了死因並立案偵查，因此又揭發出一批壞份子，包括高老身前的醫生祕書都獲罪並判以極刑。

三十三、第二次世界大戰蘇聯

老楊寫歷史時，經常會用一種穿越的狀態，站在這些歷史人物面前感覺他們的氣質和氣場，筆下的人物們經常會帶著老楊的主觀態度。當我站在史達林面前時，心情有點矛盾，歷史寫到這裡，史達林沒什麼讓人喜歡的地方，餓死幾百萬人，再殺掉百萬人，這樣的沙皇，跟俄國歷史上所有暴君放在一起，毫不遜色，甚至更「暴」。可是然而，在隨後即將到來的二次大戰裡，如果不是史達林這樣一位君主，蘇聯能表現得這麼團結堅韌，並最終取得勝利，讓西方世界從此不敢蔑視這個社會主義國家嗎？

這一篇讓我們忘掉那個粗暴冷酷的權謀者，重新認識一位意志堅定的衛國戰爭英雄。

1. 戰前

每次大戰前，我們都要分析各國的敵我態勢和成因，這基本都取決於該國的外交政策。

一九二二年之前，在地球上，蘇聯是一座「紅色孤島」，很孤立，小朋友們都不跟他玩。轉機發生在當年春季的義大利熱那亞。就第一次世界大戰後歐洲貿易和經濟等問題，幾個大國在熱那亞開了個大會，蘇聯第一次派了個代表團來出差。

別以為歐洲幾個大佬叫蘇聯出來是和解的，他們是來要債的。英、法等國要求蘇俄償還沙皇政府、臨時政府和地方當局所借的一切外債；歸還已被收歸國有的外國企業和財產，或給予相當的賠償；取消對外貿易壟斷制等等。

還記得吧，第一次世界大戰前，西歐各國尤其是法國是放了很多錢給沙皇俄國的，但是蘇維埃政府認為沙皇政府的事跟新政府無關，法國應該找沙皇去要帳。況且，沙俄明明是協約國集團的，應該參與分享勝利的果實，怎麼還遭遇集體批鬥呢？戰後協約國還聯手對蘇聯用兵，讓蘇聯蒙受巨大損失，所以，協約國應該賠償蘇聯才對！

兩邊都堅持對方欠了自己的錢，這會開得所有人都胸悶，其他國家看蘇聯更是一臉嫌棄。在這個四面楚歌的環境裡，蘇聯人突然發現一個跟自己處境類似的難兄難弟，他家更慘，全歐洲人都想從他家切點什麼下來，這個可憐的傢伙當然就是德意志。

窮不幫窮誰照應啊，蘇聯和德意志抱頭痛哭了一會兒，簽訂了《拉帕洛條約》。條約裡說，蘇德之間就不存在誰欠誰錢，誰要還誰債的問題了，以後建立友好的貿易關係。

這個條約讓英法等國都有點傻眼，因為本指望用德意志牽制蘇聯的，而這個條約相當於歐洲諸國對蘇聯的遏制和封閉被打開了一個缺口，藉著這口新鮮空氣，蘇聯就能安全地成長壯大了。

其他國家反應極快，蘇聯這麼大的國家和市場，如果被德意志一家佔據了，還不撐死啊，趕緊過去分著吃吧。一九二四年後，英國、法國、義大利包括中國等國家都承認了蘇維埃政權的存在，並強烈要求改善發展貿易關係。

進入三〇年代，世界風雲又讓蘇聯有點傻眼了。這時，我們要先介紹蘇聯一個很強勢的組織，叫共產國際。

十九世紀五〇年代，隨著工人運動在歐洲的興起，一八六四年，在英國倫敦成立了一個國際性的工人協會，我們稱之為第一國際，它的重要作用就是廣泛宣傳了馬克思主義。第一國際摻和巴黎公社運動，隨著巴黎公社的失敗，第一國際也銷聲匿跡了；十九世紀八〇年代，歐洲很多國家都建立了社會主義政黨，大家又覺得應該搞個聯盟，所以趁著法國紀念「攻陷巴士底獄一百周年」，巴黎成立了社會黨的國際協會，也就是我們說的第二國際，第二國際的章程比較溫和，號召工人階級以罷工等形式完成社會的逐步改良；一九一四年，列寧同志看到第二國際的發展和行動似乎都不能產生有效的作用，就發出宣告「第二國際已死，第三國際萬歲」，一九一九年年，第三國際在莫斯科成立，我們稱之為共產國際，列寧給這個組織的任務非常明確，推行世界革命，在全世界範圍內以暴力手段推翻資本主義政權。

歐洲所有國家都有工人階級，都有自己的社會主義政黨，共產國際的工作就是扶持他們武裝鬥爭，複製一個「十月革命」。蘇維埃俄國自己還風雨飄搖，步履踉蹌，要搞這麼大的動作比較吃力。上篇說到，他們想在波蘭扶持革命，結果波蘭在法國的支持下，吃掉了不少蘇俄的領土。

碰了一鼻子灰的事情還有，共產國際在德國工作，也是慘敗。他們去攪和了半天，讓一個叫納粹的政黨應運而生，最可氣的是一九三六年，德國和日本簽訂了一個《反共產國際協定》，第二年，義大利也加入了。蘇聯人痛苦地意識到，整個世界最壞的兩個壞蛋，德意志和日本，恰好是自己的左鄰右舍！

德意志要反共，我們當然知道是納粹黨魁希特勒同學深恨共產黨，日本人要反共，還是那句話，日本並沒有進化到會分析意識型態，他不過是預備以咱家東三省為根據地開始擴張而已，蘇聯西伯利亞方向，應該也是他預備延伸國土的目標。

其實進入三〇年代，看到左右鄰居的造型，史達林也知道蘇聯有點危險，所以他努力跟所有人修好，只要有機會，就貼上去希望能結盟，比如法國，比如新成立的捷克都跟他家成為盟友。然而有些事就是躲不開。

意識型態對立造成的戰爭首先在西班牙打響。一九三六—一九三九年，西班牙爆發內戰。這場二次大戰的預演中，場內有西班牙共和政府軍和弗朗哥國民軍的兩派對壘，場外則誕生了三派。英法選擇觀望，他們將這個綏靖的態度保持到火燒眉毛；蘇聯作為共產國際的老大，再不願意惹事，也不能坐視西班牙同志不管，所以蘇聯站在政府軍一邊給他們支援，當然，他也沒說直接派軍隊過去幫忙；而德意志和義大利就在這一仗，立場鮮明，行動俐落地幫助弗朗哥的國民軍取得了最後的勝利。

西班牙內戰中，弗朗哥的軍隊明明只有四個縱隊，可當有記者問他，哪個縱隊會先進入馬德里時，弗朗哥得意地回答：第五縱隊。所謂第五縱隊，就是隱藏在西班牙共和政府內部的反動派、內奸、間諜等。

「第五縱隊」這個事，給了史達林很大的刺激，三〇年代，在明明知道左鄰右舍會對自己不利的情況下，痛下殺手，清理自己的政黨和軍隊，他就是為了防止在莫斯科出現一個裡應外合最後顛覆了政權的「第五縱隊」。

一九三八年的慕尼黑，讓史達林感覺到，危機已經逼近門口。這一年，希特勒和墨索里尼在慕尼黑招呼英法開會，通知他們，德意志預備將捷克的蘇台德地區「收回來」（參看《德意志是鐵打德》之四十五），英法兩國非常客氣地答應了希特勒的要求。大家注意，這次會議並沒有邀請蘇聯方面參加，而蘇聯作為捷克的盟友，剛開始還真想過要幫著捷克抵禦德國人呢。慕尼黑會議讓史達林看清楚了，聯手英法抵抗德國，可能性不大，那兩家膽子都被嚇破了。

進入一九三九年，希特勒全取捷克後向波蘭提出領土要求時，英法終於知道，綏靖沒有用了。這時，他們反應過來，要趕緊拉住史達林跟蘇聯夾擊德意志。史達林正在找幫手，有人需要他，哪有不高興的。可英法態度太差了，他們派出的，是一個級別很低的代表團。

英法看不起自己，不算滅頂之災，因為要想解決邊境的危機，最好的辦法就是讓敵人不要打過來。正好，這個敵人最近表示了態度，他的目標是西方，想跟蘇聯繼續睦鄰友好，不打架。當年八月，一份讓英法等國五雷轟頂的協定出爐了，《蘇德互不侵犯協定》，有了這份東線保障，希特勒酣暢淋漓地進攻了波蘭，出於客氣，還邀請蘇聯從另一個方向進入波蘭，兩家可以會師，再次將波蘭分而食之。而據說蘇聯人進入波蘭時，有一陣子沒有遭遇抵抗，因為蘇聯軍隊告訴波蘭人，他們是過來幫忙打德國人的。

佔領波蘭東部後，蘇聯軍隊繼續發展，將愛沙尼亞、拉脫維亞、立陶宛佔領，隨後，逼迫這幾個國家以加盟共和國的形式併入蘇聯。

一九三九年十一月，蘇聯對芬蘭動手了，理由是，芬蘭的國境線離列寧格勒太近，影響蘇聯人喘氣，讓芬蘭往後退退。芬蘭拒絕這種無理要求，紅軍就衝過去了。雖然最後還是迫使芬蘭屈服了，但蘇聯也打得異常辛苦，可能就是對芬蘭這個小國的戰爭中顯出的疲態，讓希特勒認為，蘇聯紅軍真不夠他帝國軍隊幾腳踹的。

除了上述這些地區，蘇聯還取得了羅馬尼亞的兩個地區，應該說，到一九四〇年夏天，說史達林是軸心國一夥的壞蛋一點兒問題都沒有，做希特勒的最佳拍檔和同夥史達林絕對比墨索里尼勝任。估計要是希特勒不出兵阻攔，蘇聯還會繼續擴張。

說到蘇聯在第二次世界大戰前的醜惡行徑，特別不能遺漏的是讓波蘭人憂憤難平的卡廷事件。一九三九年蘇聯進攻波蘭，大量的波蘭戰俘落在蘇聯人手裡，這些戰俘的數量初步估計超過二十五萬，經過清點，有的釋放有的轉移，最後將九千多波蘭軍官和一萬五千名戰俘留在卡廷森林（俄羅斯斯摩稜斯克以西約十九公里）附近新建的戰俘營。

波蘭的兵役法規定，只要是大學畢業生，一輩子肯定要服一次兵役，所以波蘭軍隊裡，知識份子是很多的，醫生、律師、工程師、科學家都有。而之所以留下這兩萬多人，顯然也是經過篩選，應該都是波蘭國家和部隊的精英。一九四〇年，蘇聯著名的魔頭，內務部長貝利亞就建議，這些人養在戰俘營，又費糧食又佔地方，還時不常地製造騷亂影響戰俘營秩序，乾脆殺了得了。

史達林剛殺了自己的同志和夥伴，一身的血還沒洗淨呢，這波蘭人能算得上是世仇，殺起來更沒有心理障礙。俄國歷史以來就想永久佔領波蘭，如今失而復得，再不能讓他們有任何機會復國，被俘的波蘭人，留著禍害，殺吧！

一九四一年，德國人佔領了卡廷森林，發現了慘不忍睹的萬人坑，千具屍體層疊在一起，胡亂埋在大坑中，後腦都有明顯的彈孔。後來，德國人公布了這個發現，全世界都震驚了，波蘭人自然更甚。

卡廷森林的八個萬人坑裡有一萬多具屍體，波蘭既然知道了這件事，肯定要徹查。最後他們得出的資料，除了卡廷森林這個處決地點，還有其他幾個處決地，大約有兩萬兩千名波蘭將士死於蘇聯的屠殺。

話說，「大屠殺」這個詞，原本英文是沒有的，從俄文轉化過去的，可見俄國人對大規模殺人特別有傳統有經驗，更有經驗的，還是對大屠殺的狡辯和掩蓋。

蘇聯跟德國翻臉後，流亡的波蘭政府跟蘇聯簽訂協定，共同抗德。波蘭政府要組建軍隊啊，跟史達林要這些戰俘，史達林淡定地告訴他們，都被釋放了，不知道跑到哪裡去了；到德國人揭發這個事時，蘇聯人抵死不認，說是德國人自己殺的，栽贓蘇聯人；後來蘇聯有機會奪回卡廷，還搗毀了紅十字會建立的公墓，想毀滅證據；戰後因為蘇聯對波蘭的控制，「卡廷事件」更是不能提及的；一九九〇年蘇共倒台，俄羅斯政府終於承認幹過這麼件缺德透頂的事，不過，這都是史達林的罪行，而且人也沒死這麼多，一千多一點兒吧；直到葉爾辛時代，所有關於卡廷事件的祕密檔案報告資料等，才由俄羅斯交給波蘭，讓波蘭人徹底了解了真相。

「卡廷慘案」無論過多少年，經過多少代，受害國都是不能釋懷的。「卡廷慘案」至今還折磨著波蘭人，二〇一〇年四月十日，波蘭總統卡欽斯基和夫人帶領波蘭代表團一行前往俄羅斯悼念卡廷大屠殺遇難者時，遭遇空難，機上九十六人無一生還。這筆帳，也可以算在史達林頭上吧。

2. 戰中的歐洲

剛說這篇介紹英雄史達林，怎麼又說他殺人的事呢？沒辦法，這夥計的生平所有事都跟殺人相關，面對一九四〇年納粹大軍壓境，我們第一個要說的，還是史達林殺人的事。

說史達林是希特勒的好拍檔，一點兒不冤枉他。從希特勒上台他就知道納粹是反共的，早晚要對蘇聯有動作，可他發動的大清洗，根本沒想過要給紅軍留下可以抵抗的力量。官方資料表示，大清洗中，被處決的高級軍官包括：五名元帥中的三人、四名一級集團軍級將領中的三人、十二名二級集團軍級將領的全部、六十七名軍長中的六十人、一百九十九名師長中的一百三十六人、三百九十七名旅長中的兩百二十一人。其他指揮員和政工幹部被槍決的有一萬多人，被清理出去的超過四萬。曾有人評論說：「世界上任何一支軍隊，它的高級指揮幹部在任何一次戰爭（包括第二次世界大戰）中都沒有受到這樣大的損失。甚至全軍覆沒的結果也不至於如此。就是繳械投降的法西斯德國和帝國主義日本所損失的高級指揮幹部也比這少得多。」

這個情況希特勒肯定知道，既然史達林老大這麼配合地幫著清理了對手，納粹的兄弟們有什麼道理不領情呢。一九四一年六月二十二日，雖然因為巴爾幹地區的戰鬥讓最開始擬定的進攻計畫推遲了一段時間，希特勒依然毫無壓力，指揮德軍加其他盟國組成的一百九十個師的大軍，從波羅的海到黑海拉開一線，雜和著天上戰機的嘶吼和地面裝甲部隊的轟鳴聲，烏雲滾滾，殺奔蘇聯而去。

德軍對蘇聯的進攻，面向三個方向，北方的目標當然是列寧格勒，中部則長驅直入挺進莫斯科，南部的目標則是基輔和頓河邊的羅斯托夫，這裡盛產糧食、煤炭和石油。

希特勒是閃電戰的高手，比賽長期搶跑，還沒等裁判鳴槍，他就大軍開進了蘇聯，讓對手防不勝防。之前德國不斷地往東線調兵，希特勒釋放各種謊言蒙蔽蘇聯人，都到了六月二十一日，有人給史達林發消息說德國人要殺進來了，他還堅決不信德國人會這麼快動手。大兵壓境，史達林同志大夢還沒覺醒，懵懂不知道如何反應，他失蹤了幾天，當時所有人都猜想，他是崩潰了。七月三日，史達林總算找回狀態，發表了一篇激昂的廣播講話，號召蘇聯人民團結抗戰。

德軍進攻開始那一個月，不管史達林是清醒還是迷糊，對戰局都毫無影響，德軍攻伐速度之快，難以想像，第一天，他們就推進了六十公里，半個月以後，蘇聯西部大面積國土被德軍佔領，被俘虜的蘇聯紅軍超過三十萬！好在，蘇聯國土遼闊人口眾多，在這種地方長途打架，變數甚多，如果稍遇阻滯，倔強又頑強的斯拉夫人就會凝聚出強大的反抗力量。

第一個讓希特勒頭痛的地方就是列寧格勒。老希打仗帶有強烈的個人情緒，他痛恨共產黨，連帶恨透了列寧格勒這個十月革命的誕生地。

此時的列寧格勒，是蘇聯最大的工業中心，也是蘇聯第二大運輸樞紐，大約有十條鐵路線經過，連結列寧格勒與莫斯科以及蘇聯的其他地區，顯然它在軍事上是戰略要地。希特勒認為，只有在保證佔領列寧格勒之後，「才能繼而打好佔領莫斯科這個重要交通樞紐和國防工業中心這場進攻戰」。所以他說，佔領列寧格勒是一項「刻不容緩的任務」。

納粹這一路北方集團軍有七十萬人，飛機大炮都管夠，元首的命令是，六月二十二日出發，七月二十一日，拿下列寧格勒。

七月初，德軍按計劃步步推進，果然進入了列寧格勒周邊，德軍的盟友芬蘭也加入戰團，從北方和東方向列寧格勒合圍。

出乎德軍意料，之前一直潰敗的紅軍在列寧格勒城下恢復了神勇，戰鬥進行到九月份，雖然中間老希派兵多次增援，列寧格勒還是沒有拿下，最近的時候，德軍已經可以看見冬宮的屋頂，距離中心廣場不到二十公里。

列寧格勒的三百萬居民，在紅軍西北方面軍司令的領導下，一邊積極開工生產，一邊修築防線，讓德軍的攻城戰代價慘痛，不得不在九月底轉入防禦。城池雖然暫時攻不破，德軍基本完成了包圍，切斷了列寧格勒跟蘇聯其他地區的聯繫，只要圍困，總會使之屈服。老希因為軍隊遲遲沒有拿下列寧格勒，很冒火，他下令，將列寧格勒圍死，投降也不接受，要把這個城市「從地球上抹去」！

最慘的圍城戰開始了，列寧格勒城內工廠不少，可糧食一定要從城外運進來。補給線被切斷後，城內只好實行糧食配給，在九月後，連續幾次降低配給標準，最低的時候，每人每天只有二十五克的食物，越來越多的人因為饑餓而死。面對這樣的局面，城內外的蘇聯人都沒有絕望，他們知道，列寧格勒因為地理位置的特點，是沒有辦法被完全圍死的。

看地圖，列寧格勒東北毗鄰一個湖泊，叫拉多加湖，湖中間大約六十多里寬的水域，德軍的炮火夠不著，而這條水域，就成了向列寧格勒運送給養的生命線。

炮火打不著，飛機能打到，而且，湖面，它是會結冰的。進入十一月，湖面開始封凍，船隻無法運輸，只能寄望於雪橇之類的低等運輸工具。要向一個三百萬人口城市運送補給，雪橇馬車比杯水車薪還少。萬般無奈之下，列寧格勒軍事委員會決定，在冰上建一條軍用公路來運送糧食。冰面上跑重型卡車，不是不行，條件是冰面必須凍得厚實。可拉多加湖不都這麼凍，不僅結冰的時間有早晚，結冰的厚度也不一樣，很多地方，看起來很結實，下面的冰層其實很薄。

這是生命線，無論如何都要試試。冰上軍用公路就這樣強行通車了。開車的都是經驗豐富的老司機，兩頓卡車只敢裝幾百斤，行駛緩慢而小心，司機們開著車門，以備車輛陷入冰凌時，人可以快速逃離。據說十天運輸的糧食還不夠列寧格勒兩天的需要，可是，有四十多名司機連人帶車栽進冰水裡。

給列寧格勒輸送糧食的運輸隊，是列寧格勒保衛戰最感人的風景，除了掉進冰水裡，有時遭遇大風，車輛會在冰面上花樣滑冰，很快就失去了蹤影；天上，德軍飛機鬼魅般時隱時現。跑這樣的運輸，必須把腦袋別在褲腰帶上。可就是這麼驚險的工作，蘇聯人沒有退避，司機們還展開競賽，每天連續不斷，晝夜不休地奔跑往來，也許他們送出的物質遠遠不能滿足需要，可是他們帶來的這支希望之火一直在列寧格勒人民的心裡燃燒到了最後。

從一九四一年九月八日被圍到一九四四年一月二十七日，列寧格勒神奇地堅守了八百七十二天，創下了世界歷史上守城戰的奇蹟。而為了圍死列寧格勒，納粹的北方集團軍重兵和芬蘭軍隊都被牽制在這裡，減輕了其他地區的壓力。列寧格勒死戰不降，也一直振奮著蘇聯所有人的精神，要知道，蘇聯的衛國戰爭，最無敵的，就是精神。

巴巴羅薩計畫一啟動就是摧枯拉朽，六月二十二日開工，六月二十八日，就佔領了明斯克，七月十六日又拿下了斯摩稜斯克，從地圖上看，再跑快點兒，德軍就可以直接開進莫斯科了。可就在這時，希特勒躊躇了。

老楊原來說過，希特勒其實挺磨唧的，越是行情好他越是焦慮。此時，他手下古德里安等將領都建議，別浪費時間，直接撲向莫斯科，可希特勒卻堅持，大軍掉頭南下，他要吃掉基輔。按老希的想法，古德里安這幫丘八腦子太簡單，打仗嘛，第一保障就是物質，軍事經濟那是大學問。趁納粹軍團手氣好，火頭旺，正應該南下，把俄國西南那些資源糧食產地抓在手裡。

納粹軍團接到老大這個命令挺頭痛，因為他們知道，蘇聯紅軍西南方面軍就在基輔一帶，近百萬人，是紅軍序列中最有勢力的集團軍，這樣硬碰上去，就算能贏，也不知道要折損多少兵馬，最關鍵的是，耽誤了時間，什麼時候才能對莫斯科動手啊？

德軍這邊，老大和手下發生了意見爭拗，蘇聯那邊，也有個刺頭冒出來質疑老大，刺頭大名叫朱可夫，當時他是蘇聯紅軍的總參謀長。

面對德軍的南下，對基輔步步逼近，朱可夫向史達林進言，放棄基輔，軍隊撤到聶伯河對岸。這種逃跑的主意，說出來就是找罵的。史達林堅決不同意，朱可夫一再堅持無效，發飆說自己這個參謀長幹不了啦，史達林成全他，讓他降職為預備隊司令。

九月十六日，蘇聯的西南方面軍被德軍切割包圍，被圍困在中間的蘇聯軍隊，拼死突圍，可不管怎麼跑，都還在德軍的包圍圈裡，天曉得德國人圍了多大的一個圈子。

真沒人知道，因為基輔戰役是人類歷史上規模最大的圍殲戰。戰役維持了兩個月，蘇德聯手演繹了一幕戰場神話，蘇聯軍隊損失七十萬人，其中六十六萬被俘虜！

希特勒太高興了，他說，這是史上最大的戰役。戰役的結果他也很滿意，因為蘇聯的西南集團軍經此一戰，可以說損失殆盡；佔領基輔，蘇聯南方石油煤炭等重要產地就在眼前。然而，他不知道，基輔戰役的大勝，可以說奠定了他失敗的開始。在基輔，德軍也損失了十萬兵力，最重要的是，失去了進攻莫斯科的大好時機。也就是在基輔包圍圈熱火朝天的時候，莫斯科重組了城防，預備衛國戰爭的第一場勝利。

有軍事專家評價基輔戰爭是：德軍贏得了戰爭史上最大的圍殲戰，卻失去了戰爭史上最大的戰爭。希特勒的思維是跳躍的，拿下明斯克後，他就說應該先取得北方戰線和南方戰線的勝利，以莫斯科戰役為壓軸，結束這場壯麗的大戲。基輔戰役結束後，列寧格勒久攻不下，他又改主意了，又說一九四一年的工作重點是拿下莫斯科。被他分到北方和南方的中央集團軍部分軍隊趕緊拉回來，預備莫斯科戰役。

此時已經是一九四一年九月底，希特勒雖然沒見過，但他也了解過蘇聯冬季的嚴寒，而且，如今德軍進入蘇聯這麼深，後勤補給線拉得很長，冬戰裝備一時也送不到前線。老希不怕，他認為，只要速戰速決，最冷的冬季到來前完工，一切都不是問題。

對莫斯科的進攻於九月三十日開始，代號是「颱風」，德軍的總指揮是他們中央集團軍的司令，博克元帥，他指定的計畫就是「鉗形攻勢」，從南北兩個方向卡住莫斯科，攻破並佔領它。

計畫一開始不錯，進入十月，德軍又展開了幾個包圍圈，俘虜了幾十萬紅軍，到現在為止，德軍俘獲的蘇軍戰俘超過百萬，要不是他們對戰俘很不好，變著法子讓他們死得很快，這百萬人還真是負擔。

莫斯科岌岌可危，史達林決定動用王牌，基輔戰役失敗後，他無數次後悔沒有聽取這張王牌的建議。王牌就是朱可夫，而此時，他已經被調到列寧格勒，組織那裡的防禦。

十月十日，朱可夫回到莫斯科，如此一來，戰爭史上最風光的一場大戰的兩位主角，分別佔好了自己的位置。

即使是朱可夫，回到莫斯科，看到北邊、西邊、南邊咄咄逼人的德軍，他也不知道莫斯科能不能守得住。這樣實力懸殊的抵抗，守軍的意志是取勝的關鍵，而能激勵莫斯科市民守軍的，還是史達林的態度。史達林雖然將政府主要部門撤離到另一個城市，但他自己和蘇軍的總指揮部堅持留在莫斯科。這段時間裡，他經常出現在廣場對市民喊話，激勵所有人保家衛國，他說他本人一定會留在莫斯科，「直到流盡最後一滴血」。平時懶懶散散的俄國人，這時一點不頹廢了，整個第二次世界大戰，蘇聯最牛的，就是永遠打不絕，源源不斷的軍隊，男人們一腔熱血就想上戰場，而女人們也毫不服輸，接下了挖戰壕等辛苦的工作，第二次世界大戰時期，東線的戰鬥口號嘹亮入雲霄：「為國家和史達林戰鬥！」

一九四一年十一月七日，十月革命勝利二十四周年，史達林宣布，每年十月例行的紅場閱兵照常進行。當天，史達林好整以暇地出現在紅場，表情堅毅而鎮定地檢閱了部隊，這些部隊中，有來自遠東的軍隊，他們本來是防禦日本人的，為保衛首都，他們也只能被拉回來。蘇聯紅軍荷槍實彈全副武裝從紅場穿過，帶著史達林的堅定信念和蘇聯老百姓的真誠祈禱直接衝上抗德前線。

來自遠東的軍隊最大的長處就是冬戰，他們長期駐在西伯利亞一帶，過冬的裝備齊全。這段時間，英法兩國為了支援東線，還想盡辦法發來了不少過冬的物質。反觀那些英俊颯爽的納粹軍人們，還都沒換上冬裝呢，更不要說其他冬戰裝備了。

十一月二十七日，凍得瑟瑟發抖的德軍沒有喪失希望，因為這一天，他們突進到了距莫斯科二十公里的位置，從望遠鏡裡，幾乎可以看到克里姆林宮的塔尖。就是在這個位置，德軍又遭遇了蘇軍的殊死抵抗，德軍再次蒙受了巨大的損失沒有取得預想的結果。

進入十二月，莫斯科附近零下二十度，槍械裝甲全都凍成廢物，趁著德軍沒有完全被凍死，蘇軍開始反攻。一九四二年初，德軍不得不敗退，後撤了二百多公里，莫斯科保衛戰勝利了，首都保住了，整個蘇聯保住了。

分析德軍莫斯科戰役的失敗，一般都會先提到蘇軍的兩個重要幫手，一個是雨，一個是雪。十月份，德軍最氣勢如虹的時候，遭遇大雨，蘇聯人不好好修路，一下雨到處成為泥潭，德國的坦克根本無法前進。博克元帥一邊咒罵這破天，這破路，一邊希望早日霜降，讓泥濘的道路凍結；可他沒想到，道路被凍結實了，油箱也凍結實了，坦克還是跑不動。如果僅僅將莫斯科戰役的功績歸結於老天爺，是不公平的，戰役四個月，七十多萬蘇軍傷亡，不是斯拉夫子弟們前仆後繼的犧牲，以納粹的軍事素質，頂風冒雪一樣能攻無不克。

進攻莫斯科失敗，希特勒心情很惡劣。好在德軍的優勢還在，隆美爾剛剛在北非戰果輝煌，帝國的潛艇讓英國的艦艇很慌張，德意志依然掌控一切。既然莫斯科打不下來，元首就繼續他的軍事經濟思路，將主攻方向回歸到西南部，他看到了那個叫史達林格勒的城市。

史達林格勒原名察里津，是史達林在蘇俄內戰時的龍興之地。它位於伏爾加河下游西岸，伏爾加河是蘇聯最重要的內河航線，史達林格勒不僅是這條重要河道的重要港口還是南方的鐵路交通樞紐，更重要的，它是重要工業城市，擁有大型的軍工廠。史達林格勒以西、以南是廣闊富饒的頓河下游流域和高加索地區，是蘇聯糧食、石油和煤炭的重要產區。

在即將發動攻勢之前，希特勒曾對第六集團軍司令保盧斯將軍說：「如果我拿不到邁科普和格羅茲尼的石油，那麼我就必須結束這場戰爭。」應該說，不論對史達林還是希特勒，這片寶地都是戰爭能否持續的重要保障。

德軍已經佔領烏克蘭，集合大軍南下很順利，一九四二年夏天，大軍抵近了史達林格勒，導致整個第二次世界大戰局面逆轉的史達林格勒保衛戰開幕了。

史達林格勒這座城市呈帶狀，一長條沿伏爾加河右岸排開，基本沒有有利的防禦地形和防禦工事。這樣的城市一看就是很容易被攻破，德軍還隆重地派出了四十個師，一千多架戰機，向這個長條地帶了投擲超過一百萬枚炸彈，整個城市幾乎夷為平地。

希特勒志在必得，史達林死不放手，七月二十八日，史達林頒布了最著名的國防委員會二二七號命令，中心思想只有一句話「不許後退一步」。要求史達林格勒的守軍，不要想撤退，更不能想投降，不管發生什麼事，要跟德國人死磕到底。軍令如山，蘇軍就真的沒有退，即使是德軍已經陸續攻入城內。蘇軍化整為零，構築街壘，以街道建築為工事，與德軍展開了大規模的巷戰。雖然，此前大部分平民已經被轉移，但留在城內的平民也都選擇了跟士兵們共同戰鬥。

如今要是去伏爾加格勒，那是紅色旅遊，因為城區內有許多留有當時印記和紀念這場偉大巷戰的遺址，最著名的就是巴甫洛夫大樓。這棟大樓作為當時一個很重要的火力點被蘇軍死守，叫巴甫洛夫的中士帶著二十四名來自蘇聯各種族的士兵們，還有三十多名留下幫助他們的老百姓，面對數倍於己方的德軍以及對方強大的重型火力，將這棟大樓守了整整五十八天。戰後，為了紀念這位偉大的戰士，蘇聯重建了這幢六層高的建築，命名為「巴甫洛夫大樓」。

德軍已經進入了史達林格勒，街道和建築都能看得見摸得著，可就是不能實現佔領，每次看到蘇軍不論消耗多少性命都要爭奪一條街道或者一幢房屋，德國人不得不承認，這座城池，既在眼前，又在天邊。戰役繼續了半年，在這讓人絕望而膠著的戰場上，蘇德兩軍的士兵偶爾抬頭，會在廢墟、殘骸、硝煙之外看到一簇白色的百合怒放在空中，不過，這朵百合能讓蘇聯士兵更振奮，讓德國士兵更絕望。

上面說到，蘇聯的婦女很多也加入軍隊參戰了。進入一九四一年，史達林要求沒有孩子的女人們跟男人一樣負起責任。別的國家的女人，參加戰爭也就是做做後勤保障，最神勇也就是前線醫療隊。而蘇聯的女人進入軍隊可是分布在各種單位，挖戰壕能看見她們，開貨車能看見她們，操作大炮也能看見她們，她們還組建了純娘子軍的戰鬥機編隊。

一九四二年九月，兩架德國戰鬥機被一架蘇聯戰機擊落，這架蘇聯戰機的兩翼畫著白色的百合，透過機艙玻璃看去，操縱戰機的居然是一位大眼睛的金髮女郎。她叫莉莉婭，蘇聯空軍的女王牌，因為她的名字在俄語中類似「百合花」，所以她將自己的戰機畫上了兩簇百合。德國人分不清花的種類，況且在天上相遇，哪裡有時間研究人家戰機的裝潢呢，所以他們就認定那是白玫瑰，莉莉婭因此上有個外號叫「史達林格勒上空的白玫瑰」。

莉莉婭是史上第一個擊落了敵機的女飛行員，到一九四三年，這位漂亮的女飛行員共起飛參戰一百六十八次，單獨擊落敵機十二架。其中有一次，她擊落了德軍的一個王牌，有三十五次空戰勝利紀錄的德國人被俘虜後，強烈要求知道自己是敗在哪位高人手裡。當他看到一個嬌小玲瓏的姑娘向他娓娓訴說當時擊落他的經過時，德國人很傻眼。

一九四三年八月一日，莉莉婭在空中遭遇八架德軍戰機的圍堵，此時的她已經在德國空軍掛了號了，都認識這架戰機，而且，還看到她插在飛機側翼的一束野花。德國戰機沒對這個小姑娘客氣，莉莉婭在擊落一架敵機後，被打中，白玫瑰凋零在空中，這時據她二十二歲生日，還有十七天。根據她的戰友回憶，看到八架戰機衝她飛來，莉莉婭果斷地選擇了調轉方向，和德國人正面交鋒。

一個二十出頭的小姑娘，愛美愛笑還有很多對未來生活的憧憬，可她毅然投入這場殘酷的戰爭，並付出年輕的生命，從莉莉婭和巴甫洛夫這些軍人身上，我們了解了當時當地蘇聯人是一種什麼樣的精神和士氣，對德國人來說，看到這樣的蘇軍，心理上恐怕多少總有些壓力吧。

從開戰以來，一直是蘇聯人被德軍切割包圍，在史達林格勒戰役進入到十一月後，因為德國第六集團軍過於突前，終於被蘇軍包圍在史達林格勒的市區裡。攻防逆轉，德軍是客場，據守城池的難度更高，因為沒有人給送給養。被圍困幾個月後，萬般無奈的德國元帥保盧斯帶著二十三位將官和九萬一千多名饑寒交迫的德國士兵投降（詳見《德意志是鐵打的》第四十五）。

史達林格勒戰役是人類史上最慘烈的戰役之一，一百九十九天的鏖戰，到底死了多少人，根本無法明確統計，大致估計，德國連死帶傷損失了一百五十萬人，整個東線戰場，納粹失去了四分之一的軍事力量。蘇聯呢？更不好估計，因為他們祕密太多了。後來有行家計算，大約也有一百萬以上的傷亡，而德軍入城後，殺死的平民人數就更不能統計了。

這場戰役的意義不用說了，所有人都知道，此戰之後，德軍永遠失去了東線戰場的主動權。

跟第一次世界大戰一樣，德國人在東線不管怎麼殺人都殺不乾淨，蘇聯這種奢侈的人海戰術再次將德軍拖垮。這幾年仗打下來，精銳的納粹戰士越打越少，漸漸的，帝國軍隊裡越來越多是各盟國各小弟國家的士兵，像羅馬尼亞這樣的軍團，根本不能指望他們在戰場上有納粹軍隊的風采。蘇聯不一樣，雖然軍隊的素質沒有提高，可指揮官成長了。有豐富經驗的指揮官戰前被史達林清洗，新成長的指揮官幾乎是在戰爭中學會了打仗，尤其是碰上德國人這麼好的老師。所以，戰爭後期，蘇德的軍隊在品質上的差距越來越小。

到底孰強孰弱，還是要決戰一場才知道，地點就定在庫爾斯克，別再拼人命了，飛機坦克都亮出來，打一場機械化大會戰，贏家，就是最後的勝者。

這一仗是機械會戰，機械的能力，全靠人的大腦。所以，蘇德雙方都出動了最強的大腦，德軍方面的指揮官是曼斯坦因元帥，而蘇聯方面當然是派出朱可夫應戰。

史達林格勒戰役勝利後，蘇軍乘勝推進。而對德軍來說，他們歡迎蘇軍推進，將戰線拉長，找到地方，德軍會反手一擊報了史達林格勒的仇。當蘇軍進入庫爾斯克的突出部分時，曼斯坦因感覺，時機到了。庫爾斯克是一片平整的草原，打裝甲戰得天獨厚的舞台，曼斯坦因本人更是一個閃電戰的宗師，所以，看到這樣的戰場，曼斯坦因自信滿滿。

曼斯坦因是悲劇英雄，雖然他公認是古往今來人類戰史上最優秀的將領之一，可是他沒有趕上好時候。曼斯坦因出身普魯士貴族，他這個出身造成了一直得不到希特勒的充分信任。實際上，希特勒這位老大除了他自己，誰也不信。

曼斯坦因自信沒用，希特勒老大沒自信，他聽說蘇聯T-34坦克很厲害，所以他認為，如果德國沒有更好更牛的坦克，就不要隨便動手。更好的坦克德國真有，大炮改裝的，一種叫88的防空炮，德國人發現，這種炮如果不用來打飛機，而是降低高度打陣地，可以打到兩千米外。炮是好用，可是它很重，裝卸運輸都非常麻煩。德國人一想，這好辦，給加個裝甲再安上履帶，方便多了。不過，整容之後，它已經不是88炮了，它是一種新型坦克，叫虎式坦克，不論是裝甲強度還是火力程度都是戰場上的頂級殺手。

閃電戰的要點是快，根據之前的莫斯科戰役和史達林格勒戰役的教訓，被蘇聯人纏住打消耗戰就是地獄了，而且曼斯坦因早就知道，對面那個叫朱可夫的蘇聯人，打仗從來不吝惜生命和裝備，如果被他黏上，德國人真耗不起。

讓曼斯坦因鬱悶的是，希特勒對此很不以為然，稍安毋躁，等新坦克上了戰場才准開始。這一等，就是三個月。這三個月朱可夫可不閒著，他在周遭挖出八條戰壕，將平整的土地挖得亂七八糟，還埋下了大量的反坦克地雷。

即使是朱可夫準備充分，德軍基本還是一開打就攻破了對手的第一道防線。經過一周的艱苦戰鬥，互有損失。七月十三日，史上最大的坦克對決在普羅霍羅夫卡爆發。兩邊的裝甲主力正面糾結在一起，坦克的肉搏戰：幾百甚至上千輛坦克擠在一起對射，中間夾雜著衝鋒的步兵，隨時有坦克劇烈地爆炸，僥倖從坦克裡爬出來的坦克手，拿起槍加入步兵的戰鬥。這是真正的煉獄，不過，坦克帶起的漫天塵埃會讓這種被炸的血肉橫飛或者被燒得皮焦肉爛的畫面稍微掩飾一點兒。

不管是T-34還是虎式，坦克這樣絞在一起，科技的高下已經不起作用，基本上都是些同歸於盡的打法。而蘇聯更勝一籌的是，他們不僅人多，坦克也多，這，就是朱可夫最希望看到的消耗戰。

曼斯坦因不會這樣消耗德軍，經過一輪混戰後，他預備發起一輪猛攻，終結蘇聯人的車輪戰。然而，他這個猛攻的計畫永遠沒機會知道是否會奏效了，因為他主子又露怯了。

盟軍於這個夏天成功地在西西里島登陸，義大利危殆。希特勒的老心更加脆弱不堪，回想東線戰場這幾場硬仗，他忍不住肝顫了。他不想再跟蘇聯人糾結了，這些人太狠了，太倔了，太不要命了。現在他想的，就是盡快從東線戰場脫身，全力防備來自帝國下腹部的威脅。

希特勒撤走了部分庫爾斯克的裝甲部隊，本來就勢均力敵，德軍撤走部分軍力，這仗也就不用打了。蘇聯人開始反攻，再次取得了勝利。

蘇聯人說自己取得庫爾斯克會戰的勝利，其實不算名正言順，實際上，如果仔細核算戰損，不論是人員還是裝備，德軍的損失最多也就是蘇軍的四分之一。可是蘇聯損失得起，除了全國上下一心開足馬力軍工生產，盟軍的支援也一直源源不絕。

庫爾斯克的勝利讓大局確定，德軍在東線再無像樣的進攻，現在輪到蘇聯發力了，一九四四年，蘇軍連續十次進攻，不僅收復全部國土，還反攻進入了德國的境內。

一九四五年一月，蘇軍進入了德國境內，四月，進軍中的蘇軍和美國大兵在萊比錫附近會師，五月二日，蘇軍攻克柏林，五月九日，第三帝國向盟軍投降，第二次世界大戰的歐洲戰場落幕，蘇聯取得了衛國戰爭的偉大勝利。

3. 戰中的亞洲

歐洲戰場結束了，亞洲戰場，日本人還在負隅頑抗呢。大家還記得，莫斯科保衛戰後期，蘇聯獲得了一支生力軍，也就是來自遠東防範日本人的軍隊。有人會問了，為什麼整個第二次世界大戰，日本人打中國打這麼專心，還偷閒炸過美國的珍珠港，他們怎麼不對蘇聯動手呢。盟國知道東西兩線夾擊德國，日本完全可以和德國聯手，兩線夾擊蘇聯嘛。

說到第二次世界大戰時蘇聯和日本的關係，老楊又不能迴避一個讓人心痛的話題了，那就是，外蒙的獨立！好多八〇、九〇後的孩子都不太知道，咱們國家這張地圖，早先是不像公雞的，咱們也不願意讓它像公雞，原本我們脊樑上，並不是凹陷的曲線！不到一百年前，那個叫蒙古人民共和國的國家，它是屬於中國的領土，而且，自古以來都是。

十六世紀，沙俄入侵西伯利亞，根據這家人長期喜歡拿別人家土地的惡習，蒙古這片又被他們看在眼裡，記在心裡，找到機會，他們就對蒙古滲透。自從清政府開始跟各種洋人簽訂賣國條約，幾乎所有的對俄條約，都有跟蒙古相關的內容。沙俄的工作沒白做，到十九世紀，很多外蒙的貴族都待見俄國人，而且給了自己一個未來保障，萬一中原有變，蒙古可以順勢獨立，沙俄絕對會支持和保護他們。

二十世紀初，外蒙這群賣國賊的夢想實現了，辛亥革命推翻清政府，好些省份宣布脫離清朝統治，外蒙乘機就宣布「自治」。而後，中原大地進入軍閥割據的狀態，誰說了也不算，外蒙看著既然沒人管，索性就考慮獨立吧。

不久中華民國終於有了個大總統，他叫袁世凱。老袁再壞再爛，他也不能眼看著這麼大一片國土說沒就沒了，於是跟沙皇艱苦談判。此時光談判不夠，因為「大蒙古國」已經自稱建立了，不僅驅逐了當地的中國官員，還侵入到了內蒙古。老袁派出軍隊，總算將外蒙軍隊趕出了內蒙，但是，他沒有力量將沙俄的勢力趕出外蒙。老袁費了老大勁，終於讓外蒙承認中華民國還是宗主國，但是外蒙保持自治。

一九一八年年，十月革命讓沙俄倒台，蒙古的王公們不知道將要面臨什麼樣的命運，趕緊又倒向舊主，向中華民國求救，說是要回到國家的懷抱。當時民國設在蒙古的軍事首腦是庫倫鎮服使陳毅將軍（不是後來那個陳毅將軍），他一直採用懷柔政策，在蒙古的王公、貴族、活佛、高僧中聯絡感情，讓他們感覺，還是回到國家好。

誰知，到了一九一九年年，咱們那個段祺瑞政府認為，對於這種動不動就要獨立的地方，就是要鐵腕壓服，不能讓他們太得瑟，派出一位名將徐樹錚帶兵進入蒙古，連打帶罵用非常不友好的手段讓蒙古人暫時屈從了，但是蒙古的高層們心裡都不服。

十月革命的一聲炮響，讓蒙古的下層百姓也學著組織了一個共產黨，也就是蒙古人民黨，這下他們和蘇聯紅軍又是一家了，在紅軍的幫助下，蒙古人民軍打走中華民國的駐軍。一九二一年七月十一日，外蒙古建立親蘇的君主立憲政府。

到一九二四年，中蘇要建交，雙方談了談，估計蘇俄也覺得這樣分裂別人家國土很不地道，所以他們又承認外蒙是中國的一部分，尊重主權，還答應從外蒙撤軍。不到半年，蒙古國國君突然死了，蘇俄就又改主意了，當年年底，外蒙政府宣布廢除君主立憲制，成立了「蒙古人民共和國」，定都庫倫，改城名為烏蘭巴托，並允許蘇聯駐軍。

外蒙正式分家獨立，一大片國土血淋淋被剝離母體，咱們國內在軍閥混戰的空隙裡都表示了無比的憤慨，幾位著名的大爺曹錕、吳佩孚、張作霖都義憤填膺大罵老毛子不是東西，蒙古人更不是東西。罵歸罵，他們誰也不說出兵去把蒙古搶回來，因為他們擔心出兵外蒙時，背後會被其他的軍閥下黑手。

外蒙沒了算什麼呢，因為不久，我們富饒的東三省也被日本人佔了。一九三一年九一八時間後，日本人就扶持咱們的末代皇帝溥儀建立了滿洲國。

現在有好戲看了，蒙古國是蘇聯罩的，滿洲國是日本人罩的，這兩片地區還緊緊挨著，對蘇聯和日本來說，既然是白來的地盤，當然找到機會就要擴大，加上雙方本來就有仇，在滿蒙邊境，經常有蘇日的擦槍走火。

日本人的擴張有兩個方向，要麼北進，要麼南進。北進當然是衝蘇聯去的，蒙古國首當其衝，南進則是全取中國大地。

一九三九年日本人的北進之旅遭到阻滯，在滿蒙邊境一個叫諾門罕的地方，蘇聯加蒙古聯軍跟日本軍隊打了一架。戰爭沒經過正式宣戰，規模說大不大，說小也不小，日本人不是有個七三一部隊嗎，所以細菌戰也小試牛刀，沒操作好，還害死了不少日本人。

諾門罕戰役打了四個月，朱可夫為指揮的蘇聯紅軍取得了大捷，日本史學家稱之為「日本陸軍史上最大的敗仗」。日本人心理素質不好，輸了也不會臥薪嘗膽捲土重來，他們居然放棄了，以後就專心侵犯中國，蘇聯人盡量不招惹，為了表示誠意，日本和蘇聯簽訂了一份《蘇日中立條約》，條約約定，五年之內，兩邊絕對不再打架。條約中最無恥的一段就是：蘇聯承認滿洲國，日本承認蒙古國！

日本人說話算數，不像希特勒，簽了條約當廢紙用，後來第二次世界大戰中，日本人就真沒向北方招呼，癡心不改兢兢業業地堅持「南進」。

第二次世界大戰期間，美國多次要求蘇聯對日宣戰，史達林就是不鬆口，還將此事當作籌碼向盟國要條件。一九四五年二月，雅爾達會議，美國的羅斯福總統再次提出蘇聯向日本宣戰時，史達林說「總要給我一個藉口向我家老百姓交代吧，我們這麼山長水遠到遠東去打架，圖個什麼啊？」

羅斯福心裡著急，也管不了江湖規矩了，行，你要的，我給你，我們兩家祕密商議定就行了，別給其他人知道。當然不能給別人知道，讓咱們看看這份雅爾達決議的內容吧：一、蒙古（蒙古人民共和國）之現狀須予維持；二、日本一九〇四年背信棄義進攻所破壞的俄國以前的權益須予恢復，即A）薩哈林島南部及臨近一些島嶼須交還蘇聯；B）大連商港須國際化，蘇聯在該港的優越權益須予保證，蘇聯之租用旅順港為海軍基地也須予恢復；C）對溝通大連與外界聯繫的中東鐵路和南滿鐵路，應設立一中蘇合辦的公司以共同經營之，經諒解，蘇聯的優越權益須予保證，而中國須保持在滿洲的全部主權；三、千島群島須交予蘇聯。

看明白了吧，史達林說了，他出兵趕走日本，東三省以後就是蘇聯的勢力！當時的國民政府望穿雙眼等著蘇軍來幫忙，既然美國老大同意了條件，咱們也不能讓人家白忙，行，外蒙獨立之類的事好商量，只要您老快出兵。

一九四五年八月八日，在美國剛剛向日本投下一顆原子彈後，蘇聯向日本宣戰。藉著西伯利亞鐵路的巨大優勢，八月九日一百五十萬紅軍和大量軍備暴風般越過中蘇邊境逼近日本的皇軍之花「關東軍」。關東軍此時真是昨日黃花，面對來勢洶洶的蘇聯紅軍，他們的頑強抵抗堅持了十天，八月十九日，向蘇聯紅軍繳械投降。九月二日，日本人在美國的密蘇里軍艦上正式向盟軍投降，第二次世界大戰，這才算正式結束了。

咱家人厚道，寫歷史書的也厚道。蘇聯進入東北，十天之內擊潰了罪大惡極的關東軍，極大地推進了咱們抗日戰爭勝利的速度。雖然美國人丟了兩顆原子彈，但以日軍當時的態度來看，蘇聯人不參戰，只怕他們還要負隅頑抗一陣子，咱們還要多死更多人，所以，在這件事上，咱的歷史書對蘇聯紅軍一直是充滿感激的。

可是，日本投降了，蘇聯紅軍沒有回家啊。日本人一直把偽滿洲國當自己的家園建設，將之打造成大日本帝國擴張的基地，所以，他們在東三省留下了大量的工廠工業設備。這筆財產應該是不少的，因為戰中，偽滿洲國的工業生產總量已經超過了日本本土。

還是那句話，東三省落在小日本手裡或者是老毛子手裡，哪樣更糟糕？雖然國民政府當時已經說了，中國人被日本人欺負了十四年，蘇聯人打日本人十四天都不到，如果要拿日本人留下的「賠償」，國民政府應該優先。史達林口頭表示了對中國的同情，從一九四五年九月開始，他就馬不停蹄地將東三省的工業設施和工業設備拆到蘇聯去了，據後來的計算，蘇聯人在東三省駐紮到一九四六年三月，掠走的財富大約可值十三億美元，相當於日本十四年侵華戰爭給咱們造成總損失的十分之一。

如果蘇聯人一定要拿這十三億充當出兵車馬費，我們也認了，可你們是盟軍啊，是幫著中國人反侵略的，你們駐紮時多少要友善點吧？沒有，蘇聯紅軍可能有軍紀，不過海外作戰就失效了。在東三省，蘇軍找到了狂歡的感覺，他們到處溜達閒逛，偷盜搶劫，當然少不得酗酒，然後不管喝沒喝醉都找「花小姐」醒酒，在各地留下了輝煌的強姦記錄，當時東北的老百姓每天燒香拜佛，就是希望這「瘟神」趕緊離開，蘇軍的表現給東三省的人民留下了一直不能釋懷的惡劣回憶。

三十四、戰後

1. 勝利後的饑荒

蘇聯第二次世界大戰勝利的光輝下奠基著多少人的性命，一直難於考證，最新權威的資料顯示，大約是兩千七百萬人，無家可歸的人大約也有這個數字。

這些犧牲總算是有價值的，整個第二次世界大戰，蘇聯獲取的新國土加起來比法國還大，不僅讓史達林在國內國外贏得了巨大的聲譽，整個東歐、中歐絕大多數地區都拜入了蘇聯的山門，自認為小弟。

史達林可不是有點成績就翹尾巴的人，第二次世界大戰末期在日本島上爆炸的兩顆原子彈，不僅炸壞了日本人，也炸醒了史達林，老美居然有這麼危險的武器，這麼高端的科技了，以後蘇聯還是危險啊，要急起直追，快點趕上。行了，都別慶祝了，趕緊啟動第四個五年計劃吧。

跟第一個五年計劃幾乎思路一致，第四個五年計劃也是大規模發展重工業。第四個五年計劃有利條件更多了，第一是蘇聯戰後獲得了軸心國十億美元的賠償，第二是他從世界各地比如咱家東北和東德運回去大量的機器設備資源，第三他有大批復員軍人和戰俘低薪或者無償工作。因此，第四個五年計劃再次提前完成，煤炭、電力、石油、鋼材等產量超過戰前水準，又創造了一次計劃經濟的奇蹟。

蘇聯的每一次輝煌都是老百姓的犧牲換來的，第四個五年計劃中，老百姓的生活依然困苦，工人的生活標準在一九四七年後提高了一些，很多生活物質不用配給了，但是農民就更糟。

第二次世界大戰中，集體農莊政策稍微鬆動，農民有了點自由，很快就為自己累積了一點兒小財富。史達林同志最恨農民有錢，因為富農最壞。所以，他搞了一次金融改革，發行了新的貨幣，新舊貨幣之比為一比十，老百姓稀里糊塗地發現，自己的財產只剩十分之一了。

很多青壯農夫被徵上前線，戰後這些退伍軍人都被安置進工廠，農村工作力銳減，土地又遭到戰爭摧殘，一九四六年，烏克蘭旱災，糧食歉收。衛國戰爭的勝利讓史達林認為他對農村的政策是絕對正確的，所以戰後將對農村的壓榨發揚光大，歷史又重演了，蘇聯又爆發了大饑荒，這是蘇共掌權以來，第三次饑荒。

這次饑荒死人的數量可能會比上兩次少，不過已經有確實的記錄出現了吃人的現象。餓殍遍野的情形史達林看不到，有人告訴他，他也堅決不信，他認為總有人會用這些謠言破壞安定的大好局面。為了打擊國際謠言，也為了讓中歐和東歐看看，老大的能力，就在蘇聯的母親們掐死自己剛生出來的孩子而後自殺的情況下，史達林還提高了對波蘭、捷克等國家的糧食援助，據說當時的波蘭人還埋怨，說我們喜歡小麥不喜歡黑麥，蘇聯人除了小麥就不要總是給我們黑麥了！

2. 鐵幕演說

第二次世界大戰後，英法被削弱，美國因為各方面的勢力，成為資本主義世界真正的大哥大；第二次世界大戰中，隨著紅軍的征戰，幾乎臨近所有的國家都是被蘇聯紅軍解放的，紅軍幫助解放，順帶也就扶持跟自己對脾氣的政府，自然都是共產主義的政權，於是在東歐、中歐地區形成了一片社會主義國家，奉蘇聯為大哥，與美國形成世界的兩極。

西方資本主義國家一直抵制共產主義，沒想到打了一場世界大戰，共產主義勢力拓展出一大片，這讓西方國家非常恐慌。一九四七年，退休了不甘寂寞的英國邱吉爾跑到美國演說，「從波羅的海的什切青到亞得里亞海邊的里雅斯特，一幅橫貫歐洲大陸的鐵幕已經降落下來」，他還說，鐵幕以東的國家，被史達林鐵腕高壓控制著，美國作為世界大哥，不能不管，所有英語國家可以聯合起來，抵制蘇聯的擴張。

這篇著名的「鐵幕」演說後，分別以蘇美為代表的東西陣營就忘掉第二次世界大戰時攜手對敵的情分，開始互相怒目而視，也開始了「冷戰」的歷程。

「鐵幕」之說雖然是邱吉爾公開發表的，其實都知道他代表的是美國的意思。原子彈爆炸後的美國，尤其是其總統杜魯門，責任心爆棚，覺得全世界的事，美國人都應該擔起責任，所以，他家出台了一個叫杜魯門主義的東西，大意就是，以後全世界任何國家的人，只要覺得自己不自由不民主想推翻政府，美國人必須幫忙。

咱們家對杜魯門主義是非常了解的，用咱們熟悉的話翻譯過來就是：野蠻干涉他國內政。咱們家不喜歡被美國干涉內政，這個世界上喜歡被美國干涉的國家卻不少，他們怎麼這麼好說話呢？因為美國人很清楚，想對別人家指手畫腳，必須給點甜頭好處，人家欠你人情，你幹什麼都比較方便了。

為杜魯門主義護駕鋪路的，就是第二次世界大戰後著名的「馬歇爾計畫」。這個歐洲復興計畫，主要內容就是美國人為歐洲提供財政扶持，盡快讓這些國家在戰後恢復經濟和秩序。美國人想啊，經濟低迷容易引發時局混亂，又會讓共產黨鑽了空子，蘇聯的勢力會繼續擴張了。畢竟第二次世界大戰時是盟友，美國人不敢明說馬歇爾計畫就是遏制蘇聯的，他們甚至還假惺惺地邀請蘇聯加入這個計畫，美國人說了，他們一視同仁，美金有的是，只要蘇聯人敢要，美國人就敢給。

西方資本主義國家吃定了蘇聯不敢要，因為只要加入馬歇爾計畫，該國的經濟就要被納入監控，而且喪失部分經濟上的主權，這些要求，蘇聯當然不會答應。就這樣，馬歇爾計畫在蘇聯人怒目注視下進入西歐，大量的美金為當地帶來快速的復興。

美國人財大氣粗臭顯擺，史達林一定要把自己控制的那幾個社會主義國家看住了，別被美金吸引走了。因為「鐵幕」的遮擋，其他社會主義國家比較容易掌控，麻煩的就是東德。蘇聯在東德的動作參看《德意志是鐵打的》，兩邊較勁的結果就是德意志終於變成了西德和東德兩個社會形態完全不同的國家，後來柏林還出現了一道難看的「長城」。

時間來到一九四九年，這一年發生了三件世界大事。第一重要的，當然是中華人民共和國成立了。又是個社會主義國家，還是個這麼大的社會主義國家，地球兩大派系的實力明顯又發生了變化。

第二件大事是這一年的四月，美國與十二個主要資本主義國家成立了北大西洋公約組織，白紙黑紙規定，成員國成員，只要受到蘇聯及其小弟的攻擊，其他人都可以一擁而上幫忙打回來。

居然組成社團要對付自己，史達林很鬧心，好在，他一直重點關注的工程有了結果。一九四九年八月二十九日，蘇聯塞米巴拉金斯克大草原，一隻古怪的巨球在五十米的塔架上爆炸，數秒之後，巨大的彩色蘑菇雲騰空而起，蘇聯終於爆炸了自己的原子彈，打破了美國的核壟斷，成為世界上第二個擁有核武器的國家。

幾乎全世界都知道，蘇聯的原子彈技術大部分都是從美國偷來的，這個世界上有些規矩就是：只要偷得到就是自己的。蘑菇雲讓史達林狠狠地鬆了口氣，終於又跟美國站在一條起跑線上了。現在美蘇兩極都擁有了原子彈，讓冷戰上升到新階段，這個階段就是永遠冷戰，不會熱戰，因為兩邊都握有大殺器，一動手就有可能同歸於盡天地俱焚。可以說，原子彈是地球上最狠的凶器，也是地球上最能遏制戰爭的力量。

兩巨頭無法正面對決，隔空喊話互相嚇唬總不過癮，終於有個地方，讓他們挑擺自己的小弟打了一架。

中日甲午戰爭慘敗，大清被迫放棄了對朝鮮的宗主權，日本人佔據半島，隨後透過日俄戰爭，趕跑了覬覦朝鮮半島的俄國，在一九一〇年，日本正式吞併了朝鮮。

第二次世界大戰中，美、蘇、英三巨頭第一次開會就說到，讓朝鮮脫離日本獨立。後來雅爾達會議，美國人用咱們外蒙和東北換得了蘇聯對日宣戰，但是對朝鮮，幾方都有圖謀。經過討論，大家都感覺，「高麗人」一直都是鄰國的附庸，自己獨立成一個國家估計會亂套，乾脆，一人分一塊幫他們管著吧。

一九四五年八月，以北緯38線為界，北邊的日軍向蘇聯投降，南部的日軍向美國投降。美蘇兩邊的軍隊進入朝鮮，各自扶持符合自己要求的政權，兩個老大撤軍後，跟東西德國一樣，朝鮮半島上也成立了兩個意識型態完全不一樣的政府。朝鮮人拒不接受兩個朝鮮，南北雙方都考慮跟對方打一架，贏家統一半島。

北方朝鮮的政府首腦金日成決定先下手為強，他徵得史達林同意後，於一九五〇年六月對三八線以南發動了進攻。金日成雖然跟史達林打了招呼，可他並沒有知會鄰居家的大哥，毛澤東。

第二次世界大戰後有了聯合國，當時的五大常任理事國中，有中華民國。中華人民共和國成立後，聯合國也沒說主動將安理會的席位交給中共，居然還保留著台灣的位置。一九五〇年一月，蘇聯為了抗議聯合國這個行為，憤而離席。

金日成出兵了，都知道他肯定是受到史達林背後支持，所以，美國必須支持南朝鮮戰鬥。可南韓的李承晚又沒有金日成這麼剽悍，美國人只好跟聯合國交了個提議，看能不能組個多國部隊給李承晚撐腰。

聯合國表決，蘇聯代表繼續消失無蹤，於是，在蘇聯棄權的情況下，美國人平安地通過了決議，組建了包括南韓在內十七個國家組成的聯合國軍，開進朝鮮半島。很多人都奇怪，為什麼蘇聯的代表會不在場呢，他家是常任理事國，只要他家否決，這支多國部隊就搞不成了。

史達林怎麼想的，要問他自己，他肯定不是沒收到會議通知。後面的事大家都知道，一九五〇年十月，在多次警告無效的情況下，咱家的志願軍進入朝鮮，陷入了艱苦卓絕的朝鮮戰爭，幾十萬好兒郎的鮮血，灑在異鄉。

剛經過第二次世界大戰又栽進這麼慘烈的戰爭，打了一年後，雙方都有點累，都有停戰談判的要求。可是總有人搞破壞，史達林奸笑著一直在背後煽風點火。蘇聯自己不派兵參戰，他樂得看其他國家互相削弱，最重要的是不要讓美國脫離這個泥潭。在各種阻擾下，雙方邊打邊談，終於在一九五三年七月實現了停火，結束了這場浩劫。停戰協定能夠最終簽訂，還是要感謝史達林，因為他在這一年，及時地死掉了。

三十五、最後的歲月

史達林的最後幾年，蘇聯的政局繼續波譎雲詭，繼續血光沖天，不管你想死還是不想死，只要在蘇聯玩政治，結局就在那裡，誰都不會例外，即使你是沙皇。

說殺人之前，先介紹個殺手，前面曾經帶著一陣寒風出場的貝利亞，他取代葉若夫成為內務部長，也就是祕密員警的頭目。

到底貝利亞有多厲害，有個笑話可以佐證，說一天，一個盲人牽了條狗在路上走，遇上貝利亞，盲人馬上脫帽行禮，貝利亞很奇怪，問：「你能看見我？」盲人說：「看不見，不過我的狗嚇得後退了好幾步，我就知道是您！」

貝利亞在三十年大清洗中的表現就不用宣傳了，他既然能幹掉魔頭葉若夫，說明他是魔頭中的魔頭。蘇聯原子彈爆炸，貝利亞居功至偉。在沒有任何防護裝置的情況下，蘇聯的核工業很多都是人力工作，因此失去性命的官兵、勞工超過數萬。蘇聯的原子彈能這麼快成功，其中一個重要因素就是貝利亞的冷酷強硬的心腸。因為原子彈之功，貝利亞成為元帥，是史達林身邊最近的親信之一。

經過清洗，蘇共上層基本都是史達林的死忠，都算親信，應該是沒什麼特別敵對的危險份子了。可不管表面看起來多麼團結的組織，內部都一定有派系。當時的蘇聯政客，大致可以分兩派，一派是莫斯科派，一派是列寧格勒派。

在蘇聯歷史上，莫斯科和列寧格勒都曾是首都，一樣是工業文化的中心，而因為列寧格勒是十月革命的聖地，所以在政治上的地位也不遜於莫斯科。

列寧格勒系有許多思想敏銳年輕幹部，其中兩位最受史達林器重，他們是沃茲涅先斯基和庫茲涅佐夫。老沃是大知識份子，科學院院士，長期主持計委工作，衛國戰爭中，他主持戰時的經濟統籌，成績卓著；老庫一直領導著列寧格勒的黨組織，列寧格勒熬過地獄般的圍城戰，應該也是他組織動員之功。

一九四八年，史達林曾經說到自己年事已高，需要物色繼承人，在他看來，老沃可以勝任部長會議主席負責國務，而老庫可以接班成為總書記負責黨務。

前面老楊說過，不談路線不談主義不談意識型態，政治圈，所有的動作都可以解釋為爭權奪利。史達林公開表達了他對這兩位的鍾愛，提前將他倆頂到權力鬥爭的前台和中心，正是害了他們。

史達林已然進入晚年，他身邊環繞的親信哪個不覬覦大位啊，老大居然發話，預備將大權交給列寧格勒派，長期伺候在史達林身邊的莫斯科派，他們肯定要趕緊下手，在塵埃落定前，改變老大的想法。

莫斯科派中，有野心有企圖而且深恨列寧格勒派的也有兩位大哥，一位是貝利亞，一位則是馬林科夫。

馬林科夫出身於一個小官員家庭，最大的天賦就是會鑽營，會玩陰謀。他入黨時，托洛斯基的思想正流行，馬林科夫是旗幟鮮明反對托派的，所以老托一倒，馬林科夫就被調入了中央機關。馬林科夫的仕途順利，離不開他的老婆，馬太太也是機關幹部，還是個漂亮風騷有手腕的機關女幹部。在老婆的幫助和扶持下，馬林科夫一路順利進入莫斯科市委，到了史達林身邊。第一次見史達林，馬林科夫就說「像見到父親一樣」。父親交代的事，都是大事，馬林科夫在三〇年代的大清洗中，跟葉若夫精誠合作，幹掉不少「反動派」。後來貝利亞取代葉若夫，馬林科夫又以最快的速度跟葉若夫切割，跟貝利亞勾結成為同夥。

大清洗後，中央高層空出來不少位置，在大清洗中表現突出的馬林科夫自然受到重用，成為組織部長，掌握幹部人事大權。

老沃掌管經濟，在第二次世界大戰收編東德財產時曾和馬林科夫有矛盾，後來老沃又說要削減貝利亞的內務部門的費用，跟貝利亞不和；老庫在一九四六年被認命為幹部管理局局長，取代了馬林科夫的位置，一上台就對前任的工作提出質疑，老庫還說要清理三〇年代的大清洗案件，對某些明顯冤案予以平反，於是他也得罪了貝利亞。貝利亞和馬林科夫這兄弟倆一合計，如果將來這兩位掌權成為大老闆，自己的日子怕不好過，他們決定先整死這兩個勁敵。

貝利亞是祕密員警的頭目，他想整點官員的黑材料是手到擒來的，沒多久，各種證據擺在史達林面前，原來，老沃和老庫在列寧格勒組成了一個反黨集團，列寧格勒派的高層中，還有英國間諜。不管多麼離譜的罪行，貝利亞經手，不怕當事人不認罪，這個「反黨集團」所有人，不僅自己遭受酷刑，家屬還受到牽連，到最後，跟三〇年代那些冤死鬼一樣，這些人都承認了自己的「罪行」，一九五〇年由最高軍事法院判處極刑。這又是一次大清洗，列寧格勒系的幹部基本都在這一次被清理乾淨。

這次戰後的蘇共內部清洗，被稱為「列寧格勒案件」，這個事以後，史達林身邊剩下三位紅人，除了貝利亞和馬林科夫，還有一位叫赫魯雪夫。

列寧格勒案件陰魂還沒散，又冒出來一個「醫生間諜案」。一九五二年底，史達林收到一個女人的匿名信，舉報史達林的醫生是個間諜組織的頭目，他們一直利用職務之便謀害政府要員，一九四八年，史達林的親家日丹諾夫就是死於這個醫生集團！

日丹諾夫三〇年代是列寧格勒的市委書記，應該說，是列寧格勒派系的締造人，老沃和老庫都是他一手提拔的，他本人是深受史達林器重的理論家。這夥計酗酒無度，一九四八年，才五十二歲就死於突發心臟病。在蘇聯政壇的陰謀中，活人是工具，死人更是經常被用來做工具，日丹諾夫死了四年後，又被找出來大作文章。

史達林是個多疑的人，這個毛病越老越嚴重。他收到匿名舉報，勃然大怒，馬上下令逮捕了自己的醫生，其他在克里姆林宮服務的醫生，尤其是猶太籍的醫生紛紛入獄，接受酷刑拷問。連革命同志都抗不住逼供，醫生更扛不過了，不久，這些醫生都招供了自己的罪行。

一九五三年的克里姆林宮，所有人都揣著陰謀詭計，醫生案的動機，肯定是換掉史達林身邊的醫生，達到隨意控制史達林死活的目的。史達林不知道，他親手除掉自己的醫生，等於是送掉了自己的性命。三月份，醫生案還沒有最後終了，史達林自己就撒手人寰了。

一九五三年二月二十八日，史達林招待同僚們在克里姆林宮觀看了電影，隨後邀請政治局委員，到莫斯科郊外，他私人的孔策沃別墅吃晚飯。

這個莫斯科郊外清寒的夜晚一點兒也不寧靜，俄國老男人喝點兒老酒，都挺能鬧騰。凌晨四點，沙皇下詔：朕醉欲眠卿等且去，明天有意繼續鬧。沙皇想不到，這是他最後的晚餐，最後的狂歡。

三月一日一整天，史達林的衛兵非常焦慮，已經過了平時起床的時間了，沙皇的臥室，依然沒有動靜。根據史達林的詔令，他就寢的時候，任何人不得打擾，衛兵就算覺得事有蹊蹺，可誰也不敢敲門進入一探究竟，這位沙皇殺人比殺雞還容易呢。

晚間六點，終於有一份重要文件需要交付史達林簽署，衛兵們這才推開了老大的房門。平時挺威嚴的史達林同志正倒在地上，口中發出撲哧撲哧的聲音，然而已經不能說話。衛兵通知了沙皇最親信的馬林科夫和貝利亞，這兩位凌晨兩點進來看了一眼後，囑咐衛兵不要打擾史達林休息，而後揚長而去。可憐的大鬍子沙皇穿著尿濕的褲子，等到早上九點才被送去急救。三月六日，莫斯科所有報紙和廣播報導了史達林的死訊。

一九五三年，這個世界上最悍的男人去世，七十三歲。根據老毛子家的傳統，沒有一個皇帝是好死的，史達林的死因又是個歷史之謎。官方說法是腦溢血，後來流行的說法是被貝利亞等聯手毒死，最近最新鮮的說法是，史達林是被他女兒用老鼠藥毒死的，理由是史達林害死了她媽和她男朋友。關於史達林中毒而死的事，嫌犯可以列一個一米長的名單，其中包括赫魯雪夫和史達林的兒子，就是說，這些人都有殺他的動機，短短一生可以得罪這麼多人，樹這麼多仇家，居然還活到七十多歲，真不容易。

還有一個更駭人的說法，說是史達林其實在一九三七年就死了，後來那些事都是他的替身在出面，第一個替身四七年又死了，第二個替身活到五三年，國家政局穩定了，所以讓他死了！老毛子家的祕聞可以搞瘋很多歷史學家！

根據國家傳統，史達林這樣的地位，肯定是要保持其肉身不滅的，他被塗上防腐劑，安置在紅場的列寧陵墓中，並計畫著在克里姆林宮對面，為其修建屬於自己的紀念堂，還號召全民為此捐款。感謝後來的當家人，蘇聯人民節省了這筆開支，因為史達林這個神一般的蘇聯偶像即將被徹底打碎，挫骨揚灰。

三十六、土豆燒牛肉

念奴嬌·鳥兒問答

鯤鵬展翅，九萬里，翻動扶搖羊角。
背負青天朝下看，都是人間城郭。
炮火連天，彈痕遍地。
嚇倒蓬間雀。
怎麼得了，哎呀我要飛躍。
借問君去何方？雀兒答道：有仙山瓊閣。
不見前年秋月朗，訂了三家條約。
還有吃的，土豆燒熟了，再加牛肉。
不須放屁，試看天地翻覆。

用毛澤東這首詞開頭，就知道要說赫魯雪夫了。這個矮胖老頭造訪匈牙利，告訴當地的百姓，所謂共產主義，就是天天吃「古拉希」，就是土豆（馬鈴薯）牛肉加點小紅辣椒燉得爛爛的。後來這個「土豆燒牛肉」就被咱們用來諷刺蘇聯認為的共產主義。其實咱家那時候的理解也沒什麼大出息，咱們的父母、祖母那輩理解的共產主義是：樓上樓下，電燈電話！

赫魯雪夫是個有趣的人，在蘇聯所有的領導人，最有喜感。矮胖胖的，很像馬鈴薯。他招牌形象是，在聯合國開會，有人發言讓他不爽，他就拿一隻皮鞋敲桌子抗議。後來發現他沒脫自己的鞋，據說是旁邊某國元首看著會議無聊，瞌睡，赫魯雪夫乘機盜其鞋，操起來做了驚堂木。還有人說，他專門帶了一隻鞋，就為敲桌子砸場子。赫魯雪夫遺憾是沒碰上小布希，否則他這隻鞋丟過去，應該準頭不錯，小布希避無可避。

在老楊心目中，赫魯雪夫跟小布希是一類政治家，文化水準和智商都不高，魯莽自以為是，老子天下第一。不過，在蘇聯那樣的政治環境裡，赫魯雪夫能最後榮登大寶，成為史達林的接班人，還真不能說他完全是個糙人，沒有政治智慧。

1. 土豆領導人

根據史達林死時蘇共內部的形勢，赫魯雪夫應該不是接班的熱門人選，一九五三年三月九日，紅場的史達林葬禮上，馬林科夫、貝利亞、莫洛托夫做了主題演講，宣示了後史達林時代三足鼎立的權力分布形式。貝利亞作為祕密員警的頭子最有實權，上篇說過他是毒殺史達林的重要嫌犯，如果真是他下毒，猜他是為了搶班奪權還是替天行道呢？赫魯雪夫讀過《三國》，他聰明地選擇了東聯孫吳，北抗曹操，聯合馬林科夫幹掉了貝利亞，然後掀翻馬林科夫。這一場政權奪位，赫魯雪夫勝利最大的功臣，就是朱可夫。根據經驗，篡奪大位第一元素就是掌握軍隊，有軍界支持，大事基本可成，而朱可夫正是蘇聯軍界的巨頭。

比起蘇聯時代的各種路線，老楊更倦怠不耐的，是蘇總高層的權力之爭，成王敗寇，怎麼贏不重要，贏了就好。赫魯雪夫贏了，他接了史達林的班，不管這些人怎麼稱呼自己，在老楊看來，他，依然是沙皇。

赫魯雪夫在位幹了不少驚心動魄的大事，第一件最驚人的，就是對老上級和先皇的清算。新老闆上台，蘇共照例要開個全國代表大會，宣示一下，組建新的中央機關，並審議下一個五年計劃。一九五六年二月十四日，著名的蘇共二十大在莫斯科召開了。老大哥開會，社會主義陣營的小弟都有代表參加，會議在二月二十五日基本結束，不過說不上是「勝利閉幕」。因為二月二十五日，蘇聯本國的代表突然被召回，背著其他國家的同志開內部會議，會議的內容讓與會所有人目瞪口呆。

赫魯雪夫同志花了五個小時的時間，宣讀了一份長達四萬字的報告，題目是《關於個人崇拜及其後果》。報告的中心內容就是一句話：史達林不是東西，禍國殃民！這四萬字可不是普通的大字報，它清晰地逐條清理了史達林所有的罪行：大清洗時殺人無數；對少數民族缺乏公平；第二次世界大戰時期決策失誤招致早期慘敗和重大人命傷亡；經濟政策方面的錯誤等等，大約有七項罪名，條條有理有據，論證清晰。

這恐怕是長篇報告宣讀史上聽眾最安靜的，聽完新老闆的這番「控訴」，蘇聯的黨代表們如同一個驚雷炸在頭頂，個個呆若木雞，據說「現場連一根針落地都能聽得清楚」。

赫魯雪夫要求這個報告保密，僅限於在蘇共內部傳達。西方的情報機構天天都盯著莫斯科呢，這樣詭異的空氣，肯定會讓他們敏感。以色列的情報機關摩薩德效率最高，他們第一時間弄到了這份「祕密報告」的原文，緊隨其後的就是美國聯邦調查局，當年七月，《紐約時報》全文刊發，這個炸雷響在全世界的頭頂。

報告在蘇聯國內引發的，當然是疾風暴雨的「去史達林化」行動，史達林的遺體被遷出列寧墓，重新安葬。史達林的老家格魯吉亞不服，爆發了大規模的示威遊行，要求赫魯雪夫把報告收回去。蘇聯出動軍警，向示威人群開槍才算鎮壓平息了局勢。

但，最大的騷亂還來自國外，來自長期被蘇聯洗腦忽悠的衛星國小弟們。對東歐各社會主義國家來說，第一個社會主義國家蘇聯和帶領這個偉大國家獲得第二次世界大戰勝利的史達林同志，那是神一般的存在，那是某種信仰，如今被同樣是蘇聯老大哥的新掌門說得一無是處，而且證據確鑿的，讓不明真相的革命群眾困惑眩暈，還有什麼比信仰受到挑戰更讓人抓狂的事呢？

一九五五年，為了對抗越來越近的北大西洋公約組織，蘇聯牽頭成立了華沙條約組織，東德、波蘭、捷克、匈牙利、羅馬尼亞和阿爾巴尼亞都成為華約組織成員。而華沙條約中很重要的一條，就是蘇聯的軍隊可以進駐這些國家。

原來說過，社會主義做為一個新鮮事物，歷史上沒有參考系，蘇聯老大哥公認是成功樣版，眾小弟們圖省事，只需要將老大哥所有的動作搬回家就行了。所以，蘇聯有的毛病，華約組織的小弟幾乎都有。輕重工業發展嚴重不平衡，生活資料匱乏，人民生活困苦，家裡還都有一個類似史達林的獨裁者，時不常的把人殺掉或者關進牢裡。現在，史達林被推到了，華約國家，尤其是本來國內就有些反對派暗流洶湧的國家肯定是趁勢而起，按照常規的說法，這中間肯定還夾雜著「西方反共勢力」的各種挑唆。

騷亂最早發生在波蘭，這個最近的小弟受刺激比較深。赫魯雪夫的報告一傳出來，史達林最忠實的粉絲之一——波蘭的領導人貝魯特就得心臟病死掉了，我們可以充分懷疑他是被活活氣死的。當年六月，波蘭西部波茲南市一個機車廠的工人，在要求增加薪資減少稅收等要求被政府拒絕後，發動了十萬人的示威活動。雙方交涉無效，波蘭政府的裝甲部隊開進了波茲南市區，以七十四人死亡的代價平息了這場風波。

在波蘭國內，一直有一個聲音提醒大家，應該走波蘭自己的社會主義道路，而不是跟在蘇聯身後亦步亦趨。這個聲音的代表就是波蘭的一位政界大佬哥莫爾卡。根據蘇聯的風氣，哥莫爾卡敢於跟主流意識叫板，能保存肉身就非常不易了，他一直因為「右傾」被關在監獄。波茲南事件後，波蘭人更迫切需要甩掉蘇聯的控制，獲得波蘭真正意義上的獨立，於是，哥莫爾卡成為鬥爭的希望。

一九五六年十月，聽說哥莫爾卡被重新選舉為波蘭領導人，赫魯雪夫氣壞了。這夥計辦事乾脆，也不透過外交照會，自己打了個「飛的」就降落在華沙，同時命令駐紮在波蘭的蘇聯軍隊包圍華沙。

哥莫爾卡比赫魯雪夫淡定，兩邊最後終於透過談判解決了這場一觸即發的爭端。波蘭答應，只要大哥放手讓小弟自己發展，小弟鐵了心留在華約，絕不離開。赫魯雪夫也感覺到蘇聯在波蘭的控制，大勢已去，只好下令撤軍，並調回了派到波蘭指手畫腳的幹部。

波蘭的風波平靜收場，其他的小弟就沒這麼幸運了，比如匈牙利。哥莫爾卡在波蘭上台，點燃了匈牙利人民的希望之火，因為他家也有一個哥莫爾卡式的人物，也就是著名的前總理納吉。納吉因為想要在匈牙利實現「去蘇聯化」的改革，也被扣了一頂「右傾分離主義」的帽子，開除出黨。一九五六年十月，布達佩斯的學生大規模示威遊行，推翻了廣場上史達林的雕像。匈牙利政府也很果斷地向學生們開槍，第二天一早，布達佩斯的街頭就看見了蘇軍的坦克。矛盾徹底激化了，匈牙利人開始衝擊布達佩斯的共產黨總部，大量的匈牙利黨員甚至退黨抗議，民眾要求新上台的納吉總理下定決心脫離華約組織。

跟波蘭一樣，納吉選擇跟蘇聯談判，這次蘇聯人沒這麼友善，十一月三日，蘇軍十七個師開進布達佩斯，在毫無抵抗下控制了匈牙利全境。匈牙利小弟想分家單過的「雄心壯志」給大哥的坦克無情碾碎。納吉政治避難無果，輾轉落在對頭手裡，兩年後，被處決。

有位老人家一聽說赫魯雪夫對史達林的批判就說他是「捅了簍子」，從蘇共二十大後，整個世界社會主義陣營的血雨腥風來看，這個簍子真捅得挺大，那到底，赫魯雪夫為什麼要捅這個簍子呢？

赫魯雪夫出身微末，十四歲就是個鉗工，他能一步步走到權力的頂峰，離不開自己的努力鑽營和史達林的提拔。史達林生前，赫魯雪夫經常稱之為「生身父親」，跟人撞車或者在街上闖禍後，都叫囂「我爸是史達林」那種。史達林晚年，經常在自己的孔策沃別墅開晚宴，順便探討國事，喝到微醺時，史達林會讓赫魯雪夫跳個舞給大家消遣，據說赫魯雪夫在烏克蘭民間舞蹈方面頗有造詣，尤其是晃著大肚子，挺風騷的。

醒時拍馬屁，醉後當小丑的人是最可怕的，咱們祖傳的古訓是「扮豬吃老虎」。後來赫魯雪夫能登頂成功，說明他扮得非常不錯。而這樣的人，早年有多麼卑微，登頂後他就有多麼怨恨，清理之前的老上級也是有情可原的。

現在最多的一種說法認為，赫魯雪夫清算史達林，完全是私人恩怨，赫魯雪夫有個不成器的兒子，從小混黑幫，幹了點缺德事，被抓住要槍斃，赫魯雪夫動用自己的權力保了兒子一命，當時正打第二次世界大戰，就讓他兒子當了飛行員。公子哥學不乖啊，在一個小酒館喝醉了跟幾個水兵爭風吃醋，比賽槍法，人家頂了個酒瓶在頭上讓他打，他一槍打爆了人家的腦袋，脾氣不好，眼神也不好。因為他爹是赫魯雪夫嘛，乾爺爺就是史達林，於是老大網開一面，讓乾孫子開戰機上前線，爭取戴罪立功。這個沒用的倒楣孩子，一下場就被德國人抓去了，根據他的歷史表現，為國捐軀是不可能的，直接投降！

因為是大幹部的公子，他成為德軍一個很有價值的人質，向史達林叫板。史達林出動了最頂級的特務＋間諜隊伍才把這孩子救回來。軍人被俘投降在哪個國家都要被就地正法，赫魯雪夫當時給史達林跪下了，小老頭痛哭流涕希望保全兒子性命。如果這時候史達林心軟了，他就不是史達林了，他親手簽發了槍斃小赫的命令，小赫總算不再惹事了。

後來有人爆料說，在赫魯雪夫那份關於「個人崇拜」的報告問世前，他曾對親信說過：即使史達林變成僵屍，他也要為他兒子報仇！

對於這種說法，老楊是不以為然的。以前說過，政治人物，不能簡單地用是或者非去理解，也不要用人之常情去揣度。不管赫魯雪夫對他的前任有怎樣特殊複雜的情愫，他所有的動作，一定是為自己的仕途權力服務的。實際情況是，史達林死後，他造成的惡果堆積發酵，已經到了不得不解決的時候了，尤其是各地勞改農場那幾百萬莫名其妙的囚徒，終究要給個說法吧。

其實，清算史達林不是赫魯雪夫開始的，史達林死後，有一陣子蘇聯政權把持在馬林科夫手裡時，就已經有些平反冤獄的行動了。後來貝利亞倒台，本以為可以把這些惡果都由他背上，遺憾貝利亞的脊背太小了，扛不住這麼多的冤魂，為了平息某些矛盾，也為了在政治鬥爭中清理掉妨礙自己當權的史達林殘渣餘孽，赫魯雪夫對史達林剝皮清算是必然的行為。

藉著東歐陣營的混亂，蘇聯國內的反對派也集結成黨，對赫魯雪夫發難。赫魯雪夫是在史達林身邊成長的，雖然他打倒了史達林，史達林的獨門武功卻是可以發揚光大的。所有反對自己的人，那都是「反黨集團」，可以直接被清理。

赫魯雪夫的上升之路步步驚心，好在他一直有個強有力的臂膀，也就是國防部長朱可夫。一九五七年，又是在朱可夫的幫助下，赫魯雪夫清理了蘇聯歷史上反覆出現屢禁不絕的「反黨集團」。年底，赫魯雪夫怕朱可夫功高震主，又想個法子撤免了朱可夫，此時，赫魯雪夫終於坐穩了大位。

2. 土豆與導彈

毛澤東氣場強大，赫魯雪夫每次造訪中國回去，心情都比較壓抑。好在他去美國把信心找回來了，在美國，這個傳說中的北極熊受到圍觀，而老赫也見到了傳說中的美國標誌——瑪麗蓮夢露，喝到了著名的可口可樂。老赫對美帝的和平善意並沒有保持多久，進入六〇年代，他又整出一場驚世糾紛。

一九六二年十月的一天，年輕的美國總統甘迺迪收到中情局的消息，根據U2飛機的偵查，古巴發現了導彈基地！

這時，古巴這個小國開始被全世界熱切注視了。南美國家古巴，位於浪漫的加勒比海西部，是由一千六百個小島組成的美麗島國，它距離美國的佛羅里達州最南端，只有兩百一十七公里。藍天碧海，性感熱辣，一直被美國人視為度假地和後花園，一九〇二年，古巴脫離美國獨立，美國人一直不肯放手，所以在古巴扶持親美勢力。

美國人絕對沒想到，南美這小地方居然會出產地球上最牛的牛人，一九五九年，有個叫卡斯楚的超級革命家，發動武裝革命，一舉顛覆了當時親美的政府，成立了地球最有氣質的國家——古巴共和國。

古巴共和國是社會主義國家，美國人天天在歐洲反共，不曾想這「禍害」居然蔓延到了家門口，老山姆既震驚又鬱悶。此後，美國就大力收留被推翻的前政府流亡份子，中情局親自訓練他們，希望把他們整合成一支軍隊，打回古巴拿回失去的政權。

一九六一年四月十七日，這些在美國學成歸來的反政府軍隊在古巴的豬灣登陸，美國人的轟炸機也跟著起飛掠陣。這場入侵對卡斯楚來說是個侮辱，因為來犯的敵人不過一千五百人。古巴也不嫌少，三天後，只有五十多名入侵者被美國人七手八腳地救走了。

豬灣事件後，卡斯楚不敢掉以輕心，他知道他必須找到能跟美國抗衡的靠山。當時的環球，找不到比卡斯楚和赫魯雪夫更一見鍾情兩情相悅的人了。面對卡斯楚向蘇共釋放的善意和忠誠，赫魯雪夫恨不得撲上去親這古巴人一口。

進入六〇年代，美蘇的冷戰不斷升級，雙方的互相威懾也不斷升級。因為北約組織對蘇聯的地緣優勢，美國的導彈已經部署在土耳其和義大利，這樣近的距離，美國人發動攻擊後，蘇聯人只有認命等死的時間。蘇聯雖然也有把美國夷為平地的傢伙，無奈距離太遠，從發射到奏效，最少要四十多分鐘，四十分鐘，對老山姆來說，他能改變很多事了。看到卡斯楚，赫魯雪夫想到，如果在古巴部署導彈，短程導彈，美國人防不勝防，如果是中程導彈，五分鐘之類可以打進美國本土，覆蓋其超過三分之一的國土。

赫魯雪夫性格的關鍵字就是魯莽，他腦子一熱想到的事，他就要趕緊做，不做他睡不著。他完全沒想過往古巴部署導彈會是一個多麼驚人的事件，他就這麼決定，就這麼幹了。蘇聯海軍還很有效率，非常祕密地掩過所有人的耳目，將一批中程彈道導彈和幾萬蘇軍送進了古巴，開始裝配發射裝置！

老山姆從誕生以來受過的最大創傷就是被日本人炸了珍珠港，那還是在遙遠的太平洋上，後來大家都見識到了美國人的報復。此時，蘇聯人的導彈瞄準的居然是美國本土，想像一下美國人的反應吧。

這就是著名的「古巴導彈危機」，差點被嚇傻的甘迺迪總統一邊跟赫魯雪夫互相放狠話，一邊派出強大的艦隊封鎖了古巴的海域，要求所有前往古巴的船隻接受檢查，否則一律擊沉。而美國的軍隊和歐洲的北約軍隊也進入戰爭戒備，美國的各種導彈也都做好了發射準備，一場大戰，一場核戰，一場全人類的浩劫一觸即發。

離戰爭最近的那天應該是十月二十四日，蘇聯艦隊繼續向古巴運輸導彈，在古巴的海域，遭遇了美國包圍古巴的艦隊，蘇聯的潛艇已經受到了深水炸彈的攻擊，被迫浮出水面。

感謝爆脾氣的老赫，此時要不要毀滅地球都在他的胖腦袋一念之間。他選擇了，讓蘇聯艦隊掉頭返航。

古巴導彈危機被送上聯合國，老赫抵死不承認他的行為，直到美國人現場展示了U2飛機拍攝的清晰照片。全世界輿論一片譁然，老赫的敵人當然說他是想毀滅全人類的大壞蛋，老赫的戰友也都認為這個事實在有點兒欠考慮，犯渾。老赫自己也感到，局面越來越不能控制。

這場危機持續了十三天，在各方斡旋，當然也在雙方都做出讓步的情況下，美國人答應絕對不對古巴動手，甚至拆除部分部署在土耳其的導彈，而蘇聯則拆回部署在古巴的那些「進攻性武器」。

危機的和平解決是全人類之福，最不滿意的是卡斯楚，他覺得古巴最後是被蘇聯出賣，老赫這老頭辦事極不靠譜。

3. 土豆和玉米

赫魯雪夫是個莽夫，但不算是昏君，應該說，他是個改革派的領袖，很癡心地想為蘇聯帶來一些改良和進步。

史達林時代，壓榨農業扶持重工業，給蘇聯的農業造成了積重難返的許多問題。史達林後的蘇聯領導人都看到，農業發展不良，糧食總是不夠吃，已經是制約國民經濟發展的重要瓶頸。赫魯雪夫接班後，他第一個面對的課題，就是農業改革。

以前集體農莊向國家交售農產品，幾乎都是低於成本價的，讓農民虧老本的買賣，赫魯雪夫時代，對農莊的產品施行了採購制，國家當然也提高了採購價格，這項措施讓農民的收入明顯增加了；以前政府對農莊干預過多，播種時間、播種數量、耕種方式是有很教條的限制，讓農民手腳被束縛，改革後，政府僅僅是提出收購數量和目標，種地的細節就讓農民們自己去處理了；以前為了防止農民們分散精力，迫使他們在集體農莊好好工作，政府嚴格限定農民發展副業，或者是自由養殖牲口的。赫魯雪夫降低了私人自留地的稅額，還免掉了私人果樹、私家牲口的實物稅，很快，果樹牛羊等就多起來了，農貿市場也繁榮活躍了。

以上這些都可以對老赫提出表揚，不過這個夥計就是不抗表揚，一說他好，他腦子就發熱，腦子一發熱，就能整出很多坑爹的事。

因為穀物產量上升緩慢，他就覺得應該是耕地不夠。蘇聯這麼大的國土，能沒有地嗎？墾荒去啊！哈薩克斯坦和西伯利亞，土地有的是，趕緊安排人過去開荒。

從一九五四年到一九五八年，這五年時間裡，蘇聯政府投資六十七億盧布開墾荒地，近十萬被忽悠的志願者到東部地區安家落戶，成效斐然啊，共有四千萬公頃的土地被開發出來，佔蘇聯總耕地面積的五分之一。到一九五八年，蘇聯農業豐收，新開墾的土地收穫了穀物五千八百五十萬噸，超過當年全蘇糧食總產量的四十%以上。

豐收是好事啊，可世事總不完美。這些墾荒區都是些鳥不生蛋的地方，運輸倉儲都無法配套，收割時也面臨嚴重的人手匱乏，結果，冬季到來之前墾荒區的莊稼還有大量沒有收割，另外還有大量糧食在運輸途中、儲存過程中損失掉。而由於粗放式的墾殖方法，墾荒區風沙侵蝕日益嚴重，後來幾十萬公頃新開墾的土地又都被破壞。

開荒不好玩就換一樣吧，老赫去美國旅遊了一圈，除了致力於幫美國人洗腦，他也注意觀察，到底美帝為什麼這麼奢侈富裕。後來他得出了結論，因為這家人主要是種玉米，玉米這東西，容易種，經濟效率還高，還能幫助發展畜牧業。

從美國回來，老赫就下令擴大玉米種植面積。一九五三年，蘇聯只有三百五十萬公頃玉米種植，為什麼蘇聯人不種玉米呢？因為玉米這種植物，要求乾熱氣候，需要一定的日照時間，都知道蘇聯那地方天寒地凍的，光照時間是挺奢侈的。

老赫一個鉗工出身，不知道這裡面的高深原理，他喜歡老玉米，大家都要種。他還要求，到一九六〇年，玉米種植面積要擴大到兩千八百萬公頃。要求歸要求，玉米這種美帝的作物，就是不聽從蘇共的指令，他們在蘇聯的土地上，基本不結穗！這個勞民傷財的計畫，再次失利。

除了農業方面，工業領域，老赫也進行了小幅度的改革，我們都知道，這樣的國家，這樣的體制，沒有觸動根基的改革，其效果多半不好。也許老赫犯了不少錯誤，也許他的腦子溫差太大，但是，他任內，蘇聯人，不論是工人還是農民，其生活水準都得到了不小的改善和提高。原來窒息的史達林時代環境稍有鬆弛，還蓋了不少廉價房子給老百姓住，實實在在還是做了不少事情。他力求給蘇聯一個和平的環境，覺得有戰略核武器就夠了，不用養這麼多軍隊，所以做了點裁軍，直接得罪了蘇聯軍方。所以有些評論家客觀地說，蘇聯所有的領導人中，把國家交到下一任手裡基本正常，運作良好的就是赫魯雪夫，雖然他交出權力並不是心甘情願的。

三十七、大廈崩塌

用兩個段子開始這篇故事！

勃列日涅夫說：同志們，美國人登上了月球，我們不能再等了，黨決定讓你們上太陽。太空人：總書記同志，我們會被燒死的。勃列日涅夫：沒關係，同志們，黨都替你們想好了，你們晚上去。

某人因為說勃列日涅夫是白癡被入刑，判了終生監禁。該人甚不服，法官解釋：辱罵國家領導人判兩年，剩下的是判你洩露國家重大機密！

這樣的笑話可以找出很多來，勃列日涅夫在蘇聯掌門人排行榜上，最了不起的業績是關於他的笑話最多，蘇聯的老百姓編排勃列日涅夫已經成習慣了。但大家不要把他當笑話看，蘇俄歷史上所有領導人，受老百姓的歡迎程度，老勃（簡稱）僅次於普丁，是蘇聯時期聲譽最好的老大！這個老勃在老毛子眼裡是個儀表堂堂身材魁梧的帥哥，但如果大家找到他的照片，還有他的漫畫，肯定會笑倒，這老頭有兩條極粗的眉毛，眉心幾乎相連，容易讓人想到蠟筆小新。

小新出場了，土豆哪去了？土豆當然是被牛肉燉了，還燉爛了。

一九六四年十月十三日，赫魯雪夫被要求從度假地趕回莫斯科，參加蘇共中央的主席團會議。會議通知是由當時的蘇維埃主席團主席勃列日涅夫傳達的，並且，他告訴他的老闆，不論赫魯雪夫出不出席會議，會議都會正常召開。

久經蘇聯政局考驗的土豆當然知道發生了什麼，一下飛機，他就被直接「劫持」到了會場，隨後的幾天裡，赫魯雪夫耷拉著自己的胖腦袋聽取了各種人物對自己各類錯誤的當面批判，其中許多還是自己一手提拔的親信。大勢已去，赫魯雪夫接受了命運的安排，在「退位詔書」上簽下自己的大名，那一天，中國第一顆原子彈在羅布泊爆炸。

這場宮廷政變中，勃列日涅夫似乎是主持者，所以，他當然也就取得了大位，成為蘇共的第四任老大。我們都知道，老毛子家爭權奪位是相當高技術高風險的業務，最後贏的都是絕頂高手，能在上個老大任內將其放倒，那肯定是高手中的高手了。這次不能經驗主義，勃列日涅夫不在此列，他接班成為掌門，完全是因為整個政治局，他最弱最沒用，對誰都不構成威脅，那幾個狡猾的幕後黑手把他頂到前台主持政變，不過是看他人傻個子高，萬一天塌下來，他能頂著。

從史達林到赫魯雪夫，蘇共中央陰風惻惻刀光劍影，這種環境下能讓自己平庸，永遠披著保護色，別讓上面注意到你，其實是一種人智慧，避免了冒頭遭冷槍。老勃是個老實人，每天該上班上班，該開會開會，從不得罪人，前兩任掌門都待見他，他仕途平順升到高層。

當王座旁最強勢兩派力量，蘇共中央書記蘇斯洛夫和克格勃負責人謝列平密謀把赫魯雪夫趕下台時，首先想到讓老勃充當先鋒，萬一搞不定，也是這傢伙倒楣。結果挺順利，赫魯雪夫被迫退休。可在蘇斯洛夫和謝列平誰該接班的問題上出現了爭拗，這兩個互相不服，誰做了老大，另一個都不會甘休，怎麼辦，找個兩邊都能接受的，讓他先頂著，等我們哥倆爭出高下再讓他讓位，誰做掌門大家最沒有意見啊？勃列日涅夫！完全符合咱家「鷸蚌相爭，漁翁得利」的法則。

老勃做老大的頭幾年是很可憐的，政治局開會，他的意見經常被忽視，他私下甚至求其他委員能否給他點面子，他講話時多少給點掌聲。大道無形啊，就這麼個公認的傻呼呼的人不僅有效清除了威脅自己王位的各路對手，牢牢佔據蘇共頭把交椅十八年，還贏得很高的聲譽，到底，這傢伙有什麼高深的道行呢？

1. 大地的饋贈

不能否認，大多數人的成功，最不可或缺的因素就是幸運。

赫魯雪夫本來是個改革英雄，也可以成為一個悲情的改革英雄，可他因為辦事魯莽衝動，腦子發熱隨性而為，讓他的改革大業總是透著些讓人傷腦筋的不靠譜。

不靠譜也沒觸動根基，但是赫魯雪夫任內的改革，對當時的蘇聯各方面都有或多或少的刺激，這些刺激的良性方面，正好在老勃任內開出花還結了果，落在老勃懷裡。

老勃不領情，不管赫魯雪夫跟史達林有什麼恩怨或者不得不清算的原因，老勃是不理解的，要知道，沒有史達林的大清洗，老勃這樣的庸人，何德何能步步高升有今天的地位，老勃一類人，肯定還感念著史達林的知遇之恩，提拔之情，而且，既然推翻了赫魯雪夫，就說明他那套「去史達林」的做法是不對的，應該恢復史達林時代的風氣，恢復史達林的地位。

一九六六年，宣示蘇共新老大上台的蘇共二十三大上，曾經被赫魯雪夫更名為蘇共中央主席團的蘇聯最高機構，再次恢復了其「中央政治局」的原名，蘇共的老大再次被稱為總書記，老勃成為了勃總。

史達林得罪人太多，赫魯雪夫又將其踩得太狠，勃總想給這位先皇翻案，動作還不能太明顯，但是他完全可以將偶像的做法復興。赫魯雪夫時代，在經濟上已經有少許對「社會主義市場經濟模式」的摸索和嘗試，勃總上任，這些改革都被中止，將蘇聯再次拉回純粹計劃經濟。同樣，根據史達林的模式，勃總也願意大力發展重工業，尤其是軍事工業。

進入七〇年代，蘇聯的工業總產值已經佔美國的八十%以上，農業達到八十五%，最好的是，蘇聯人的生活水準有了顯著的提高，政府兌現了大量的物質承諾，比如，基本實現了全民醫療、保障就業、基本食品的價格補貼、內需還不斷擴大。一九六一年四月，有個叫加加林的年輕人，開著東方一號太空船進入了太空，並繞著地球飛了一圈，宣告著，蘇聯人的勢力已經在地球之外了。

蘇聯人吃飽喝足之餘還露臉，這段時間，是蘇聯的盛世。盛世當然是明君的功勞，難道勃總「恢復史達林」的作法竟然是正確的？勃總的治國政策到底是對是錯我們以後再說，但我們必須理性地看到，這樣的盛世，最重要的原因是國家有錢了，發財了，因為，勃總中彩券了！

一九七三年，中東戰爭再次爆發，發生在以色列及周圍穆斯林國家間的戰爭，這是第四次了。大家現在都熟悉了，中東那地方只要一亂，全世界的油價就爆漲，而這毛病，最早就是一九七三年落下的。那幾年，世界石油價格翻著跟斗雲向上衝，所有出產石油的國家，在家數鈔票數得手都發軟了。這些鈔票，從此還有個專用名字，被稱為「石油美元」。

在家數鈔票手軟的人中，就有勃總。赫魯雪夫任內總念叨著到西伯利亞去墾荒，西伯利亞那地方真不能隨便墾荒，因為挖深了容易打出油井來。赫魯雪夫也派出石油勘探隊在那一帶活動，可是到一九六一年，世界著名的秋明油田才逐漸被開採出來。現在，秋明油田是僅次於中東超級含油區，這個油田，在廣袤的俄國大地上，只不過是規模第三大的油田而已。

擁有世界四十五%的天然氣和十三%的石油儲量，勃總當然找到了財大氣粗的感覺。不就是種不出糧食嗎，不就是工農業總是不能平衡嗎，我們有錢，有錢什麼都能買，食品和日用品，咱們造不出來，還買不到嗎？看似貧瘠的北方大地，終於給予在其間含辛茹苦生活了千年的斯拉夫人以回報，滾滾的油氣帶來的財富，成就了俄國難得一見的和諧盛世。

恢復史達林時代，就是要恢復霸道的大國榮光，赫魯雪夫時代念叨的「三和」政策，顯然是沒用透頂了，現在蘇聯人怕誰啊，被赫魯雪夫那個糊塗蛋搞壞的社會主義陣營的秩序，必須恢復！

2.生命中不能承受之重

勃總現在是一個「發達社會主義」的首腦，所以他當然自以為也是社會主義陣營總舵主。勃總對世界秩序抛出了自己的理念，也就是著名的「勃列日涅夫主義」。簡單說就是以下內容：第一，社會主義國家是個大家庭，不允許任何一個分裂出去；第二，蘇聯是這個家庭的大家長；第三，任何一個社會主義國家出現問題，蘇聯都應該以家長身分清理門戶。

為了讓所有人知道，這個「勃列日涅夫主義」不是跟大家開玩笑的，一九六八年八月二十日，蘇聯出兵佔領了捷克斯洛伐克。

捷克這孩子太不省心了。跟著蘇聯老大哥走，時間長了就覺得跟不上。因為捷克家裡沒有秋明油田，沒有那麼多從天而降的銀子，所以沒有盛世，只有陳舊低下的體制造成的漏洞百出。

窮則思變，感覺道路越走越黑暗的捷克人，選擇了改革派領袖杜布切克為總書記，希望由他帶領捷克走出一條民主科學，符合捷克國情發展的獨立道路。而且捷克人還都認為，為了捷克的發展，在國際上光傍著蘇聯也不對，可以考慮跟全世界包括那些美帝之類的國家都走動走動。捷克的這種思潮，被西方媒體稱為「布拉格之春」。

一九六八年七月，蘇聯召集小弟：波蘭、匈牙利、東德、保加利亞開了個批鬥會，並下了通牒，讓捷克趕緊修正錯誤，不要闖禍。誰知捷克人不聽，他們預備讓「布拉格之春」繼續春光明媚下去。八月，蘇聯的忍耐到頭了，華約近六十萬大軍，坦克大炮飛機應有盡有，從四面八方進入捷克境內，一夜之間就佔領了政府大樓和布拉格主要據點，在效率上已經勝過了當年閃電戰出擊的納粹軍隊。布拉格的市民用血肉之軀阻擋蘇軍的坦克，跟二十多年前一樣，這一切都是徒勞，這個可憐的國家，再次陷落了。

雖然對於這場來自東歐陣營內部的民主鬥爭是被西方人歡迎的，但是，當時西方陣營的老大美利堅正陷在越南戰爭的泥沼中，正努力避免與蘇聯的冷戰升級，所以，對於蘇聯這種野蠻的行為，西方陣營也只能是譴責而已。在聯合國，任何決議都可以因為蘇聯的「一票否決權」否決，所以，聯合國也對捷克的局勢也只能無奈。

杜布切克等捷克國家領導被綁到蘇聯去，為了老百姓不再無謂的犧牲和抗爭，他們屈服於蘇聯的淫威，讓這場春光瀰散在硝煙裡，當時大多數參與者都遭到清算，結局悲慘。（老楊經常提到的最代表小資精神的作家，米蘭・昆德拉最著名的作品就是《生命中不能承受之輕》，故事背景就來源於這段歷史，了解了背景，再讀這部小說，會有不一樣的理解）

蘇聯對捷克的入侵完勝，說明蘇聯人再次確立了對東歐陣營的有效控制，既然全世界都敢怒不敢言，似乎東歐陣營之外的事，蘇聯人也可以參與自己的意見了。

根據之前的歷史，我們知道，整個俄國的歷史，就是一部擴張史，進入二十世紀，地球經過了兩場惡戰，還有了聯合國這種街道機構，再有特別想擴充自己的門牆而欺負鄰居的事，也都收斂了。收斂歸收斂，不能不想啊，尤其是俄國人，他們不擴張，就憋屈得相當難受。

歷史上最憋屈的俄國人是彼得大帝，還記得吧，因為沒有一個出海口，這夥計死了都閉不上眼，所以，他為後世訂立了幾個理想的擴張藍圖。俄國想從南部出海，最開始糾結的就是打通黑海進入地中海，但其實還有一條更好的路，就是穿過阿富汗巴基斯坦進入阿拉伯海而後印度洋，如果這條道路打通，對蘇聯的全球戰略是非常有利的，因此控制阿富汗這個國家就顯得尤為重要了。

從阿富汗獨立開始，蘇聯就沒放過這個國家，一直對其實行各方面的滲透，進入七〇年底，終於收到了效果。一九七三年，親蘇的首相達烏德在蘇聯支持下發動政變，推翻了當時的阿富汗國王，成立了「阿富汗共和國」。

達烏德本來就喜歡在美蘇之間坐蹺蹺板，佔小便宜，委身蘇聯也為圖謀大事，如今大事已成，他絕對不會甘心成為蘇聯的傀儡。勃總發現自己扶持了白眼狼，以最快的速度改正錯誤。蘇聯又策動了阿富汗一批軍官鬧政變，一九七八年，在蘇聯戰機和坦克的協助下，總統府被佔領，達烏德以身殉國，全家被處死。

這次政變後，在蘇聯的安排下，阿富汗成立了「阿富汗民主共和國」，克格勃（KGB）一手扶持了忠誠聽話塔拉基為國家主席兼總理。塔拉基真不惹事，他一上台，就嚴格複製蘇聯模式，蘇聯責無旁貸地對阿富汗派駐大量專家和顧問，協助這個穆斯林國家盡快融入社會主義大家庭。

遺憾的是，阿富汗人民不屈服，他們不喜歡看到首都街道到處被漆成紅色，自己的生活要被一個異教國家來安排。在阿富汗執政黨的內部，要不要對蘇聯如此俯首貼耳，也產生了分歧。被塔拉基一手提拔的總理阿明，就是反對派的代表，曾在美國的哥倫比亞大學進修。

塔拉基敏感到阿明的勢力漸漲，對己不利，曾想先下手為強，幹掉這個敵人。阿明僥倖脫身後，也就不客氣，於一九七九年九月發動政變，調遣親信部隊包圍了總統府，激戰中塔拉基身亡，傳說是被一個枕頭捂死。

整個七〇年代阿富汗就是被這三場政變整得支離破碎，然而這個不幸地區的不幸才剛剛開頭。阿明認為塔拉基對自己下手顯然是蘇聯指使的，所以他上任後，於公於私都對蘇聯擺出了冷臉，不僅要求顧問專家全回家去，還要求撤換大使，同時，向美利堅揮舞著橄欖枝。

一九七九年十二月，蘇聯各種現代化軍隊八萬多人，開進了阿富汗，很快佔領了首都和主要大城市，阿明被擒住後遭到處決。

回憶一下歷史，從十月革命以來，蘇聯經歷的所有戰事，蘇聯紅軍保持不敗的戰績。勃總當然是感覺，以當時蘇聯盛世之威，讓阿富汗這麼小的國家屈服，應該是難度不大，但是他沒想到，這個泥沼，不管什麼樣的龐然大物都能吞下去。

阿富汗人民是不屈服的，本來只是黨派間的派系鬥爭，現在上升為反侵略的民族戰爭了，我們都知道穆斯林兄弟的作戰精神和作戰能力，他們透過游擊戰開展了如火如荼的反蘇鬥爭，一直將蘇聯軍隊拖在阿富汗整整十年，耗資巨大，成為後來蘇聯解體的重要因素之一。

而整個八〇年代，世界各地對蘇聯入侵阿富汗的譴責成為主旋律。為了慶祝盛世，蘇聯還撤大把銀子舉辦了一九八〇的莫斯科奧運會，包括美國和中國的五十多個國家，因為阿富汗戰爭抵制蘇聯，拒絕參加。勃總死於一九八二年，沒機會親自領略阿戰帶給蘇聯的惡果，至於那個替勃總背黑鍋，不得不吃下這惡果的倒楣蛋，我們後面再說吧。

3.珍寶島

蘇聯的歷史跟咱家息息相關，按現在的說法，曾經跟蘇聯的關係是中國外交政策的重中之重。赫魯雪夫時代跟中國決裂，勃總上台，推翻了老赫所有的政策，那麼他對華政策會有什麼驚喜嗎？不是驚喜，是驚悚！老勃一早表示了態度，雖然他不喜歡赫魯雪夫，但更不喜歡毛澤東，所以，蘇聯的對華政策，不改善不修復，兩邊繼續互相瞪著吧。

乾瞪眼不行，住得太近，鄰里關係一鬧僵，矛盾總是會出現的。根據一八六〇年丟人的《中俄北京條約》，中俄是以烏蘇里江為界河的，當然是以主航道為分界線。烏蘇里江上有幾個島子，比如七里沁島或者珍寶島，這些島的歸屬就容易說不明白。其實按道理，它們既然位於主航道的中國一邊，就應該是中國的領土，不過蘇聯人不答應，它們經常自說自話地派人上島溜達。

一九六九年三月二日，蘇聯軍隊發現中國的軍隊又上島巡邏，預備像過去一樣驅逐，沒想到這次中國軍隊有備而來，發動了反擊。幾天後，蘇軍出動坦克入侵珍寶島，中國的守軍也上島進行防禦，經過激戰多次打退蘇聯的進攻。整個三月，珍寶島上的兩軍衝突大約有三次，雙方都死了不少人，雖然衝突規模不大，樑子卻越結越深，引發的兩國反應更是驚人。

此時的蘇聯，應該是上帝讓其滅亡前的瘋狂期，全球唯我獨尊，只有中國這家人太討厭，太不給面子。於是，他家提出一個「一勞永逸消除中國威脅」的說法，想動用他家部署在遠東的核彈向咱家的軍事設施實行「外科手術式的打擊」，並在中蘇邊境陳兵百萬，預備重演一次布拉格事件。

蘇聯本來是想偷偷動手，可根據冷戰期間美蘇互相監視的重視程度，老山姆是不可能不察覺的。當時中美還沒建交，但彼此已經淡化了很多敵意。而老山姆分析，如果咱家被老毛子打廢對他家其實是很不利的，所以，美國一收到風聲就有意無意地透露出來。咱們的毛澤東淡定地說：不就是原子彈嘛，鄙人不怕！

說不怕是假的，根據老輩人的回憶，當時備戰情形還是略顯恐慌的，大量重要工廠向三線和山區搬遷、人員疏散、物質緊急調配，毛澤東因此提出了「深挖洞、廣積糧、不稱霸」的著名口號，現在咱家那些大城市中的地下商城都是那時候挖的，一九六六—一九六九年，咱家在全世界的關注中接連爆炸了原子彈和氫彈，明白地告訴老毛子，放馬過來吧，你那玩意咱們也有！

驚天的核戰再次避免，要感謝美利堅的態度，老山姆在這個事上表現得不錯。他家把應付古巴導彈危機時的導彈系統全部啟動進入預備狀態，並告訴老毛子，只要他敢把導彈打進中國，就意味著第三次世界大戰開場，老山姆家會馬上向蘇宣戰。美國佬客氣，咱們也領情，珍寶島事件是後來中美得以順利建交的重要催化劑之一。

蘇聯人沒想到美國佬突然幫忙中國人了，有點發懵，只好掏出自帶的樓梯下台，找到中國要求重開談判。

珍寶島最終在二十一世紀初毫無爭議回到中國的版圖。四十年前珍寶島上的種種，為後世留下暫時解不開的謎。不管這些謎的真相是什麼，我們都記得，在這塊小小的島嶼上，中國軍人保衛國土捍衛主權獻出的生命和熱血，每當有惡鄰在我們周遭挑釁時，這些往事就被我們反覆地想起……

4.誰是罪魁

勃總任內，蘇聯走向了盛世頂點，蘇聯成為僅次於美國的第二大超級大國，根據上面的記錄，在這段時期裡，第一超級大國美利堅一直對蘇聯採取低調的守勢，讓蘇聯人張狂得不得了。然而也是在勃總任內，蘇聯由盛而衰，直到發展停滯。

不是一直有大量的石油美元嗎？對，錢再多也扛不住亂花啊。對外，勃總一直頂著美國做軍備競賽，加上阿富汗戰爭像瀉肚子一樣的速度花錢；對內，特權階層的混亂和腐敗，碩鼠和蛀蟲都沒閒著。現在有很多人說，真正滅亡了蘇聯的罪魁禍首，實際上是勃列日涅夫，因為一手打造了只圖私利從不替國家前途著想的蘇共黨內的利益集團。

利益集團的事要從赫魯雪夫說起。老赫的改革，有一點很靠譜，那就是對官僚特權階層發起的鬥爭。在老赫任內，公車、公房、公款吃請都被取消。更徹底的是，老赫規定，國家和地方上的幹部，要實行任期制和輪換制，差不多的時候，幹部就要換一批，再好的幹部也不能超過三屆，廢除了幹部的終生制。應該說，老赫對官僚系統下手，是他被下課一個重要原因。

蘇共的人事升遷，是標準的逆向淘汰，勃總就是個最佳說明。老勃生在紅旗下，長在春風裡。

他最清楚，他的事業是怎麼來的，不是自己有什麼了不得的能力，實在是自己會做人有眼力見地，這些老領導老上級願意幫扶提拔，老勃是個心裡沒主意的，很需要老同事的指導關心，所以，在他看來，幹部，尤其是老幹部簡直是社稷棟樑，黨國根本，一定要給予熊貓級的關照。

勃總一上台就表示要保護幹部，幹部就應該享受特權，幹部就是跟老百姓不一樣，要區分界限。而且，沒什麼事，幹部不能隨便換，要讓他們在位置上終老，保護一輩子，「幹部的穩定，是勝利的保障」這是勃總的名言。

這種昏君做法導致的結果是可想而知的，特權階層對老百姓的傷害老楊就不用仔細描述了。而因為幹部不能輕易變動撤換，造成了勃總政府內，老傢伙們橫行，越老越横，只要他們不死，新鮮的幹部新鮮的意識別想進入蘇共中央。這些垂老的零件禁錮著蘇聯的前行，還將國家的肢體磨礪得傷痕累累。

勃總扶持保護自己的老幹部，老幹部當然也扶持保護自己的勢力，漸漸地，從中央到地方，盤根錯節，利益集團不斷擴大，最後終於將蘇聯牢牢控制在手裡，整個國家的資源被他們恣意的消耗，所有的決策當然也是以保護特權階層的利益為出發點，我們都知道，特權階層爽了，老百姓肯定不爽。而且，政治腐敗與經濟衰弱幾乎是如影隨形的兄弟倆。

勃總書記有句名言：靠薪資誰也活不了？總書記親口開出了蘇聯生存的法則，那就是，灰色收入是必須的。於是，整個官僚系統除了國家給予的各種特權，他們還變著法子貪污腐敗。

在蘇聯所有的大佬中，勃總算是比較講究生活品質的，愛好也比較高端，他喜歡收藏汽車，偶爾也收藏女人。勃總的收藏想必是歎為觀止的，有個傳聞說，勃總請自己的老媽參觀自己新修的別墅和裡面各色進口汽車，勃媽看完後憂心忡忡地問：「東西挺漂亮，這要布爾什維克再回來可怎麼辦啊？」

除了自己生活奢侈腐敗，勃總對自己的兒子閨女更是慷慨有愛。勃總喜歡用公款給自己修別墅，鄉間度假屋之類的，這些東西，兒女都有一份，兒子女婿更是順著裙帶關係仕途坦蕩青雲直上，進入官場的王子和駙馬，也照貪不誤。

別以為勃總不愛惜自己的名譽，他對榮譽還是有要求的。勃總是個著名的「勳章控」，有事沒事，喜歡給自己頒發勳章，有笑話說，勃總要做一個擴胸手術，因為現有的胸膛太小，戴不下更多的勳章了。老楊分析勃總這個「勳章情結」，絕對是出於能力有限的某種自卑，越是庸人，越是希望外界肯定自己，哪怕是假的。

不管勃總多少笑話多少不堪，他任內是蘇聯的盛世，老百姓大都只看到眼前的安穩，不會對長遠做出客觀分析。對蘇聯人來說，他們待見老勃，還有另外一個原因：根據之前的歷史記錄，蘇聯人生活條件艱苦，吃不飽肚子已經成習慣了，苦點不介意，但他們最介意的是自己國家的江湖地位。歷史上他家瘋狂擴張，從上到下都養成了一種病態的老大意識，對自己家在街坊說了算這件事特別看重，勃列日涅夫期間，美國因為種種原因一直不敢太橫，蘇聯力壓美國似乎成為武林盟主（這個武林盟主簡直就是揮劍自宮弄來的），這是讓蘇聯的老百姓喝著西北風都自豪的事情，自然而然，勃總就成為他們心中最光輝的領袖了。

一九八二年十一月十日，勃列日涅夫心臟病去世，這夥計一輩子運氣好得沒話說，在大位上終老，到死都是總書記。跟之前每次蘇共更換掌門人的腥風血雨相比，老勃死後，大位傳承之順利簡直不像話。勃總的「老人政治」真有好處啊，此時蘇共中央，一群老爺子，上炕都費勁，別說上位了。最後六十八歲的克格勃頭目安德羅波夫無驚無險地接了班。

安德羅波夫是第一個由克格勃首腦這個偉大光榮的職位晉升為國家元首的同志，跟此時其他的蘇共老人家相比，他多少還有點清醒的認識。比如，他曾經多次帶著克格勃查腐敗查貪污，繳獲贓物無數，可惜後來都變成無用功，因為老大勃總對貪污腐敗從來就不以為然，有的時候安德羅波夫查的動作多大，勃總就幾個月不理睬安德羅波夫，給他臉色看，讓他知趣停手。

所以，安德羅波夫接班後，還真想大刀闊斧清理一下蘇聯的秩序，整頓一下官場的作風。遺憾的是，既然蘇聯的滅亡已經注定，安德羅波夫所有的政治理想也只能是空想，執政一年三個月後，這位老人家因為腎衰竭去世。

接替安德羅的老人家更老，七十三歲高齡的契爾年科，這位老大爺一直跟在勃總身邊，是勃總的「大內總管」，勃總也早有意讓他做自己的接班人。總算是接班了，為了讓老大顯得年輕，給他配的內閣全都年高德劭，外交部長七十五歲，國防部長七十六歲，核工業部長八十六歲，七十歲左右都算年輕幹部，那段時間你如果有機會到蘇共的高層會議上參觀，你肯定會以為自己不小心進了養老院，開會的時候門口肯定要預備救護車。救護車真派上用場了，執政十三個月後，契爾年科老大爺也駕鶴西去了。

這麼大一個帝國，年年死領導人也不合適吧，下一任，坐著輪椅拄著拐杖或者帶著助聽器和呼吸器的都不能要了啊，政治局裡看一圈，還真有一個年輕健康的，就是頭上總頂著張神祕地圖，就你了，趕緊上班去吧。

三十八、HOLD不住

戈巴契夫下台後參加一個聚會，有人當面辱罵他，他平靜地說：是我給了你罵我的權力。

在蘇聯所有領導人中，戈巴契夫是僅次於列寧的知識份子，其實他也沒經歷正規的求學階段，老戈童工出身，很早就會駕駛聯合收割機收割作物了，在整個成長階段，因為沒有撤去後方，他聆聽著德軍的隆隆炮聲成長。十八歲那年他被評為「工作紅旗手」，第二年被送進莫斯科大學攻讀法律，老戈的求學之路，這才進入正軌。

老戈是我們經常說的「團派」，最早進入政壇是從事共青團工作，而後黨務，而後中央。因為他參加了函授的農業課程學習，在很長一段時間，他被視為是農業方面的專家。我們都知道，西方國家很看重領導人的法學專業背景，因為憲法最大，而在蘇聯，根據前幾任領導的專業分析，學工科的顯然更容易仕途順利。

在南部地區任「省委書記」是仕途的轉點，因為蘇共高層喜歡到南方療養。老戈首先入了安德羅波夫的青眼，而安德羅波夫是勃總的親信，於是，老戈自然而然成為了「自己人」。一九八〇年，老戈四十九歲當選為中央政治局委員，對當時那個老人政壇來說，這個年齡幾乎還未成年呢。

勃總去世，安德羅波夫接位，他最器重的老戈自當大用，幾乎執掌了全蘇的經濟。到契爾年科時代，老戈已經是政治局的核心人物，蘇聯的重要領域都由他發號施令，如此一來，一九八五年三月，老契爾年科一翹辮子，老戈自然而然就成為蘇聯的新領袖了。

1. 末世的災難，末世的變革

上篇說到，進入七〇年代末期，勃總治下的經濟已經陷入發展停滯，蘇聯社會千瘡百孔，是個巨大的爛攤子。所以安德羅波夫即位後，以那樣的高齡還想大刀闊斧地改革，可惜壯志未酬。經過契爾年科的老病無為，戈巴契夫接手的時候，蘇聯的病情惡化到什麼程度了呢？

其實我們不用羅列各種資料，只需要看當時蘇聯民間的風氣就知道了。安德羅波夫曾經是克格勃老大，他最清楚蘇聯的問題有多嚴重，他上台後，就認為有幾件事到了非解決不可的程度了，比如說「恣意違反工作紀律、酗酒、流氓行為、受賄、貪污社會主義財產和其他冒犯社會的行為」。他把這些行為稱之為「同社會主義格格不入的現象」，也就是說，在安德羅波夫看來，這些事肯定不是制度的問題，但是急需整風。

的確，在當時的蘇聯，酗酒已經成為非常嚴重的社會問題，而且不管是不是頭天喝醉的，上班時遲到早退消極怠工也是一種風氣。客觀分析一下就知道，行政當局腐敗，國企內部當然是更腐敗，本來生活資源匱乏，生活水準總是上不去，權貴們的腐化墮落，國家和自己的前途看不到希望，對老百姓來說，除了喝酒混日子，他們還能幹什麼呢？而這種風氣，不正是一種末世的氛圍嗎？

老戈的改革，我們根本不用分析背景和原因，對蘇聯這樣的國家來說，不是萬不得已，哪個領導人願意給自己找麻煩啊。

老戈認為他應該先對經濟問題做出反應，一九八五年一上台，他就提出了一個「加速」的概念。就是說，目標再訂高一些，步子再邁大一些，不能怕扯到蛋。老戈這個藥方子顯然是開錯了，因為對蘇聯來說，經濟問題還真不是提高效率，而是調整結構。因為老戈的這項「提速」，還是以重工業尤其是軍事工業為核心的，最大的輕重工業失調的問題依然沒解決。

隨後，老戈繼承安德羅波夫的事業，預備把反酗酒工作進行到底。都知道老毛子愛喝酒能喝酒，蘇聯至少有一個輕工業產業是挺興旺發達，也就是釀酒業。老戈同志可能是覺得要區分酗酒和普通喝酒有點兒麻煩，或者是蘇聯人只要沾酒就是酗酒，沒有隨便喝點兒的，所以，老戈下達的，是禁酒令！禁絕伏特加，關閉所有的酒吧啤酒館，組成反酗酒糾察隊，聞到身上有酒味的直接帶走。老戈這項聲勢浩大的反酗酒運動，在兩年時間裡，讓蘇聯這個本來就財政赤字的國家，生生地少掉了一筆巨大的伏特加收入，而大量的葡萄園被砍伐，酒廠倒閉，也是國家財政的巨大損失。

大家都知道，酒這東西，除非自己想戒，別人禁是禁不住的。於是，地下作坊釀酒和黑市買賣酒類成了熱門生意。大量的糖被用來釀私酒，國企內的工業酒精經常丟失，毒品需求也越來越旺盛。整體來說，老戈這個反酗酒運動造成的危害，肯定是比蘇聯人全體酗酒大多了。好在一九八八年，這項神奇的改革無聲無息地停止了，蘇聯人變本加厲地又喝上了。

末世除了末世的情緒和末世的氣氛，肯定還會配合著大型災難。就在老戈意氣風發上台的第二年，他就遭遇了一場地球上空前不知道會不會絕後的災難。

一九八六年四月二十六日，蘇聯的第一座核電站，當時被認為是最安全的核電站，修建在烏克蘭的車諾比核電站，四號反應爐爆炸！

反應爐爆炸，這應該算人類進化以來最大的災難了吧。可就是在蘇聯這樣的國家，這樣的大災還要給官僚主義讓路。凌晨爆炸，上午戈巴契夫收到的消息不過是著火，大家還沒事人一樣過。最可憐的是距離核電站三公里的普里皮亞季市，一個美麗的烏克蘭小城，有四萬三千人口，沒有任何人告知他們已經活在強大到足以致命的輻射裡了。在爆炸後的兩天時間裡，這裡的居民該結婚的結婚，該生孩子的生孩子，該吃吃該喝喝，直到有些造型古怪，帶著口罩的軍人不斷出現在大街上，還是沒有任何人告訴他們，發生了什麼事。爆炸發生的第二天下午，一千輛巴士陸續開進市區，軍方要求所有市民，帶上必不可少的行李，撤離。依然不解釋，蘇聯人習慣了政府不解釋，政府也習慣了不解釋，即使，此時此刻很多人的生命和人生都已被徹底改變。

老戈在克里姆林宮要求核電站盡快滅火，據他自己說，他知道真相是因為瑞典測出了高輻射。車諾比的輻射粉塵，順風飛向北方，進入瑞典東部。瑞典人命比較金貴，所以很快就發現了危險，不僅以最快的速度尋找污染源，還第一時間向自己的國民發布了事件通告和警告，並安排受影響地區體檢。

蘇共當局在車諾比事件爆炸三天後才在《真理版》登了豆腐塊大的文章，輕描淡寫通告了事故。爆炸發生後第十七天，老戈才出面，在電視上露了個臉，沒有道歉，沒有解釋，只是強調了事件是人力不能控制的意外，政府不惜代價救災云云。

爆炸後的風雨，已經將輻射粉塵帶到了烏克蘭、白俄羅斯和俄羅斯的很多地區，雖然蘇聯科學機構已經測得了這些污染，可是他們還是鼓勵受污染地區的人們，繼續慶祝五一勞動節的活動。在基輔，很多兒童參加了污染地區的節日遊行，當時當地的輻射量，已經超過了標準的幾百倍。

整個救災活動，在冬季結束，一個巨大的石棺罩住了爆炸的反應爐，至今危機重重，烏克蘭正忙於為石棺增加新的防護罩，困在四號反應爐下面的核猛獸，不知道什麼時候會掙脫束縛再給歐洲帶來一場煉獄。

事故原因是什麼，有沒有直接的責任人，或者是臨時工操作失誤？外界認為，是五〇年代在技術不成熟的情況下，強行倉促上馬造成的惡果，當然，蘇聯的領導人是不能承認的。

車諾比的爆炸其輻射程度已經超過廣島那兩顆原子彈的一百倍，而其擴散的規模和程度也是幾百倍於廣島，其周圍三十公里地區人員全部疏散成為死城，周邊還有大量地區，並沒有即時疏散，事故發生三年多後，還有百萬人生活在輻射區裡。整個事故的造成多少人的傷亡，顯然又是謎，蘇聯人說是四千人，根據國際上評估，死亡人數超過五萬，致殘的近八萬，還有幾十萬長期受各種古怪疾病的困擾。災難花去了蘇聯一百八十億盧布，當時的一盧布就是一美元，其後不久，世界石油價格下跌，讓國家財政雪上加霜。

車諾比事件，給民眾最大的刺激就是知情權。這麼大的事，老百姓生死攸關，政府居然如此冷漠地捂著，並美其名曰怕造成恐慌。因為周邊西歐國家也遭到了連累，資本主義政府做出了完全不同的反應，他們不僅全程通告事件發展，還免費為懷疑自己遭受輻射的國民做檢查，蘇聯的很多人明明受了輻射，還被告知是健康的。蘇聯人透過外媒知道這些差異後，對蘇共的信任和依賴逐漸消褪。此時，正是老戈雄心壯志捲起袖子預備進行改革大業之時，感覺到民意，他當然要做出反應，並開出了新的藥方，這個方子包括：「執政的公開性和民主化」、「建設以人為本的社會主義」等，力求消除車諾比事故的根源。隨後，老戈又覺得，乾脆畢其功於一役，下點猛藥，看看能不能一次讓蘇聯排出體內所有的毒素。

一九八八年，蘇聯結束了書報檢查制度，這個封閉的極權國家，終於出現了言論自由和社會輿論的多元化。一般來說，開放了報禁，就很難不開放黨禁，被壓制久了一解放，所有人對政治的熱情都異常高漲，社會上各種黨派逐漸成型。

開了閘，事情就有點不受老戈控制，他之前應該也沒想到要給予蘇聯人這麼大的自由，可事已至此，他又是個有點懦弱的人，只好順勢而為，一九九〇年，蘇聯修改憲法，蘇聯公民有權結黨，多黨制的蘇聯產生了。而在此之前不久，老戈先接受了西方三權分立的原則，提出蘇聯要選個總統出來。既然都全盤西化了，經濟領域當然就是從國有化向私有化過渡了。

看起來一個腐敗沒落的極權國家正順利向新興的民主國家過渡，老戈的改革似乎很成功嘛！應該說，蘇聯這輛重型機車這樣的轉軌是挺漂亮的，然而，老戈沒想到蘇聯還有更無法解決的問題。

2. 鬧分家

都知道，蘇聯的地盤大部分是搶來的。搶來的不只是土地，還有土地上的人口。前面說過，整個俄國，除了俄羅斯、白俄羅斯、烏克蘭這三個斯拉夫人的民族，還有其他近兩百個各種民族，他們被強行整合在蘇聯的的版圖內，從來沒有真正融合過，進入蘇聯時期後，政府比較善於掩蓋隱藏，很多民族問題都沒有充分暴露出來，林林總總擠壓多了，只要稍有刺激，就會總爆發。

其實十月革命之後，對於如何整合這些少數民族的事，蘇共內部就有不同的意見，有的人認為，應該給這些民族平等的權力，讓他們自願圍繞在大俄羅斯周圍。這些加盟的民族國家，有自己的代表大會，自己的軍隊和貨幣，保留一定的獨立性。這一派的代表就是列寧。而一直對此表示異議，雙方因此產生了重大矛盾的，就是史達林。

在成立聯盟國家的問題上，史達林要求其他民族國家作為自治共和國加入俄羅斯聯邦，不過白俄羅斯、烏克蘭、格魯吉亞等國都不同意這樣整個納入蘇聯。列寧反對史達林用行政壓制的辦法解決問題，他堅持在自願的原則上建立新的聯盟，俄羅斯民族應該向少數民族做出讓步。

史達林的政策沒這麼寬容，這些民族國家進入版圖後，他隨興劃分行政區域，自然資源和土地的分配都有各種不公，不僅沒有適應各民族自己的發展需要，還在邊境留下很多地域上的爭端。而因為史達林從來沒想過要因地制宜，他的政策都是統一的，有些民族首領感覺到中央的政策實在不適合本民族發展，而想稍有自主時，立刻被打成民族份子，扣上帽子戴上銬子被送進局子。

進入第二次世界大戰，史達林對少數民族猜忌日深，他恐怕是擔心西部的少數民族跟德國人有勾結，居然讓三萬波蘭人、和伏爾加流域的四十多萬日耳曼人，遷入西伯利亞定居！出於同樣的目的，被遷來的還有十萬遠東的朝鮮人。第二次世界大戰快結束，他還強制不少民族整個遷入西伯利亞。離鄉背井去到一個全新的地方找生活就夠艱難的了，去的還是西伯利亞，這簡直就是刑罰嘛。這些被胡亂遷徙的民族，天天念叨著回到老家，也是蘇聯一直解決不了的問題。

從二〇年代到八〇年代，到底蘇聯的少數民族有多少不滿和糾結我們就不一一回顧了，就從老戈上台，這些民族問題的總爆發說起吧。

第一個爆發點是一九八六年三月，亞庫次克大學就發生了俄羅斯與雅庫特族大學生之間的鬥毆事件。當年十二月，蘇聯的哈薩克加盟共和國發生了震驚世界的阿拉木圖事件。

事情的起源是蘇共中央為哈共中央換了個書記，長期擔任這一職務的哈薩克人被解職，換來一個俄羅斯人。哈薩克人想必是預計到，異族的書記肯定幫不上忙，而中央會派一個俄羅斯人來管理哈薩克人，顯然是對哈薩克人的不尊重，所以首都阿拉木圖的大學生們為抗議這個事就上街了。

學生運動很危險，年輕人一進入這種亢奮的氛圍，就難以控制尺度，容易引發騷亂。蘇共當局還以為只是年輕人鬧事，沒想到這次運動正是蘇聯大家庭散夥的開端。為了教育「淘氣」學生，政府出動了包括克格勃在內的國家機器給予鎮壓，兩人死，兩百多人受傷，事後所有的骨幹都被修理。在老戈看來，這次對哈薩克施以顏色，可以震懾其他少數民族。

聯盟國家的解體，就此拉開了大幕。

蘇聯境內的少數民族區域，有幾個地方是長期不服的，根據之前我們講述過的歷史，第一個就是烏克蘭，烏克蘭內部濃烈的反俄情緒從來沒有消散過；第二個就是波羅的海三國，愛沙尼亞、拉脫維亞和立陶宛，這三個國家是蘇聯根據第二次世界大戰前與德國苟合的《蘇德互不侵犯條約》強搶來的，是赤裸裸地侵略和佔領，三國中很多反抗人士被捕流放。這三個搶親回來的姑娘，一直質疑這段婚配的合法性，一直張羅著讓蘇共公開當年條約齷齪的細節；第三個區域則是外高加索那三個國家。高加索山脈從西北向東南橫亙在黑海和裡海之間，他是歐洲和亞洲分界線之一，周圍四十四萬平方公里的地區被山脈分成兩大部分：山脈北部稱為北高加索，山脈南部稱為南高加索或外高加索。外高加索地區包括格魯吉亞、阿塞拜疆、亞美尼亞三國和土耳其的一部分。這三個國家被整合進蘇聯大費周章，一直跟莫斯科離心離德，他們還互相看不順眼，內部矛盾重重，當然很多矛盾也都是蘇聯造成的，當局又沒有公平有效的解決辦法，所以這三個小媳婦，也惱著呢。

經常看新聞的「地主」都知道，高加索地區，到現在為止都是世界地緣政治的漩渦之一，著名的是非之地，而他們最早開始牽動世界的視線，就是從上個世紀八〇年代末開始，首先爆發的，是阿塞拜疆和亞美尼亞的衝突。

這兩家為什麼幹仗？鄰居嘛，住得太近了唄。這兩家之間有個地區，名叫納格爾諾—卡拉巴哈自治州（簡稱納—卡）。納—卡地區二十萬人口中，九十%是亞美尼亞人，信奉基督教，蘇聯成立後，史達林要成立自治州，就把這塊地區劃入了阿塞拜疆，而阿塞拜疆大部分是穆斯林。亞美尼亞人對這個分割辦法十分不滿，經常向莫斯科情願上訪，莫斯科認為，都是蘇聯領導的，在哪邊不都一樣嘛，就是不受理這個請求。

中央不管，兩家就暗掐，今天是亞美尼亞驅逐阿族人，明天是阿塞拜疆驅逐亞族人，兩邊的積怨越來越深。

老戈上台後，亞美尼亞人以為這個禿頂老頭是個青天，幾萬人簽名寫情願信，老戈公務繁忙，對這些陳年舊怨實在沒時間，亞美尼亞人只好自己解決，開始了遊行和罷工。亞美尼亞人鬧，阿塞拜疆認為亞美尼亞覬覦自己的領土，所以更恨，一九八八年二月，鄰居間衝突升級，亞美尼亞因為罷工遊行幾乎癱瘓，而阿塞拜疆那邊就開始屠殺亞族人了。

兩邊都快鬧翻天了，都等著莫斯科政府能給個公平解決的方案，誰知，老戈的意思是，蘇聯眼下麻煩很多，這兩個小共和國的事，能不能等到我們其他問題處理完了再說，最好兩國的領導人能坐下喝杯茶，談一談，交交心，大局為重，別給中央添亂。

老大不管事，這兩個國家自決吧，結果是，亞美尼亞最高蘇維埃決定，讓納－卡併入亞美尼亞；阿塞拜疆最高蘇維埃決定是：納－卡繼續留在阿塞拜疆。證明兩邊的領導都沒顧念大局，還跟著一起鬧，局勢進一步惡化。阿塞拜疆組成了人民陣線，現在，他們不僅殺亞美尼亞人，還找俄羅斯人索命。因為阿境內的局勢惡化，好多阿族人也開始逃亡，蘇聯軍隊不得不在九〇年代初進駐阿國首府巴庫，跟人民陣線戰鬥。

這時，不論是亞美尼亞和阿塞拜疆都看出，跟著蘇聯混，事情只會越來越糟，於是兩邊除了互相打，都覺得應該徹底獨立，撤出蘇聯，不許他再過來攪局。

就在這兩家打得熱鬧時，格魯吉亞也沒省事。作為史達林同志的老家，這裡一直民風剽悍，對於蘇聯所謂民族一體化的政策，格魯吉亞人是極端不屈服、不認可的。蘇共開放了黨禁，格魯吉亞馬上就誕生了許多社團組織，大部分都是以民族獨立為訴求，他們的論點清晰簡單，因為格魯吉亞根本就是被蘇聯佔領的，所以現在需要光復！

格魯吉亞的問題，從阿布哈茲開始。阿布哈茲是個獨立的民族也是個小共和國，併入蘇聯後，行政上被劃分給格魯吉亞管轄。格魯吉亞信仰東正教，阿布哈茲是穆斯林，本來就不容易融合。偏偏格魯吉亞人都是史達林的脾氣，喜歡霸王硬上弓。為了把阿布哈茲永遠留在自家，格魯吉亞開始向阿布哈茲大規模移民，甚至挑釁當地的傳統，衝擊當地的文化，阿布哈茲一直要求脫離格魯吉亞。

一九八九年，阿布哈茲州自說自話透過一項決議，讓阿布哈茲升級為加盟共和國，這樣就不受格魯吉亞的管束了。格魯吉亞當時就惱了，四月四日，首都第比利斯爆發大規模示威，先是反對阿布哈茲搞分裂，鬧了一陣，不知道怎麼的，口號就變成了「格魯吉亞獨立」，「打倒俄羅斯」！

不論是格魯吉亞和莫斯科，都沒想到這些訴求是可以商量安撫的，他們事多，講究效率，東歐陣營其他國家「胡鬧」都是出兵鎮壓，自己的加盟共和國鬧事，軍隊難道能置身事外。所以，幾天後，軍隊就開進了第比利斯。

第比利斯政府大樓的廣場上，示威群眾不肯散去，還有部分大學學生開始了絕食。面對軍警的到來，有些示威群眾掏出了自己隨身的武器，不過是小刀或者板磚之類的，而軍警們也號稱自己動用的是冷兵器，主要用膠棍。實際上，從四月九日凌晨開始的鎮壓活動，軍警們使用了更有效更順手的工具，包括毒氣和火器，最後造成二十人死亡，兩百多人住院治療，此後的一個月，因為不適去就醫的達到三千多人，後來留醫者超過五百。

運用武裝力量鎮壓示威還造成傷亡，這在國內外都夠引發轟動了，遭到了輿論的一致譴責。老戈心比天高，素質低下，改革家領袖必須是以強悍的心理為根基的，鎮壓了，人殺了，惡人已經做了，他卻忌憚擔這個惡名。整個蘇共高層都露怯，領導人相互推諉，誰也不敢承擔此事的責任和後果，最後，大家一致認為，是可憐的國防部長擅自行動，所有的責任在軍方！

責任雖然是軍方的，老戈還是要出面和稀泥，他承諾，以後再碰上這樣的問題，絕對不再動用武力，誰再派軍隊鎮壓示威遊行誰是小狗！

老大詛咒發誓一般是有用的，大家想啊，此時的民族運動都已經開始流血犧牲了，死都不怕了，還怕你變小狗？只要蘇軍不下來動用瓦斯毒氣，各地的民族獨立運動還不更加如火如荼地進行啊。

格魯吉亞人不磨嘰，一九八九年成立自己人民陣線，修改憲法，一九九一年，在蘇聯解體前，基本在事實上已經獲得了獨立。

其實，在外高加索這三兄弟混鬧之前，波羅的海三國已經開始行動了。一九八九年八月，正好是《蘇德互不侵犯條約》簽訂五十周年，波羅的海三個國家也不好慶祝這倒楣日子，就找莫斯科發難，讓他們把當時的條約公布出來，還應該為那些反抗侵略被驅逐的人恢復名譽。

這三家人文明有創意，不打不鬧不撒野，他們組織了一個「波羅的海之路」的活動，三國居民兩百多萬人，手牽手組成了一條連綿六百公里不斷的人鏈，將這三個國家的首都連在一起。這條人鏈當然也因其長度和歷史價值被永久地記入金氏世界紀錄。

這不是行為藝術，也不是為了世界紀錄，三國國民所有的行動，都是為了獲得國家和民族的獨立。西方社會也大都認為，蘇聯對波羅的海三國的佔有屬於搶親性質，一直就支持他們脫離北極熊魔掌，此時更是和著人鏈向莫斯科施壓。外高加索那是一群悍匪搞不定，波羅的海這種文明抗議更頭痛，總不能開飛機沿著人鏈轟炸吧？行動六個月後，立陶宛率先實現獨立，隨後愛沙尼亞和拉脫維亞也獲得了自己的主權。這三個小媳婦一點沒給前夫面子，頂住蘇聯到俄羅斯的重重壓力，終於在二〇〇五年如願加入了北約，讓北約東擴的行動一直走到俄國人的家門口。

波羅的海和外高加索都鬧獨立了，烏克蘭當然不會沉默，烏克蘭一騷動，白俄羅斯人也覺得應該單幹。除了這些民族國家，那些被蘇共當局用各種理由來回遷徙的民族也要求回到原來的老家去。上個世紀八〇年代，老戈自己不承認民族問題已經燃上了眉毛，他還自我感覺很好。當然，蘇聯天大地大的，這些個民族都獨立也算不得什麼。然而終於，有個民族給了蘇聯最後一擊，俄羅斯聯邦共和國，他們也號稱要脫離蘇聯獨立！！

俄羅斯族說要脫離蘇聯，相當於咱們的漢族要求獨立。俄羅斯是蘇聯的基礎也是支柱，不僅擁有蘇聯七十%以上的領土，一半以上的人口，其資源和經濟實力都是蘇聯家的超級大哥頂樑柱，基本可以說，蘇聯哪怕丟掉所有的加盟共和國也沒什麼，俄羅斯走掉，蘇聯就比空殼還空洞了。

老戈被各加盟共和國傷了老心，沒想到還有致命的一擊，這一擊，來自一個叫葉爾辛的反骨仔。

三十九、莫斯科不相信眼淚

一九三一年二月，一個剛出生的孩子在蘇聯一個鄉村接受洗禮，根據東正教的習俗，孩子要丟進水裡浸一會兒，舉行儀式的神父比較神仙，他差事幹完，忘了孩子還在水裡。等孩子的爸爸手忙腳亂把兒子撈出來，這娃娃居然還神奇地活著。孩他爸高興之下給這個嗆得迷迷糊糊的孩子起名「伯里斯」，大概意思就是「勇士」、「鬥士」，這個出生貧寒大難不死的孩子全名叫伯里斯・尼古拉耶維奇・葉爾辛。

他還真是大難不死，小時候淘氣得沒邊，正適逢第二次世界大戰，小男孩都對武器有興趣，只有小葉同學研究得比較學術，他從一個軍火庫偷了一顆手榴彈出來，然後讓其他人退後隱蔽，他操起一把榔頭，對著手榴彈砸過去（這孩子太虎了！），結果是永遠失去了左手的兩根手指。

三歲看大，從葉爾辛幼時的表現就看出，這傢伙，就沒他不敢幹的事，沒有他不敢闖的禍。

一九四九年，十八歲的葉爾辛上大學了，學了建築，畢業後，從一個普通的建築工人做起。淘氣的孩子智商情商都挺高，所以進入仕途後，葉爾辛步步順溜，三十歲那年，不僅入了黨還做到了州建築局長！

葉爾辛工作的這個州，就是早年老戈龍興的地區，所以從這個關係上看，葉爾辛算是老戈的老部下，老同志。一九八五年，老戈成為蘇共的掌門，組閣時當然優先考慮早先自己的嫡系人馬，葉爾辛就此進入中央，成為建築部部長。

一說到改革，大家都知道一定會遭遇兩種不同的聲音。在蘇共中央內部，老戈是改革主流派，還有一派人多勢眾，當然是拒絕改革的保守派。葉爾辛是個心眼活泛思想激進的人，且支持改革，於是老戈讓他進中央成為自己改革的臂膀，後來又保舉他成為莫斯科的市委書記。誰知，同樣是改革派，葉爾辛的程度深多了，於是，老戈等於引狼入室，給自己扶持了另一個反對派，也就是所謂激進派，總覺得老戈的改革動作磨磨唧唧，步子邁不開，像個小腳老太太。

葉爾辛是個愛放炮的，喜歡看見不爽一聲吼，風風火火闖九州。一九八七年十月，蘇共中央全會，老葉開始向老領導發炮，對中央所有的大事小情表達不滿，重點批評了老戈的改革是半桶水。只要不是鬧政變，開會公然批判老大，在極權國家尤其是蘇共中央還是比較罕見，老戈肚子裡撐不起船，一個月後，葉爾辛被解除了首都書記的職務，留任建委部長，老戈和老葉的不合正式公開。

看起來，被老大拋棄，葉爾辛在蘇共黨內應該是沒有進步空間了，沒想到，老大還是給他留下東山再起的機會。根據老戈的改革，要擴大人民的權利嘛，所以就搞出個蘇聯人民代表大會，在老百姓中間選代表，號稱讓他們代表國家最高的權力。

因為規定，部長以上的幹部不能參選，葉爾辛果斷辭去建委的職務，加入這次選舉。早先葉爾辛在莫斯科書記任上的工作可圈可點，而且長期保持反強權、反腐敗、為民請命，誓要肅清各種社會流毒的光輝形象，他被罷黜，形象則更加昇華，莫斯科的老百姓用選票感謝了葉爾辛，讓他高票當選人民代表，再次回到政壇中心，到老戈面前，給他添堵。

敢於冒險敢於作為的人，一般是因為野心巨大。葉爾辛無論他表現出來的是什麼形象，或者意識型態是什麼，我們都可以認為，他對權力的攫取是不會放棄的。老戈跟他同齡，想等老戈退休接班不定數太多，但是藉老戈的改革整翻他，打破這個舊社會，建立一個新制度，這破立之間，葉爾辛有很多機會實現其政治理想。

一九九〇年，葉爾辛政治生涯的另一個高峰，這一年，他退黨了！他終於宣布徹底放棄共產黨、放棄馬克思主義、放棄共產主義了。而在同時，他也向所有人證明了他的想法是有廣大人民支持的，因為那一年，交出了黨證的葉爾辛參加俄羅斯共和國最高蘇維埃的選舉，當選為主席！

蘇聯最大的加盟共和國落在葉爾辛手裡了，老戈費好大勁才憋著沒哭出來，不過很快，老葉就讓他哭了。葉爾辛鼓動發起了俄羅斯內部的全民公決，結果是：俄羅斯聯邦是主權國家，隨時保留退出蘇聯的權利。老戈一邊哭一邊部署對葉爾辛的封殺，並力圖將俄羅斯爭取回來，葉爾辛也毫不示弱地在莫斯科鼓動起義示威，張羅著讓老戈下台。

這一輪角力互有輸贏，葉爾辛堅持應該直接拆散聯盟，讓蘇共消失，俄羅斯獨立，於是全蘇做了一個公決，結果出乎老葉的意料，大部分的蘇聯人還不希望聯盟就這麼散了，給老葉一直挺順利的前進之路造成了點兒障礙，但他也沒全輸，俄羅斯人在一九九一年選舉葉爾辛成為了俄羅斯的第一任總統，讓老戈在克里姆林宮又哭一場。

莫斯科現在有兩個總統，蘇聯總統老戈顯然不如俄羅斯總統葉爾辛有派頭，因為人家是民選出來的。在老戈的眼皮底下，葉爾辛有條不紊地開始清理蘇聯的印記，沙皇時期的國旗和雙頭鷹標誌被重新啟用，宗教信仰重新成為老百姓精神生活的重要內容，東正教的宗教儀式也逐漸恢復，列寧格勒恢復為聖彼得堡，很多城鎮街道也回到沙皇時代的舊名。葉爾辛想達到的目的是，把俄羅斯被蘇聯統治的那段徹底抹去，現在這個俄羅斯共和國就是從末代沙皇那個沙俄帝國手裡傳承下來的。當然，老葉會在第一時間訪問美國，宣示自己親西方的立場。

一九九一年，覺得自己徹底hold不住的老戈，計畫跟葉爾辛妥協並聯手，叫上哈薩克的納札爾巴耶夫，三人趁著八月份大家都放假，搞一個新的聯盟條約——《主權國家聯盟條約》，內容是：所有要獨立聯盟國家都讓他們獨立，而後以主權國家的形式自願再組成聯盟，蘇聯中央保證不對這些聯盟國家的內政多嘴，無權向他們收稅或者佔用他們的資源。

這個妥協條約的確是雙贏，老戈保住了大位，葉爾辛實現了自治的理想，商量妥當後，老戈就心情舒暢地去了克里米亞休假，預備八月二十日回家簽條約。

這幾年蘇聯的政治鬥爭一直有三派，老戈的中間一派，老葉的激進一派，保守派哪裡去了？他們當然也沒少做工作，不過顯然，他們的意識已經嚴重被時局淘汰，不夠引發太大的震動了。保守派都是執拗的，不會讓自己順著西邊的太陽下山，他們會全力一搏。

趁老戈休假，保守派頭目，蘇聯副總統亞納耶夫和幾個保守派骨幹在克宮開會，號稱國內疑似有恐怖份子，宣布進入緊急狀態，並成立國家緊急委員會，亞納耶夫稱，老戈在克里米亞犯病了，不能理事，現下他亞納耶夫就是蘇聯代理總統最高領袖。

一九九一年八月十九日，緊急委員會的通告向全蘇發布，同時，坦克、戰車、運兵車開進了莫斯科。著名的八一九政變就這樣發生了。

亞納耶夫顯然也是個政變雛兒，他控制住了老戈就以為控制了莫斯科，其實，葉爾辛才是更可怕的敵人。幾乎在軍隊進入莫斯科的同時，葉爾辛方面關於指責政變，並勸說軍方不要摻和的傳單已經飄散在主要街道上空了。而本來在鄉間別墅度假的葉爾辛，也第一時間趕回了莫斯科。

軍隊和人群包圍了白宮，這裡是俄羅斯聯邦政府的辦公地點，亞納耶夫預備對這裡發動進攻。街上的亞納耶夫和樓裡的葉爾辛，狹路相逢，就看誰先亮劍。葉爾辛沒有兵，沒有坦克和戰車，但他有更強大的力量——民眾。這應該算是老葉生命中的巔峰時刻，他走出大樓，爬上一輛坦克，對街上的士兵和市民們發表了一場演說，得到了現場市民的支持。

亞納耶夫操縱他的武器圍住大樓，葉爾辛也可以操縱他的武器，也就是莫斯科大規模的罷工、示威、遊行，莫斯科市民們在街道上跟軍隊對峙，原定當天下午對白宮發動的進攻一時也無法進行。

第二天，依然是對峙，但是葉爾辛基本已經取得了主動，他向全世界通報了這次政變，而他也警告軍隊，他們不能將槍口和炮口對準百姓。老百姓為了展現對葉爾辛和他代表的改革派的支持，在跟軍隊對峙之餘，故意走進麥當勞之類的美國餐廳購買食品，讓麥當勞叔叔莫名成為了民主運動第一個受益者。

但是必須看到，此時的保守派也不是傳統意義上的蘇共死硬派了，雖然軍隊荷槍實彈上了街，但是真要對莫斯科市民下手，他們誰也不敢下這個命令，史達林時代那種鐵血的殺人風範幾乎消失殆盡了。

只是這麼大規模的騷亂，不可能不出一點兒亂子，還是有三位示威群眾付出了生命，讓雙方都感到了事態如果失控，恐怕雙方都賠不起。

第三天，保守派內部先慌亂了，這樣打又不能打，退又不能退，難道互相大眼瞪小眼直到天荒地老？葉爾辛方面倒是一點兒不亂，此時，老葉已經跟黑海岸邊的老戈取得了聯繫，並提前保守派一步，將老戈接回莫斯科。

總統回來了，總統沒病，副總統的國家緊急狀態委員會當然就是個不合法組織，立即解散，所有人各回各家，各找各媽。在解除了政變主要頭目的職務後，這場震動了世界的政變就算結束了，三天的莫斯科驚魂，葉爾辛顯然居功至偉。

事變之後，蘇共失去了大部分民心，很多人當然也是在葉爾辛派的鼓動慫恿下，要求擺脫共產黨。葉爾辛在俄羅斯更是下令停止蘇共的活動，《真理報》停止出版，裁撤所有共產黨的部門和機構，第一個就是克格勃，甚至，還拆除了十月革命勝利的紀念碑！這一切最後導致的結果是，大勢已去無力回天的蘇共「自動解散」，擁有超過兩千萬黨員的，世界上最牛的黨派之一宣告死亡。

意識型態此時已經是小事，對葉爾辛來說，更重要的是掌握蘇聯的核心資源，他很快宣布由俄羅斯接掌蘇聯的所有權力，接管蘇聯所有的金融財政機構，接管能源的出口和生產，接管蘇聯的對外事物。而蘇共滅亡時，其巨額的黨產也落在俄羅斯手裡，七〇年執掌政府，蘇共絕對是攢了不少錢，老葉因此發了一筆橫財。

蘇共已經不存在了，蘇聯還沒散，現在葉爾辛的工作是，再來一腳，將聯盟踢碎。

一九九一年十二月七日，葉爾辛叫上烏克蘭總統克拉夫丘克和白俄羅斯領導人舒什科維奇到白俄羅斯首都明斯克附近的別洛維日開祕密會議，密謀大事，此時被徹底架空獨自在克里姆林宮憂患前途的老戈對此是一無所知的。

這三位斯拉夫系的大佬都覺得自己是蘇聯這麼多加盟共和國的核心，對蘇聯的前途責無旁貸，所以他們三人的決定也用不著找誰商量，只要三位老大能達成共識，蘇聯的前途就妥當了。

三位老大真是有能量，就是這次祕密會議，他們決定，什麼聯盟不聯盟的，不聯了，換一種方式玩，搞個「獨立國家聯合體」，所有蘇聯原來的聯盟共和國，願意加入的還可以抱團，不願加入就自己玩，反正是蘇聯和蘇聯政府必須下課，解散，消失。

別洛維日簽訂的協議，就是蘇聯的死刑判決書，三位斯拉夫老大這場平靜的政變（這當然也算是一種政變），不僅輕鬆推翻了自己的領導和自己的政府，還一手滅亡了地球上最悍的這個超級大國。

對老戈來說，他明知被欺瞞欺騙也無計可施了，他知道他自己已無力回天。一九九一年十二月二十五日晚上十九時，老戈是這個耶誕節全世界最悲催的老頭，在他的總統辦公室，面對著攝影機，他向全國和全世界發表了辭去蘇聯總統職務的講話。他沉重地接受了眼下的現實，不過他說：「我還對我國人民失去一個大國的國籍感到不安，它會給所有的人帶來十分沉重的後果。」

十九點二十分，老戈向葉爾辛交出了控制著全蘇超過兩萬枚核彈頭髮射的核按鈕，等於也交出了自己武裝力量的最高權力。幾乎在同時，鐮刀和錘子的國旗黯然落下，取代它的是俄羅斯紅白藍三色國旗，葉爾辛入主克里姆林宮，蘇維埃社會主義共和國聯盟死去了！

那一天，戈巴契夫悲慟地哭泣，葉爾辛喜極而泣，紅場上空，如果還有靈魂在飄蕩，列寧一定在低聲抽泣，史達林肯定是捶胸頓足地嚎啕大哭，只是，隨便你怎麼哭，莫斯科都不相信眼淚。

老戈的改革之初，就宣布放棄勃列日涅夫主義的全球戰略，所以在一九八八年五月，陷在阿富汗泥潭的蘇軍終於決定撤軍，近九年的無謂戰爭，蘇軍人損失超過五萬，銀子打進去四百五十億盧布，如果沒有這場戰爭，也許蘇聯的下場會稍微緩和些。都知道阿富汗這種地方，打進去容易，想全身而退很難，蘇軍為了扶持當時的喀布爾政權留下不少武備，而阿富汗內部各派系族群的鬥爭也不休止，蘇聯前腳剛走，綿延至今的阿富汗內戰就全面爆發，混戰中，英雄輩出，最閃亮的明星，當然就是塔利班。

阿富汗都管不上了，東歐諸國更不用管了。一九九〇年，東歐陣營也發生了連鎖地震，而因為老戈對東歐諸國改弦易轍保持微笑，既不干涉，也不動武，把西方人感動得哭著喊著非要把當年的諾貝爾和平獎發給他。大家都知道諾貝爾和平獎這東西，特別青睞那些突然良心發現浪子回頭改邪歸正的「壞小孩」，大部分時候，這個獎分明就是用來搞笑的。東歐諸國因為沒有了大哥的嚴厲監控和武力威脅，終於最後選定了自己的發展道路，那就是一頭倒向以「美帝」為首的資本主義國家的懷抱，還有好幾個義無反顧從華約組織轉會到北約組織（一九九一年，華約也解散了）。

蘇聯，這個承載了許多光榮和夢想的大船轟然沉沒，這恐怕是世界歷史上下五千年最驚人的大事了。蘇共和蘇聯夭亡的深層原因，簡直可以供歷史學家或者政治學家或者經濟學家或者八卦學家研究一輩子了，咱家最主流的說法是：脫離了共產黨領導，脫離了馬克思主義，脫離了社會主義道路還能不完蛋嗎？

戈巴契夫是蘇共領導人，作為蘇共的代表，你突然告訴老百姓，存在了一個世紀的蘇聯共產黨什麼都不是。馬克思主義說社會主義比資本主義高級也是錯誤的，美帝西方那些生活方式才是對的，老百姓肯定迷茫，既然共產黨自己都承認錯了，老百姓吃不上麵包，喝不到牛奶都是被社會主義害的，那還等什麼，找共產黨算帳！後來普丁也說，蘇聯解體讓老百姓失去了信仰和價值觀。一個失去了信仰的民族，還能不沒落嗎？

倒是老山姆家沒這麼些意識型態的糾結，看問題比較本質，他們認為：蘇共黨內出現了分化，政府高官原來雖然有特權，生活也不錯，但戈巴契夫的改革讓他們看到，他們有富可敵國的機會。在國有資產私有化的過程中，最接近資源的政府部門以最快的速度將資源壟斷在自己手裡，原來只是拿薪資，現在那些石油和天然氣是自己家的了，當然同意改革啊，步子再大一點，把原來國家的都變成自己的，這對任何一個人都是不可抗拒的誘惑，所以他們肯定結夥，然後用吃奶的力氣把蘇聯分解，只有這個國家不存在了，搶在手裡的國有資產沒有失主了，那才是真正自己的財富了。後來俄羅斯那些經濟寡頭幾乎都是在轉型過程中佔了蘇聯的大便宜發家的，是蘇聯解體最大推動者當然也是受益者！

蘇聯是以美國為首的西方世界的大敵，他家分析蘇聯倒台的原因，基本可以說是得了便宜還賣乖。在這部俄羅斯史中，老楊重點從前蘇聯內部講訴它解體的原因，而這樣一個龐然大物說倒就倒，肯定是內外力共同作用的結果。作為歐美等西方國家的大敵，蘇聯一直是他們處心積慮的打擊目標，蘇聯最終解體，幾乎可以看作是他們完美打擊的結果。

四十、休克的轉型

1. 別看廣告看療效

這篇從經濟學講起，給大家講一個叫「休克療法」的東西：用一定量的電流通過人的頭部，使該倒楣蛋達到全身抽搐的效果。這種療法適用於狂躁性精神病等疑似惡性瘋子的患者。我理解的這種治法的要點是：把瘋子治成傻子，減少危害社會的風險。

上世紀八〇年代的時候，有個美國經濟學家叫薩克斯的，因為被聘為玻利維亞的經濟顧問，看到這國家有點爛泥糊不上牆，情急之下發明一種經濟上的「休克療法」，死馬當活馬醫，一招奏效，讓玻利維亞創造了一個經濟奇蹟，此後薩克斯在街坊開館坐堂，帶著他的休克療法成為江湖上的金字招牌，號稱專治經濟界的絕症，有起死回生之能。後來好像波蘭也用過，至於效果見仁見智，應該多少也起了點刺激作用。其他的治癒案例就沒聽說過，失敗的倒有幾個，比如俄羅斯。

世界上的事，破舊總是比立新容易，挑剔別人也比完善自己簡單。葉爾辛在萬眾期待中取代老戈成為俄國人的希望，現在他是民選的首腦，只能有一個工作目標：別讓俄羅斯百姓後悔他們的選擇！

葉爾辛上任面臨的就是讓俄羅斯向資本主義國家繼續全面深入地轉型，這樣他就面臨兩大領域的轉型，一個經濟，建立資本主義自由市場經濟，一個是政治，重點是建設民主和法制。

經濟方面，因為接收了前蘇聯的大量財產，有點積蓄，可是國家的問題並沒有解決，吃老本能吃幾天呢？而且葉爾辛初登大位，不能讓全世界看笑話啊。其實俄羅斯的問題就是蘇聯原有的痼疾甚至是絕症，葉爾辛自己對經濟所知甚少，他只能充分依賴懂點經濟學的幕僚班子，著名的經濟學家蓋達爾就這樣成為葉爾辛的救命稻草，一九九二年俄羅斯的代總理。而就是這個蓋達爾，舉薦了當時的神醫薩克斯帶著休克療法來幫忙。

所謂病急亂投醫啊，老葉只是想趕緊讓眼下的局勢改變，也不分析病情也不考慮副作用，只管把醫生的理論全盤照搬。「休克療法」的具體內容被薩克斯概括為「三化」，即自由化、私有化和穩定化。自由化指經濟自由化，包括價格自由化、經濟聯繫自由化、對外貿易自由化；私有化指國有企業私有化；穩定化指採取財政緊縮政策，實現財政與貨幣的穩定。

這個計畫一九九二年開始施行，真不虧是休克療法，俄羅斯頓時口吐白沫，全身抽搐，大概了解一下啊：價格自由化就是所有的價格由市場控制，由供求關係調節。大家知道，俄羅斯一直是物質匱乏的，麵包、牛奶、雞蛋、豬肉甚至伏特加這家人從沒富裕過，老百姓最多吃個半飽，這些價格一開放，還不竄到天上去，通脹得一塌糊塗。貿易自由化，國外的商品卯足了勁進入俄羅斯，品質高價格好，俄羅斯自己產的東西沒人要，民族企業大受打擊。財政緊縮使國內的企業無力發展，境外的投資也不願進來。總之，老葉下了一著臭棋，而且其臭無比。

其實這個休克療法的核心就是抄近路跑步進入資本主義，一步到位實現資本主義，老葉會動用這種急進的招數，主要是想不能給保守派留出時間，怕他們再把俄羅斯帶回社會主義去。老葉改革的結果導致了一九九三年俄羅斯經濟的巨大衰退，整個國家幾乎因此崩潰，街上到處都是赤貧的老百姓，商店裡空空如也，基本的生活用品都買不到，老毛子家的百姓又一次淪為改革的犧牲者，他們無奈地再次上街、罷工、遊行、示威。一九九四年三月，葉爾辛不得不公開宣布，改革失敗，並換掉了蓋達爾。

俄羅斯是從蘇聯延續下來的，所有的毛病都存在，包括上層的權力鬥爭。跟老戈改革一樣，葉爾辛也遭遇了自己的反對派，反對的聲音來自議會。

葉爾辛上位之前挺民主的，做了俄羅斯總統，他突然被史達林、赫魯雪夫這些獨裁者靈魂附體，他要求是總統說了算，其他人不要囉嗦，尤其是在總統專心改革的時候。議會不高興了，不是全盤西化嘛，人家西方民主，政府有事都要透過議會，要不然擺個議會幹嘛用呢？正好，俄羅斯杜馬的議長哈斯布拉夫還是個經濟學家，他早就感覺休克療法要壞事，所以一直對改革提出質疑。

葉爾辛能有今天，哈斯布拉夫和魯茲科伊是左臂右膀，現在一個是議長，一個是副總統，讓老葉沒想到的是，眼下這兩位結成一黨，處處跟他為難。

議會想限制總統的權力，總統嫌議會礙事，兩邊終於撕破臉。一九九三年，葉爾辛預備徹底解決跟議會的恩怨。六月五日，他召集開制憲會議，想藉助地方的力量，繞過議會，強行通過新憲法草案，在俄羅斯建立「總統制」的政體，將總統的權力置於立法、司法和行政之上，合法獨裁。哈斯布拉托夫當然不幹，雙方對抗，鬧騰了一個月，新憲法草案終究沒搞出來。

矛盾更激化了，還是在白宮，當年葉爾辛意氣風發冉冉上升的地方，不過，這次他是指揮軍隊開進莫斯科炮口對準白宮的那一方。一九九三年十月三日，坦克和裝甲車再次包圍了白宮，這裡現在是議會所在地，葉爾辛終於預備用武力解決與議會恩怨。

老葉比當年的亞納耶夫果斷，他就真下令開火了，政府軍和支持議會的軍民們對打了十個小時，在一百八十七人死亡、四百三十七人受傷後，議會方面終於宣布投降，哈、魯兩位走出白宮，被送進了監獄。老葉再次取得了白宮的勝利，奠定了權威的總統地位，從此後俄羅斯的「民主政體」就是一種強勢總統弱勢議會的格局，這就是著名的「炮打白宮」。

上次的白宮事件讓老葉形象益發高大，這次的白宮事件卻讓很多人看到了葉爾辛民主表象下獨裁的內核，早先支持他的民主派力量，現在也有點對他敬而遠之了。

老葉沒時間消化這些後遺症，因為就在所有問題都沒有解決的態勢下，這個飄搖困惑的新國家，又滑入了一場戰爭。

2. 車臣！

老葉分裂蘇聯時毫不手軟，他被人分裂時，更加毫不手軟。終於，那個著名的車臣，進入我們的視線。

大約西元七世紀以前史料就有關於車臣人的記載，他們定居在高加索山脈的北側，跟格魯吉亞是鄰居，那地方專出悍匪，車臣人也是其中之一。光悍不頂用，車臣這個部族畢竟太小，個子小脾氣還不好，所以歷史上，沒少被收拾。

十三世紀，他們就被蒙古人入侵；到十四世紀末又等來了帖木兒帝國的軍隊；大約從十六世紀開始，伊斯蘭教傳入車臣。後來車臣就被波斯、土耳其、俄羅斯三大帝國爭奪，混戰四十多年，一八九五年沙俄取得了勝利；一九三四年，車臣與西邊的鄰居印古什州合併，成為了車臣—印古什自治共和國；史達林對少數民族不信任，喜歡折騰他們，第二次世界大戰百忙之中，史達林怕車臣人跟希特勒私通，用火車將近四十萬車臣人遷出了原來的家園，趕入西伯利亞。直到一九五七年一月九日，蘇聯最高蘇維埃才決定恢復車臣—印古什自治共和國，歸俄羅斯聯邦管轄。

實際上，史達林的憂慮不是沒有道理，車臣人桀驁不馴，一直孜孜不倦地想獨立，當初大約也動過找希特勒幫忙的念頭。可是，車臣雖然只是個小彈丸，可他的地理位置太重要了，他卡在黑海與裡海之間，是進出高加索的咽喉。車臣地區除了自己地下蘊藏著豐富的石油，從中亞向歐洲輸送石油的管道同樣也必須經過這裡。俄羅斯出口石油是頭號重要的大生意，絕對不能被影響的，所以，車臣不管怎麼鬧，俄羅斯都不會讓他脫離出去。

八一九事件後，俄羅斯頭昏腦脹之際，蘇聯的空軍少將，車臣人杜達耶夫趁亂推翻了當時車臣的蘇維埃政府，自己當選為總統，在蘇聯解散之前，車臣已經以獨立國家自居，杜達耶夫還組建了相應的軍隊。等俄羅斯局勢稍微平順，葉爾辛就發現，杜達耶夫這小子，他是既不參加俄羅斯的選舉，也不參加俄羅斯的各種事物，他是實實在在鬧獨立了啊！

一九九四年十二月，俄羅斯發六萬大軍分三路進攻車臣。本以為這個彈丸之地，大軍所到無不披靡，沒想到，這場戰爭出奇地艱難。戰事意外地持續了二十個月，雖然杜達耶夫在戰鬥中被擊斃，可車臣就是不降，俄軍的傷亡甚至超過了阿富汗戰爭。

不僅戰場上佔不到便宜，車臣軍隊還不走武林正道，他們有游擊隊，玩恐怖活動，這場軍事行動，大約十萬人沒了性命，一九九六年八月，雙方簽署了一個「和平協定」，暫時不打，俄軍撤出。

這就第一次車臣戰爭，基本可以說，是俄羅斯輸了，這個新國家，第一次在國際「武台」上亮相，就輸得挺難看的。俄羅斯也可以說自己輸得很冤，因為車臣的反政府武裝懷疑一直受到美國人的支持。有沒有支持，美國人不承認，俄國人也不能發飆，而車臣共和國的獨立存在得以維持，讓俄國人心痛。不過他們等到了第二次機會，我們到後面會說到。

血洗議會後，從此老葉大權在握，成為絕對說了算的超級總統。老葉在國內改革失敗，不得人心，他的處理方式很簡單，拿總理當替罪羊，任內換了六個總理，比換衣服還快。車臣戰事失敗後，老葉的聲望更加低迷，玩政治又是個鬧心工作，最傷心臟。一九九六年，老葉做了一項心臟手術，手術很成功，給他帶來離奇的好運。就是這麼個被所有人詬病的當家，一九九六年二次大選，老葉連任俄羅斯總統，在身體不好，民眾支持率還不高的情況下，他居然成功地躲過了議會的彈劾，穩穩坐定大總統之位，不能不說這老頭是政治操作的頂級高手。

到了一九九七年，應該說，之前所有人的改革，慢慢地都產生了各自的效果，俄羅斯似乎正艱難地熬過轉型期。貨幣逐漸穩定，國際國內的投資都有了一定的成長，可是，這些仍然不夠。貧困問題沒有解決，犯罪率高居不下，貪污腐敗繼續橫行。當年葉爾辛以一個反貪形象出現在蘇聯政壇，如今在他治下，經濟寡頭如雨後春筍般地發出來，老百姓窮得叮噹響，家裡的富豪卻是世界頂級的。老葉自己也不乾淨，老葉的孫女婿傑里帕斯卡後來成為俄羅斯首富，世界前十名，要說這個財富來源絕對沒有得益於老葉的權力，肯定誰都不信。

一九九九年的最後一天，葉爾辛送給俄羅斯人民兩件大禮，一件是他決定辭去總統之位，另一件就是他指定普丁接替了自己的位置。

老葉的辭職事發突然，又一次震動了世界，俄國人總喜歡在別人過年的時候整出比鞭炮還響的動靜。都知道老葉此人權慾薰心，之前的奮鬥過程也不是不辛苦，怎的說放手就放手了呢？有人說是健康問題，有人說是給普丁讓路，最靠譜的說法是認為，老葉知道自己和自己的家族有些說不清楚的事，解釋不了的財富，除了貪污腐敗可能還有商業犯罪，他主動下課，保舉自己的嫡系普丁接班，就是為了保護家族的周全。

不管什麼原因，老葉沒有選擇死守王位，然後為保住權力浪費國家資源，一個願意退卻的政治人物，我們就應該表揚他。而且他這份禮物是送得夠厚的，俄羅斯股市因為老葉下課的消息暴漲，還創了一個一九九八年來的新高，俄羅斯人對老葉真有感情。

老葉在位對老山姆家示好，因為實力上已經不是對手了，盡量不做敵人吧。現在北約在東歐那樣張狂，跟老葉早前的妥協很有關係。老葉跟咱家不錯，就是從他開始，咱家和俄羅斯建立了戰略夥伴關係，結成模糊意義上的同盟，成為街坊上比較重要的一股力量。

葉爾辛是世界上最幸福的退休老頭，日子很滋潤，住豪華別墅，有自己的司機廚子，出門警車開道，經常出國旅行，這些費用，還都由俄羅斯政府報銷，就算政府不願意出，老葉自己也出得起。

二〇〇七年四月，幸福的老頭葉爾辛心臟病惡化去世。他的同齡人和老領導戈巴契夫出席了他的葬禮，我們更好奇，到底該時刻，老戈是如何評價這位曾經的朋友曾經的敵人呢？老人家的標準跟政治家不一樣，老人家的成功就是看誰能活的更久，在這一點上，老戈是最後贏家，他老人家至今還健在呢！

四十一、第一男主角

老葉就是老葉，對他來說政治上從無絕境，臨離別，他還作了一生最聰明，最高明，對俄羅斯貢獻最大的決定——將萬眾期待的普丁送上權力巔峰，這是世界政壇上難得一見的美貌與智慧並重的超級偶像實力派，對大多數「女地主」來說，跟隨老楊在這冰天雪地的國家蹣跚而行近千年，不過就是為了一睹普丁的風采而已。

話說一九九九年十二月三十一日，這一日的莫斯科像普通的冬日一樣的朔風凜冽，滴水成冰，跟世界上的其他地方一樣，俄羅斯人也在忙著準備告別舊世紀，迎接千禧年，雖然麵包還是不夠吃，有錢也買不到什麼東西，好在快樂是不花錢的，而且還可以祈禱，也許新的千年上帝會給俄羅斯人新的希望。中午，在克林姆林宮的總統辦公室，葉爾辛宣總理進屋說話。

且看來的這位，五短身材，相貌平平，敦厚結實，西裝頗不合身，走路晃著肩膀，普普通通的一個小個子男人。葉爾辛對這個男人說，「今天開始，這就是你的辦公室了」，然後，將那支神祕箱子——「核按鈕」交到他手上。這個小個男人既沒激動也沒惶恐，看著他一如既往平靜而堅定的眼神，葉爾辛知道，雖然他沒有給俄羅斯帶來振興，至少給俄羅斯帶來了新千年的希望，俄羅斯的復興之路，也許會從他今天這個動作開始！

當時的西方媒體的詫異除了老葉的主動退出，就是搞不清這個普丁從哪裡冒出來的，他是西方情報機構的焦點，可從來不是政治分析家花心思研究的人物，搞得全世界的政治學者上個千年的最後幾個月沒時間幹別的，都忙著查普丁的祖宗八代呢。

1. 仕途

一九五二年十月七日，普丁出生在聖彼得堡一個汽車廠的院子裡。他是戰後出生的，沒有第二次世界大戰時，衛國戰爭中那些苦大愁深的記憶。

隨後的幾年，這個其貌不揚的小孩就在這個破舊簡陋的院子裡玩泥巴，打老鼠，撒野，瞎跑。大雜院這種地方，打架是家常便飯，孩子們很快發現，他們都打不過這個叫普丁的孩子了，因為他只要一動手，就必須打贏，敢拚命。為了打贏還專門學了些手藝，比如摔跤和柔道。

普丁家並不富裕，父母更是身分低微，後來他能夠從最低層的百姓角度考慮問題，跟他的出身是很有關係的。這孩子從稍懂人事就有個很驚人的理想，他想加入克格勃！要知道，對咱們來說克格勃很酷，可對老毛子家的人來說，克格勃代表的是謀殺，監聽和祕密逮捕這一類陰暗的事件，不容易變成一個大好青年的美麗理想。想當克格勃，多少讓少年普丁顯得有點與眾不同。他不是隨便想想，他甚至跑到克格勃的有關部門去毛遂自薦，克格勃的工作人員告訴他，考進列寧格勒（聖彼得堡）大學，就有希望，在這個指導思想下，普丁考進了列寧格勒大學的法律系，在這裡，他不僅贏得了一尊市柔道冠軍的獎盃，更重要的是認識了改變他命運的重要人物，他的老師，索布恰克。

如果說普丁是千里馬，那真正的伯樂就是索布恰克。作為普丁和梅德維傑夫的教授，在大學時對這兩個學生似乎就青眼有加。但在大學階段，這三個人都沒想到他們後來會成為俄羅斯政界的頂尖人物。

大學四年級，普丁如願進入了克格勃，並加入了蘇共，不管克格勃名聲有多不好，待遇絕對一流，大學一畢業，普丁生活得就很中產階級，同學們懷疑，也沒發現什麼蛛絲馬跡。

十年在國內做特工，培訓加執行偵察任務；隨後被派到東德臥底，過了五年標準間諜的生活。據說普丁在東德為了刺探情報，培訓並使用美女間諜，培養了美女如雲。（關於普丁在東德的生活，他回國時親手銷毀了證據，現在普丁如日中天，關於他的負面消息肯定是沒有了，只有等他老人家百年之後，估計那時候關於普丁在東德的間諜生涯就逐漸曝光，相信一定很刺激。不過普丁這把年紀壯得像牛，搞不好我們都死了他還健在，關於美女間諜和普丁，不得不說的故事，我們也看不著了。）

蘇聯解體那一年普丁親眼目睹東德的騷亂，獨自面對東德人對克格勃機構的衝擊；三十八歲的時候，普丁帶著對自己國家前途的茫然回到聖彼得堡，退出克格勃，在母校謀一個閒差。幸好，又遇到了索布恰克。

人稱索布恰克為俄羅斯的政治教父，作為一個經濟學教授，他玩政治還真挺專業。都知道他是個民主先鋒，可他從不給人「激進派」的印象，即使是蘇聯局勢最緊張的時候，他還可以同時跟葉爾辛和戈巴契夫同時保持良好的關係。

這樣的高手對仕途肯定經營良好，所以他成為第一位民選的聖彼得堡市長。普丁正式進入政界就是從他給索布恰克當副市長開始，從普丁當副市長開始，聖彼得堡的大小事都歸他管了，因為市長有更高級的事物，比如爭取下一次競選時連任等等。實在沒時間管理日常瑣事，有人找市長辦事，市長一古腦都打發給普丁解決。

普丁任內，大力引進外資，可口可樂等美國企業進入聖彼得堡，為後來那個繁華的大都會奠定基礎。索布恰克也是個心高命薄的，忙了半天還在一九九六年選舉中失敗，被自己的學生後來居上。老索其後成為普丁的總統顧問，到死一直在學生背後出謀劃策，是普丁的良師益友。這個老索除了自己出名，有個女兒也很出名，江湖人稱：俄羅斯的希爾頓，是個頂級交際花，在俄羅斯的上流社會如蝴蝶般穿梭飛舞。她一直跟普丁關係不錯，老師的女兒和男學生是個很容易曖昧的話題，他倆都說是普通朋友，咱們沒憑沒據不好亂講人家是非，大家咬咬牙堅持到百年之後，相信那時候會有很多普丁的私生活曝光。

隨後的經歷就不說了，總之是跟著他老師競選，落敗，受到葉爾辛賞識，輾轉又被任命為俄羅斯國家安全局的局長，相當於是回到了克格勃並成為首領，完美地實現了兒時理想。

一九九九年三月，葉爾辛在換了六個總理之後，將這個棘手的位置交到普丁手上，雖然俄羅斯人誰也不清楚普丁是何方神聖，但既然俄羅斯的總理就是個短期臨時工，那麼誰幹都無所謂了。不過真英雄，上天一定會給他表現的舞台，所以叫時勢造英雄。

2. 戰爭

成就了普丁的第一件事就是車臣，這也成為他後來執政過程中最大的內傷。

一九九六年，在全世界揶揄的注視中，俄羅斯軍隊慘澹撤出車臣，還必須咬著牙忍耐這個共和國實質上的獨立。一九九七年，車臣選舉了自己的總統馬斯哈多夫，可大家都知道，能讓車臣局勢越來越危險的，是一個極端份子，他被馬斯哈多夫選為總理，他叫巴薩耶夫，江湖人稱「高加索恐怖之狼」，這傢伙最牛的就是公開宣稱，自己是個徹頭徹尾的恐怖份子，不以為恥，反以為榮。

巴薩耶夫成為總理後跟總統不合，他不僅為車臣這個不清不楚的獨立地位憋屈，他還想征服車臣東部的達吉斯坦共和國，兩邊統一建立一個伊斯蘭原教旨主義的國家。

達吉斯坦雖然也有些分離份子，可大體上這個共和國還是安穩地待在俄羅斯的版圖裡，接受著俄羅斯政府的行政管轄，達吉斯坦共和國裡，還部署著俄羅斯的軍隊。

一九九九年七月四日巴薩耶夫率領兩百多名車臣非法武裝份子潛入達吉斯坦進行了一系列恐怖活動，還偷襲了俄羅斯內務部隊哨所，造成傷亡。回家又準備了幾天後，八月七日他又指揮非法武裝份子兵分兩路攻入達吉斯坦共和國，向俄軍猛烈進攻，八月十日，居然宣布成立「達吉斯坦穆斯林國家」！

除了在外高加索撒野，車臣這幫傢伙還在俄羅斯搞各種破壞。一九九九年八月三十一日，跟克宮一牆之隔的馬涅什廣場地下商場爆炸，四十多人受傷，還死了一個，俄警方正在追查事故原因時，九月四日，塔基斯坦境內，一棟俄軍的家屬樓被炸彈端了，死六十四個，傷逾百；九月九日，莫斯科一棟有一百套住房的住宅樓被中間整齊劈開，附近的樓宇都有不同程度的損毀，現場類似地震，一百五十人被埋，死了九十多。太慘烈了，俄政府決定九月十三日為全國哀悼日，全國下半旗致哀，可是就在十三日凌晨，又炸了。

這麼鬧，哪個國家也不能坐視了，葉爾辛也就是在這個背景下，讓普丁成為新的總理。這位特工老大對車臣分離份子的態度非常清晰：「我們打擊恐怖份子必須堅持到底，即使他們逃到廁所裡，我們也要把他們溺死在馬桶裡」！

普丁這種氣場容易讓人放心，所以他要求對車臣戰爭的全權指揮時，葉爾辛毫不猶豫就給他了，就這樣，新總理普丁親自部署並指揮了第二次車臣戰爭。九月十六日，十萬大軍開進車臣。

這次再開打，普丁立時現出了不一樣的素質和效率，跟第一次車臣戰爭不同的是，這次有戰略有戰術，條理清楚，目的清晰。根據普丁的思路，戰爭第一階段，俄軍先撲向達吉斯坦，肅清那裡的非法武裝份子然後封鎖俄國邊境；第二階段，殺進車臣，佔領其首府格羅茲尼；第三階段，清理流亡在高加索山區的流寇。而且，這次進軍，不再以地面部隊正面拚命為主，而是學習北約的玩法，利用制空權精準打擊那些地面目標，以減少人員的傷亡。

基本上，戰事的發展跟普丁的計畫一樣，但是偶爾的疏忽瑕疵也後患無窮，譬如包圍圈被撕開，不少悍匪突圍成功，轉入山區，正逢春風乍起，山間林木發出新芽，為這些武裝份子提供了很好的隱蔽，計畫中的第三階段，入山剿匪，困難重重。

二〇〇〇年二月四日，俄軍將俄羅斯國旗插上了格羅茲尼的車臣政府大樓，基本就是宣示，俄羅斯終於將這個地區重新收回自己的控制之中。到當年六月，大型的軍事行動基本結束，車臣的態勢算是大致平息，普丁宣布，他取得了第二次車臣戰爭的勝利。根據俄羅斯公布的資料，這場場面慘烈的戰爭，俄國方面死亡人數為兩千六百多人，傷六千兩百多人，比第一次車臣戰爭已經少了很多，但是造成了多少車臣人的傷亡，數字就不太容易統計了。

「911」沒有發生之前，西方社會因為自己的價值觀或者國家利益，對所謂的「恐怖份子」是不太嚴苛的，有的還偶爾對他們抱有同情態度。第一次車臣戰爭，因為俄羅斯對自己的聯邦共和國動手，造成平民傷亡引起西方社會尤其是美國人諸多批評；這次出兵，剛開始又惹得西方一片擠兌，伴隨著作戰計畫的，還有外交斡旋。普丁召見各國大使，向他們詳盡解釋了車臣武裝份子對俄羅斯造成的危害，和俄政府必須動兵的無奈。普丁這樣苦口婆心地解釋，雖然西方依然不解不滿不認同，輿論似乎比第一次戰爭少了些。

二○○○年伊始，作為總理和代總統的普丁帶著夫人到車臣前線勞軍，俄國士兵近距離看到這位鐵血剽悍的老大，心裡更加有底。車臣的勝利讓俄羅斯人爽翻了，原來說過，俄國人寧可餓肚子也不願意丟掉大國的威嚴，這個其貌不揚的小個子和他藏都藏不住的霸道能量符合俄羅斯人的普遍審美，這位克里姆林宮的新老闆讓俄羅斯人驚豔了。

然而此時普丁還不是正式工，他只是代理總統，要想轉正，還是要經過大選。其實選不選的，已經不重要了，此時俄羅斯人眼裡，只剩普丁了。大選原來在六月，被提前到三月，普丁又做了一件讓俄羅斯乃至全世界粉絲尖叫的事，他再次去到了車臣前線，因為俄國部隊正預備從車臣撤出，普丁要親臨這個撤軍的現場。最刺激的是，他不是隨便去的，他親自駕駛蘇—二十七戰機到達車臣前線，在空中視察一圈後，降落在俄國官兵崇拜敬仰的目光中。那一刻，全世界都公認，穿著飛行制服，帶著飛行頭盔走下戰機的普丁，是全世界最帥的男人，最炫的元首。

普丁這樣的，還要透過競選就有點欺負對手了，二○○○年三月二十六日，普丁毫無意外大選獲勝，成為名正言順的俄羅斯總統。到當年年底，普丁執政一百天時，民調支持率超過三十八%，創下了政治人物崛起的最快速度。

3.清理

元首會開飛機會打架肯定不夠，一個領袖的第一標準，還是要看他能不能讓治下的人民生活得更好，所以我們不可避免要講到普丁內政及改革，這種事往往比較沉悶，不符合普丁這個精彩人物的特點，老楊大概說說吧。

普丁上台後，俄羅斯還清了所有外債，外匯儲備和黃金儲備都飆升。普丁再神，也不能憑空弄出錢來，他是運氣好，一上台，又碰上國際能源價格尤其是石油的節節攀升，所以他家的石油，天然氣等出口賺翻了。普丁時代的經濟騰飛，最大的原因是老毛子又賺取了巨大的石油美元。

不過，普丁腦子清楚，國際上有種叫「荷蘭病」的東西，就是只出口自然資源，原材料的初級產品，最後國家的製造業衰敗。為杜絕這種毛病，普丁一直致力於對能源的深加工。俄羅斯還在謀求核能領域的話語權，積極開發中國和印度的核能市場，軍備競賽也不純粹是浪費錢，至少讓俄羅斯在武備這項業務上有一定權威。

普丁為俄經濟轉型定了調子，就是發展涵蓋航空航太、奈米技術等高科技領域的「創新經濟」，建立經濟特區，以便加大吸引投資的力道。看到嘛，他家的發展比咱家牛的地方就是：他家很容易就能建立高端的工業體系，有自主知識產權，有頂級的研發能力。其實即使是低端產品他也比咱家有優勢，第一是他家有豐富的資源打底，第二他家的工業基礎不錯，第三是他家跟歐洲市場的地域方便。所以，同樣是高速發展的國家，俄羅斯看著比咱們走得紮實。

都知道普丁執政這些年，一直保持不錯的民眾支持率，就是因為真正讓老百姓受惠了。普丁上台就拋出了「以人為本，民生第一」的改革大計，提出了：醫療、教育、住房、農業四大國家優先項目，每年用於這四個項目的支出超過一千億盧布，至於效果怎麼樣？老百姓願意修改憲法支持普丁獨裁已經是最好的評價。

至於外交方面，一個間諜出身的總統很知道如何在複雜的環境八面玲瓏，他家的徽記是原來東正教的雙頭鷹，所以普丁制定了所謂「雙翼外交」的策略，歷史上老毛子家總是在偏西方還是偏東方中困惑，現在問題解決了，他家兩邊都挨著，哪邊有利就跟哪邊親近。因為俄羅斯多少還算個大國，他在東西方之間的平衡外交其實對街坊的安寧還是很好的。

普丁是個明星元首，一般的內政外交這些事，大家就覺得不給力，對不起觀眾和粉絲，好在普丁不負眾望，對得起門票，他治國時，最讓人津津樂道的，就是對國內眾寡頭那一場酣暢淋漓驚心動魄的圍剿。

普丁接手了俄羅斯，這個古怪的資本主義國家。對，是俄羅斯特色的資本主義。特色的地方多呢，俄羅斯是沒有任何資本主義基礎的，不像波蘭或是匈牙利，人家到底是熟手，恢復回去就行了。讓一個社會主義國家以最快的速度變成資本主義，沒有書本可以教啊，馬克思只教過他們從資本主義往社會主義變啊。

首先，私有化的過程就是無法控制的，沒有法律法規，沒有監督機制，在老百姓蒙在鼓裡的時候，國有企業，國有資源就已經變成私人的了。這些國有資產在向個人手裡過渡的過程中，充滿了大量的權錢交易，權力可以轉化為資本，資本又反過來追逐權力。又加上，這些人商量好了，不能便宜了老外，所以西方的資本沒能插上手，整個社會財富進入兩個幫派，一夥是官僚壟斷，一夥是金融寡頭。

上篇說過，葉爾辛當政把俄羅斯搞得烏煙瘴氣，但是一九九六年大選，他居然還可以高票連任，這件事俄羅斯和西方挺接軌，就是，競選這件事，一是靠錢，二是靠輿論，當然對老毛子家來說，上一任的指派最重要，因為葉爾辛沒有上一任所以只好花錢、造輿論來爭選票。葉爾辛大選前召見了七個同學到克宮開會，共商連任大計，這七個同學名單如下：

聯合銀行總裁別列佐夫斯基

大橋銀行總裁古辛斯基

國際商業銀行總裁維諾格拉多夫

首都儲蓄銀行總裁斯摩稜斯基

阿爾法銀行總裁弗里德曼

梅納捷普銀行總裁霍多爾科夫斯基

俄羅斯信貸商業銀行總裁馬爾金

稍通時事的同學一看就認識，這七位就是俄羅斯鼎鼎大名的七寡頭，個個年輕多金，發得不明不白。這幾個再加上統一電力公司總裁丘拜斯，已經操控了老毛子家的油氣、動力、冶金業和金融業，基本還能操縱輿論。這幾個傢伙在俄羅斯的地位，那真是，說權傾朝野肯定不夠，反正是他們若伸個懶腰，全俄羅斯就要地震。

上篇不是說過葉爾辛任上喜歡換總理嗎，真怪不了老葉，這幾位大哥要換，他說了也不算。基本上俄羅斯的資本主義被叫做：官僚+寡頭式的資本主義。這種資本主義的特色就是：政府沒有權威，管事的說了不算，政局能安定嗎？

上個世紀末，俄羅斯的黑社會組織都快成精了；經濟上因為是壟斷的，所以沒有自由競爭，沒有正常的國內市場；壟斷勢力和金融寡頭代表的是大資本的利益，肯定會排斥外來資本的競爭，國內中小資本根本不可能存活，這些都嚴重阻礙了俄羅斯社會的發展。葉爾辛最後已經意識到了，不清除官僚和寡頭，俄羅斯是永無寧日的，雖然他的家族是最大的官僚之一。所以，他選定普丁，以提前讓位為條件，讓普丁答應他，對他和他的家族絕不追究，不秋後算帳。既然有這個約定，就說明老葉下台扶普丁上位還是鼓勵他清除別的官僚和寡頭的，從這一點上講，老葉算是好同志了！

普丁競選時，因為是葉爾辛指定的接班人，其中幾個寡頭都盡力幫忙，誰當都一樣啊，既然是老葉指定的，利害關係肯定都交代過了，我們扶這個小個子上馬，讓他接老葉的班繼續為寡頭們服務。這幾個寡頭尤其是別列佐夫斯基，操控幾個大媒體，造勢洶湧，為普丁的順利當選立下汗馬功勞，他沒想到，他下這麼大本錢，給自己培養了一個掘墓人。

二〇〇〇年普丁正式到克宮上班後，好言好語地跟這幾個寡頭商量一個和平共處的辦法：這些億萬富翁可以保留他們在葉爾辛時代獲得的一切，雖然來路都值得商榷，但只要以後不再用相同的手段攫取財富，政府就不追究了。但此後不能再干涉政治並且必須合法納稅。

聽起來很合理，換我們任何一個人都會收斂一下，安享富貴得了。可人家既然是寡頭，野心和欲望也是寡頭級的。普丁的這個約定他們覺得不能接受：「我說小普啊，你這人做事不講究啊，這就不是錢的事，你整這個吧，老傷我們幾個自尊了，我們指定不能吃這虧！」所以，七寡頭變本加厲地干政涉政，最離譜的是，為了對付普丁，他們有幾個還跟車臣份子勾結到一起去了！別列佐夫斯基曾經叫囂：俄羅斯所有的政要都被他收買了！也就是說，對付寡頭，普丁是孤家寡人，蹦躂不了幾天。像普丁這種角色怎麼能威脅呢，他即刻對全俄羅斯人喊出了他的誓言：「把寡頭當作一個階層消滅掉！」跟寡頭對立的是俄羅斯億萬赤貧百姓，所以這些人全都追隨在普丁身後，替他吶喊助威，這幾個寡頭雖然是比上帝都有錢，可他們買不到億萬顆人心。

開練了，先揀哪個動手呢？「傳媒大亨」古辛斯基。為什麼先找他開刀呢？這傢伙手氣不好，總統大選他押寶押在普丁的競選對手身上，他手裡有一家獨立電視台，那個電視台競選期間全部用來醜化普丁和葉爾辛了，即使是後來普丁當選了，他還賊心不死，處處跟普丁作對。新仇舊恨，當然找他麻煩。這傢伙以非法侵佔國家財產罪被捕，關了三天被保釋後就消失了。普丁下了全球通緝令，古辛斯基是猶太人，有個最佳避難場所，他跑到以色列去了，成了以色利和老毛子家一個扯不清的麻煩。

開了頭，操作起來就流暢了：別列佐夫斯基，是個說話嗑巴的數學家，倒賣汽車出身，是七寡頭中最囂張也最不聰明的一個。葉爾辛和普丁成為總統，他都有重大貢獻，尤其是俄羅斯有個著名的「公主黨」，就是以葉爾辛的小女兒為首的小政治局，跟老別錢權結合完美，左右著老毛子家很多大事，他也成功地扶持這位俄羅斯公主成為老毛子家首席富婆。

就因為這些背景，他覺得俄羅斯應該是他說了算，經常對普丁指手畫腳。「小……。小……。小普啊」，誰受得了一個磕巴整天在耳邊鼓譟啊，手起刀落，世界安靜了！二〇〇〇年，老磕巴叛逃不老顛，在打擊他期間，俄羅斯發生了庫爾斯克號潛艇事件，他藉此事發難，讓普丁很被動。

二〇〇三年別列佐夫斯基在倫敦落網，但英國答應他政治避難，於是他在英國宣布要發動政變推翻普丁，二〇〇四年大選，老別號稱拋出十億組建反對黨讓普丁下台。出手太小了，十億收買全俄羅斯的百姓真是不夠。老別還私下支持車臣分離派武裝搞恐怖活動，到現在都沒個消停，算是個禍害。因為自己的利益受到些許損失（他在境外的財富一樣可以讓他錦衣玉食，富貴終老），就不惜以賣國來報復，這個老別我很鄙視他。

下一個是誰？著名的共青團幹部，當時的俄羅斯首富，俄羅斯最大石油公司尤科斯總裁霍爾多科夫斯基，英俊儒雅，石油沙皇，二〇〇三年十月被捕，有七項嚴重指控，罪責不輕。抓他時陣仗很大，如同反恐行動。小霍飛機一降落，幾十輛軍車就圍上去，這位白面書生走出機艙，看到的全是黑洞洞的槍口！為了老闆被抓的事，尤科斯不惜重金買凶暗殺普丁。他最近在向梅總求饒，希望獲得赦免。尤科斯公司在世界石油市場上的地位太要緊了，普丁抓小霍表面理由是這傢伙很張狂，還幾乎控制國家杜馬，深層的理由誰都明白，他是要拿回尤科斯掌握的巨大油田。

一九九九年維諾格拉多夫申請破產，是七寡頭最可憐的一個，因為已經沒錢了，所以就不追究他了。馬爾金現在莫斯科開賭場，不太得瑟，也不說他了。斯摩稜斯基也在一九九八年金融危機中失敗，廢了。

只有弗德里曼一直還算合作，不太惹事，可憐見的，普丁就容他了，這傢伙現在是俄羅斯數得著的企業家，生活得還算正常。

另一個不在七大之列的寡頭就是大家都熟悉的，切爾西的老闆。每次切爾西的比賽他都會親自到場加油，全場高呼「我們真他媽的有錢！」，使切爾西成為當時世界上最得瑟的球隊之一。他就是大名鼎鼎的阿布拉莫維奇（簡稱阿布）。

阿布可比前面幾塊料腦子清楚多了，說起來，他的發家史也是充滿邪惡，他以實際價格的八%收購了西伯利亞石油公司，這樣的生意等於是天上下鈔票啊，他能不發家嗎，能不寡頭嗎。阿布智商高，當他發現普丁來真的時，果斷選擇了配合。傳聞普丁有一輛超豪華的遊艇就是阿布送的。

為了不給自己找麻煩，阿布果斷拋售在俄的資產，而且買票進入國家杜馬。老毛子家的議員有「豁免權」。阿布不錯，知道好歹，當上一個小自治區行政長官後，拿了巨款出來改善當地百姓生活，一個不算發達的地區發生了翻天覆地的驚人變化，成為當地人人感念的大善人。

你敬我一尺，我敬你一丈，既然你給我面子，我就不讓你難看。普丁放了阿布一馬。雖然現在安全，誰知道以後的事，俄羅斯的富豪被普丁修理得都有點神經質了。阿布現在移民英國，資產也大量轉移海外，在俄財產基本都已被他套現，這位老哥預備在體育界做寡頭。阿布給俄羅斯的最突出貢獻是教給億萬富豪一個新的娛樂方式，就是買足球隊玩，現在好多富豪都在效仿。

開始說過的葉爾辛的孫女婿，曾經的首富傑里帕斯卡。都說他的財富來路比前面那幾個乾淨，誰知道呢，反正他是老葉家族的，但他絕不承認他的財產跟葉爾辛有關，因為他是以俄羅斯第一鑽石王老五的身分迎娶葉爾辛的外孫女，而不是結了婚才發達的。就算他的財產真有問題，普丁也不會動他，第一是跟葉氏家族有承諾，二是他私下跟普丁打得火熱，經常跟普丁出訪其他國家。這夥計最有意思的事是他最近拿了點錢，找莫斯科國立大學幫他研究長生不老藥，他想萬壽無疆，不老不死！這孩子不到四十歲就成為俄羅斯最有錢的人，生活對他來說太美好了，他肯定希望這種金玉滿堂的生活永無終止。

經濟危機後，傑里帕斯卡的資產嚴重縮水，普丁對他也有諸多不滿，前年，傑里帕斯卡居然因為拖欠自己工廠工人的薪資，被工人們上街抗議，普丁親自到場視察，親自安排他下發了薪資，整個過程，普丁鐵青著面孔，傑里帕斯卡像個嚇傻了的鵪鶉。

普丁最近的一次對億萬富豪的行動，就是關閉了全世界最大的輕工業品批發市場——切爾基佐夫市場，切斷了市場老闆伊斯梅洛夫的主要財路。伊斯梅洛夫被普丁盯上，完全咎由自取。

二〇〇九年，伊斯梅洛夫投資十五億美元在土耳其建了一個世界頂級的酒店「馬爾丹宮殿」。這個酒店之奢華無與倫比，所以開業慶典尤其要符合排場。伊斯梅洛夫是商人出身，比之前那些寡頭，顯得格局小多了，同樣是花錢，花得毫無腔調。他居然在開業慶典的舞會上安排下「美元雨」，賓客在跳舞，頭上有人向下撒錢，這一場舞會，老伊撒掉了六千一百萬美元，瘋狂的舉動導致了他的楣運。

二〇〇八經濟危機後，石油市場的波動，俄羅斯的經濟也不能倖免地陷入衰退，總理普丁一腦門子的不爽，居然自家的有錢人還跑去土耳其撒錢玩，於是，另一場對富翁的追剿又開始了。

基本上，現在普丁收拾有錢人，是得心應手，俄羅斯的富豪們想到這位「沙皇」不苟言笑的臉，都有些後背發寒，但是，普丁也有無奈無解怎麼都不能得心應手的事。

4. 危機

剛入住克宮，家裡家外一團亂麻，並跟寡頭們纏鬥之際，出大事了！世界上最大的核潛艇，號稱「航母終結者」的庫爾斯克號在巴倫支海演習失蹤了！最後確定，這個號稱可以幹掉一個航母編隊的海底霸王居然爆炸沉沒了，事發當時下去勘查時，聽到艇內有敲擊船板的聲音，也就是說，艇上的人可能還活著。這時普丁在休假，雖然他布置了救援，但並沒有停止休假回到辦公室指揮，立刻全國上下，街坊內外都說普丁是個無情的人。他當時不是正對老別下手嘛，老別動用手裡所有的媒體輿論資源詆毀救援行動，指責普丁冷血，朝野內外對這件事意見很大。

其實，普丁有點兒冤，因為出事第二天，巴倫支海就出現風暴，根本沒辦法靠近出事地點。整整六天，什麼救援目的都沒達到。沒辦法了，只好求外人幫忙了，挪威和不列顛這種海盜出身的家庭，打撈沉船是家傳手藝啊。

庫爾斯克號造價十億，最高級的核潛艇之一，有許多獨一無二的設計，是俄國頂級的軍事祕密，普丁不是最後被逼到沒轍，怎麼也不敢麻煩外人的。

挪威人的手藝真不蓋，打撈隊從潛艇中撈出了一百一十八具船員屍體。在「反動媒體」煽動下，老百姓憤怒了，遇難者家屬更加失控。

普丁首先是對全俄羅斯宣布，他承擔這件事的全部責任，然後含著眼淚拜訪受難者家屬，對家屬們的現場發難，他一直以一個謙卑的態度不停地道歉。

普丁是以一個鐵腕形象進入俄羅斯人的視線的，現在他一臉的悲傷，默默忍受幾百人的當面指責，就顯得特別的悲情和可憐。三個小時的會面後，家屬們居然不吵不鬧了。普丁馬上回頭處理了幾個幸災樂禍、落井下石的媒體，並表示要重新振興海軍的決心。成功平息了總統生涯第一次重大危機。

關於這麼高檔的東西是怎麼出紕漏的，疑點重重，根據英國人研究的說法是：庫爾斯克號魚雷發射失敗，自己把自己炸沉了（這個解釋還真丟臉），俄國人比較接受的說法是：因為庫爾斯克號在參加夏季軍演，所以巴倫支海域，北約的潛艇都在周遭窺伺，有可能相撞。還有一種說法是車臣非法武裝幹的，但估計車臣那幫大俠們沒有這麼大本事。

普丁後來一直著急要補上海軍的損失，製造出新的核潛艇，財政緊張的時候他甚至說，寧可賣掉克林姆林宮，也要造出新的來！

二〇〇二年八月十九日，一架號稱世界上最大的米—26直升機在車臣境內一頭栽在地上，機上一百四十七個人，死了一百一十八個，普丁再次宣布八月二十二日為全國哀悼日。正在查事故原因查得暈頭轉向之際，又一架另一型號的直升機栽到地上，這次沒有人走運了，機上的人全死了。但事故原因卻看清楚了，車臣恐怖份子用可攜式的導彈打掉的，進一步查出，境外不僅給他們提供了可攜式導彈發射系統，還給了好大筆錢，最狠的是，境外那些支持恐怖份子的還開出了賞格：擊落一架飛機或直升機，就能得到三～六萬美元；毀壞一輛裝甲車，一千～五千美元……重賞之下都是勇夫啊，比上班待遇好多了，走，到車臣打飛機玩去。查明真相後，普丁處分幾個國防部的高級幹部，安撫了民心。現在打車臣，基本上都是用轟炸，盡量不短兵相接，避免死人。

又過了一關，普丁鬆了口氣。上帝就不給鬆這口氣的時間。兩個月後的十月二十三日，車臣匪首巴拉耶夫帶著他的黑寡婦軍團衝進莫斯科軸承廠文化宮，把裡面觀眾和演員八百多個全部扣為人質，讓普丁從車臣撤軍。

這就是「莫斯科大劇院人質事件」，全街坊又什麼都不幹了，就看普丁怎麼處理這事。普丁態度很明確，人質肯定要救出來，撤軍是絕對不可能！

恐怖事件的頭目要介紹一下，巴拉耶夫家族是車臣最牛的恐怖份子家族，卻以殘酷殺戮出名的，最專業的恐怖事件是綁架，最大特色是拿到錢一律撕票，而且全是把頭剁下來丟在街上那種。人質落在這家人手裡，相信普丁自己也沒指望能救出幾個來。

這次的事件，普丁獲得了國際上的道義支持，既然沒有談判的空間，他決定用特種部隊殺進去，強行解救人質。十月二十六日，特種部隊向劇院內發射迷魂氣體，還把牆體炸出一個大洞，雙方火拼幾個鐘頭。最後大部分恐怖份子被擊斃，七百多名人質獲救，雖然因為吸入俄軍發射的迷魂氣體死了不少人。不過，對這麼大的人質事件來說，解決得算完美了。

事後沒幾天，普丁到布魯塞爾跟歐盟開會，一些用心險惡的媒體乘機指責他濫用暴力，這老哥又飆出了一條世界級語錄，他對法國記者說：：「如果你願意成為伊斯蘭極端份子的話，我請你到莫斯科來做包皮手術。我們有最好的專家為你解決問題！」後來「到莫斯科作手術」成為普丁一個態度標誌，是俄羅斯流行語之一。

其實人質事件的解決還是讓普丁悲憤難平，所以隨後又讓軍隊在車臣境內絞殺了一回，匪首巴拉耶夫的老家被夷為平地，這種恕怨相報，永無了局。

俄羅斯沒有老山姆家富裕，沒辦法按美國那個級別反恐，可他家遭遇的恐怖份子一點不比老山姆家的等級低。恐怖份子的最大特點就是對平民下手，咱們平頭百姓也沒能力打醬油帶八個保鑣，或者是買菜時先由特工檢查豬肉裡有沒有藏著炸彈，所以，萬一當家的惹惱了恐怖份子，那老百姓就只剩享受恐怖了。

二〇〇四年，普丁在沒什麼懸念的情況下輕鬆連任總統，執政的日子還是一點都不輕鬆。八月開始，莫斯科一公共汽車站發生爆炸，四人受傷；當天深夜，兩架民航客機幾乎同時墜毀，九十名乘客和機組成員全沒了；三十一日莫斯科一地鐵入口處發生自殺式爆炸，六十多人死的死、傷的傷。俄政府正被車臣反政府武裝的做事效率壓得透不過氣來，更大的災難發生了。

二〇〇四年九月一日，正在度假的普丁跟德國的施羅德、法國的席拉克這兩個老傢伙賓主盡歡，從跟咱家的交往歷史看，這兩個絕不是掃興的人，很懂事通時務，比現在他們家那兩位強多了。

頭一天，普丁安排了車臣的選舉，結果跟他的要求一樣，雖然老山姆家又跳著腳說民主公正之類的屁話，但是這兩個老夥計表示了支持，「老哥倆夠意思，什麼也別說了，都在酒裡了！」（編排人家，普丁根本不喝酒！）馬上樂極生悲了不是，俄羅斯北奧塞梯共和國別斯蘭第一中學正在開學典禮，恐怖份子最喜歡這種紮堆的場合，幾十個綁匪輕鬆控制了一千兩百名老師和學生！

因為大部分是孩子，頓時在全世界炸了鍋了，綁匪的要求照舊：允許車臣獨立，從車臣撤軍，釋放原來抓的恐怖份子。照普丁的立場，這三條都沒有商量的餘地。但這麼大的事，普丁縱然見慣大世面也有些手足無措了，他甚至向車臣反政府頭目請求幫助，希望他出面斡旋，這件事普丁很難堪，因為後來證明他求助的，並聲稱會不計前嫌幫他忙的傢伙，正是這起事件的策劃者。

談判的事一直沒進展，特種部隊只能強行救人。九月三日在雙方對峙五十多個鐘頭後，突然從被歹徒控制的學校體育館裡傳出爆炸聲，俄特種兵以為是綁匪開殺戒了，馬上突入學校，開始駁火，幾個鐘頭後結束。可是，代價太大了。到現在為止，傷亡人數還沒有定論，俄政府也選擇了對公眾保密。根據公布的數字，四百多人死亡，其中兩百五十名以上是孩子，七百多人受傷。而最令人震驚的是，俄羅斯精英特種部隊，江湖上威名赫赫的「阿爾法部隊」和「信號旗部隊」居然死亡十一人，傷二十四人！是這兩支神話般的部隊成立以來的最大折損，車臣的恐怖份子太專業了！

這個事件也有很多內幕在事後浮出水面，比如到底進攻前的爆炸是怎麼回事。後來證實是綁匪綁在籃球框上的炸彈自行跌落引炸，又引炸了附近一枚炸彈，就是這兩聲烏龍爆炸啟動了特種部隊的進攻。後來還查出策劃這起事件的其中一個匪徒原來是俄羅斯的員警，在一次保護政要的任務中被車臣份子抓走，所有人都認為他已經殉職，沒想到是投靠了壞人，反過來害自己的同胞。關於傷亡人數一直被政府諱莫如深的原因是，很多人質是死於特種部隊的亂槍，現場實在太亂了，匪徒和人質混在一起向外跑，誤殺是很難避免的。

俄羅斯人又把上一起人質事件翻出來，因為當時很多人質死於麻醉氣體，以此證明俄軍的解救方式毫不顧惜人質安全。而特種部隊遭遇這麼大的傷亡，究其原因是在談判還是動手的問題上，普丁猶疑不定，讓兩支特種部隊無法部署周密的作戰方案，在兩次意外的爆炸聲中倉促應戰，如果不是這兩聲爆炸，兩邊不知會不會對峙到下個月。

這是普丁政治生涯最慘烈的打擊，九月四日，出現在電視裡的普丁蒼白憔悴、眼圈黑得像熊貓、話都說不太利索了：「無論是作為總統還是普通公民，我都斷言，我們別無選擇」，這時的普丁不是原來那個硬漢，不是那個鐵腕酷哥，只是一個被傷了心的男人，是一個正在遭受巨大挫敗感的男人！好在，老毛子家人也是吃軟不吃硬的脾氣，車臣反政府武裝越是瘋狂殺戮，他們越是大力支持政府跟他們血戰到底，而且，他們也應該慶幸，幸好老大是克格勃訓練出來的，沒有鋼鐵的神經，碰上這樣的悍匪，早給折磨瘋了。

「別斯蘭事件」給當時的孩子留下很大的創傷，對整個俄羅斯也是難以癒合的傷痛，後來有些心理受傷的孩子還被邀請到咱家來散心，用中醫幫助他們恢復。

在對外關係上，普丁任內，跟俄羅斯扯不清的是英格蘭了，最著名的就是間諜糾紛。

二〇〇六年年初，莫斯科郊外一個街心花園中被發現有一塊石頭很神奇，經常有英國外交人員，或是些面目可疑的人圍著這塊石頭活動。把那塊石頭拿回來一研究，發現是個接受發射信息的裝置。並因此懷疑有四個英國使館人員是間諜，俄羅斯馬上揚言要驅逐英格蘭的外交官，並向他家索賠。其實西邊幾個國家互派間諜，是有光榮傳統的，彼此好像都不算祕密，俄羅斯此時突然發難也是外交手段，那陣子西方抨擊他家的民主，老山姆在他家附近策劃顏色革命。外交上的事，自然最後透過外交方式解決吧，最後兩邊有多少因此引發的交易就不詳了。

「石頭間諜案」還沒完全鬧清楚，又有間諜冒出來了。二〇〇六年十一月，叛逃到不列顛家（英國最喜歡接受老毛子過來政治避難）的前克格勃特工科特維年科在倫敦一個日式餐館中毒，幾天後身亡。一追查下來，又是大事了，這個叛逃的小間諜死於「釙210」，一種昂貴的，稀有的放射性物質。

這個叫科特維年科的過氣間諜絕對是世界上死得最貴的人，後來經檢查，留在他體內的這種物質，其市價超過一千萬美元！全球譁然，用這麼奢侈的方法殺人，一般人或組織都做不到啊。鑑於這傢伙死時已經是英國公民了，英國投入極大熱情追查凶手，最後他家出示所有的證據證明「克格勃追殺叛逃者，幕後策劃是普丁」。(俄羅斯聯邦安全局實際上就是換了件衣服的克格勃)

英國剛在「石頭間諜案」上剛吃了鼈，有點難看，現在「特工中毒案」偵破，該俄國人難看了，英格蘭於是也像石頭案時俄羅斯那樣，大呼小叫，似乎受了天大的委屈，張羅著要驅逐俄羅斯的外交官。歐盟、老山姆一夥跟著瞎起鬨，等著普丁難看。

用腳丫子想都知道這應該是個冤假錯案，對克格勃來說，殺人不留痕跡比吃飯還容易，一個過氣特工，又不是超人，至於用俄羅斯頂級實驗室裡的釙210來動手嗎，難道老鼠藥達不到目的？就算一定要用這麼高級的毒藥，以克格勃的本事，難道沒有路子從別國買，非要用自己國家的，然後被英國人分析出來？死的這傢伙叛逃英國六年了，當初是因為行為不端被克格勃開除，用旅行護照逃到英國，如果這傢伙真有那麼大的謀殺價值，克格勃會放他逃走嗎，會等六年才動手，還鬧出滿城風雨的動靜？普丁很鬱悶，這種陷害方法，分明說他家那個令江湖聞風喪膽的克格勃是豬啊。

跟「石頭案」一樣，不過是適當時候的外交武器，當時的普丁正跟歐盟因為波蘭牛肉的事糾纏不清，普丁很在意和歐盟的關係，總想跟他們走近一點，歐盟見俄國人上趕著湊過來，還不乘機轄制他家嗎？俄羅斯一直不肯接受波蘭的牛肉等產品，波蘭就利用自己的歐盟資格總給他壓力，想搞強買強賣。又加上，當時還有個重大謀殺事件：俄羅斯女記者安娜•波利特科夫斯卡婭被謀殺。

安娜太講新聞良心了，該說的不該說的都大肆報導，經常讓政府和普丁不舒服，有一天突然在電梯被殺掉了。西方以此事大肆抨擊普丁，認為鐵定是他剿殺反對的聲音。而中毒特工之所以會跑到日本料理店去中毒，是因為有人約他談女記者被殺的事。這個特工從叛逃後就以揭露克格勃的祕事為業，寫書著說的。

這幾件事糾結在一起，又把普丁陷在危機裡，據西方的媒體說，那陣子，普丁看著就灰頭土臉。到現在也沒找到真凶，嫌疑人名單又超過一米了。後來還浮出頭來的醒目人物是叛逃的寡頭老別，有證據顯示是他策劃了所有事並嫁禍普丁。過了幾天義大利的黑手黨也被捲進事件中心，最熱鬧時，英國軍情五處那個出名的女領導抗不住壓力，辭職不幹了！（就是007的女上司「M」，全名是什麼？麥當娜還是麥兜?!）整個事件真是雲山霧罩，撲朔迷離……咱們就別跟著費這腦筋了，百年之後，定有真相，等著吧。

5. 二人轉

二〇〇八年，普丁第二屆總統任期屆滿，當時的很多俄羅斯人，建議修憲，延長總統任期，以留住普丁。

我們外人看普丁，喜歡看他赤裸上身秀肌肉，騎馬釣魚開戰鬥機，跟恐怖份子死磕。可如果咱們是俄羅斯人，那咱們對普丁的要求肯定不是會秀那麼簡單了。

普丁不是聖人，世上也沒有完人，在他任內，俄羅斯的舊疾並沒有得到根治，貪污腐敗，寡頭影響，貧富分化這些似乎改善的並不多。外界尤其是西方世界，對普丁最大的批評就是認為他不夠民主，骨子裡還是「沙皇」。比如他處理完那幾個寡頭後，將其資產收歸國有，尤其是控制了傳媒和輿論，都被認為是葉爾辛那時全盤自由化的某種倒退。

那究竟為什麼，俄羅斯的老百姓如此信賴甚至願意依賴普丁呢？除了開始說的，普丁當家八年，俄羅斯人的生活水準是實實在在提高了，而且國家形象硬朗有型，似乎正在逐步尋回往日的榮光；更重要的原因和考量是，歷經蘇聯、老戈、葉爾辛，俄羅斯人好久沒遇上能讓大夥放心的老大了，普丁也許不是最好的，可他幾乎沒犯什麼錯，比之前那幾位強不少，萬一放走了他，再選一個不靠譜的，也不能隨便退貨啊。

普丁自己心裡很有數，他還頭腦清晰，身子骨強壯，再幹個十來年一點兒問題也沒有，而且，如果真要修憲，讓自己能第三次參選，他依然可以毫無懸念地獲勝，繼續做總統，可是，如果他真這麼做了，俄羅斯人看他的眼神肯定不一樣了，他不民主想獨裁，還想終生獨裁這個猜測就坐實了，嚴重影響普丁一直維護的形象。

老百姓留普丁不住，他推選的人當然就被認為是最好的。所以，當普丁舉薦自己的同鄉、同學、最重要的幕僚和摯友——梅德維傑夫成為下任總統時，俄羅斯人也就非常痛快地接受了。

不要以為俄羅斯不嚴肅啊，俄羅斯總統絕對是民選的首腦，梅德維傑夫雖然有普丁的大力支持，可也是經過了合法的各種選舉各種手續上崗的，他當時可是獲得了近七十%的有效選票呢。

梅德維傑夫一接班，就任命自己的老上級普丁為總理，大家都明白，這樣一種關係，梅德維傑夫這個總統當得有點兒虛，他幾乎可以是傀儡，所以，我們家人喜歡叫這位俄國總統「沒地位姐夫」。全世界的人都認為，「姐夫」如果是個懂事的，一上任就應該修憲或者提前大選，讓普丁再回到總統的大位上，因為普丁如果自己主持修憲維持自己的權力就比較難看，「姐夫」上台幫忙做了，普丁來個卻之不恭，就好看多了。

「姐夫」果然不負眾望，他上台真就安排修憲了，不過僅僅是「微調」，以後俄羅斯的總統任期由四年延長到六年，理由也很充分啊，以美國為例，四年任期，第一年磨合，第四年又要預備大選，能安心工作產生效率的，只有中間的兩年，各種政策都無法連續執行，影響國家發展嘛。

憲法改了，下一步呢？出乎意料，沒有下一步，「姐夫」順利幹完了四年總統任期，而且，任內跟普丁配合默契，珠聯璧合，這一對帥哥的聯手，還符合當下最盛行的「腐女」審美。

眼看著二〇一二大選將近，「姐夫」完成了對普丁的承諾和忠誠，他宣布，他將推薦並支持普丁參加下屆總統大選，而普丁也馬上聲明，他回到總統職位後，梅德維傑夫是當然的總理人選。全世界都為這種「俄羅斯式的民主」會心一笑，而中國的網友們智慧無極的，給這種民主起了個非常貼切的名字叫「二人轉」。讓我們在未來的歲月裡，慢慢欣賞這種來自北方的有趣藝術吧。

四十二、冷暖的一切

二人轉都出來了，這部俄國歷史必須結束了，老楊用伏特加開始了這趟北國之旅，該用什麼來結束呢？找一位跟伏特加一樣烈性的人吧，他最能代表俄國的精神，他被稱為是俄國的良心，他是索爾仁尼琴。

老索是個遺腹子，他還沒出生，作為舊沙俄軍官的父親就去世了，索媽用當教員的微薄薪水養大了兒子。老索大學裡專業是學數學物理的，對這種專業，老楊表示理解無力。而老索的文學教育來自莫斯科大學的函授。

第二次世界大戰爆發，老索上了戰場。喜歡放炮的特性這時就開始冒頭了，他在給一個朋友的書信裡，晦澀地批評了「某個大鬍子」，恐怕「大鬍子」在史達林時期算個敏感詞，於是，老索非常悲催地判了八年勞改，越是因言獲罪的時代，越是有寧可入罪也要說敏感詞的人。

刑滿後，老索又被流放，一九五七年才被恢復名譽，成為一名數學教師。這個被刑罰的生涯足足有十二年，老索從二十七歲到了三十九歲，耗盡了生命最好的一段生涯，這段經歷足以讓老索思考很多事，也讓他的性格和行為方式都產生巨大的變化。

《伊萬・傑尼索維奇的一天》是老索的處女作，描寫了一位因冤案入罪的小人物在蘇聯勞改營中一天的生活，反映了勞改營對人權的踐踏。這部小說生逢其時，正趕上赫魯雪夫對史達林和勞改營的清算，所以，中央支持小說在《新世界》雜誌發表，轟動了全國與世界，索爾仁尼琴橫空出世，成為蘇聯文壇又一顆巨星，蘇聯作協第一時間將他吸收為會員。而由老索一手開創的這類集中營題材，就成為蘇聯小說中，很重要的「勞改營文學」，跟咱家曾流行的「傷痕文學」一樣，影響過很多人。

在蘇聯那種地方，文學作品的地位隨著時局上下波動。赫魯雪夫歡迎「勞改營文學」，勃總可不待見，勃總上台後，老索的這部成名作就被批判。老索書呆子氣，不懂蘇聯政治的厲害，他覺得自己責無旁貸，所以多次跟作協寫信，抗議蘇聯的報刊審查制度等。因為被勞改營傷害最深，老索就是要寫這一類東西不收手，此時再寫，蘇聯當局只能一律禁止其出版，最後發現這傢伙實在很難纏，跟當初邀請他加入作協一樣果斷地將他開除出蘇聯作協。

蘇聯不准出版的作品，西方願意出，而且，為了支持老索在這種政治壓力下，保持一個作家的操守和良知，一九七〇年，老索被授予諾貝爾文學獎。可憐老索擔心去瑞典領獎恐怕就回不了家了，不敢親自去領取這項巨大的榮譽。

怕是沒有用的，諾貝爾獎肯定讓老索在蘇聯的處境雪上加霜。一九七三年，法國人出版了老索一直不能見天日的巨著《古拉格群島》。在老索看來，蘇聯是一片大海，海上的島嶼就是各種集中營和勞改營，所謂「古拉格」，就是「工作改造營管理總局」，它是前蘇聯勞改制度的象徵。老索將其比喻為「群島」，意思是說在指出這種制度已經是蘇聯這片汪洋上主要的風景了。因為老索親身經歷過「古拉格群島」的生活，又整理整合了大量資料，所以書中披露了很多內幕，是對蘇聯體制的一種強大而憤怒的控訴。這部書在世界上尤其是意識型態領域的影響力應該是驚人的，不誇張地說，它肯定是導致了一批人對馬克思主義的思慮。這一下，老索是犯了大忌諱了，他直接被以叛國罪剝奪了蘇聯國籍，並驅逐出境。

被蘇聯驅逐的人，最好的出路肯定是去美國。美國人看老索，就是一個反強權的鬥士、英雄，給予他極高的歡迎和款待。都以為老索反對蘇聯政府，肯定會喜歡美國民主社會，誰知道，他一樣批判美國。

一九七八年，被授予哈佛的榮譽學位後，老索發表了著名的演講，讓美國人都懵了，老索認為：美國毫無精神追求，沉溺物欲只知享受，目光短淺沒有追求。美國人就是一群懦夫，幾乎沒人願意為了理想去死。他抨擊福特政府的越南政策軟弱，又批評美國的鄉村歌曲俗不可耐，而美國新聞界更是無法無天，肆意踐踏個人隱私，反正老山姆和蘇聯一樣，都不是好東西！

美國人比較大度，這個俄國人讓他們看不懂，而且還透著危險，他們也不說打他出門，僅僅是不再理會他，對他敬而遠之了。

進入八〇年代，隨著蘇聯國內的空氣有所緩釋，老索的作品陸續得以出版。一九九四年，他應葉爾辛的邀請回到俄羅斯。回家的老索依然不爽，因為他反對葉爾辛的「休克療法」，所以又開始批評政府。他拒絕了葉爾辛給他頒發勳章，天天在家裡一邊罵人一邊給俄羅斯開藥方，幻想自己理想中的俄羅斯。

老索晚年終於碰上一個他不罵的領袖，也就是普丁。也許是普丁的某些治國政策讓老索產生了共鳴，所以，他接受了普丁發給的勳章。而對普丁，老索這樣一位世界級文人，自由戰士是自己的粉絲，毋庸置疑對自己的形象是個極大的提升。作為一個「自由戰士」，老索在晚年跟普丁的這段互動有點兒影響形象，因為大家發現，他終於沒有讓自己徹底地超然於權力之外。

二〇〇八年八月三日，在咱家北京奧運會即將開幕之前，老索因心臟衰竭在莫斯科去世。

老索是個挺複雜的人，基本上，這個地球上所有的意識型態都不入他老人家的青眼，他是永遠的反對派。到底，老索想要的世界是什麼樣子的呢？其實，也不高端，老索應該是前面說到的斯拉夫派，利用東正教的能量，消除所有其他國家給俄羅斯的影響，尋回斯拉夫人真正的傳統，重新構建一個大俄羅斯國。

這還是俄國知識份子百多年來一直糾結的話題，到底，俄國應該是一個東方國家，還是一個西方國家？到底該往哪邊走？方向和目的是什麼？在世界民族之林，到底俄國應該如何定位？杜思托也夫斯基曾經說過：俄國在世界上不做第一，也不做第二，要做獨一無二。那如何成為一個獨一無二的國家呢？這個問題，留給俄國人自己考慮吧，我們作為遊客，只能去關心下一個景點的風景了。

用《古拉格群島》的開篇辭結束我們的俄羅斯之旅吧：

獻給沒有生存下來的諸君，要敘述此事他們已無能為力。但願他們原諒我，沒有看到一切，沒有想起一切，沒有猜到一切。

也請「地主們」原諒老楊，關於俄羅斯歷史，沒有寫到的一切……

俄羅斯歷史分期及領導人一覽

基輔羅斯

留里克（862—879）

奧列格（879—912）（882年遷都基輔，從此開始基輔羅斯的統治）

伊戈爾（912—945）

奧爾加（伊戈爾妻）攝政（945—962）

斯維亞托斯拉夫一世（962—973）

雅羅波爾克一世（973—980）

弗拉基米爾一世（980—1015）

斯維亞托波爾克一世（1015—1019）

雅羅斯拉夫一世（1019—1054）（1054年雅羅斯拉夫死後，其子三分天下，基輔羅斯解體）

伊茲雅斯拉夫（1054—1073）

斯維亞托斯拉夫二世（1073—1078）

弗塞沃洛德一世（1078—1093）

斯維亞托波克二世（1093—1113）

弗拉基米爾・莫諾馬赫（1113—1125）

15 穆斯提斯拉夫一世（1125—1132）

封建割據時期（1132—1157）

弗拉基米爾大公統治時期（1157—1218）

蒙古統治時期

雅羅斯拉夫二世（1238—1246）

斯維亞托斯拉夫（1246—1247）

邁克爾（1248—1249）

安德列二世（1249—1253）

亞歷山大一世（ 1253—1263）

雅羅斯拉夫三世（1263—1272）（特維爾公）

巴西爾・瓦西里（1272—1276）

德米特里厄斯・季米特里（1276—1281，1283—1294）

安德烈三世（1281—1283，1294—1304）

米切爾（1304—1319）（特維爾公）

尤里・達尼洛維奇（1318—1326）（莫斯科公）

亞歷山大二世（1326—1327）（特維爾公）

亞歷山大三世（1328—1331）

莫斯科大公國

丹尼爾（1263—1303）

尤里三世（1303—1325）

伊凡一世（1325—1341）（又稱「錢袋」伊凡）

西蒙（1341—1353）

伊凡二世（1353—1359）

德米特里・頓斯科伊（1359—1389）（頓斯科伊意思為「頓河英雄」）

瓦西里一世（1389—1425）

瓦西里二世（1425—1462）（「失明大公」）

伊凡三世（1462—1505）（伊凡大帝，1480年脫離蒙古統治）

瓦西里三世（1505—1533）

伊凡四世（1533—1584）（伊凡雷帝，1547正式稱「沙皇」）

費多爾一世（1584—1598）（1598年沙皇費多爾死，無嗣，留里克王朝告終）

王朝混亂時期

伯里斯・戈東諾夫（1598—1605）

費多爾二世（1605）

季米特里一世（1605—1606）（山寨一號）

舒伊斯基（1606—1610）

德米特里厄斯・季米特里二世（1607—1610）（山寨二號）

波蘭公（1610—1613）

羅曼諾夫王朝

米哈伊爾・羅曼諾夫（1613—1645）

阿列克斯（1645—1676）

費多爾三世（1676—1682）

伊凡五世（1682—1696）

彼得一世（彼得大帝）（1682—1725）

葉卡捷琳娜一世（1725—1727）

彼得二世（1727—1730）

安娜・伊凡諾芙娜（1730—1740）

伊凡六世（1740—1741）

伊麗莎白（1741—1762）

彼得三世（1762）

葉卡捷琳娜二世（葉卡捷琳娜大帝）（1762—1796）

保羅一世（1796—1801）

亞歷山大一世（1801—1825）

尼古拉一世（1825—1855）

亞歷山大二世（1855—1881）

亞歷山大三世（1881—1894）

尼古拉二世（1894—1917）

蘇聯至俄羅斯

列寧（1917—1922）

史達林（1922—1953）

馬林科夫（1953—1955）

赫魯雪夫（1953—1964）

勃列日涅夫（1964—1982）

安德羅波夫（1982—1984）

契爾年科（1984—1985）

戈巴契夫（1985—1991）

葉爾辛（1991—2000）

普丁（2000—2008）

梅德維傑夫（2008年—2012）

普丁（2012—）

好書推薦

作者：楊白勞
定價：350元

【本書簡介】

從古羅馬時期的英倫三島說起，一直到1066年來自法國諾曼第的威廉一世征服英格蘭之後，現在的英國是過去1000年中幾次合併的結果。英國是19世紀的世界大國和海上霸主，當時有著「世界工廠」的稱號，世界上第一個工業革命和工業化的國家，西方資本主義的倡導者，並且是早期議會民主制度的誕生地，無論在科學技術還是文學藝術都有顯著的貢獻。在其頂峰時期，大英帝國曾經控制了世界四分之一的土地和三分之一的人口，故稱為「日不落帝國」，是人類歷史上最大的帝國。然而二十世紀前50年，經歷了兩次世界大戰的英國國力減退。而在後半個世紀中，這個龐大的殖民帝國的殖民地紛紛開始獨立，香港也於1997年回歸中國。

雖然英國在第二次世界大戰後國力減弱和經濟不景氣，「鐵娘子」柴契爾夫人在1979年當選為首相後，便大力推行改革，成功削減部分福利開支和削弱工會的力量，同時，壓縮政府公共開支，降低稅收，提倡自由經濟，在經濟上實行大規模私有化政策，政府減少對經濟活動的管制和干預。於是，英國經濟最終走出了長期滯漲的局面。在幫助英國經濟復甦和保持國際上的影響力同時，也逐步加大了貧富差距，導致部分英國人的反對。繼任者梅傑首相任內英國經濟一直不振。其後工黨領袖東尼・布萊爾於1997年當選為首相後，英國經濟慢慢才得以恢復。現在，英國雖然國家富強、但在國際政治和外交舞台上扮演的角色已大不如前， 英國是大英國協成員，並在1973年正式加入歐盟。2010年5月11日，大衛・卡麥隆正式接替戈登・布朗，出任英國首相。

好書推薦

作者：楊白勞
定價：350元

【本書簡介】

日耳曼人最早分布在北海和波羅的海周圍的北歐地區。後來逐漸南移，大約在西元前半個世紀，開始定居在萊茵河以東、多瑙河以北和北海之間的廣大地區。

西元800年，法蘭克大帝國中有許多講德語的日耳曼部落所講的方言被稱為「德意志」。西元814年查理大帝去世，法蘭克大帝國分成了東、西兩個王國。講法語的西法蘭克王國後來演變成今天的法國，而講德語的東法蘭克王國的居民逐漸產生了一種「同屬一國」的感覺，當這些講「德意志」語的部落後來建立了自己的王國時，他們不但用「德意志」來稱呼自己的語言和人民，還用它來命名自己的國家。

二次世界大戰以前，在德國1000多年的歷史上曾經歷過三個帝國與一個共和國。第一帝國是指西元962-1806年的神聖羅馬帝國，1806年帝國被拿破倫一世推翻。

第二帝國是指1871年-1918年的德意志帝國。1914年開始的第一次世界大戰以德國的失敗和第二帝國的瓦解而告終。戰爭也導致德國建立了聯邦制的魏瑪共和國，並在魏瑪城召開國民議會制訂憲法，一般稱之為《魏瑪憲法》。1933年以希特勒為首的社會主義工人黨（即納粹黨）上台執政，宣告了魏瑪共和國終結。

第三帝國是指1933-1945年希特勒執政的法西斯德國。於1939年發動了第二次世界大戰。1945年5月8日，德國在投降書上簽字，第三帝國宣告完結。

1949年5月，在美、英、法合併的西佔區，宣布成立德意志聯邦共和國（即西德）。同年10月，蘇聯佔領區內成立德意志民主共和國（即東德）。

到了20世紀80年代中後期，在東西方關係逐漸緩和的氛圍中，東西德國日益走向統一，1990年7月實行了貨幣統一，1990年10月3日實現了政治統一。

好書推薦

作者：楊白勞
定價：350元

【本書簡介】

西元前數世紀起，法國是凱爾特人聚居地，古羅馬人稱他們為高盧人，西元前二世紀， 羅馬人入侵，西元前51年凱薩大帝佔領全高盧，西元四世紀蠻族南侵羅馬帝國其中一支為法蘭克人擊敗羅馬的高盧總督取得統治，由克洛維掌權，克氏死後，至8世紀初國土四分五裂，西元751年丕平即位為加洛林王朝的第一位國王，西元800年查理曼擴大國土至昔日羅馬帝國下的全西歐，查理曼大帝死後，至九世紀帝國分裂，他的孫子禿子查理佔有西部領土，稱西法蘭克王國，此乃今日法國起源，西元 987年，加洛林家族中斷，卡佩王朝繼起，1337年英王愛德華三世為爭王位渡海征法，引發了英法百年戰爭，1453年終於趕走英軍完成統一。

1562年到1594年，法國發長達30年的宗教戰爭，路易十四專制王權發展至極，長年征戰，又建凡爾賽宮國庫耗竭，至路易十六國家已臨崩潰，終於釀成1789年法國大革命，1792年國民公會宣布共和。此時歐洲反法聯盟逐漸形成，而法國國內保皇派勢力則漸漸上升，1799年拿破崙回國發動霧月政變，成為實際獨裁者，他推行了多項政治、教育、司法、行政、立法、經濟方面的重大改革、並拓展武力野心極大，但1812年遭俄軍戰敗，1814年3月被迫退位，1815年6月滑鐵盧之役史使之永劫不復，1848年發生二月革命成立第二共和。1870年普法戰爭，法國戰敗割地賠款，1871年第三次共和。一次世界大戰後，法收復了阿爾薩斯及洛林，但國力亦虛。二次大戰爆發後，德國長驅直入佔領巴黎，法宣告投降與此同時戴高樂在倫敦成立法蘭西民族委員會，聯合國內外力量與同盟國並肩作戰，1945年大戰結束收復失土，其後擔任國家政府主席及總統，在位時力排美國控制歐洲事務之地位，1969年戴高樂引退由龐畢度總統繼位，1981年密特朗代總統率領法國。1995年席哈克，2007年薩科齊先後擔任總統，2012年歐蘭德當選新任總統。

世界歷史有一套之最冷和最熱的俄羅斯／楊白勞
著. -- 一版.-- 臺北市：大地, 2014.09
面：　公分. --（History：70）

ISBN 978-986-6451-47-8（平裝）

1. 俄國史

748.1　　103014674

世界歷史有一套之最冷和最熱的俄羅斯

HISTORY 070

作　者	楊白勞
發行人	吳錫清
主　編	陳玟玟
出版者	大地出版社
社　址	114台北市內湖區瑞光路358巷38弄36號4樓之2
劃撥帳號	50031946（戶名　大地出版社有限公司）
電　話	02-26277749
傳　真	02-26270895
E - mail	vastplai@ms45.hinet.net
網　址	www.vastplain.com.tw
美術設計	普林特斯資訊股份有限公司
印刷者	普林特斯資訊股份有限公司
一版一刷	2014年09月

大地

定　價：350元